ARISTOTELES

Metaphysik

Schriften zur Ersten Philosophie

ÜBERSETZT UND HERAUSGEGEBEN
VON FRANZ F. SCHWARZ

PHILIPP RECLAM JUN. STUTTGART

Originaltitel:
ΤΑ ΜΕΤΑ ΤΑ ΦΥΣΙΚΑ

Universal-Bibliothek Nr. 7913

Bibliographisch ergänzte Ausgabe 1984
Gesamtherstellung: Reclam, Ditzingen. Printed in Germany 1993

ISBN 3-15-007913-6

EINLEITUNG

Die Metaphysik ist notwendig.
Immanuel Kant

Der Mensch, der in der Welt vorgegebener und erscheinender Dinge lebt, ohne sich jedoch der Voraussetzungen, die seine Orientierung in dieser Welt begründen, bewußt zu sein, fragte bereits in ältesten Zeiten nach dem Wesen, dem Grund und Zweck der Dinge und des Lebens. Dieses hinter den Dingen Verborgene, aber doch Erahnbare, versetzte ihn stets in eine denkerische Unruhe und veranlaßte ihn, sich immer wieder von verschiedenen Seiten her dem Problem einer Klärung dieser Tatsache zu nähern. Und dieses Forschen dreht sich wohl um die bedeutsamsten Fragen der Philosophie: um Sein, Werden, Wirklichkeit, Zeit, Raum, Bewegung, Ding, Ursache, Veränderung, Wirkung, Folge, Zweck, Kraft, Stoff, und weitet sich zu Betrachtungen über den Urgrund der Welt, des menschlichen Daseins und des Todes. All das aber gehört dem Bereich der sogenannten Metaphysik[1] an, der sich zwar im Laufe der Geistesgeschichte nach Umfang und Inhalt oft recht merklichen Schwankungen unterworfen sah[2], jedoch im Kern seiner Problematik nichts an seiner Aktualität eingebüßt hat. »Die Grundfragen der

1. Vgl. E. v. Hartmann, *Geschichte der Metaphysik.* 2 Bde. Leipzig 1899–1900. M. Wundt, *Geschichte der Metaphysik.* Berlin 1931. C. Nink, *Ontologie. Versuch einer Grundlegung.* Freiburg i. Br. 1952. H. Heimsoeth, *Die sechs großen Themen der abendländischen Metaphysik und der Ausgang des Mittelalters.* Darmstadt [4]1958. S. Moser, *Metaphysik einst und jetzt. Kritische Untersuchungen zu Begriff und Ansatz der Ontologie.* Berlin 1958. M. Heidegger, *Einführung in die Metaphysik.* Tübingen [2]1958. M. Heidegger, *Was ist Metaphysik?* Frankfurt a. M. [8]1960. G. Martin, *Allgemeine Metaphysik. Ihre Probleme und ihre Methode.* Berlin 1965. B. Lakebrink, *Klassische Metaphysik. Eine Auseinandersetzung mit der existentialen Anthropozentrik.* Freiburg i. Br. 1967.
2. Vgl. H. Heimsoeth, *Metaphysik der Neuzeit* (Hdb. d. Philos.). Darmstadt [2]1967. W. Stegmüller, *Metaphysik – Wissenschaft – Skepsis.* Frankfurt a. M., Wien 1954. E. Topitsch, *Vom Ursprung und Ende der Metaphysik.* Wien 1958.

Wirklichkeit sind immer aufgeworfen und nur allzu mannigfaltig beantwortet worden. Und selbst als man die Metaphysik angriff oder aus der Philosophie ausschloß, trieb man Metaphysik oder ersehnte sie geheim. Wir wollen eben die Wirklichkeit kennen und, wenn möglich, von Grund auf kennen, was einer unserer natürlichsten Wünsche ist und bleibt.«[3] So ist es nur zu verständlich, daß Schopenhauer den Menschen als das »animal metaphysicum« bezeichnen konnte.

Seit dem Gedanken des Parmenides von der Identität von Denken und eigentlichem Sein, seit Platon den allgemeinen Begriffen ein Dasein zuerkannt und Aristoteles unter Vermeidung einer gesonderten Existenz der allgemeinen Begriffe diese in die Einzeldinge verlagert hatte, wurden gerade die Anschauungen der beiden letztgenannten Philosophen maßgebend für die Ausgestaltung der Metaphysik des Mittelalters. Dieses hatte zufolge seiner denkerischen Theozentrik eine Spaltung der gesamten Wirklichkeit in den Bereich des Natürlichen, des Diesseitigen, und des Übernatürlichen, des Jenseitigen, vorgenommen. In ihm wurde die Metaphysik zur Wissenschaft von den ›letzten Dingen‹, zur unumstrittenen ›Königin der Wissenschaften‹. Diese spekulative Metaphysik, die es unternahm, von einem obersten Grundsatz aus das Gesamtwirkliche herzuleiten, versuchte, das wahre Sein – Gott – mit den Möglichkeiten der Vernunft zu erkennen. Kant, der der Metaphysik mit einer eigentümlichen Mischung von Zuneigung und scheuer Reverenz gegenüberstand, brachte mit seiner *Kritik der reinen Vernunft* den Dogmatismus dieser Art Metaphysik ins Wanken und wollte seinerseits eine »Metaphysik, die wird als Wissenschaft auftreten können«. In seiner Nachfolge entstand dann die neue spekulative Metaphysik des deutschen Idealismus (Fichte, Schelling, Hegel, Schopenhauer). Allein, ihre Lebensdauer währte nicht lange. Das 19. Jahrhundert nämlich, beflügelt

3. B. v. Brandenstein, *Grundlegung der Philosophie III (Wirklichkeitslehre – Metaphysik).* München, Salzburg 1966, 33.

durch die Fortschritte und Erkenntnisse der Naturwissenschaften und der Technik, hatte lautstark das Ende des metaphysischen Zeitalters verkündet. Positivismus und Neopositivismus lehnten die Metaphysik, abgesehen davon, daß ihre Fragen als einem noch unausgereiften Stadium menschlichen Wissens zugehörig erklärt wurden, auch aus logischen Gründen ab, da metaphysische Fragen und Sätze, wenn sie nicht naturwissenschaftlich überprüfbaren Verhältnissen entsprächen, sinnlos seien. In unserer Zeit aber bedeutete gerade das Philosophieren deutscher Denker eine Wiederentdeckung der Metaphysik. Davon zeugen nicht nur P. Wusts *Die Auferstehung der Metaphysik* (1920) und N. Hartmanns *Grundzüge einer Metaphysik der Erkenntnis* (1921), sondern vor allem das Seinsdenken M. Heideggers.

Wenn wir uns auch heute mit einer »ernüchterten, unspekulativen, sehr bescheiden gewordenen« (N. Hartmann) Metaphysik beschäftigen, so wird doch unser Denken gut daran tun, wenn es mit »dem Grundbuch der Weltphilosophie« (M. Wundt) reflektiert, mit der *Metaphysik* des Aristoteles.

Eine biographische Skizze erläutere kurz die historische Stellung und Umwelt des Denkers. Als der im Jahre 384 v. Chr. in Stageira, einem unbedeutenden Ort an der Ostküste der Chalkidike in Makedonien, geborene Aristoteles, Sohn des Arztes Nikomachos, der bei König Amyntas III. in Diensten stand, 17jährig nach Athen kam und dort in Platons Philosophenschule, die Akademie, eintrat, fand er eine Studiengemeinschaft vor, die sich vornehmlich mit den strengen Wissenschaften (Arithmetik, Geometrie, Astronomie, Harmonik) befaßte. Der junge Studiosus, dem schon vorher eine erlesene Bildung zuteil geworden war und der gewiß bereits mit Platons Werken vertraut war, schloß sich zu einer Zeit dem akademischen Philosophenkreis an, als der berühmte Mathematiker, Astronom und Geograph Eudoxos von Knidos (um 400 bis 347) anstelle Platons, der 367 nach Sizilien abgereist war, das Scholarchat innehatte. Diesem Umstand ist es vielleicht mit zu danken, daß schon der junge Aristoteles – ungehemmt durch den direkten Einfluß von Platons Persönlichkeit – mit großer Selbständigkeit und Kritik an die gestellten Probleme heranging. Aristoteles beteiligte sich bereits nach kurzer Zeit mit auffallend wachem Geist und einer bestaunten Belesenheit an den philosophisch-wissenschaftlichen Diskussionen, arbeitete sich, dem Lehrgang in der Akademie folgend, in die Dialektik ein, jene Forschungsmethode, die Platon aus der definitorischen Fragetechnik seines Lehrers Sokrates entwickelt hatte, und widmete sich daneben eifrig dem Studium der Einzelwissenschaften. Der Akademie gehörten neben den bereits Genannten noch illustre Denker an wie Speusippos (gest. um 339), der Neffe Platons und unmittelbare Nachfolger in der Schulleitung, Xenokrates (399/98–315/14), der nach dem Tode des Speusippos dessen Position bekleidete, und Herakleides Pontikos (um 388 bis 310), ein Philosoph von bewundernswerter Vielseitigkeit und zeitweise Vorsteher der Akademie.

Die verbreitete Ansicht, Aristoteles hätte wegen einer inneren Krise und vergrämt durch die Wahl des Speusippos zum Scholarchen der Akademie Athen verlassen (W. Jaeger), ist kaum anzunehmen, vielmehr dürfte die politische Lage zu dieser Zeit, die Tatsache, daß er, ein Makedone, in Athen als Fremder galt und so für die antiphilippischen Kreise eine Persona non grata darstellte, die hauptsächliche Ursache für seine Abreise kurz vor oder nach dem Tode Platons (347) gewesen sein (I. Düring). Aristoteles begab sich also auf Einladung des Hermeias, des Fürsten von Atarneus und Assos, eines vornehmen Platonikers, nach Kleinasien, wo er in Assos auf Gleichgesinnte stieß. Dort arbeitete er als Philosoph in ständiger Auseinandersetzung mit dem platonischen und akademischen Denken und als Einzelwissenschaftler mit Fragen der beschreibenden Naturkunde. Um 345/44 zog Aristoteles nach Mytilene auf Lesbos und forschte dort mit seinem Schüler und späteren Nachfolger Theophrast von Eresos, dem er vielleicht schon in Assos begegnet war. Etwa ein Jahr danach wurde er von König Philipp mit der Erziehung und Ausbildung Alexanders betraut und ging nach Makedonien, wohin ihn Theophrast begleitete. Das war die Geburtsstunde jener Legende vom großen Lehrer und seinem genialen Schüler[4], die jedoch mit den tatsächlichen Begebenheiten kaum etwas zu tun hat. Nachdem im Jahre 335 Alexander Theben hatte zerstören lassen, kehrte Aristoteles wieder nach Athen zurück und nahm zusammen mit Theophrast im Lykeion, einem Gymnasion, seine Lehr- und Forschertätigkeit auf. Der Peripatos als rechtlich anerkannte Schule geht jedoch auf Theophrast zurück.

Auf die Nachricht vom Tode Alexanders (323) hin schlugen die Wogen des Hasses wider alles Makedonische in Athen von neuem hoch. Vielleicht hatte man gegen den Philosophen sogar eine Anklage wegen Asebie eingebracht. Jedenfalls war sein Leben in Gefahr. Aristoteles floh um die Wende 323/22 aus Athen und begab sich nach Chalkis auf Euboia, wo er an einer nicht mehr näher bestimmbaren Krankheit im Jahre 322 verstarb.

Hat gerade die neueste Forschung gezeigt, daß wir von Platon nicht alles, was er lehrte und zur Diskussion stellte, besitzen, daß seine sogenannte ungeschriebene Lehre[5] nur mühsam – und das nicht lückenlos – aus verschiedenen Autoren verschiedener Epochen in ihren Grundzügen rekonstruiert werden kann, so scheint der Stagirite all seine philosophischen Darlegungen ›verschriftlicht‹ zu haben. An den frühen exoterischen Schriften, also Publikationen, die für weitere Kreise bestimmt waren, wußte man in der Antike (Cicero, *Ac. pr. Luc.* 38, 119) hohe stilistische Qualitäten zu rühmen. Sie sind heute Gegenstand ausgedehnter philologisch-philosophischer Bemühungen, da nur wenig von ihnen

4. Vgl. M. Brocker, *Aristoteles als Alexanders Lehrer in der Legende.* Bonn 1966.

5. Vgl. F. F. Schwarz, *Platon-Esoterik und Akademie. Zum derzeitigen Stand der Forschung.* Die Allgemeinbild. Höh. Schule 17, Wien 1968, 149–53. F. F. Schwarz, *De philosophia litteris mandata.* 58. Jb. d. Stiftsgymn. Wilhering-Linz, 1968, 30–38.

überliefert ist und die Wiederherstellung ihrer Gedankengänge erhebliche interpretatorische Aufgaben stellt.[6] Dialoge, die teilweise der Propagierung der Akademie dienten und in der Regel in die erste Athener Zeit fallen dürften, behandelten Themen von allgemeinem philosophischen Interesse (z. B. *Über die Philosophie*, *Über die Dichter*, *Protreptikos*, *Über die Gerechtigkeit*), und Abhandlungen mit streckenweise recht polemischem Ton waren spezielleren Fragen (z. B. *Über die Ideen*) vorbehalten. Von den Esoterika, Lehrschriften, die meist Vorlesungsmanuskripte, Gedächtnisstützen oder Aufzeichnungen für den innerschulischen Betrieb waren und deshalb, wenn auch nicht durchgehend, eine gelockertere, vom hohen Stil der Exoterika abgerückte Diktion zeigen, sind uns eine beachtliche Reihe erhalten. Und in ihnen – gerade die *Schriften zur Ersten Philosophie (Metaphysik)* zeigen das – erweist sich Aristoteles immer wieder als Meister der wissenschaftlichen Prosa. Durch einen Vergleich mit den Exoterika-Fragmenten hat sich herausgestellt, daß keine grundsätzliche Lehrdiskrepanz zwischen diesen beiden Schriftengruppen bestanden hat. Sie umspannen das Feld der Logik, Rhetorik, Literaturgeschichte, Politik, Philosophiehistorie, Kosmologie, Psychologie, Naturkunde und reichen bis zur Ethik und Metaphysik.

An der Echtheit gewisser Schriften oder ganzer Komplexe im Corpus Aristotelicum zweifelte man schon in der Antike. Auch heute ist die Forschung darauf bedacht, Gesichertes von Ungesichertem zu scheiden und ist in einem Fall sogar soweit gegangen, nahezu das gesamte Corpus als nach-aristotelisch hinzustellen (J. Zürcher). Allerdings hat diese Ansicht fast einhellig Widerspruch erregt.

Seit W. Jaeger im Jahre 1923 sein wirkungsstarkes Aristotelesbuch herausgebracht hatte, in dem er, entgegen der bis dahin vielfach vorherrschenden Meinung von einem fertigen,

6. Vgl. etwa die vorbildliche Arbeit von I. Düring, *Aristotle's Protrepticus. An Attempt at Reconstruction.* Stockholm, Göteborg, Uppsala 1961.

in sich geschlossenen System des Stagiriten, klargemacht hatte, daß sich in den auf uns gekommenen Schriften eine Entwicklung des Philosophen ablesen lasse, eine Entwicklung, die sich in drei Etappen, der Zeit in der Akademie, den Wanderjahren und den Meisterjahren, vollzog, sind nun etwa fünfzig Jahre verstrichen, in denen sich in der Aristotelesforschung manches getan hat, wodurch Jaegers Ansichten korrigiert werden mußten. Der Duktus seines Buches, von dem man von kompetenter Seite gekündet hatte, es sei »in Felsen gebaut« (E. Hoffmann), besagt nämlich, daß Aristoteles sich anfänglich als vorbehaltloser Verfechter platonischen Gedankengutes erwiesen und dann erst einer beschreibenden Einzelwissenschaftlichkeit verschrieben hätte, um letztlich in einer Platonferne als Empiriker zu enden. Diese Hypothese wurde heftig angefochten. Nicht nur klassische Philologen, sondern auch Philosophen und Philosophiehistoriker, Mediziner und Naturwissenschaftler haben sich in der Zwischenzeit der Texte angenommen. Aber trotz aller Einzeluntersuchungen blieb bis heute das Verhältnis des Aristoteles zu Platon im Mittelpunkt des Interesses, ein Verhältnis, das man neu zu verstehen gelernt hatte. Man gelangte zur Einsicht, daß die Auseinandersetzung mit Platon und die denkerische Evolution des Aristoteles nicht als ein allmähliches Verlassen des platonischen Philosophierens zu deuten sind, denn Platon ist in allen[7] Schriften gegenwärtig, von einer Entwicklung des Aristoteles kann nur im Sinne eines Reifens »in Verbindung mit Platon, bis zuletzt« (F. Dirlmeier) gesprochen werden. Die verschiedenen Begriffe im Gedankenkosmos des Aristoteles – besonders in den *Schriften zur Ersten Philosophie* – sind vor dem Hintergrund der platonischen Prinzipienlehre ausgebaut worden. Die inner-

7. Und doch zeigt sich, daß bei aller Platonnähe Aristoteles in mancher Hinsicht schon zu Beginn ein unabhängiger Denker war (vgl. I. Düring, *Aristotle's Use of Examples in the Topics*. In: *Aristotle on Dialectic. The Topics*. Proc. of the Third Symposium Aristotelicum. Oxford 1968, 209).

akademische Lehre Platons war von mitentscheidender Bedeutung für die Ausgestaltung der Philosophie des Aristoteles (H. J. Krämer, K. Gaiser). Doch erst die Durchdringung und Aufarbeitung des antiken biographischen Materials lieferte im Verein mit dem Textstudium neue Ansatzpunkte für Datierung und Verständnis eines gewandelten Aristotelesbildes. Das von Platon Gesagte ist bei Aristoteles stets gegenwärtig. Man kann festhalten, »daß seine Philosophie sich in ständiger Auseinandersetzung mit Platon entwickelte« (I. Düring).

Vierzehn dem Umfang und Inhalt nach oft recht unterschiedliche Einzelabhandlungen und Schriftengruppen sind es, die man unter dem Sammelnamen *Metaphysik* kennt. Das sind:

A (I): Die Philosophie als Wissenschaft von den ersten Prinzipien, die vier Ursachen des Seienden, historischer Überblick und Kritik an den Vorgängern.

α (II): Ein Fragment, das in das Philosophiestudium einführt.

B (III): Die 14 Aporien als Hauptfragen der Ersten Philosophie.

Γ (IV): Die Grundfragen der philosophischen Wissenschaft und die Bedeutung des Satzes vom Widerspruch.

Δ (V): Eine Zusammenfassung der philosophischen Terminologie.

E (VI): Die Erste Philosophie als Wissenschaft vom Seienden, insofern es ein Seiendes ist, und damit zusammenhängende Probleme.

Z (VII): Betrachtungen zum Wesen (οὐσία).

H (VIII): Die Prinzipien des sinnlich erfaßbaren Wesens.

Θ (IX): Das Seiende als Vermögen und Verwirklichung.

I (X): Das Seiende und das Eine.

K (XI): Eine Art Einleitung in die Erste Philosophie anhand der Erläuterung naturwissenschaftlicher Grundbegriffe.

Λ (XII): Über die Prinzipien des Seins und der Bewegung, über die Philosophie der ersten Dinge.

M (XIII): Über die Ideen und die Ideenzahlen.

N (XIV): Kritik an den Lehren Platons, der Akademiker und Pythagoreer über das Eine und das Große und Kleine als Ursachen der Dinge.

Entgegen einer in letzter Zeit vorgebrachten, an sich sehr scharfsinnigen These, der zufolge der Ausdruck ›μετὰ τὰ φυσικά‹ von Aristoteles selbst oder von seinem Schüler Eudemos für diese Schriftenreihe verwendet worden sein und den Gegenstand selbst umschrieben haben soll (H. Reiner), ist man jüngst wieder zur buchtechnischen Bedeutung des Titels zurückgekehrt. Die sogenannte *Metaphysik* ist wohl die Zusammenfassung eines Redaktors, wahrscheinlich des Peripatetikers Andronikos von Rhodos (1. Jh. v. Chr.), der durch seine Edition der Werke des Aristoteles die gewaltige Kommentatorentätigkeit der folgenden Jahrhunderte eingeleitet hatte. ›Μετὰ τὰ φυσικά‹ bezeichnete ursprünglich eine »Sammlung von Lehrvorträgen« (I. Düring), die lediglich bibliothekarisch ausdrücken sollte, daß diese Abhandlungen in der Ausgabe des Andronikos denen zur Naturwissenschaft (Physik) nachgeordnet seien. Freilich hatte in der Kommentatorenzeit der Titel eine folgenreiche philosophische Interpretation von einer Wissenschaft der Dinge ›hinter‹ oder ›nach‹ der Natur erfahren.[8] Aristoteles selbst umschreibt die Wissenschaft, die als seine *Metaphysik* in Rede steht, entweder mit σοφία (Weisheit), Theologik, Philosophie oder – und das häufiger – mit πρώτη φιλοσοφία (Erste Philosophie)[9]. Es ist nicht mehr auszumachen, weshalb Andronikos nicht die Überschrift Περὶ πρώτης φιλοσοφίας *(Über die Erste Philosophie)* gewählt hat. Es dürfte wohl der Inhalt und Gedankengang der Traktate auf ihn den Eindruck der Unübersehbarkeit gemacht haben, so daß er das variierende

8. Vgl. K. Kremer, *Der Metaphysikbegriff in den Aristoteles-Kommentaren der Ammonius-Schule.* Münster 1961.

9. ›Erste‹ im Sinne eines der Natur nach Ersten gebraucht. Denn nach Aristoteles ist das der Natur nach Erste für uns Menschen zuletzt erkennbar, während das der Natur nach Spätere für uns früher erkennbar ist.

Objekt der Untersuchungen nicht einheitlich zu benennen wußte. In diesem Sinne kann man sagen, daß *Metaphysik* »der Titel für eine grundsätzliche philosophische Verlegenheit« (M. Heidegger) ist. Freilich muß diese Verlegenheit nicht auf die oft ausgesprochene Unerklärbarkeit eines der Hauptprobleme, die in der *Ersten Philosophie* abgehandelt werden, übertragen sein.

Aristoteles bestimmt die Erste Philosophie als Erforschung der ersten Prinzipien und Ursachen, und zwar des Seienden, insofern es ein Seiendes ist. Daneben aber beschäftigt sich die Erste Philosophie auch mit dem ›Abgetrennten‹ und an sich Seienden, also mit dem Göttlichen. Es stellt sich somit die Erste Philosophie als Wissenschaft von den Ursachen und Prinzipien, vom Seienden, insofern es ein Seiendes ist, und vom unbewegten Beweger, der Gottheit, heraus.

In den verschiedenen Objekten der *Ersten Philosophie*[10] hat man eine unvereinbare Unausgeglichenheit zu sehen vermeint. Die Gegensätzlichkeit des sogenannten aristotelischen Metaphysikbegriffes (W. Jaeger, M. Wundt, S. Moser), das heißt der Ersten Philosophie als allgemeiner Wissenschaft mit der Behandlung des Seienden, insofern es ein Seiendes ist, und als besonderer Wissenschaft mit dem Problem des abgetrennten und unbewegten Bewegers, muß nicht als solche gedeutet werden. Eine klare Beantwortung der Frage, wie die Erste Philosophie als Wissenschaft von einem Ersten Seienden, dem unbewegten (prozeßfreien) Wesen, als solche auch eine allgemeine Seinswissenschaft vom Seienden, insofern es ein Seiendes ist, sein könne und müsse, hat H. Kuhn (Gnomon 40, 1968, 143) gegeben: »weil nur an dem Ersten Seienden der Sinn von Sein überhaupt, also auch vom Sein der wahrnehmbaren Einzeldinge und Einzelwesen, deutlich werden kann«. Da nämlich die Erste Philosophie als Seinslehre sich im Gegensatz zu den Einzelwissenschaften mit der Ganzheit des Seins zu befassen hat, ist sie eine allgemeine

10. Zum sog. Metaphysikbegriff des Aristoteles vgl. I. Düring, *Aristoteles*. 594 ff.

Wissenschaft. Die Theologie jedoch hat mit der Ursache dieser Ganzheit des Seins zu tun und ist als solche der notwendige Abschluß dieser allgemeinen Seinslehre. Auch ist das höchste und Erste Seiende das allgemeinste, woraus erhellt, daß die Wissenschaft, die davon handelt, eine allgemeine Seinslehre ist (K. Kremer).

Seit der Antike war man sich einer Brüchigkeit im Aufbau der *Schriften zur Ersten Philosophie* bewußt. Zu Beginn des 19. Jahrhunderts vertrat man die Ansicht von mehreren Bearbeitungen oder unterschied verschiedene Schichten und schloß von diesen gewisse Sonderuntersuchungen aus. Immer wieder betonte man die Unfertigkeit des Werkes, ging aber doch nicht davon ab, die Vorstellung von der Einheitlichkeit der *Metaphysik* fallenzulassen. Dazu glaubte man noch, die Schrift wäre für die Öffentlichkeit bestimmt gewesen. Erst W. Jaeger (1912 bzw. 1923) bedeutete für die Aristotelesforschung eine Wende. Er erkannte, daß die einzelnen Abhandlungen dem Vorlesungs- und Lehrbetrieb gedient hatten, also nicht als Publikationen gedacht waren, und zu verschiedenen Zeiten abgefaßt wurden, im großen und ganzen aber eine geschlossene Einheit darstellen. Jaeger verlegte die Bücher A, B, K 1–8, Λ (ohne Kap. 8), M 9–10 und N als sogenannte ›Urmetaphysik‹ in die Übergangszeit, die trotz einiger Ansätze zu einer neuen Denkrichtung noch von einer Platonabhängigkeit bestimmt sei. Die übrigen Schriften gehörten der Lykeionzeit an und zeigten – wie Z, H, Θ –, daß nicht mehr eine Lehre von der übersinnlichen Welt, sondern von den sinnlich erfaßbaren einzelnen Wesen vertreten werde. α sei ein Nachtrag zum Einleitungsbuch; Γ gehöre zur Gruppe A, B; das Buch Δ sei als selbständige Abhandlung anzusehen; E bilde die Überleitung zu Z, H, Θ; I stehe zusammenhanglos für sich; K enthalte eine andere Fassung von B, Γ, E; und Λ bilde einen Einzelvortrag, »der einen Überblick des ganzen metaphysischen Systems« gebe. M und N stünden allein, ohne Verbindung zum Vorhergehenden.

H. von Arnim[11] widersprach Jaeger. Nach ihm sind die Bücher K, Λ, N früh anzusetzen, die übrigen gehören der Lykeionzeit an.

In noch schärferen Gegensatz zu Jaeger trat P. Gohlke, der vier Schichten für eine Schriftenchronologie vorschlug: 1. Ältere Metaphysik (A 1–9, B, Γ, Δ, Z in seiner älteren Form und I). 2. Mittlere Metaphysik (A 1–7 und 10, B–E, Z in seiner älteren Fassung, I, M ab 1086 a 21, N). 3. Der ›Entwurf‹ (K, Λ) und 4. Die Neubearbeitung mit Zusätzen zur mittleren Metaphysik, besonders in Z, α, H, M bis 1086 a 21. Gohlke verfocht eine Entwicklungshypothese, die der Jaegers genau entgegengesetzt war. Nach ihm war die Metaphysik ursprünglich eine Wissenschaft von der Substanz und hatte sich erst später zu einer Wissenschaft vom Seienden und den Prinzipien ausgestaltet.

M. Wundt schloß sich Gohlke weitgehend an. Auch nach ihm ist Aristoteles von der Erforschung der sinnlich erfaßbaren Welt ausgegangen und schrittweise zur Entwicklung seiner Lehre von der übersinnlichen Substanz vorgedrungen. So ist die platonische Schicht in Γ, E und Λ jünger – erst hier trete das Begriffspaar Dynamis und Energeia auf, das nach Gohlke erst spät gefunden worden war –, die ›ionische‹ Schicht A 1–2 oder Δ ist hingegen früher. Ganz am Anfang steht Z. So liegt also der *Metaphysik* eine gedankliche Bewegung von der sinnlich erfaßbaren Einzelsubstanz zur abgetrennten (unbedingten) Substanz des ersten Bewegers zugrunde.

Eine von den Evolutionisten abweichende, ausschließlich auf den inneren Zusammenhang der Texte aufgebaute Anordnung der Schriftenabfolge unternahm J. Owens.[12] A ist

11. Vgl. *Zu W. Jaegers Grundlegung der Entwicklungsgeschichte des Aristoteles.* WrSt 46 (1928) 1–48. *Nochmals die aristotelischen Ethiken. Gegen W. Jaeger. Zur Abwehr.* SB-Wien, phil.-hist. Kl. 209, 1929. *Die Entstehung der Gotteslehre des Aristoteles.* SB-Wien, phil.-hist. Kl. 212, 1931.

12. *The Doctrine of Being in the Aristotelian Metaphysics.* 83–106, worin auch auf die Chronologien von F. Nuyens (*Ontwikkelingsmomenten in de Zielkunde van Aristoteles.* Nijmwegen, Utrecht 1939) und E. Oggioni (1939) eingegangen wird.

seiner Ansicht nach eine Einleitung, deren Sinn und Zweck nicht recht ersichtlich sei. Dann folgen B, Γ, E 1, Δ, E 2–4, Z, H, Θ, I, M. K stellt eine Parallelfassung zu B, Γ, E dar. N, Λ ist ›dem abgetrennten Wesen‹ gewidmet und K 8–12 ist mit seiner physikalischen Argumentation nicht zugehörig.
In vieler Hinsicht revolutionierend ist die relative Chronologie, die, gestützt auf ausgedehnte Vorarbeiten, I. Düring getroffen hat. Nach ihm ist Λ die früheste Schrift, in die Akademieepoche gehören M 9 b – N, A, M 1–9 a, B, I, nach der Abfassung der biologischen Schriften sind Γ, Z, H, Θ, E anzusetzen. α ist ein Fragment, Δ eine oft überarbeitete, lexikalische Zusammenstellung philosophischer Termini und K eine nacharistotelische Kompilation aus B, Γ, E und Teilen der *Physik*. Mit allem Nachdruck verweist Düring immer wieder auf die Tatsache, »daß Aristoteles nie ein Lehrbuch der Metaphysik geschrieben hat«, daß wir nur Einzelschriften, die von verschiedenen Standpunkten aus Themen der Ersten Philosophie behandeln, vor uns haben.

Der Übersetzung wurden vor allem die Texte von W. D. Ross und W. Jaeger zugrunde gelegt. Sie hält sich möglichst eng an den Text und entfernt sich nur dort weiter, wo es zur Erleichterung des Verständnisses nötig erscheint. Von der Schwierigkeit einer Übersetzung des Aristoteles braucht hier wohl nicht gesprochen zu werden, sie ist hinlänglich bekannt. Dankbar hat der Übersetzer die bestehenden Übertragungen eingesehen, besonders die von H. Bonitz, E. Rolfes, F. Bassenge[13], W. D. Ross, J. Tricot und H. G. Apostle. Bei der Lektüre sollte, wenn der Leser dazu in der Lage ist, das griechische Original bei der Hand sein, denn »wir dürfen nicht vergessen, daß Aristoteles griechisch denkt und daß sein Denken tief in der Eigenart der griechischen Sprache wurzelt« (I. Düring).

13. Besonders sei auf dessen ausführliche Register (367–453) und die beigegebene »Übersicht über die Gliederung der ›Metaphysik‹« aufmerksam gemacht.

Die Anmerkungen beschränken sich auf das Notwendigste, vereinzelte Literaturangaben sollen dem in die Materie tiefer Eindringenden fürs erste zur Hand gehen. Ausführliche Auskünfte erteilen die Kommentare von W. D. Ross, J. Tricot und H. G. Apostle, auf die auch des öfteren verwiesen wird. Einen großangelegten Kommentar und eine Übersetzung erwarten wir von G. Patzig, der die *Metaphysik* als Bd. 15 in der Deutschen Aristoteles-Gesamtausgabe im Akademie-Verlag, Berlin, herausbringen soll. Da es aber nahezu unmöglich ist, eine Schrift wie diese ohne den Beistand von Interpretationen zu studieren, wurde eine Bibliographie beigestellt, die die wichtigeren Erscheinungen der neuesten Literatur anführt. Die den einzelnen Kapiteln vorgestellten Überschriften, das Register der Termini und das Namensregister sollen einer raschen Orientierung dienen.

I. BUCH (A)

*1. Sinneswahrnehmung, Erfahrung, Kunst, Wissen, Weisheit**

[21] Alle Menschen streben von Natur aus nach Wissen. Ein deutliches Zeichen dafür ist die Liebe zu den Sinneswahrnehmungen. Denn abgesehen vom Nutzen werden diese um ihrer selbst willen geliebt, und von allen besonders die Sinneswahrnehmung, die durch die Augen zustande kommt. Denn nicht nur, um zu handeln, sondern auch, wenn wir keine Handlung vorhaben, geben wir dem Sehen sozusagen [25] vor allem anderen den Vorzug. Das ist darin begründet, daß dieser Sinn uns am meisten befähigt zu erkennen und uns viele Unterschiede klarmacht. Es verfügen zwar von Natur aus die Lebewesen über Sinneswahrnehmung, aber bei einem Teil von ihnen entsteht daraus keine Erinnerung, beim anderen aber schon. | Daher sind diese verständiger und gelehriger als die, die sich nicht erinnern können. Verständig ohne zu lernen sind diejenigen, die keine Töne hören können (so etwa die Biene, und wenn es sonst noch derartige Lebewesen gibt); es lernen [25] aber all diese, die neben der Erinnerung noch über diesen Sinn verfügen. So leben die übrigen Lebewesen mit Vorstellungen und Erinnerungen, haben aber an Erfahrung nur geringen Anteil. Doch das Menschengeschlecht lebt mit Kunst und Nachdenken. Es entsteht aber den Menschen aus der Erinnerung die Erfahrung; denn viele Erinnerungen an ein und denselben Sachverhalt bewirken das Vermögen *einer* Erfahrung. | Und es scheint die Erfahrung nahezu etwas Ähnliches wie Wissenschaft und Kunst zu sein. Wissenschaft und Kunst aber ergeben sich für die Menschen durch Erfahrung. »Erfahrung nämlich bewirkte die Kunst«, wie Polos[1] sagt, »Unerfahrenheit hingegen den Zufall«. [5] Und Kunst entsteht dann, wenn sich aufgrund von vielen Beobachtungen der Erfahrung eine all-

* Die Zwischenüberschriften der einzelnen Kapitel stammen vom Übersetzer.

gemeine Auffassung von ähnlichen Sachverhalten entwickelt. Denn die Auffassung zu vertreten, daß dem Kallias[2], als er an der und der Krankheit litt, das und jenes geholfen hat, ebenfalls dem Sokrates und jeweils noch vielen, das ist Sache der Erfahrung. Daß aber all denen von einer bestimmten Beschaffenheit – wobei man sie nach einer Art abgrenzt –, die an der und der Krankheit litten, gerade das geholfen hat (denen etwa, die an Verschleimungen, an der Galle oder an Fieber erkrankten), ist Sache der Kunst. Was das Handeln betrifft, so scheint sich die Erfahrung nicht von der Kunst zu unterscheiden, vielmehr beobachten wir, daß die Erfahrenen eher das Richtige treffen als diejenigen, die ohne Erfahrung nur über den Begriff verfügen. (Ursache dafür ist, daß die Erfahrung ein Erkennen der Einzelfälle darstellt, die Kunst aber ein Erkennen des Allgemeinen, daß sich jedoch alle Handlungen und alle Entstehungen um ein Einzelnes drehen. Denn es heilt der Arzt ja nicht den Menschen – oder doch nur in akzidentellem Sinne –, sondern den Kallias, den Sokrates oder einen anderen von den so Benannten, für den es ein Akzidens bedeutet, ein Mensch zu sein. Sollte nun jemand über den Begriff verfügen ohne Erfahrung und das Allgemeine kennen, aber über das darin enthaltene Einzelne in Unkenntnis sein, so wird er oft die richtige Heilung verfehlen; heilen muß man nämlich den Einzelfall.) Trotzdem meinen wir, daß das Wissen und Verstehen mehr der Kunst zuzurechnen ist als der Erfahrung, und halten die Künstler für weiser als die Erfahrenen, als folge bei allen die Weisheit in höherem Grade nach Maßgabe des Wissens. Doch das ist deshalb so, weil die einen die Ursache kennen, die anderen aber nicht. Die Erfahrenen wissen zwar das »Daß«, doch das »Weshalb« wissen sie nicht; jene hingegen kennen das »Weshalb« und die Ursache. Daher schätzen wir auch die leitenden Künstler in jeder Hinsicht höher ein und glauben, daß sie mehr wissen und weiser sind als die Handwerker, weil sie die Ursachen dessen, | was hervorgebracht wird, kennen. (Die Handwerker dagegen gleichen manchen unbelebten Dingen, die zwar etwas hervorbringen, aber nicht wissen, was sie hervorbringen – wie etwa das Feuer brennt –; wie nun die unbelebten Dinge zufolge ihrer bestimmten Natur das Einzelne hervorbringen, so die Handwerker zufolge der Gewohnheit.) Und wir glauben, daß sie nicht im Hinblick auf ihre Fähigkeit zum Handeln weiser sind, [5] sondern weil sie über den Begriff verfügen und die Ursachen kennen. Überhaupt ist das Vermögen zu lehren ein Zeichen des Wissenden gegenüber dem Nicht-Wissenden, weshalb wir auch meinen, daß die Kunst mehr Wissenschaft sei als die Erfahrung. Denn die Künstler vermögen zu lehren, die Erfahrenen aber nicht. Weiter meinen wir, daß keine von den Sinneswahrnehmungen eine Weisheit sei, [10] obgleich diese hauptsächlich die Kenntnisse der Einzelfälle liefern. Doch sie sagen nichts über das »Weshalb« eines Dinges aus, zum Beispiel nicht, weshalb das Feuer warm ist, sondern lediglich, daß es warm ist. Natürlich wurde derjenige, der zuerst eine Kunst erfand, die die allgemeinen Sinneswahrnehmungen überstieg, von den Menschen bewundert, [15] nicht nur, weil sich an seiner Erfindung etwas Nützliches fand, sondern weil er weise war und sich von den anderen unterschied. Und werden dann mehrere Künste erfunden, die einen für die unumgänglichen Notwendigkeiten des Lebens, andere aber für eine gehobenere Lebensführung, so halten wir die letzteren gerade deshalb, weil ihr Wissen nicht auf den Nutzen abzielt, [20] für weiser als die ersteren. Erst als bereits alle derartigen Künste entwickelt waren, entdeckte man die Wissenschaften, die sich nicht allein auf die Lust und die Lebensnotwendigkeiten bezogen, und das erstmals in diesen Gebieten, wo man sich Muße leisten konnte. Daher entstanden auch die mathematischen Wissenschaften[3] in Ägypten[4], denn dort gestattete man dem Priesterstand, Muße zu pflegen. [25] In der Ethik[5] ist gesagt worden, welcher Unterschied zwischen Kunst, Wissenschaft und anderem Gleichartigen besteht. Weswegen wir nun darüber reden, hat seinen Grund darin, daß man allgemein der Ansicht ist, die sogenannte Weisheit[6] drehe sich um die ersten Ursachen und Prinzipien. Deshalb gilt – wie vorhin dargelegt – der Erfahrene für weiser [30] als der, der lediglich über eine Sinneswahrnehmung verfügt; der Künstler für weiser als der Erfahrene; der leitende Künstler für weiser als der Handwerker, und schließlich gelten die betrachtenden Wissenschaften mehr als die bewirkenden. | Es ist also klar, daß die Weisheit eine Wissenschaft von gewissen Prinzipien und Ursachen ist.

2. Die Merkmale der Weisheit

Da wir nun diese Wissenschaft suchen, [5] muß man überlegen, mit welchen Ursachen und Prinzipien sich die Wissenschaft befaßt, die Weisheit ist. Wenn man nun die Auffassungen, die wir über den Weisen haben, zusammenstellt, dürfte die Angelegenheit daraus klarer werden. Zuerst nehmen wir einmal an, daß ein Weiser – soweit das möglich ist – alles wisse, ohne über die Wissenschaft vom Einzelnen zu verfügen. [10] Weiter glauben wir, daß der ein Weiser ist, der imstande ist, schwierige Dinge zu erkennen, Dinge, die der Mensch nicht leicht erkennt. (Denn Sinneswahrnehmung ist allen gemeinsam, deshalb auch leicht und keinesfalls Zeichen eines Weisen.) Ferner halten wir den in jeder Wissenschaft für weiser, der genauer ist und der besser die Ursachen zu lehren versteht. Und wir sind der Meinung, daß die Wissenschaft, [15] die um ihrer selbst willen und des Wissens wegen erstrebt wird, eher Weisheit sei als die, die ihrer Resultate wegen gewählt wird. Die beherrschendere Wissenschaft ist eher Weisheit als die untergeordnete. Denn man soll nicht dem Weisen Anordnungen erteilen, sondern er selbst soll anordnen; nicht er soll einem anderen gehorchen, sondern der weniger Weise ihm.

Dergestalt sind die Auffassungen, und so viele gibt es, [20] die wir über die Weisheit und die Weisen hegen. Notwendigerweise trifft darunter das Merkmal, alles zu wissen, auf den zu, der am meisten über die Wissenschaft vom Allgemeinen verfügt; denn dieser kennt gewissermaßen alles, was dem Allgemeinen untergeordnet ist.[7] Doch gerade dies, das Allgemeinste, ist für die Menschen am schwierigsten zu erkennen; ist doch der Abstand zu den Sinneswahrnehmungen am weitesten. [25] Die genauesten Wissenschaften aber sind die, welche sich am meisten auf das Erste beziehen; die nämlich, welche sich auf weniger Prinzipien beziehen, sind genauer als die, welche noch Zusätze beinhalten: so ist die Arithmetik genauer als die Geometrie.[8] Die Wissenschaft aber, dic die Ursachen betrachtet, ist in höherem Maße zur Belehrung befähigt. Denn es belehren die, welche die Ursachen jeder Sache angeben. [30] Doch Wissen und Verstehen um ihrer selbst willen trifft am meisten bei der Wissenschaft des im höchsten Grade Wißbaren zu. Denn wer das Verstehen um seiner selbst willen wählt, wird am meisten die höchste Wissenschaft wählen | – das ist aber die Wissenschaft des im höchsten Grade Wißbaren; und im höchsten Grade wißbar sind das Erste und die Ursachen; denn gerade durch diese und aus diesen wird das andere erkannt, nicht aber diese aus dem Untergeordneten. Die Wissenschaft aber, die erkennt, weswegen das Einzelne getan werden muß, ist die beherrschendste und steht höher als die ihr untergebene. [5] Und dies ist in jedem Einzelnen das Gute und überhaupt das Beste in der gesamten Natur.

Aufgrund all dessen, das nun erörtert worden ist, fällt die gesuchte Benennung auf ein und dieselbe Wissenschaft. Diese muß nämlich die ersten Prinzipien und Ursachen betrachten, [10] da doch auch das Gute und das Weswegen zu den Ursachen gehört. Daß es sich aber dabei nicht um eine bewirkende Wissenschaft handelt, ergibt sich aus den Lehren der frühesten Philosophen. Weil sie sich nämlich wunderten, haben die Menschen zuerst wie jetzt noch zu philosophieren begonnen[9]; sie wunderten sich anfangs über das Unerklärliche, das ihnen entgegentrat. Allmählich machten sie auf diese Weise Fortschritte und stellten sich über Größeres Fragen, [15] etwa über die Affektionen des Mondes und die von Sonne und Sternen und über die Entstehung des Alls. Der jedoch, der voller Fragen ist und sich wundert, vermeint, in Unkenntnis zu sein. (So ist auch ein Liebhaber von Mythen in gewisser Hinsicht ein Philosoph, setzt sich doch ein Mythos aus Wunderbarem zusammen.)[10] Philosophierte man also, um der Unwissenheit zu entkommen, so suchte man offenbar das Verstehen, [20] um zu wissen, keineswegs aber um eines Nutzens willen. Das beweist auch der Gang der Dinge; denn erst, als alle Lebensnotwendigkeiten vorhanden waren und alles, was der Erleichterung und einem gehobenen Leben dient, begann man eine derartige Einsicht zu suchen. Es ist klar, daß wir diese nicht um eines anderen Nutzens willen suchen; [25] sondern, wie unserer Meinung nach der ein freier Mensch ist, der um seiner selbst und nicht um eines anderen willen lebt, so ist auch diese Wissenschaft als einzige von allen frei; ist sie doch allein um ihrer selbst willen da.

Daher könnte man mit Recht annehmen, ihr Besitz gehe über menschliche Kraft hinaus.[11] Vielfach nämlich ist die Natur des Menschen gebunden, so daß, wie Simonides sagt[12]:

[30] »Gott allein wohl dieses Vorrecht genießt«,

daß es aber des Menschen unwürdig sei, nicht nach der ihm zukommenden Wissenschaft zu suchen. Sollte aber an dem, was die Dichter behaupten, doch etwas sein und sind die Götter neidisch, | so müßte das hier besonders zutreffen und alle, die in dieser Wissenschaft hervorragten, müßten unglücklich sein. Doch die Gottheit kann nicht neidisch sein[13], lautet doch das Sprichwort:

Vieles lügen die Sänger[14];

und keine andere Wissenschaft ist höher einzuschätzen als diese. [5] Die göttlichste Wissenschaft nämlich ist auch die ehrbarste, und nur in zweifacher Hinsicht ist sie es: die

Wissenschaft nämlich, die die Gottheit am meisten besitzen dürfte, ist eine göttliche Wissenschaft, aber auch die, die vom Göttlichen handelt. Und diese allein umfaßt beides. Denn Gott gilt allen als eine Ursache und ein Prinzip, und Gott besitzt wohl diese Wissenschaft allein oder doch am meisten. Freilich sind alle anderen Wissenschaften notwendiger als diese, aber keine ist besser. In gewisser Hinsicht allerdings muß ihr Besitz gegenüber den anfänglichen Untersuchungen für uns ins Gegenteil umschlagen. Alle nämlich beginnen, wie gesagt, mit der Verwunderung, daß die Dinge so sind, wie sie sind, wie etwa angesichts sich selbst bewegender Marionetten[15], der Sonnenwende oder der Inkommensurabilität der Diagonale[16] (denn es scheint allen verwunderlich, die noch nicht die Ursache betrachtet haben, daß es etwas gibt, das nicht mit dem kleinsten Maß gemessen werden kann). Doch es muß sich nach dem Sprichwort[17] zum Gegenteil und zum besseren Ende umkehren, auch in diesem Fall, wenn man die Ursache zu verstehen gelernt hat. Über nichts geriete nämlich ein Geometer mehr in Erstaunen, als wenn die Diagonale kommensurabel wäre.

Somit ist gesagt, welches die Natur der gesuchten Wissenschaft ist und was das Ziel ist, das die Untersuchung und das gesamte Verfahren[18] erreichen muß.

3. Die alten Philosophen und ihre Lehren von den Prinzipien und Ursachen

Da es also klar ist, daß man eine Wissenschaft von den uranfänglichen Ursachen gewinnen muß (denn erst dann sprechen wir von einem Wissen in jedem Einzelfall, wenn wir glauben, die erste Ursache zu kennen), man aber von den Ursachen in vierfacher Bedeutung spricht[19], einmal nämlich als Wesen und als Was-es-ist-dies-zu-sein[20] (denn das Weshalb wird zuletzt auf den Begriff zurückgeführt, Ursache und Prinzip aber sind das erste Weshalb), zweitens als Stoff und Substrat, drittens als das, woher der Anfang der Bewegung kommt, viertens – im Gegensatz zur dritten Bedeutung – als das Weswegen und das Gute (denn dies ist das Ziel aller Entstehung und aller Bewegung), so wollen wir doch – obschon wir darüber zur Genüge in unseren Arbeiten über die Natur[21] gehandelt haben – | nun jene hinzuziehen, die vor uns zur Untersuchung des Seienden übergegangen waren und über die Wahrheit philosophiert haben. Denn offenkundig sprechen auch sie von gewissen Prinzipien und Ursachen. Wenn wir ihre Ansichten durchgehen, so wird das für unser Verfahren wohl förderlich sein. Denn entweder werden wir eine andere Art von Ursache finden, oder wir werden den eben genannten eher Vertrauen schenken.[22]

Die Mehrzahl der ersten Philosophen war der Meinung, daß allein die Prinzipien in der Natur des Stoffes die Prinzipien aller Dinge seien. Das nämlich, woraus alles Seiende ist und woraus als dem Ersten es entsteht und worin es letztlich wieder untergeht – wobei das Wesen bestehenbleibt und sich lediglich in seinen Affektionen ändert –, das nennen sie Element, das Prinzip des Seienden. Und deshalb meinen sie auch, daß weder etwas entstehe noch vergehe, da eine derartige Natur stets erhalten bleibe. Wie wir ja auch nicht von Sokrates behaupten, daß er schlechthin entstehe, wenn er schön oder musisch wird, noch, daß er vergehe, wenn er diese Merkmale[23] verliert, weil ja das Substrat, Sokrates selbst, bestehenbleibt; und ebensowenig behaupten sie, vergehe etwas anderes, noch entstehe es. Immer nämlich gebe es eine Natur – entweder eine oder mehr als eine – woraus das andere entsteht, während diese jedoch erhalten bleibt. Freilich, was die Menge und die Form eines derartigen Prinzips betrifft, sind sich durchaus nicht alle einig.

Aber Thales[24], der Urheber dieser Art Philosophie, sagt, das Wasser sei dieses Prinzip (deshalb erklärte er auch, die Erde ruhe auf dem Wasser), wobei er vielleicht zu dieser

Annahme kam, weil er sah, daß die Nahrung aller Dinge flüssig sei und die Wärme selbst daraus entstehe und ihre Lebenskraft von dorther nehme (das aber, woraus alles entsteht, ist das Prinzip von allem). Daher also kam er zu dieser Annahme, aber auch noch dadurch, daß die Samen aller Dinge über eine feuchte Natur verfügen. Das Wasser aber ist für das Feuchte Prinzip seiner Natur. Einige vertreten sogar die Auffassung, daß in uralten Zeiten, lange vor der jetzigen Generation, diejenigen, die als erste von den Göttern gehandelt haben[25], ebenso über die Natur gedacht hätten; denn sie machten Okeanos[26] und Tethys zu Schöpfern der Entstehung und den Schwur der Götter zum Wasser, dem sie den Namen Styx gaben[27]; ist doch am ehrwürdigsten das Älteste, das Ehrwürdigste aber ist der Schwur. Ob dies nun wirklich die anfängliche und alte Meinung | über die Natur war, ist wohl unsicher; Thales allerdings soll sich so über die erste Ursache geäußert haben (denn Hippon[28] ist wohl wegen des geringen Wertes seiner Gedanken nicht würdig, unter diese Denker eingereiht zu werden). Anaximenes[29] aber und Diogenes[30] setzten die Luft früher als das Wasser und als das zuvorderste Prinzip der einfachen Körper, während Hippasos aus Metapont[31] und Heraklit aus Ephesos[32] dies vom Feuer, Empedokles[33] aber von den vier Elementen annahm, indem er den eben erwähnten die Erde als viertes zuzählte (nach seiner Meinung nämlich bleiben diese bestehen und entstehen nicht, sondern sie vereinigen und trennen sich in größerer oder geringerer Zahl auf das Eine hin, beziehungsweise von dem Einen weg). Anaxagoras aus Klazomenai[34], wenn auch älter als Empedokles, trat doch mit seinen Werken später[35] hervor und behauptet eine unbegrenzte Anzahl von Prinzipien. Denn er lehrt, daß alle Dinge, die aus ähnlichen Teilen[36] bestehen, wie etwa Wasser und Feuer, nur in dieser Hinsicht, als sie sich verbinden und trennen, entstehen und vergehen, in einem anderen Sinn aber entstünden sie weder, noch vergingen sie, sondern sie blieben ewig bestehen.

Man könnte demnach meinen, die einzige Ursache sei die sogenannte stoffliche Ursache. Als aber die Denker so fortschritten, wies ihnen die Sache selbst den Weg und nötigte sie zu weiterer Forschung. Wenn es nämlich auch noch so klar ist, daß sich jegliches Entstehen und Vergehen aus etwas herleitet, das ein Eines oder mehreres ist, weshalb geht das so vor sich, und was ist die Ursache? Denn das Substrat bewirkt doch nicht seine eigene Veränderung. Ich meine es etwa so: weder das Holz noch die Bronze sind Ursache dafür, wenn sich eines von ihnen verändert; weder stellt das Holz ein Bett her noch die Bronze eine Statue, sondern etwas anderes ist die Ursache der Veränderung. Dies aber zu suchen bedeutet ein davon verschiedenes Prinzip suchen oder, wie *wir* es ausdrücken möchten, das, woher sich der Ursprung der Bewegung herleitet. Nun, jene, die bereits ganz am Anfang ein derartiges Verfahren einschlugen und behaupteten, das Substrat sei Eines[37], waren keinesfalls untereinander uneins. Doch einige, die auch vom Einen sprachen[38], behaupten – gleichsam von dieser Untersuchung überwältigt –, das Eine und die ganze Natur sei unbeweglich, und das nicht nur im Hinblick auf Entstehen und Vergehen (das nämlich ist eine uralte Annahme, und alle waren sich darin einig), sondern auch hinsichtlich jeder anderen Veränderung; | und dieser Standpunkt ist für sie bezeichnend. Keiner von denen, die behaupteten, das All sei Eines, kam dazu, diese Ursache zu kennen, mit Ausnahme vielleicht von Parmenides[39]; doch auch dieser nur insoweit, als er ja nicht nur eine, sondern in gewisser Hinsicht zwei Ursachen annimmt. Für die aber, die mehrere Ursachen annehmen[40], ist es schon eher möglich, davon zu reden, zum Beispiel für die, die das Warme, das Kalte oder das Feuer und die Erde annehmen; denn sie behandeln das Feuer als etwas, das über eine bewegende Natur verfügt, Wasser aber, Erde und derartiges als das Gegenteil.

Nach diesen Denkern und derartigen Prinzipien wurde man, da diese nicht hinreichten, die Natur der Dinge entstehen zu lassen, von der Wahrheit selbst, wie gesagt[41], gezwungen, das nächstfolgende Prinzip zu suchen. Davon nämlich, daß die Dinge einerseits gut und schön sind, andererseits dazu werden, kann weder das Feuer noch die Erde, noch etwas anderes derartiges die Ursache sein, noch konnten es jene Denker geglaubt haben. Es konnte aber auch nicht richtig sein, eine so gewichtige Angelegenheit der Spontaneität[42] oder dem Zufall anheimzustellen. Als nun jemand behauptete[43], daß die Vernunft wie in den Lebewesen so auch in der Natur die Ursache jeder Schönheit und jeder Ordnung sei, da erschien dieser als der Besonnene gegenüber dem planlosen Gerede der Vorläufer. Wir wissen ganz sicher, daß Anaxagoras diese Gedanken erfaßt hat, doch glaubt man, Hermotimos aus Klazomenai[44] habe sie früher geäußert. Diejenigen nun, die so dachten, meinten, daß die Ursache des Guten zugleich ein Prinzip der Dinge sei, und zwar ein derartiges Prinzip, von dem her den Dingen Bewegung zukommt.

4. Die Lehrmeinungen der alten Philosophen (Fortsetzung)

Man könnte vermuten, daß Hesiod[45] als erster etwas Derartiges gesucht hat, oder wenn sonst jemand Liebe oder Begierde in den Dingen als Prinzip annahm, wie etwa auch Parmenides. Denn dieser sagt beim Aufbau der Entstehung des Alls:

> »Als ersten unter allen Göttern ersann sie[46] den Liebesgott«[47],

Hesiod aber:

> »Zuallererst entstand das Chaos, darauf aber die breitbrüstige Erde ... und der Liebesgott, der unter allen Göttern hervorragt«[48],

da es ja in den Dingen eine Ursache geben müsse, die die

Dinge bewege und zusammenbringe. Wie man nun diese Denker nach ihrer Priorität einreihen muß, dies soll später zu entscheiden gestattet sein.[49] Da aber auch das Gegenteil des Guten sich in der Natur vorhanden zeigte – nicht allein Ordnung und das Schöne, | sondern auch Unordnung und das Häßliche und mehr Schlechtes als Schönes –, so führte ein anderer Freundschaft und Streit ein, jedes von beiden als Ursache dieser beiden. Wenn nun einer der Ansicht des Empedokles nachgeht und sie nimmt, wie sie gemeint ist, und keinen Maßstab an die holprige Art seines Ausdrucks legt, wird er entdecken, daß Freundschaft die Ursache des Guten, der Streit aber Ursache des Schlechten ist, so daß man also, wenn man sagt, daß Empedokles in gewisser Hinsicht – und zwar zuerst – das Schlechte und das Gute als Prinzipien anspricht, das Richtige treffen dürfte, wenn von allem Guten das Gute selbst die Ursache ist.

Diese nun, wie gesagt, scheinen insoweit zwei Ursachen erfaßt zu haben, die wir in den Untersuchungen über die Natur[50] unterschieden, den Stoff nämlich und das Woher der Bewegung, allerdings undeutlich und ohne Klarheit, wie es bei Wettkämpfen die Untrainierten tun. Denn auch diese bringen, wild »rudernd«, oft schöne Schläge an, doch weder tun das jene aufgrund einer Kampfkenntnis, noch scheinen diese zu wissen, was sie sagen; denn offenbar machen sie von diesen Grundsätzen keinen oder doch nur geringen Gebrauch. Anaxagoras nämlich verwendet bei der Weltschöpfung die Vernunft als »deus ex machina«, und wenn er in Verlegenheit ist, durch welche Ursache etwas notwendigerweise sein soll, dann zieht er sie bei; doch in den übrigen Fällen gibt er alles eher als Ursache an als die Vernunft. Und wiewohl Empedokles seine Ursachen mehr verwendet als jener, tut er das keinesfalls hinreichend, noch findet er dabei eine innere Übereinstimmung. Schließlich, in vielen Fällen, ist es bei ihm die Freundschaft, die trennt, und der Streit, der verbindet. Denn wenn das All unter dem Einfluß des Streites in seine Elemente zerfällt, dann ver-

bindet sich das Feuer in Eines und ebenso jedes der anderen Elemente. Wenn sie aber wiederum unter dem Einfluß der Freundschaft in das Eine zusammenkommen, müssen die Teile wieder aus jedem getrennt werden.
Empedokles allerdings war im Gegensatz zu seinen Vorläufern der erste, [30] der die Teilung dieser Ursache einführte, indem er nicht nur *einen* Ursprung der Bewegung, sondern noch verschiedene und entgegengesetzte annahm. Weiter sprach er als erster von vier stoffartigen Elementen, er gebraucht sie aber nicht nur als *vier*, sondern als wären sie *zwei*; | einerseits nämlich das Feuer an sich und auf der anderen Seite seine Gegenteile – Erde, Luft und Wasser – als *eine* Natur. Das kann man nach genauer Einsicht in seine Verse entnehmen.[51] Auf diese Weise also hat, wie wir sagen, dieser Philosoph gesprochen, und so viele Prinzipien hat er angenommen. Leukipp[52] jedoch und sein Gefährte Demokrit[53] behaupten, daß das Volle und das Leere Elemente seien, [5] indem sie sagen, das eine sei das Seiende, das andere das Nichtseiende; das Volle und Feste ist das Seiende, das Leere hingegen das Nichtseiende (daher sagen sie auch, daß das Seiende nicht mehr existiere als das Nichtseiende, weil nämlich der Körper nicht mehr existiere als das Leere); das aber seien die stofflichen Ursachen der Dinge. [10] Und wie diejenigen, die das Eine zum substrathaften Wesen machen, alles übrige durch Affektionen desselben hervorbringen, das Dünne und das Dichte als Ursprung der Affektionen ansetzen, genauso sprechen auch diese Denker von den Unterschiedlichkeiten als den Ursachen der übrigen Affektionen. Und es gibt ihrer Meinung nach drei solche Unterschiede: Gestalt, Anordnung, Lage. Sie sagen nämlich, daß sich das Seiende lediglich durch »Rhythmus«, [15] durch den gegenseitigen Zusammenhalt und durch die Wendung unterscheidet. Davon heißt Rhythmus Gestalt, gegenseitiger Zusammenhalt Anordnung und Wendung Lage. So unterscheidet sich nämlich A von N durch die Gestalt, AN von NA durch die Anordnung und Z von N durch die Lage. Die

Frage nach der Bewegung aber, woher oder wie sie den Dingen zukommt, haben auch diese, wie die anderen, leichtfertig übergangen. [20] Über die zwei Ursachen, wie gesagt, scheinen bis hierher von den früheren Philosophen die Untersuchungen betrieben worden zu sein.

5. Die Lehrmeinungen der alten Philosophen (Pythagoreer, Eleaten)

Zu dieser Zeit, aber auch schon vorher, beschäftigten sich die sogenannten Pythagoreer[54] als erste mit der Mathematik, bauten sie weiter aus und waren, da sie sich mit ihr sehr auseinandergesetzt hatten, [25] der Meinung, daß in ihren Prinzipien die Prinzipien der Dinge gelegen seien. Da nun von diesen Prinzipien die Zahlen von Natur aus das Erste sind, sie aber gerade in diesen viele Ähnlichkeiten mit dem Seienden und Entstehenden zu sehen vermeinten – mehr als in Feuer, Erde oder Wasser –, weil die eine Affektion der Zahlen die Gerechtigkeit, die andere die Seele und die Vernunft, [30] wieder eine andere den günstigen Augenblick bedeuten sollte, und ähnlich alles übrige, da sie dazu noch in den Zahlen die Affektionen und Verhältnisse der »Harmonien« erblickten, weil sie also glaubten, alle anderen Dinge glichen ihrer ganzen Natur nach den Zahlen und die Zahlen seien das Erste in der ganzen Natur, | nahmen sie an, daß die Elemente der Zahlen die Elemente aller Dinge seien und der gesamte Himmel sei Harmonie und Zahl. Und alles, was sie in Ähnlichkeit mit den Zahlen und Harmonien in Hinsicht auf die Affektionen, [5] die Teile des Himmels und den Gesamtaufbau des Himmels vorfanden, das faßten sie zusammen und paßten es einander an. Und wenn nun etwas offenblieb, so fügten sie noch etwas hinzu, damit ihre ganze Theorie geschlossen sei. Ich meine das etwa so: da sie glauben, die Zahl Zehn sei vollkommen und umfasse die gesamte

Natur der Zahlen, behaupten sie auch, daß die bewegten Himmelskörper zehn seien; [10] aber weil lediglich neun sichtbar sind, erdachten sie sich als zehnten die »Gegenerde«. Doch darüber haben wir in anderen Schriften[55] genauer gehandelt. Aber weswegen wir darauf eingehen, hat den Grund darin, auch von diesen Philosophen zu entnehmen, welche Prinzipien sie ansetzen und wie diese unter die eben genannten Ursachen fallen. [15] Offenbar sehen auch die Pythagoreer die Zahl für ein Prinzip an – sowohl im Sinne von Stoff für die Dinge wie im Sinne von Affektionen und Zuständen –; sie glauben, die Elemente der Zahl seien das Gerade und Ungerade, wovon aber das eine begrenzt sei, das andere unbegrenzt; die Eins jedoch bestehe aus beidem [20] (denn sie sei gerade und ungerade), die Zahl wiederum bestehe aus dem Einen, und – wie gesagt – die Zahlen bildeten den ganzen Himmel.

Andere Mitglieder derselben Schule sagen wiederum, es gebe zehn Prinzipien, die sie in ihren Entsprechungen anführen:

Grenze	– Unbegrenztes
Ungerades	– Gerades
Eines	– Menge
Rechtes	– Linkes
Männliches	– Weibliches
[25] Ruhendes	– Bewegtes
Gerades	– Gekrümmtes
Licht	– Dunkel
Gutes	– Schlechtes
Quadrat	– Rechteck.

Auf diese Weise scheint auch Alkmaion aus Kroton[56] vorzugehen, und entweder hat dieser den Gedanken von jenen oder jene von diesem übernommen. [30] Alkmaion nämlich äußerte sich in ähnlicher Weise wie diese. Denn er meint, daß die menschlichen Dinge zumeist zu zweit auftreten, wobei er aber die Gegensätze nicht wie die Pythagoreer als fest bestimmt auffaßt, sondern als zufällig, wie etwa: weiß – schwarz, süß – bitter, gut – schlecht, groß – klein. Über die übrigen Gegensätze hat er sich nicht bestimmt ausgesprochen, während doch die Pythagoreer erklärten, | wie viele und welche Gegensätze es gebe. Aus beiden Lehrmeinungen kann man also soviel entnehmen, daß die Gegenteile die Prinzipien der Dinge darstellen; doch wie viele es gibt und welche sie sind, kann man nur von den Pythagoreern erfahren. Wie es allerdings möglich ist, die Prinzipien auf die von uns genannten Ursachen zurückzuführen, ist von ihnen nicht klar und deutlich auseinandergesetzt worden, sie scheinen aber die Elemente stoffartig anzusetzen; sie behaupten nämlich, daß das Wesen aus ihnen als aus ihnen innewohnenden Bestandteilen zusammengesetzt und gebildet sei.

Daraus kann man hinreichend den Gedankengang der alten Denker, die von mehreren Elementen der Natur sprechen, ersehen. Doch gibt es auch welche, die sich über das All dahingehend äußerten, als gebe es nur *eine* Natur, wiewohl nicht alle das auf ein und dieselbe Weise taten – weder, was die Folgerichtigkeit ihres Vorgehens, noch, was die Übereinstimmung mit den Tatsachen der Natur anlangt. Nun gehört zwar die Behandlung dieser Denker keineswegs zur gegenwärtigen Untersuchung der Ursachen; sie nehmen nämlich nicht wie einige Naturphilosophen das Seiende als Eines an, wenn sie es auch aus dem Einen wie aus einem Stoff entstehen lassen, sondern sie sprechen in anderer Art (denn jene fügen die Bewegung hinzu, indem sie das All entstehen lassen, doch diese behaupten, das All sei unbewegt). Gewiß nicht, aber so viel gehört zur gegenwärtigen Überlegung: Parmenides nämlich scheint das Eine seinem Begriff nach aufgefaßt zu haben, Melissos[57] hingegen das Eine seinem Stoffe nach; so meint auch der eine, es sei begrenzt, der andere, es sei unbegrenzt.[58] Xenophanes[59], der als erster das Eine annahm (denn Parmenides soll sein Schüler gewesen sein), lieferte darüber keine klare Darlegung; er scheint auch in keiner von beiden Hinsichten die Natur des Einen aufgefaßt zu haben, sondern im Hinblick auf den gesamten Himmel sagt er, das Eine sei Gott. Diese Denker nun, wie gesagt, müssen bei der gegenwärtigen Untersuchung übergangen werden – zwei allerdings in besonderem Maße, da sie zu ungeschult im Denken sind, nämlich Xenophanes und Melissos. Dagegen scheint Parmenides manchmal mit mehr Einsicht zu sprechen. Da er meint, daß neben dem Seienden das Nichtseiende nicht existiere, glaubt er, daß notwendigerweise das Seiende Eines sei und nichts anderes (worüber wir mit mehr Deutlichkeit in unserem Werk über die Natur[60] gesprochen haben); aber gezwungen, den Erscheinungen Rechnung zu tragen, und in der Annahme, es gebe dem Begriff nach das Eine, jedoch der Sinneswahrnehmung nach mehreres, setzt er doch wieder zwei Ursachen und zwei Prinzipien an und bezeichnet sie mit warm und kalt, das heißt Feuer und Erde. Davon rechnet er das Warme dem Seienden zu, | das andere dem Nichtseienden.

Aus dem Gesagten und von den weisen Männern, die mit uns beratschlagten, haben wir folgendes übernommen: von den frühesten Philosophen, daß das Prinzip körperlich sei (denn Wasser und Feuer und derartiges sind Körper), und zwar meinen von diesen Denkern die einen, es gebe nur *ein* Prinzip, die anderen, es gebe mehrere körperliche Prinzipien; beide allerdings setzen sie als stoffartige Prinzipien an. Einige wiederum, die eine solche Ursache annehmen, fügen noch das Woher der Bewegung hinzu, und zwar entweder als *eine* oder als *zwei* Ursachen. Bis zu den Italikern nun und unabhängig von ihnen haben die Philosophen zu unklar darüber gehandelt, ausgenommen, wie gesagt, daß sie zwei Ursachen verwendeten, von denen sie die eine – das Woher der Bewegung – einerseits als *eine*, andererseits als *zwei* ansetzen. Aber die Pythagoreer haben auf dieselbe Art behauptet, es gebe zwei Prinzipien, doch meinten sie noch zusätzlich, was ihnen eigentümlich ist, daß das Begrenzte und Unbegrenzte nicht noch andere Naturen seien (wie etwa Feuer oder Erde oder etwas anderes derartiges), sondern daß das Unbegrenzte selbst und das Eine selbst das Wesen dessen seien, wovon sie ausgesagt werden; daher sei auch die Zahl das Wesen aller Dinge. Darüber also äußerten sie sich auf diese Weise; [20] auch begannen sie, über das Was zu sprechen und Definitionen aufzustellen, doch gingen sie dabei sehr einfach vor. Sie lieferten oberflächlich ihre Definitionen, und sie glaubten, daß dasjenige, dem zuerst die besagte Definition zukommen sollte, das Wesen der Sache sei, als glaubte jemand, das Doppelte und die Zwei seien dasselbe, weil [25] zuerst das Doppelte der Zwei zukommt. Doch das Doppelt-sein und das Zwei-sein sind wohl nicht dasselbe. Wäre dem nicht so, würde auch das Eine vieles sein, was ja auch für die Pythagoreer zutraf. Soviel ist nun den frühen Philosophen und den anderen zu entnehmen.

6. Platons Lehre von den Prinzipien

Den genannten philosophischen Lehren folgte Platons Philosophie[61], [30] die sich in vielem zwar diesen anschließt, die aber doch auch Eigentümlichkeiten gegenüber der Lehre der Italiker zeigt. Er war in seiner Jugend zuerst mit Kratylos[62] vertraut geworden und den Lehrmeinungen der Herakliteer, die besagen, daß sich alle Sinnesdinge im Fluß befänden und daß es darüber keine Wissenschaft gebe, welche Anschauung er auch späterhin vertrat. | Sokrates hingegen behandelte ethische Fragen – also nicht die Natur in ihrer Gesamtheit –, in ihnen suchte er das Allgemeine und lenkte als erster seine Gedanken auf Definitionen. Platon schloß sich seiner Lehre an und meinte, [5] die Definition betreffe etwas anderes als die Sinnesdinge; es sei nämlich unmöglich, über irgendeines von den Sinnesdingen eine allgemeine Definition aufzustellen, da diese ja einer ständigen Veränderung unterworfen seien. Dinge dieser anderen Art nun (auf die die Definitionen zutreffen) nannte er Ideen und meinte, die Sinnesdinge existieren neben diesen und würden vermöge ihrer Beziehung zu diesen bezeichnet. Denn aufgrund ihrer »Teilhabe« existieren »die Vielen«, die mit den Ideen den gleichen Namen haben. Allein der Name »Teilhabe« war neu: denn die Pythagoreer lehren, daß die Dinge durch Nachahmung der Zahlen existierten. Platon aber sagt durch »Teilhabe«, wobei er nur den Namen ändert. Doch was diese Teilhabe oder diese Nachahmung der Formen[63] sei, diese Untersuchung ließen sie offen.

Ferner sagt Platon, daß es neben den Sinnesdingen und den Formen noch mathematische Dinge gibt, die eine Mittelstellung einnehmen und die sich einerseits von den Sinnesdingen dadurch unterscheiden, daß sie ewig sind und unbewegt, andererseits von den Formen dadurch, daß es viele ähnliche mathematische Dinge gibt, während doch die Form selbst jeweils *eine* ist. Da aber die Formen die Ursachen für die anderen Dinge darstellen sollten, vertrat Platon die Ansicht, daß ihre Elemente die Elemente von allen Dingen seien. Als Stoff seien das Große und das Kleine Prinzipien, als Wesen aber das Eine. Daraus nämlich leiteten sich durch die Teilhabe am Einen die Formen ab. Freilich, daß das Eine ein Wesen sei und keineswegs irgendein davon verschiedenes Seiendes als Eines bezeichnet werde, darin stimmte Platon mit den Pythagoreern überein; aber auch darin, daß die Zahlen Ursachen des Wesens für die anderen Dinge seien. Der Umstand aber, daß Platon anstelle des Unbegrenzten als des Einen die Zweiheit setzte und das Unbegrenzte aus dem Großen und Kleinen ableitete, ist seine Eigentümlichkeit. Und weiter meint er, daß die Zahlen neben den Sinnesdingen existieren, die Pythagoreer aber, daß die Zahlen die Dinge selbst seien, und sie setzen das Mathematische nicht als Mittleres zwischen Formen und Sinnesdingen an. Daß er – nicht wie die Pythagoreer – das Eine und die Zahlen neben den Dingen annahm und daß er die Formen einführte, resultiert aus seiner Beschäftigung mit den Begriffen (denn die früheren Philosophen befaßten sich noch nicht mit Dialektik); und daß er die andere, von dem Einen verschiedene Natur, zur Zweiheit machte, geschah deshalb, weil sich die Zahlen – mit Ausnahme der ersten – leicht aus ihr ableiten lassen wie aus einer bildbaren Masse. |

Doch das Gegenteil tritt ein. Diese Theorie ist so nicht vernünftig. Sie lassen nämlich aus dem Stoff vieles hervorgehen, die Form jedoch erzeugt nur einmal. Aber wir können beobachten, daß aus *einem* Stoff *ein* Tisch entsteht, wiewohl doch derjenige, der die Form hinzubringt und nur *einer* ist, viele Tische herstellt. Ähnlich verhält sich das Männliche zum Weiblichen; denn das Weibliche wird von *einer* Begattung befruchtet, das Männliche aber befruchtet oft. Das sind doch Nachahmungen jener Prinzipien.

Auf diese Weise also äußerte sich Platon über die Probleme, die zur Frage stehen. Aus dem Gesagten geht aber deutlich hervor, daß er lediglich zwei Ursachen verwendete, das Was und die stoffliche Ursache; denn die Ursachen des Was sind die Formen für die anderen Dinge, das Eine aber für die Formen. Und im Hinblick auf den Stoff als Substrat, nach dem einerseits die Formen bei den Sinnesdingen, andererseits das Eine bei den Formen ausgesagt wird, meint er, daß er eine Zweiheit sei: das Große und das Kleine. Ferner schrieb er die Ursache des Guten und des Schlechten den Elementen zu (dem einen die Ursache des Guten, dem anderen die des Schlechten), wie wir bereits von Untersuchungen einiger früherer Philosophen berichtet haben[64], so etwa von Empedokles und Anaxagoras.

7. Die frühen Philosophen und die vier Prinzipien

Somit haben wir zusammenfassend und der Hauptsache nach durchgenommen, welche Denker es waren und wie sie sich über die Prinzipien und die Wahrheit geäußert hatten.

Doch können wir von ihnen soviel lernen, [20] daß keiner, der über Prinzip und Ursache sprach, ein Prinzip, das nicht in unseren Untersuchungen über die Natur[65] beachtet wurde, behandelt hat, sondern alle erwecken den Anschein, jene Prinzipien – wenn auch unklar – berührt zu haben. Die einen nämlich fassen gewissermaßen den Stoff als Prinzip auf, sei es, daß sie ihn als *ein*, sei es, als mehrere Prinzipien ansetzen, [25] als körperlich oder unkörperlich; so spricht beispielsweise Platon vom Großen und Kleinen, die Italiker vom Unbegrenzten, Empedokles von Feuer, Erde, Wasser und Luft und Anaxagoras von der Unbegrenztheit der Dinge, die aus gleichartigen Teilen bestehen. All diese Denker haben eine Kenntnis einer derartigen Ursache, dazu aber noch diejenigen, die von Luft, [30] Feuer, Wasser oder von etwas, das dichter ist als Feuer, doch dünner als Luft, sprachen; denn einige haben auch das als erstes Element angesehen.

Diese Denker also erfaßten lediglich diese eine Ursache; andere aber fügten noch das Woher des Anfangs der Bewegung hinzu: so alle die, die in Freundschaft und Streit oder in Vernunft oder Liebe ein Prinzip sehen. Keiner aber hat das Was-es-ist-dies-zu-sein[66], das heißt das Wesen, [35] deutlich angegeben. Am ehesten sagen das noch die, | die die Formen annehmen; sie setzen nämlich weder die Formen für die Sinnesdinge und das Eine für die Formen als Stoff an noch als das, woher der Anfang der Bewegung kommt – behaupten sie doch, daß sie eher Ursache der Unbewegtheit und des In-Ruhe-seins seien –, sondern die Formen stellen das Was-es-ist-dies-zu-sein für jedes von den anderen Dingen dar, [5] für die Formen aber das Eine.

Das, »weshalb« Handlungen, Veränderungen und Bewegungen geschehen, ist zwar ihrer Meinung nach in gewisser Hinsicht eine Ursache, doch sie äußern sich darüber nicht auf diese Art und Weise (wie wir es tun), auch nicht, wie es der Natur der Sache zukommt. Denn die, die von Vernunft oder Freundschaft sprechen, nehmen zwar diese Ursachen

als ein Gutes an, doch sie sprechen davon nicht so, [10] daß ihretwegen eines von den Dingen entweder existiere oder entstünde, sondern so, daß sich von ihnen die Bewegungen ableiten. Ebenso sagen auch die, welche das Eine oder das Seiende als eine solche Natur ansprechen, daß es zwar Ursache des Wesens sei, aber nicht, daß ihretwegen etwas existiere oder entstehe, so daß sich demnach ergibt, daß sie in gewisser Hinsicht das Gute als Ursache erklären, in gewisser Hinsicht nicht; [15] denn sie sprechen es nicht schlechthin, sondern nur im akzidentellen Sinne[67] als Ursache an.
Alle diese Denker scheinen uns, da sie keine andere Ursache zu erfassen imstande waren, zu bezeugen, daß wir die Ursachen, was Zahl und Art anbelangt, richtig bestimmt haben. Weiter ist es wohl klar, daß die Prinzipien entweder alle auf diese Weise oder in einer derartigen Richtung gesucht werden müssen. Hierauf aber mögen wir die Schwierigkeiten, [20] die sich daraus ergeben, behandeln, wie sich jeder dieser Denker äußerte und wie er sich in der Frage der Prinzipien verhielt.

8. Auseinandersetzung mit den Lehren vor Platon

Diese Denker, die das All als Eines und *eine* bestimmte Natur als Stoff ansetzen – und zwar als körperlichen Stoff, der über Größe verfügt –, irren offenbar in vielfacher Hinsicht. Sie setzen nämlich nur Elemente für Körper fest, [25] aber keinesfalls für körperlose Dinge, wiewohl es doch auch körperlose Dinge gibt. Sie unternehmen es zwar, die Ursachen von Entstehen und Vergehen zu nennen, und betrachten alles naturphilosophisch, heben aber die Ursache der Bewegung auf. Weiter irren sie darin, daß sie im Wesen oder im Was nicht die Ursache von irgend etwas sehen, ferner auch darin, daß sie allzu leichtfertig irgendeinen der einfachen Körper mit Ausnahme der Erde ein Prinzip nennen, [30] ohne zu beachten, wie sich die Entstehung des einen aus dem anderen vollzieht, ich meine hier Feuer, Wasser, Erde und Luft. Das eine nämlich entsteht durch Vereinigung, das andere durch Trennung voneinander, dieser Umstand bildet aber für das Frühersein und Spätersein das Hauptunterscheidungsmerkmal. So dürfte nun einerseits der Körper von allen der elementarste sein, [35] aus dem als erstem durch Vereinigung die übrigen entstehen; und ein derartiger wäre der aus kleinsten Teilen bestehende und feinste Körper. | Daher stimmen diejenigen, die das Feuer als Prinzip ansetzen, aufs beste mit dieser Überlegung überein; aber auch jeder von den anderen Denkern gibt übereinstimmend zu, daß das Element eines Körpers derartig sei. [5] Keiner zumindest von denen, die *ein* Element vertraten, hat die Erde als Element bezeichnet, offenkundig wegen ihrer Großteiligkeit. Aber jedes von den drei übrigen Elementen hat einen wohlgesinnten Richter erhalten: die einen behaupten, das Feuer sei dieses Element, die anderen, das Wasser, wieder andere, die Luft. Und doch, weshalb nennen sie nicht die Erde, wie die meisten Menschen? [10] Diese sind doch der Meinung, daß alles Erde sei. So sagt auch Hesiod[68], die Erde sei als erster Körper entstanden; so alt und im Volk verbreitet ist diese Anschauung. Im Anschluß an diese Betrachtungsweise dürfte niemand im Recht sein, der etwas anderes als das Feuer Prinzip nennt, auch nicht, wenn er etwas annimmt, das dichter als Luft und dünner als Wasser ist. [15] Andererseits aber, wenn das der Entstehung nach Spätere das der Natur nach Frühere ist und das Zusammengekochte und Vereinigte der Entstehung nach das Spätere, so dürfte das Gegenteil davon eintreten: Wasser wäre früher als Luft, Erde aber früher als Wasser.

Das sei nun über diese Philosophen gesagt, die nur *eine* solche Ursache, wie wir sie besprochen haben, annehmen. Dasselbe ist aber auch dann der Fall, [20] wenn jemand *mehrere* annimmt, so etwa, wenn Empedokles behauptet, vier Körper machten den Stoff aus. Denn auch für ihn treten notwendigerweise einmal dieselben Konsequenzen auf, zum anderen ihm eigentümliche. Denn wir beobachten, daß eines aus dem anderen hervorgeht und so auch Feuer und Erde nicht immer als derselbe Körper bestehenbleiben (worüber in unseren Untersuchungen über die Natur[69] gehandelt wurde); und ferner auch bezüglich der Ursache der bewegten Dinge, [25] ob man *eine* oder *zwei* ansetzen muß, darf man nicht die Meinung hegen, es sei richtig oder einleuchtend dargelegt worden. Allgemein ergibt sich für die, die so sprechen, die Notwendigkeit, eine qualitative Umwandlung aufzuheben; denn ihrer Meinung nach wird weder aus dem Warmen Kaltes noch aus dem Kalten Warmes entstehen. Wäre dem so, würde doch ein und dasselbe Ding von Gegenteilen affiziert werden und es existierte *eine* Natur, die Feuer *und* Wasser werden könnte, was aber jener Philosoph in Abrede stellt.

[30] Sollte nun irgend jemand annehmen, Anaxagoras spreche von zwei Elementen, so dürfte diese Annahme wohl am meisten mit einem Gedankengang übereinstimmen, den jener zwar niemals aufbaute, womit er aber notwendig denen gefolgt wäre, die ihn dazu hingeführt hätten. Wiewohl auch sonst seine Behauptung, alles sei am Anfang vermengt gewesen, unsinnig ist, schon deshalb, weil sich daraus ergibt, daß vorher alles unvermengt bestanden haben müßte, | weiter deshalb, weil sich doch von Natur aus nicht Zufälliges mit Zufälligem mengen läßt, und schließlich, weil Affektionen und Akzidenzen von den Wesen abgetrennt werden könnten (denn wovon es eine Vermengung gibt, gibt es auch eine Abtrennung), dennoch, sollte jemand Anaxagoras folgen und das, was er sagen will, weiter ausbauen, [5] dürfte es sich zeigen, daß seine Lehre moderner ist. Denn solange nichts bestimmt ausgesondert war, konnte offenkundig noch nichts Wahres über jenes Wesen ausgesagt werden; ich meine, daß beispielsweise weder etwas weiß noch schwarz, noch grau war, noch sonst eine Farbe hatte, sondern notwendigerweise farblos; denn sonst würde es doch eine von diesen Farben haben. [10] Ebenso war dieses Wesen

zufolge der gleichen Überlegung auch ohne Geschmack und verfügte über keine ähnliche Affektion; denn es konnte weder ein Quale noch ein Quantum, noch ein Was sein. Sonst nämlich wären ihm die genannten Formen als besondere zugekommen. Doch das ist unmöglich, da alle vermengt waren; es sei denn, eine wäre bereits ausgesondert gewesen; aber er sagt ja, daß alle, mit Ausnahme der Vernunft, vermengt waren, [15] nur sie allein war unvermengt und rein.[70] Daraus folgt nun, daß er als Prinzipien das Eine ansprechen muß (dies nämlich ist einfach und unvermengt) und das Andere, wie wir das Unbestimmte ansetzen, bevor es bestimmt ist und an einer Form teilhat. So äußert er sich zwar nicht richtig und sicher, doch will er etwas sagen, das den späteren Ansichten nahe- und den Dingen, [20] wie sie uns heute erscheinen, noch nähersteht.

Aber diese Philosophen sind nur in den Behandlungen der Fragen nach Entstehung, Vergehen und Bewegung zu Hause; denn sie forschen nahezu ausschließlich nach den Prinzipien und Ursachen für ein derartiges Wesen. Diese Denker jedoch, die über alles Seiende ihre Betrachtungen anstellen und vom Seienden das eine als mit den Sinnen erfaßbar, [25] das andere als mit den Sinnen nicht erfaßbar ansetzen, lenken offenkundig ihre Überlegungen auf beide Gattungen. Daher wird man sich wohl in höherem Maße mit diesen beschäftigen und fragen, was sie richtig oder unrichtig hinsichtlich der uns im Augenblick beschäftigenden Überlegung behaupten.

Die sogenannten Pythagoreer also handeln von fernerliegenden Prinzipien und Elementen als die Naturphilosophen. [30] Grund dafür ist, daß sie die Prinzipien nicht von den Sinnesdingen ableiteten; denn die mathematischen Dinge sind ohne Bewegung – ausgenommen diejenigen, von denen die Astronomie handelt. Und doch diskutieren und behandeln sie alles, was sich auf die Natur bezieht; sie lassen nämlich den Himmel[71] entstehen, und hinsichtlich seiner Teile, Affektionen und Tätigkeiten | beobachten sie das, was sich ergibt, und sie verwenden dafür ihre Prinzipien und Ursachen, als stimmten sie mit den anderen Naturphilosophen hierin überein, daß das Seiende nur das mit den Sinnen Erfaßbare sei und das, was der sogenannte Himmel umschließt. [5] Wie wir sagten[72], sind sie der Meinung, daß ihre Ursachen und Prinzipien geeignet seien, aufwärts zu steigen zu den höheren Dingen, und mehr dazu angetan als für die Erörterungen über die Natur. Auf welche Weise allerdings eine Bewegung zustande kommen kann, da nur Grenze und Unbegrenztes, Ungerades und Gerades als Substrat angesehen wird, erklären sie nicht, oder auch nur, wie es möglich sein kann, [10] daß es ohne Bewegung und Veränderung Entstehen und Vergehen gibt oder Tätigkeiten derjenigen Körper, die am Himmel umlaufen.

Und gesetzt, man könnte ihnen einräumen, daß aus diesen Elementen die Größe bestehe und dies bewiesen sei, so bleibt trotz alledem die Frage: Wie kann es einmal leichte und einmal schwere Körper geben? Denn nach dem, was sie annehmen und behaupten, [15] sprechen sie nicht mehr von den mathematischen Körpern als von den mit den Sinnen erfaßbaren. So haben sie auch nichts über Feuer, Erde oder andere derartige Körper ausgesagt, weil sie meiner Meinung nach nichts Eigenes über die mit den Sinnen erfaßbaren Körper anzugeben wußten.

Weiter, wie soll man annehmen, daß einerseits die Affektionen der Zahl und die Zahl selbst von Anfang an und jetzt noch Ursachen davon seien, [20] was am Himmel ist und entsteht, andererseits aber, daß keine andere Zahl existiert außer dieser Zahl, aus der die Welt[73] aufgebaut ist? Denn wenn sich bei ihnen in dem und dem Teil Meinung und günstiger Augenblick befinden, ein wenig oberhalb aber oder unterhalb Ungerechtigkeit und Trennung oder Vermengung, und wenn sie als Beweis vorbringen, daß jedes von diesen eine Zahl sei, [25] daß aber hinsichtlich dieser Stelle folge, daß es bereits eine Menge von aus diesen Zahlen bestehenden Größen gebe, weil diese Affektionen der

Zahl den einzelnen Stellen angehören, fragt man sich: Ist diese Zahl, nämlich die Zahl am Himmel, dieselbe Zahl, von der man annehmen soll, daß sie jedes dieser Dinge ist, oder ist sie neben dieser eine andere? Platon sagt zwar, sie sei von ihr verschieden. [30] Und auch er glaubt, daß diese Dinge und ihre Ursachen Zahlen seien, doch hält er die gedachten Zahlen für Ursachen, die anderen für sinnlich erfaßbare.

9. Kritik an Platons Lehrmeinungen

Im Augenblick möge das über die Pythagoreer genügen; es reicht nämlich hin, sie soweit zu behandeln. Doch diejenigen, die die Ideen als Ursachen aufstellten, | brachten erstens, als sie die Ursachen »dieser« Dinge suchten, andere Dinge in gleicher Zahl hinzu, wie wenn einer, der irgendwelche Dinge zählen will, meinte, dazu nicht imstande zu sein, solange es wenige Dinge seien, sie wohl aber zählte, wenn er sie vermehrt hat.[74] Denn die Formen sind fast – oder doch nicht weniger – diesen Dingen gleich, [5] wovon sie im Zuge der Suche nach ihren Ursachen zu den Formen vordrangen. Denn für jedes Einzelding gibt es ein Ausdrucksgleiches, über das Wesen hinaus auch bei den anderen Dingen, bei denen es das Eine zu den Vielen gibt: dieses Ausdrucksgleiche gibt es sowohl bei »diesen« Dingen als auch bei den ewigen.

Weiter erscheint keine der Arten und Weisen, nach denen wir[75] nachzuweisen suchen, daß es Formen gibt, einleuchtend. Aus einigen dieser Beweise nämlich resultiert keine zwangsläufige Schlußfolgerung, [10] aus anderen aber ergeben sich Formen für Dinge, von denen wir überhaupt keine Formen annehmen. Denn nach den Argumenten aus den Wissenschaften müßte es von alledem, wovon es Wissenschaften gibt, Formen geben, und nach dem Argument, daß es das Eine zu dem Vielen gibt, müßte es auch Formen der Verneinungen geben, und nach dem Argument, daß man noch denke, wenn etwas bereits vergangen ist, müßte es auch Formen von vergänglichen Dingen geben; denn es gibt ja von diesen eine Vorstellung. [15] Ferner kommen noch genauere Argumente hinzu, von denen die einen Ideen des Bezüglichen schaffen, wiewohl wir[76] sagen, daß es keine Gattung des Bezüglichen an sich gibt, die anderen vom »dritten Menschen« sprechen.[77]

Allgemein beseitigen gerade die Argumente für die Formen die Dinge, deren Existenz uns mehr am Herzen liegt als die Existenz der Ideen. Denn daraus ergibt sich, daß nicht die Zwei das erste ist, sondern die Zahl, [20] ferner, daß das Bezügliche früher ist als das an sich Existierende[78], und all das, was diejenigen, die den Meinungen über die Ideen folgen, deren Prinzipien entgegengehalten haben.

Ferner müßte es im Anschluß an die Annahme, nach der wir die Existenz der Ideen behaupten, nicht nur Formen von Wesen geben, sondern auch von vielen und davon verschiedenen Dingen (denn der Gedanke [25] ist nicht nur *einer* hinsichtlich der Wesen, sondern auch hinsichtlich der anderen Fälle, und es gibt nicht nur vom Wesen Wissenschaften, sondern auch von davon verschiedenen Dingen, und tausenderlei andere derartige Folgerungen ergeben sich daraus). Aber nach der Notwendigkeit und den Meinungen über die Formen, wenn die Formen teilhaben können, darf es nur von Wesen Ideen geben. [30] Denn die Dinge haben nicht in akzidenteller Weise daran Anteil, sondern jedes muß an der Form insofern Anteil haben, als sie nicht nur über ein Substrat ausgesagt wird (»in akzidenteller Weise Anteil haben« meine ich so: wenn beispielsweise etwas am Doppelten an sich teilhat, so hat es auch am Ewigen Anteil, aber doch nur in akzidentellem Sinne; denn es ist für das Doppelte ein Akzidens, daß es ewig ist). So also wären die Formen Wesen. Aber dasselbe bezeichnet hier und dort das Wesen. | Oder was soll die Meinung besagen, es gebe noch etwas neben den Wesen hier: das Eine bei den Vielen? Und wenn es für die Ideen und die Dinge, die daran teilhaben, ein und dieselbe Form gibt, müßte es doch auch etwas ihnen Gemeinsames geben (weshalb nämlich sollte die Zwei ein und dasselbe sein bei den vergänglichen Zweien und bei zwar vielen, aber ewigen Zweien, nicht aber bei der Zwei an sich und irgendeiner Zwei?). Wenn es aber nicht ein und dieselbe Form für die Ideen und die Dinge gibt, die daran teilhaben, so dürften sie lediglich ausdrucksgleich sein, und es wäre so, als ob jemand den Kallias und sein Holzbild einen Menschen nennen würde, ohne zwischen diesen beiden eine Gemeinsamkeit zu sehen.[79]

Doch dürfte sich einem hierin die bei weitem wichtigste Frage stellen, was die Formen zu den Sinnesdingen – den ewigen wie den entstehenden und vergehenden – beitragen; sind sie doch für sie weder Ursachen einer Bewegung noch irgendeiner Veränderung. Sie verhelfen ja auch weder zu einer Wissenschaft von den anderen Dingen (denn sie sind nicht deren Wesen, sonst wären sie nämlich in ihnen enthalten), noch zu ihrer Existenz, da sie nicht in diesen Dingen vorhanden sind, die an ihnen Anteil haben. Denn sonst könnte man sie in dem Sinn als Ursachen ansehen, als das Weiße, sowie es mit einem Ding eine Vermengung eingegangen ist, die Ursache für das Weiß-sein darstellt. Aber diese Ansicht, die zuerst Anaxagoras, später Eudoxos und andere vertraten, ist leicht zu widerlegen; denn gegen eine derartige Meinung lassen sich viele unwiderlegbare Einwände vorbringen.

Aber es können sich auch die anderen Dinge nicht aus den Formen ableiten – auf keine der Weisen, die man gewöhnlich vorbringt. Auch die Behauptung, es handle sich bei ihnen um Urbilder und die anderen Dinge hätten an ihnen Anteil, bedeutet nichts weiter als leeres Gerede und heißt nur dichterische Vergleiche vorbringen. Denn was ist das, das werkt und zu den Ideen blickt? Es ist doch möglich, daß etwas ähnlich ist oder wird, ohne diesem nachgebildet zu sein, so daß es, ob es nun einen Sokrates tatsächlich gibt oder nicht, [25] doch einen Mann geben könnte wie Sokrates; und die Sache wäre offenbar dieselbe, wenn es einen ewigen Sokrates gäbe. Weiter müßte es mehrere Urbilder ein und desselben Dinges geben, also auch mehrere Formen, beispielsweise vom Menschen »das Lebewesen« und »das Zweifüßige« und zugleich »den Menschen an sich«. Ferner müßten dann die Formen nicht nur die Urbilder der Sinnesdinge sein, [30] sondern auch ihrer selbst, wie etwa die Gattung als Gattung der Formen, so daß Urbild und Abbild dasselbe sein müßten. | Weiter dürfte es unmöglich erscheinen, daß das Wesen gesondert von dem existiert, wovon es Wesen ist. Wie können demnach die Ideen, die ja die Wesen der Dinge darstellen, gesondert von ihnen existieren? Im Phaidon[80] wird doch so gesprochen, als seien die Formen die Ursachen sowohl für Sein als auch für Entstehen. Und wenn es auch Formen geben sollte, [5] so entstünden trotzdem keine Dinge, die an ihnen Anteil hätten, wenn es nicht etwas gäbe, das bewegt. Und doch entstehen viele von ihnen verschiedene Dinge, wie ein Haus oder ein Ring, wovon wir die Existenz von Formen nicht annehmen. So ist es klar, daß auch die anderen Dinge infolge derartiger Ursachen, wie sie soeben besprochen wurden, sowohl existieren als auch entstehen können.[81]

Weiter, wenn die Formen Zahlen sind, wie sollten sie Ursachen sein? [10] Oder ist das etwa deshalb der Fall, weil die Dinge von jenen verschiedene Zahlen sind, so zum Beispiel eine Zahl der Mensch, eine andere Sokrates und wieder eine andere Kallias? Weshalb nun aber sind jene Zahlen für diese Ursachen? Denn es macht wohl keinen Unterschied aus, daß die einen ewig, die anderen aber nicht ewig sind. Wenn sich das aber so verhält, weil die sinnlich faßbaren Dinge Proportionen von Zahlen sind, wie etwa die Harmonie, so ist es klar, daß es Eines gibt, woran sie Proportionen sind. Sollte es dieses Eine geben – nämlich den Stoff –, ist es offenbar, [15] daß auch die Zahlen an sich Proportionen von etwas von ihnen Verschiedenem sein werden. Ich meine es beispielsweise so: wenn Kallias eine Zahlenproportion von Feuer, Erde, Wasser und Luft ist, so müßte auch die Idee eine Zahl von irgendwelchen anderen Substraten sein; und der Mensch an sich, sei es nun, daß er eine bestimmte Zahl ist oder nicht, müßte trotzdem eine Zahlenproportion bestimmter Dinge sein und keinesfalls eine Zahl schlechthin. [20] Und deshalb wird keine Idee eine Zahl sein.

Weiter: es entsteht aus vielen Zahlen *eine* Zahl, wie aber sollte aus Formen *eine* Form entstehen? Wenn aber die Zahl nicht aus Zahlen entsteht, sondern aus den Einsen, die in der Zahl enthalten sind, wie etwa in der 10 000, wie verhält es sich dann mit den Einsen? Denn wenn sie gleichartig sind, dann würden sich viele Ungereimtheiten ergeben, aber auch, wenn sie nicht gleichartig sind, [25] weder die in einer Zahl enthaltenen untereinander noch alle mit allen: Worin sollen sie sich unterscheiden, da sie ja nicht affizierbar sind? Denn das ist weder einleuchtend, noch stimmt es mit dem Denken überein.

Weiter wäre es notwendig, eine andere Gattung von Zahlen vorzunehmen (worüber die Arithmetik handelte) und all das, was von gewissen Philosophen als »Mittleres« bezeichnet wird. Aber wie soll es das geben, und von welchen Prinzipien soll es sich ableiten? [30] Oder weshalb soll es in der Mitte zwischen den Dingen in der sinnlich erfaßbaren Welt und den Dingen an sich sein?

Weiter soll jede Eins in der Zwei von einer früheren Zwei stammen. Das ist aber unmöglich. |

Weiter: Weshalb ist eine aus mehreren Einsen zusammengefaßte Zahl *eine* Zahl?

Weiter hätte man, abgesehen vom bereits Gesagten, wenn die Einsen verschieden sind, so darüber sprechen müssen, wie jene, die von vier oder zwei Elementen sprechen. Denn jeder von diesen bezeichnet nicht das Gemeinsame als Element – wie den Körper –, [5] sondern Feuer und Erde, sei es, daß es ein Gemeinsames – eben den Körper – gibt, oder nicht. Nun aber spricht man vom Einen, als bestünde es aus gleichen Teilen wie Feuer und Wasser. Wenn dem aber so wäre, würden die Zahlen keine Wesen darstellen[82], sondern es ist offenbar, wenn etwas Eines an sich und das Prinzip ist, daß das Eins in mehrfacher Bedeutung ausgesagt wird. Anders nämlich ist es unmöglich.

[10] Wenn wir die Wesen auf ihre Prinzipien zurückführen wollen, dann setzen wir Linien, aus Kurzem und Langem bestehend, an (das heißt aus einer Art des Kleinen und Großen), die Fläche aus Breitem und Schmalem, den Körper aber aus Tiefem und Flachem. Und doch, wie kann entweder die Fläche über eine Linie verfügen oder der Körper über eine Linie und eine Fläche? Handelt es sich doch beim Breiten und Schmalen gegenüber dem Tiefen und Flachen um eine andere Gattung. [15] Wie nun in all dem keine Zahl enthalten ist, weil das Viel und das Wenig davon verschieden ist, so ist es klar, daß hier kein anderes Übergeordnetes im Untergeordneten enthalten sein dürfte. Aber es ist auch das Breite keine Gattung des Tiefen, denn dann wäre der Körper eine Fläche.[83] Weiter: Woher sollen die Punkte in der Linie enthalten sein? [20] Freilich, Platon widersetzte sich dieser Gattung, da sie ja nur eine geometrische Lehrmeinung sei, sondern er nannte den Anfang der Linie – und dies tat er oft – »die unteilbaren Linien«. Und doch muß es auch von den Linien eine Grenze geben. So gibt es also aus demselben Grund, aus dem es eine Linie gibt, den Punkt.

Wir[84] haben überhaupt, wiewohl die Weisheit[85] die Ursache der sichtbaren Dinge sucht, dies übergangen [25] (denn wir sagen nichts über die Ursache, woher der Anfang der Veränderung stammt); aber wir sind der Meinung, vom Wesen der Dinge zu reden, wenn wir behaupten, es gebe von ihnen verschiedene Wesen; wie aber jene die Wesen dieser Dinge sein sollen, darüber ergehen wir uns in leeren Redereien. Denn das »Anteilhaben«, wie wir schon früher[86] erörtert haben, bedeutet nichts.

Ebensowenig stehen die Formen mit dem, was wir als Ursache in den Wissenschaften sehen, [30] um dessentwegen alle Vernunft und alle Natur handelt, und mit dieser Ursache, von der wir sagen, sie sei eines der Prinzipien, in Verbindung, sondern den heutigen Philosophen ist die Mathematik zur Philosophie geworden, obgleich sie behaupten, sie müsse um anderer Dinge willen betrieben werden.[87] |

Weiter möchte man wohl das im Sinne von Stoff substrathafte Wesen mehr als ein mathematisches auffassen und es eher als eine Aussage und einen Unterschied am Wesen, und damit am Stoff, als für Stoff selbst ansehen, wie das Große und Kleine; so sprechen ja auch die Naturphilosophen vom Dünnen und Dichten und meinen, daß beides die ersten Unterschiede des Substrates ausmache, denn sie sind eine Art Übermaß und Zuwenig. Und was nun die Bewegung betrifft, so ist es klar, daß sich, sollte sich das Große und Kleine bewegen, auch Formen bewegen. Wenn aber nicht, woher kam dann die Bewegung? Somit ist nämlich jegliche überlegende Betrachtung der Natur aufgehoben.

Was aber leicht zu sein scheint, nämlich zu zeigen, daß alles Eines ist, ergibt sich so nicht. Denn durch die »Heraushebung« [des Einen][88] ergibt sich nicht, daß alles eines sei, sondern lediglich, gibt man auch alles zu, daß es das Eine selbst gibt. Und auch das ergibt sich nicht, wenn man nicht das Allgemeine als Gattung zugesteht; das aber ist in einigen Fällen nicht möglich.

Es gibt aber auch keine Erklärung dafür, wie nach den Zahlen Linien, Flächen und Körper kommen, noch, wie es sie gibt oder geben kann, noch, über welches Vermögen sie verfügen. Denn sie können weder Formen sein (sie sind ja keine Zahlen) noch etwas Mittleres (denn das Mittlere sind mathematische Dinge), noch vergänglich, sondern sie scheinen wiederum eine andere vierte Gattung darzustellen[89].

Überhaupt ist es unmöglich, die Elemente des Seienden zu finden, ohne die vielfachen Bedeutungen auseinanderzuhalten, die der Ausdruck »seiend« hat, insbesondere aber, wenn man in der besprochenen Weise zu ergründen sucht, aus welchen Elementen das Seiende besteht. Aus welchen Elementen nämlich das Wirken oder das Affiziertwerden oder das Gerade besteht, kann wohl nicht erfaßt werden; wenn doch, dann ist das nur bei den Elementen der Wesen möglich. Demnach gibt es weder bei der Suche nach den Elementen aller Dinge noch bei der Annahme, sie zu haben, eine Wahrheit.

Wie dürfte man also die Elemente aller Dinge kennenlernen? Denn es ist klar, [25] daß man unmöglich mit der Erkenntnis von etwas früher ansetzen kann. Ebenso nämlich wie der, der Geometrie lernt, vorher andere Dinge wissen kann, aber keine, wovon es diese Wissenschaft gibt und die er zu lernen vorhat, genauso steht es um alles andere. Wenn es also von allen Dingen eine Wissenschaft gibt, wie einige behaupten, so dürfte wohl der, der sie lernen will, vorher nichts wissen. [30] Und doch gründet sich alles Lernen auf ein Vorherkennen von allem oder einigem, sowohl das Lernen mit Hilfe des Beweises als auch das mit Hilfe der Definition (denn es ist notwendig, vorher das zu wissen und zu kennen, woraus die Definition besteht). Gleich steht es auch mit dem Lernen durch Heranführung.[90] Aber sollte dieses Vorherwissen uns angeboren sein[91], | so müßte es doch wundernehmen, wie uns gerade der Besitz der höchsten aller Wissenschaften verborgen bleiben könnte.

Weiter, wie kann man erkennen, woraus etwas besteht, und wie soll das einleuchten? Denn auch das bietet eine Schwierigkeit. Man kann in diesem Fall nämlich unschlüssig sein wie bei einigen Silben: [5] die einen nämlich behaupten, das ZA bestehe aus Σ, Δ und A, die anderen behaupten, es sei ein anderer hiervon verschiedener Laut und keiner der uns bekannten. Weiter: Wie könnte man das, wovon wir eine Sinneswahrnehmung besitzen, wenn man diese Sinneswahrnehmung nicht hätte, erkennen? Und doch wäre das notwendig der Fall, wenn die Elemente, aus denen die Dinge bestehen, so wie die zusammengesetzten Laute aus ihren eigentümlichen Elementen, für alle Dinge dieselben wären.

10. Schlußbetrachtung zum I. Buch

Es ist aus dem früher Gesagten ersichtlich geworden, daß alle Philosophen die in den Abhandlungen über die Natur[92] behandelten Ursachen zu untersuchen scheinen und wir nicht in der Lage sind, außer diesen irgendeine weitere Ursache anzugeben. Doch haben sie diese undeutlich untersucht. Es ist zwar in gewisser Hinsicht von allen die Rede gewesen, und doch in einer anderen Hinsicht niemals. Denn die Erste Philosophie schien über alle Dinge nur zu stammeln, da sie noch jung war und am Beginn stand. So meint auch Empedokles[93], der Knochen bestehe aufgrund einer Proportion; diese aber ist das Was-es-ist-dies-zu-sein und das Wesen der Sache. Aber in gleicher Weise wäre es notwendig, daß auch Fleisch und alles andere eine Proportion sei oder gar nichts. Und nur deshalb könnte es Fleisch, Knochen und alles andere geben, und nicht aufgrund des Stoffes, von dem Empedokles sagt: Feuer, Erde, Wasser und Luft. Er hat das zwar nicht ausdrücklich gesagt, doch hätte ein anderer das behauptet, wäre er gezwungen gewesen, beizupflichten.

Darüber ist allerdings schon früher gehandelt worden. Noch einmal aber wollen wir das vornehmen, worüber sich in demselben Fall Schwierigkeiten ergeben könnten.[94] Denn daraus können wir vielleicht einige Hilfe für die späteren Schwierigkeiten erwarten.

II. BUCH (α)

1. Die Philosophie als Wissenschaft von der Wahrheit

[30] Die Betrachtung der Wahrheit ist in einer Beziehung schwer, in anderer leicht. Ein Zeichen dafür ist der Umstand, daß niemand in der Lage ist, sie adäquat zu berühren, andererseits aber, daß sie alle auch nicht verfehlen, | sondern jeder sagt etwas über die Natur [der Wahrheit] aus, und im Einzelfall trägt man nichts oder doch nur wenig zu ihr bei, und doch ergibt sich, nimmt man alles zusammen, eine gewisse Größe. Wenn es also damit wie beim Sprichwort mit ihr zu stehen scheint: Wer könnte wohl die Tür verfehlen?[1], [5] so dürfte die Angelegenheit leicht sein. Ihre Schwierigkeit liegt aber offenbar darin, daß es zwar möglich ist, über das Ganze zu verfügen, über den Teil aber nicht.

Vielleicht aber liegt die Ursache dieser Schwierigkeit, die ja von zweierlei Art sein kann, nicht in den Sachen, sondern vielmehr in uns. Denn wie sich die Augen der Fledermäuse dem Tageslicht gegenüber verhalten, [10] so auch die Vernunft in unserer Seele den Dingen gegenüber, die von allen der Natur nach die offenkundigsten sind.[2]

Es ist also gerecht, nicht nur denen dankbar zu sein, deren Ansichten man zustimmt, sondern auch denen, die ihre Ansichten mehr an der Oberfläche gehalten haben. Denn auch diese haben etwas zur Wahrheit beigetragen. Sie nämlich haben unsere Fähigkeit vorgeschult. [15] Denn wäre Timotheos[3] nicht gewesen, besäßen wir einen Großteil unserer Lyrik nicht; und hätte Phrynis[4] nicht gelebt, hätte es keinen Timotheos gegeben. Ebenso aber steht es auch mit denen, die sich über die Wahrheit ausgesprochen haben. Wir haben nämlich von einigen gewisse Ansichten übernommen, während andere die Ursache dafür waren, daß es diese gab.

Und es ist auch richtig, die Philosophie Wissenschaft der Wahrheit zu nennen. [20] Denn das Ziel der betrachtenden Wissenschaft ist die Wahrheit, das der handelnden das Werk.

Und wenn auch die Vertreter der handelnden Wissenschaft überlegen, wie sich etwas verhält, so betrachten sie doch nicht die Ursache an sich, sondern das Bezügliche und das Jetzt. Wir aber wissen um das Wahre nicht ohne die Ursache. Ein Einzelnes ist aber am meisten es selbst gegenüber den anderen Dingen, demgemäß ein Ausdrucksgleiches auch anderen Dingen zukommt, wie etwa das Feuer das Wärmste ist; dies nämlich ist auch für die anderen Dinge die Ursache der Wärme. Demnach ist auch das im höchsten Grade Wahre für das Spätere die Ursache seines Wahr-seins. Deshalb müssen auch die Prinzipien des ewig Seienden die in höchstem Grade wahren sein; diese nämlich sind nicht nur bisweilen wahr, und es gibt keine Ursache für ihr Sein, sondern jene sind für die anderen Dinge Ursachen des Seins, so daß also sich jedes Ding so zur Wahrheit verhält, wie es sich zum Sein verhält. |

2. *Es kann keine unendliche Reihe von Ursachen geben*

Es ist also offenbar, daß es ein bestimmtes Prinzip gibt und die Ursachen des Seienden weder in fortlaufender Reihe noch der Art nach unbegrenzt sind. Denn es kann weder das eine aus dem anderen als aus seinem Stoff ins Unbegrenzte fortschreitend hervorgehen (wie etwa Fleisch aus Erde, Erde aus Luft, Luft aus Feuer usw., ohne einzuhalten), noch kann das Woher des Anfangs der Bewegung eine unbegrenzte Reihe ausmachen (als würde beispielsweise der Mensch von der Luft bewegt, diese aber von der Sonne, die Sonne wieder vom Streit[5] usw., ohne Grenze). In gleicher Weise aber ist es auch unmöglich, daß das Weswegen ins Unbegrenzte fortläuft, daß etwa das Gehen der Gesundheit wegen wäre, diese aber wegen der Glückseligkeit, die Glückseligkeit wegen eines anderen und so fort, das eine immer wegen eines anderen. Und ebenso verhält es sich mit

dem Was-es-ist-dies-zu-sein. Denn bei jedem Mittleren, wovon es ein Äußerstes und ein Früheres gibt, ist notwendigerweise das Frühere Ursache dessen, das nach ihm kommt. Sollten wir nämlich erklären müssen, welches von den dreien die Ursache sei, würden wir das Erste nennen; keinesfalls das Äußerste, ist doch das Äußerste von nichts die Ursache. Aber auch nicht das Mittlere, denn es ist lediglich die Ursache von *einem*. Es macht dabei keinen Unterschied aus, ob es sich um *ein* Mittleres oder um *mehrere* handelt, noch ob unbegrenzt oder begrenzt. Doch von der Reihe, die auf diese Art unbegrenzt ist, und überhaupt vom Unbegrenzten sind alle Teile bis zum Jetzt in gleicher Weise mittlere, so daß es, gibt es nichts Erstes, überhaupt keine Ursache gibt.
Aber es ist auch unmöglich, daß etwas zum Untergeordneten ins Unbegrenzte fortschreite, doch vom Übergeordneten seinen Anfang hat, so daß etwa aus Feuer Wasser hervorgehe, aus diesem aber Erde, und sich auf diese Art und Weise immer eine andere Gattung ergebe. In zwei Bedeutungen entsteht »Das« aus »Dem« – nicht in dem Sinne, daß hier aus Dem »nach Dem« bedeutet; wie wenn man etwa sagt, die Olympischen Spiele entstehen aus den Isthmischen, sondern entweder, wie aus dem Knaben, indem er sich verändert, ein Mann wird oder, wie aus Wasser Luft entsteht. Sagen wir, aus einem Knaben entsteht ein Mann, so ist damit gemeint, daß aus dem Entstehenden das Entstandene oder aus dem Unvollendeten das Vollendete entstehe. Denn wie die Entstehung ein Mittleres von Sein und Nichtsein ist, so auch das Entstehende von Seiendem und Nichtseiendem. Der Lernende nämlich ist ein entstehender Gelehrter, und eben das ist gemeint, wenn man sagt, daß »aus« dem Lernenden ein Gelehrter entsteht. Andererseits, was »aus« einem anderen entsteht, wie Wasser aus Luft, das entsteht, indem das andere untergeht. Das ist auch der Grund dafür, daß in diesen Fällen die Dinge nicht ineinander zurückkehren und »aus« dem Mann nicht wieder ein Knabe wird; denn nicht entsteht aus der Entstehung das Entstehende, |

sondern das, was nach der Entstehung ist. Ebenso entsteht nämlich auch der Tag »aus« dem Morgen, indem er »nach« diesem kommt. Daher entsteht der Morgen nicht aus dem Tag. In den anderen Fällen aber kehren die Dinge ineinander zurück. Bei beiden Entstehungsarten ist es jedoch unmöglich, ins Unbegrenzte fortzuschreiten. Denn im einen Fall muß das Mittlere von den Dingen ein Ziel sein, [5] im anderen kehren die Dinge ineinander zurück; der Untergang nämlich des einen Dinges bedeutet die Entstehung des anderen. Zugleich jedoch ist es unmöglich, daß das Erste, das ewig ist, untergehe. Da nämlich die Entstehung vom Übergeordneten her nicht unbegrenzt ist, darf auch das nicht ewig sein, aus dem als dem ersten Vergangenen etwas anderes entstanden ist.[6]

Weiter ist aber das Weswegen ein Ziel, doch ein solches, das nicht um eines anderen willen, [10] sondern um dessentwillen das andere existiert; so daß es also, wenn es ein Äußerstes dieser Art gibt, kein unbegrenztes Fortschreiten geben kann; gibt es aber ein derartiges Äußerstes nicht, kann es auch kein Weswegen geben, sondern diejenigen, die ein unbegrenztes Fortschreiten annehmen, beseitigen, ohne es zu merken, die Natur des Guten. (Kein Mensch würde wohl etwas zu tun unternehmen, hätte er nicht vor, an eine Grenze zu gelangen.) Und es dürfte dann wohl auch keine Vernunft in den Dingen geben. [15] Denn zumindest der, der über Vernunft verfügt, handelt immer wegen etwas; und dieses bedeutet Grenze, denn Ziel ist Grenze.

Aber auch das Was-es-ist-dies-zu-sein kann nicht auf eine andere Definition, die dem Begriff nach mehr enthielte[7], zurückgeführt werden. Immer nämlich ist die frühere Definition in höherem Grade eine Definition, keineswegs aber die spätere. Wozu das Erste nicht gehört, dazu auch nicht das Folgende. [20] Und diejenigen, die auf diese Weise sprechen, heben dazu noch das Wissen auf, denn es ist unmöglich zu wissen, ehe man nicht zum Unteilbaren gekommen ist. Und es gibt auch kein Erkennen. Wie nämlich wäre es möglich, in diesem Sinne Unbegrenztes zu denken? Denn hier verhält es sich nicht gleich, wie bei der Linie, bei deren Zerlegung es kein Anhalten gibt, die aber, hält man nicht an, undenkbar ist (und deshalb zählt auch der nicht die Schritte, der die unbegrenzt teilbare Linie durchgehen will). [25] Man muß aber auch am Bewegten den Stoff denken. Und nichts Unbegrenztes hat Sein. Und wäre dem nicht so, wäre das Unbegrenzt-sein nicht selbst unbegrenzt.

Aber falls die Arten der Ursachen ihrer Menge nach unbegrenzt wären, so wäre ein Erkennen ebenfalls unmöglich. Wir nämlich sind der Meinung, erst dann etwas zu wissen, wenn wir die Ursache erkannt haben. [30] Das der Hinzufügung nach Unbegrenzte kann man nicht in begrenzter Zeit durchgehen.

3. Methodische Überlegungen

Das Hören von Vorlesungen richtet sich nach der Gewöhnung. Wie wir es nämlich gewohnt sind, | so wünschen wir auch, daß gesprochen wird. Was jedoch dem entgegensteht, das kommt uns nicht passend vor, sondern es ist aufgrund der Ungewohnheit um so unverständlicher und fremdartiger. Denn das Gewohnte ist verständlich. Aber die Bedeutung der Macht des Gewohnten zeigen deutlich die Gesetze, bei denen das Mythische und Kindliche mehr wegen der Gewöhnung daran [5] vermögen als das Erkennen. Die einen hören jemandem, der nicht wie ein Mathematiker spricht, gar nicht zu, die anderen nicht, wenn man nicht mit Beispielen kommt; wieder andere verlangen nach einem Dichter als Zeugen. Die einen wünschen alles genau, den anderen bereitet Genauigkeit Mißbehagen – entweder ob ihres Unvermögens, den Gedankengang zusammenzuhalten, oder weil sie die Genauigkeit für Kleinkrämerei erachten. [10] Denn es verhält sich die Genauigkeit so, daß wie bei den Handelsgeschäften und ebenso auch bei den Untersuchungen in manchem der Eindruck entsteht, sie sei kleinlich. Daher muß man unterwiesen sein, wie jede Untersuchung zu verstehen ist, da es doch unsinnig wäre, zugleich die Wissenschaft und die Behandlung der Wissenschaft zu untersuchen; keines von beiden ist leicht zu erfassen. Man darf keineswegs auf allen Gebieten mathematische Genauigkeit fordern, sondern nur auf diesen, die über keinen Stoff verfügen. Deshalb ist sie auch nicht die Behandlungsart der Naturwissenschaft; denn wohl alle Natur verfügt über Stoff. Also muß man als erstes überlegen, was Natur ist; denn erst auf diese Weise wird es klar sein, wovon die Naturwissenschaft handelt [und ob es Aufgabe einer oder mehrerer Wissenschaften ist, die Ursachen und Prinzipien zu betrachten].[8]

III. BUCH (B)

1. Die Aporien, Umriß und Aufzählung

Hinsichtlich der gesuchten Wissenschaft müssen wir zuerst auf das, worüber notwendigerweise vornehmlich eine Schwierigkeit besteht, eingehen. Dahin gehört all das, wovon manche eine andere Meinung vertreten haben, wie auch anderes, das etwa bisher übersehen worden sein dürfte. Und für diejenigen, die hierin ihren Weg finden wollen, ist es angezeigt, richtig die Schwierigkeiten zu untersuchen; denn der spätere richtige Weg bedeutet die Lösung der vorausgegangenen Schwierigkeiten, und es ist unmöglich, einen Knoten zu lösen, ohne ihn zu kennen, sondern vielmehr erst die Schwierigkeit, die in der Überlegung auftritt, zeigt diesen Knoten in der Sache an. Inwiefern man nämlich selbst in eine Schwierigkeit verstrickt ist, macht man dasselbe wie das Gebundene mit; denn in beiderlei Fällen kann man nicht vorwärtskommen. Man muß also zuerst alle Hindernisse überdacht haben, einerseits wegen der oben genannten Gründe und andererseits, weil derjenige, der sucht, ohne sich vorerst mit den Schwierigkeiten zu befassen, einem Menschen gleicht, der nicht weiß, wohin er zu gehen hat; dazu kommt noch, daß ein solcher Mensch auch nicht weiß, ob er das Gesuchte schon gefunden hat oder nicht. | Ihm nämlich ist das Ziel nicht klar, wohl aber dem, der sich vorher schon mit den Schwierigkeiten befaßt hat. Überdies muß der, der alle einander widerstreitenden Begründungen vernommen hat, sie – als wären sie Gegner vor Gericht – besser beurteilen können.

Die erste Schwierigkeit *(1)*, worüber wir schon eingangs Untersuchungen angestellt haben[1], besteht darin, ob die Betrachtung der Ursache Aufgabe *einer* oder *mehrerer* Wissenschaften[2] ist und *(2)* ob es Sache dieser Wissenschaft ist, lediglich die ersten Prinzipien des Wesens zu betrachten oder auch die Prinzipien, aus denen alle ihre Beweise ableiten, ob es etwa möglich ist, ein und dasselbe zugleich zu bejahen und zu verneinen oder nicht, und andere Fragen dieser Art.[3] [10] Und *(3)* handelt die Wissenschaft vom Wesen, so besteht die Schwierigkeit darin, ob *eine* Wissenschaft mit allen Wesen zu tun hat oder ob es *mehrere* sind[4], und wenn es mehrere sind, fragt es sich, ob sie gleicher Gattung sind oder ob nur die einen zur Weisheit gehören, die anderen aber sonst wohin. Weiter muß gerade das untersucht werden, ob *(4)* nur die sinnlich erfaßbaren Wesen als seiend anzusprechen sind [15] oder ob es außer diesen auch noch andere Wesen gibt und ob es von diesen nur *eine* Gattung gibt oder *mehrere* Gattungen – wie etwa diejenigen meinen, die Formen und mathematische Dinge in der Mitte zwischen diesen und den Sinnesdingen ansetzen.[5] Darüber also – wie wir schon sagten – muß man Forschungen anstellen; doch auch, ob *(5)* die Betrachtung nur auf die Wesen zu lenken ist oder auch auf die Akzidenzen, die den Wesen an sich zukommen[6]; [20] dazu aber ist noch im Hinblick auf das Identische und Verschiedene, das Gleiche, Ungleiche und den Gegensatz, ferner das Frühere und Spätere und alle anderen derartigen Begriffe, über die die Dialektiker nachzudenken versuchen, die in ihrer Überlegung lediglich vom Wahrscheinlichen ausgehen, zu prüfen, zu welcher Wissenschaft ihre Betrachtung gehört. [25] Weiter ist nach den Akzidenzen zu fragen, die diesen Dingen an sich zukommen, und nicht nur nach dem, was jedes von diesen ist, sondern auch, ob *eines* jeweils auch nur *ein* Gegenteil hat.[7] Im weiteren *(6)* muß man untersuchen, ob die Prinzipien und Elemente die Gattungen ausmachen oder das, was in jedem Einzelnen nach seiner Zerlegung noch vorhanden ist.[8] Und *(7)* wenn die Gattungen die Prinzipien sind, so ist zu fragen, ob diese Gattungen, die vom Unteilbaren als Letztes oder Erstes ausgesagt werden, wie etwa: [30] Ist »Lebewesen« oder »Mensch« Prinzip, und existiert es in höherem Grade neben dem Einzelnen?[9] Am meisten jedoch muß man *(8)* untersuchen und erörtern, ob es neben dem Stoff eine Ursache an sich gibt oder nicht, ob sie abgetrennt existiert oder nicht und ob sie der Zahl nach eine ist oder mehrere und ob es etwas neben dem Konkreten gibt (vom Konkreten rede ich, wenn etwas vom Stoff ausgesagt wird) oder nicht, oder ob es in einigen Fällen etwas gibt, in anderen aber nicht, und wie diese anderen Dinge beschaffen sind.[10] | Weiter ist *(9)* bei den Prinzipien die Frage, ob sie in Zahl und Art fest umgrenzt sind, sowohl die in den Begriffen als auch die im Substrat vorhandenen[11]; ferner fragt sich, ob *(10)* es vom Vergänglichen und Unvergänglichen ein und dieselben Prinzipien gibt oder verschiedene und ob alle Prinzipien unvergänglich sind oder ob nur die des vergänglichen vergänglich sind.[12] Dann gibt es da die schwierigste von allen Fragen und die, über welche die meiste Ungewißheit herrscht, nämlich ob *(11)* das Eine und das Seiende – wie die Pythagoreer und Platon zu sagen pflegen – nicht etwas Verschiedenes[13], sondern vielmehr das Wesen der Dinge seien oder nicht, sondern ein verschiedenes Substrat[14], wie etwa Empedokles die Liebe anführt, ein anderer das Feuer[15], wieder ein anderer Wasser[16] oder Luft[17]. Weiter *(12)* taucht die Frage auf, ob die Prinzipien allgemein sind oder wie die einzelnen Dinge[18], ob *(13)* sie dem Vermögen oder der Verwirklichung nach existieren[19], ferner, ob das anders als in Hinsicht auf Bewegung der Fall ist[20]; denn auch dieses Problem liefert wohl hinreichende Schwierigkeit. Dazu gesellt sich noch die Frage, ob *(14)* die Zahlen, Linien, Figuren und Punkte irgendwelche Wesen sind oder nicht, und wenn sie Wesen sind, bestehen sie getrennt von den Sinnesdingen, oder sind sie in ihnen enthalten?[21] Bei all diesen Fragen ist es nicht nur schwer, zur Wahrheit vorzudringen, sondern auch nicht leicht, sich gedanklich richtig mit den Schwierigkeiten zu befassen.

2. *Die Aporien: (1), (2), (3), (5), (4)*

(1) Zuerst also werde die Frage, die wir als erste aufwarfen, behandelt, nämlich ob es Aufgabe *einer* oder *mehrerer* Wissenschaften ist, alle Gattungen der Ursachen zu betrachten.

[20] Wie aber könnte es wohl Aufgabe *einer* Wissenschaft sein, Prinzipien, die nicht entgegengesetzt sind, zu kennen? Weiter sind bei vielen Dingen nicht alle Prinzipien vorhanden. Denn wie kann es sein, daß es für die unbewegten Dinge das Prinzip der Bewegung oder die Natur des Guten gibt, da doch jedes, das an sich und dank seiner Natur gut ist, ein Ziel ist und insofern eine Ursache, [25] als seinetwegen das andere entsteht und ist, das Ziel aber und das Weswegen Ziel einer Handlung ist, alle Handlungen jedoch mit Bewegung verbunden sind? Folglich ist es wohl nicht möglich, daß bei den unbewegten Dingen dieses Prinzip vorhanden ist, ebensowenig aber auch das Gute an sich. Daher wird auch in der Mathematik nichts mit Hilfe dieser Ursache bewiesen; [30] und es gibt dort auch keinen Beweis, aufgrund dessen etwas besser ist oder schlechter, vielmehr erwähnt dort niemand etwas Derartiges. Deshalb schmähten auch einige Sophisten, wie etwa Aristipp[22], die Mathematik; denn – so meinten sie – bei den anderen Künsten, auch in den ganz gewöhnlichen Handwerken wie im Zimmerer- oder Schusterhandwerk, sei stets die Rede davon, ob etwas besser sei oder schlechter, [35] doch die Mathematik kümmere sich überhaupt nicht um Gutes und Schlechtes. |

Aber wenn es mehrere Wissenschaften von den Ursachen gibt, und zwar jede für ein anderes Prinzip, so ergibt sich die Frage, welche man als die gesuchte Wissenschaft bezeichnen soll oder wen von denen, die darüber Bescheid wissen, man am ehesten in der gesuchten Sache einen Kundigen nennen kann. [5] Denn es kann doch der Fall sein, daß bei ein und demselben Ding alle diese Arten der Ursachen vorhanden sind, wie etwa bei einem Haus das Woher die Kunst und der Baumeister ist, das Weswegen das Werk, der Stoff Erde und Steine, die Form aber der Begriff. Aufgrund der bereits vorgebrachten Bestimmungen, welche Wissenschaft man Weisheit nennen muß[23], ergibt sich, daß man jede so nennen kann. [10] Denn insofern sie die beherrschendste und führendste ist und insofern ihr mit Recht die anderen Wissenschaften – wie Sklavinnen – nicht einmal widersprechen dürften, ist die Wissenschaft des Zieles und des Guten (seinetwegen nämlich ist das andere) eine derartige zu nennen. Sofern aber die Weisheit als Wissenschaft von den ersten Ursachen und dem am meisten Wißbaren bestimmt wurde[24], dürfte derart die Wissenschaft vom Wesen sein. Denn sofern Menschen auf mehrfache Weise über ein und dieselbe Sache Bescheid wissen, [15] so sagen wir, daß der, der dem Sein nach erkennt, was eine Sache ist, von ihr in höherem Grade weiß als der, der sie dem Nichtsein nach erkennt, von den ersteren wieder gestehen wir dem einen ein größeres Wissen zu als dem anderen, besonders aber dem, der ihr Was kennt und nicht nur ihr Quantum oder ihr Quale oder das, was sie von Natur aus wirken oder wovon sie von Natur aus affiziert werden kann. Weiter sind wir der Meinung, daß auch in den anderen Fällen, wo es Beweise gibt, dann ein Wissen vorherrscht, wenn wir wissen, [20] was ein Ding ist (z. B. daß die Auffindung der mittleren Proportionale das Was des Quadrierens ist; und auf gleiche Weise in den anderen Fällen). Und hinsichtlich der Entstehungen, der Handlungen und jeder Veränderung glauben wir dann etwas zu wissen, wenn wir das Prinzip der Bewegung kennen. Das ist aber vom Ziel verschieden und ihm entgegengesetzt, so daß man also den Eindruck bekommt, die Betrachtung jeder dieser Ursachen [25] sei Aufgabe einer gesonderten Wissenschaft.[25]

(2) Aber auch bei den beweisenden Prinzipien ist es strittig, ob sie Aufgabe *einer* oder *mehrerer* Wissenschaften sind (unter beweisenden Prinzipien verstehe ich die allgemeinen Ansichten, aufgrund derer alle ihre Beweise führen): wie

etwa, daß man alles entweder bejahen oder verneinen muß und daß es unmöglich ist, daß etwas zugleich sei und nicht sei, und was sonst noch an derartigen Prämissen existiert. Also lautet die Frage, ob die Wissenschaft dieser und die des Wesens ein und dieselbe ist oder eine verschiedene, und wenn sie nicht ein und dieselbe ist, fragt sich, welche von beiden Wissenschaften die nun gesuchte genannt werden muß.

Daß es sich hier um *eine* Wissenschaft dreht, ist nicht recht wahrscheinlich. Weshalb nämlich sollte der Geometrie ein diesbezügliches Verstehen in höherem Grade als einer anderen Wissenschaft zukommen? Wenn aber die Kenntnis dieser Dinge in gleicher Weise jeder beliebigen Wissenschaft zukommt, aber nicht Aufgabe aller Wissenschaften sein kann, | so ist es der Wissenschaft, die Kenntnis von den Wesen hat, keineswegs in höherem Maße eigentümlich, darüber etwas zu kennen, als den anderen. Zugleich aber ergibt sich die Frage, in welcher Hinsicht es dann eine Wissenschaft von diesen Prinzipien geben kann. Was nämlich jedes dieser Prinzipien ist, wissen wir ohnehin (jedenfalls verwenden die anderen Künste sie, als wären sie bekannt). Wenn es aber von ihnen eine beweisende Wissenschaft gibt, so müßte es auch irgendeine Gattung als Substrat geben und die Prinzipien müßten einerseits ableitbare Affektionen, andererseits Axiome sein (denn für alles kann es unmöglich einen Beweis geben). Denn jeder Beweis muß aus etwas hervorgehen, über etwas handeln und von etwas ein Beweis sein. Demnach stellte sich heraus, daß alles Bewiesene zu *einer* Gattung gehört, denn alle beweisenden Wissenschaften machen von den Axiomen Gebrauch.

Doch falls die Wissenschaft des Wesens und die der Axiome verschiedene Wissenschaften sind, welche von beiden ist dann von Natur aus die bedeutsamere und frühere? Denn die Axiome sind das Allgemeinste und die Prinzipien von allem. Und so es nicht die Sache des Philosophen ist, darüber Betrachtungen anzustellen, was wahr ist und was falsch, wessen Aufgabe sollte es dann sein?[26]

[15] *(3)* Und überhaupt: Gibt es von allen Wesen *eine* oder *mehrere* Wissenschaften? Handelt es sich also *nicht* um *eine* Wissenschaft, welche Wesen sind der gesuchten Wissenschaft zuzuordnen? Daß alle Wesen zu *einer* Wissenschaft gehören, ist unwahrscheinlich; denn es gäbe sonst nur *eine* beweisende Wissenschaft für alle Akzidenzen, weil doch jede beweisende Wissenschaft, ausgehend von den allgemeinen Ansichten[27], [20] an einem Substrat die wesentlichen Akzidenzen betrachtet. Demnach ist es Aufgabe ein und derselben Wissenschaft, ausgehend von denselben Ansichten, an ein und derselben Gattung die wesentlichen Akzidenzen zu betrachten. So nämlich das, was bewiesen wird, *einer* Wissenschaft zukommt und ebenso die Ansichten, von denen ausgegangen wird, *einer* Wissenschaft zustehen, sei es derselben oder einer anderen, so gilt das auch für die Akzidenzen: entweder also betrachten diese Wissenschaften oder eine aus diesen bestehende die Akzidenzen.[28]

[25] *(5)* Weiter stellt sich die Frage: Erstreckt sich die Betrachtung lediglich auf die Wesen oder auch auf ihre Akzidenzen? Ich meine beispielsweise: Wenn ein Körper ein Wesen ist, ebenso aber auch Linien und Flächen, ist es nun Aufgabe ein und derselben Wissenschaft, diese zu erkennen und die Akzidenzen, die jeder dieser Gattungen zukommen, worüber die mathematischen Wissenschaften ihre Beweise führen, oder ist das Aufgabe einer anderen Wissenschaft? [30] Denn ist es Aufgabe ein und derselben Wissenschaft, dann dürfte auch die Wissenschaft vom Wesen eine beweisende sein; allein für das *Was* scheint es keinerlei Beweis zu geben. Ist es aber Aufgabe einer davon verschiedenen Wissenschaft, welche soll es wohl sein, die die Akzidenzen hinsichtlich des Wesens betrachtet? Darauf eine Antwort zu finden ist ungemein schwierig.[29]

(4) Im weiteren ergibt sich die Frage, ob man sagen darf, daß nur die sinnlich erfaßbaren Wesen existieren oder neben diesen auch noch andere, [35] und ob man von diesen anderen *eine* oder *mehrere* Gattungen anzunehmen hat, | wie

es etwa die tun, die die Formen annehmen und auch jene »mittleren Dinge«, worüber ihrer Ansicht nach die mathematischen Wissenschaften handeln. In welchem Sinne aber wir[30] annehmen, daß die Formen als Ursachen und Wesen an sich anzusetzen sind, ist im ersten Abschnitt über sie gesagt worden.[31] Abgesehen davon, daß diese Gedanken vielfache Schwierigkeiten beinhalten, ist wohl kaum etwas unsinniger als die Behauptung, es gäbe zwar gewisse Naturen neben denen am Himmel, diese aber seien dieselben wie die sinnlich wahrnehmbaren, nur seien diese ewig, die sinnlich wahrnehmbaren aber vergänglich. Sie sprechen nämlich von einem Menschen an sich, einem Pferd an sich, einer Gesundheit an sich und fügen nichts weiter als das an sich hinzu, ganz wie es jene machen, die zwar behaupten, es gebe Götter, sie seien aber menschengestaltig. Machten doch auch jene nichts anderes als ewige Menschen, und ebenso machten diese die Formen zu nichts weiterem als zu ewigen Sinnesdingen.

Dazu aber wird noch der, der außer den Formen und den Sinnesdingen ein »Mittleres« ansetzen will, wohl auf eine Anzahl Schwierigkeiten stoßen. Denn es ist klar, daß es dann in gleicher Weise neben den Linien an sich und den sinnlich erfaßbaren Linien noch weitere Linien geben muß – und ebenso bei jeder anderen Gattung. Da aber auch die Astronomie eine von diesen mathematischen Wissenschaften ist, so muß es wohl auch einen weiteren Himmel neben dem sinnlich erfaßbaren Himmel geben, ebenso eine weitere Sonne, einen weiteren Mond und in gleicher Weise weitere andere Himmelskörper. Doch wie sollte man all dem glauben dürfen? Es ist nämlich kaum wahrscheinlich, sich diesen Himmel unbewegt zu denken, gänzlich unmöglich ist es, ihn bewegt anzunehmen. Ebenso aber steht es mit den Dingen, worüber die Optik handelt, und mit der mathematischen Harmonik; denn auch sie können aus denselben Ursachen unmöglich neben den Sinnesdingen existieren. Wenn es nämlich mittlere Sinnesdinge und Sinneswahrnehmungen gäbe, so müßte es offensichtlich auch Lebewesen als mittlere zwischen den Lebewesen an sich und den vergänglichen Lebewesen geben.

[25] Es könnte also auch jemand unschlüssig sein, hinsichtlich welcher Art von Dingen man solche Wissenschaften suchen muß. Denn wenn sich die Geometrie von der Geodäsie lediglich darin unterscheiden sollte, daß diese von dem handelt, was wir sinnlich erfassen, jene aber von dem nicht sinnlich Wahrnehmbaren, so müßte es offenbar neben der Heilkunst noch eine andere Wissenschaft geben – und ebenso neben jeder anderen Wissenschaft –, nämlich eine »mittlere« Wissenschaft zwischen der Heilkunst an sich und dieser Heilkunst da. [30] Wie könnte aber das möglich sein? Dann müßte es neben dem sinnlich wahrnehmbaren Gesunden und dem Gesunden an sich noch irgendein weiteres Gesundes geben. Es ist aber nun nicht einmal wahr, daß die Geodäsie nur von den sinnlich erfaßbaren und vergänglichen Größen handelt; sie ginge doch sonst selbst mit deren Untergang unter.

Doch auch die Astronomie befaßt sich wohl nicht nur mit den sinnlich erfaßbaren Größen und mit diesem Himmel da. [35] Denn die sinnlich erfaßbaren Linien sind nicht derartig, wie der Geometer von ihnen spricht. | (Nichts sinnlich Erfaßbares nämlich ist in dieser Weise gerade oder rund; denn der Kreis berührt nicht in einem Punkt das Lineal, sondern in der Art, wie das Protagoras[32] im Rahmen seiner Widerlegung der Geometer erörtert hat.) Und ebenso sind die Bewegungen und Drehungen am Himmel nicht denen gleich, [5] über die die Astronomie ihre Sätze aufstellt, noch haben die Punkte dieselbe Natur wie die Gestirne. Es gibt nun einige, die meinen[33], es gebe allerdings das sogenannte »Mittlere« zwischen den Formen und den Sinnesdingen, aber nicht von den Sinnesdingen getrennt, sondern vielmehr in ihnen. Es würde Aufgabe einer zu ausführlichen Erörterung sein, alle die unmöglichen Folgerungen, denen sie verfallen, durchzugehen, [10] doch dürfte es hinreichen, folgende zu betrachten: es ist nämlich nicht wahrscheinlich, daß es sich lediglich bei diesen mittleren Dingen so verhalte, es ist doch vielmehr klar, daß auch die Formen in den Sinnesdingen sich befinden könnten (gilt doch für beides dasselbe). Doch müßten dann zwei Körper in demselben Raum sein, und die mittleren Dinge könnten nicht, da sie sich ja in bewegten, sinnlich erfaßbaren Dingen befänden, unbewegt sein. Weshalb sollte man überhaupt annehmen, daß zwar die mittleren Dinge existieren, aber *in* den Sinnesdingen existieren? Daraus müßten dieselben Unsinnigkeiten folgen, auf die schon oben hingewiesen wurde; denn es müßte auch so einen Himmel neben dem Himmel geben, doch nicht von ihm getrennt, sondern am selben Ort; und das ist aber noch weniger möglich.[34]

3. Die Aporien: (6), (7)

(6) Hierin herrscht also eine große Schwierigkeit, wenn man festlegen soll, welche Annahme die Wahrheit trifft; und ebenso steht die Frage bei den Prinzipien, ob man nämlich die Gattungen als Elemente und Prinzipien annehmen soll oder vielmehr die ersten Bestandteile, aus denen jedes Einzelne besteht; wie etwa das als Element und Prinzip eines Lautes aufgefaßt wird, woraus als ersten Bestandteilen die Laute zusammengesetzt sind, nicht aber das Gemeinsame, der Laut. So nennen wir auch von den geometrischen Figuren dasjenige Elemente, dessen Beweise in den Beweisen der anderen enthalten sind – entweder aller oder der meisten. Und bei den Körpern sprechen sowohl diejenigen, die *mehrere* Elemente, als auch diejenigen, die *eines* ansetzen, das als Prinzip an, woraus die Körper zusammengesetzt sind und bestehen, wie etwa Empedokles Feuer, Wasser und das übrige als Elemente anspricht, aus denen die Dinge bestehen, nicht aber spricht er von ihnen als Gattungen der Dinge. Das gibt es auch sonst, wenn jemand die Natur an-

derer Dinge erkennen will, | so etwa die Natur eines Bettes; denn weiß er, aus welchen Teilen es besteht und wie sie zusammengesetzt sind, so kennt er auch seine Natur.
Aus diesen Gründen also könnten die Gattungen keinesfalls Prinzipien der Dinge sein. Doch wenn wir jedes Einzelne durch Definitionen erkennen [5] und die Gattungen die Prinzipien der Definitionen sind, so sind die Gattungen notwendigerweise die Prinzipien der definierten Dinge. Und erreicht man die Wissenschaft von den Dingen dadurch, daß man sich die Wissenschaft von den Arten, nach denen die Dinge benannt werden, erwirbt, dann sind die Gattungen die Prinzipien der Arten. Auch scheinen manche von denen, die das Eine oder das Seiende[35] oder das Große und Kleine[36] [10] als Elemente der Dinge ansprechen, diese »Elemente« in der Bedeutung von Gattungen zu verwenden.
Doch man kann wohl nicht auf beiderlei Art und Weise von den Prinzipien sprechen. Denn der Begriff des Wesens ist nur *einer*. Aber die Definition mit Hilfe der Gattungen ist wohl verschieden von derjenigen, welche die Bestandteile der Dinge angibt.[37]
(7) Weiter, wenn nun durchaus die Prinzipien die Gattungen sind, [15] so fragt es sich, ob man die ersten Gattungen als Prinzipien ansprechen soll oder die, die zuletzt von dem Unteilbaren ausgesagt werden. Denn auch da ist die Sache strittig. Wenn nämlich das Allgemeine immer in höherem Grade Prinzip ist, dann sind offenbar auch die höchsten Gattungen als Prinzipien anzusehen; denn sie werden von allen Dingen ausgesagt. Also wird es so viele Prinzipien der Dinge geben, wie es erste Gattungen gibt, [20] und so werden das Seiende und das Eine Prinzipien und Wesen sein; denn diese werden am meisten von allen Dingen ausgesagt. Aber es ist unmöglich, daß das Eine oder das Seiende *eine* Gattung der Dinge sei. Es müssen nämlich bei jeder Gattung Unterschiede *sein*, und jeder Unterschied muß *einer* sein; es ist aber nicht möglich, entweder die Arten einer Gattung von ihren eigenen Unterschieden auszusagen [25] oder die Gat-

tung ohne ihre Arten. Würden demnach also das Eine oder das Seiende Gattungen sein, so würde kein Unterschied »seiend« oder »eins« sein. Wenn aber nun das Eins und das Seiende nicht Gattungen sind, können sie auch nicht Prinzipien sein, sofern nämlich die Gattungen Prinzipien sein sollen. Es bildete aber auch im weiteren das »Mittlere«, zusammengenommen mit den Unterschieden, bis zum Unteilbaren herab Gattungen – das aber gilt zwar bei einigen, bei anderen aber nicht. Abgesehen davon aber könnten die Unterschiede in noch höherem Grade Prinzipien sein als die Gattungen. Doch sind auch diese Prinzipien, ergeben sich sozusagen unbegrenzt viele Prinzipien, zumal dann, wenn man die erste Gattung als Prinzip ansetzt. |

Doch wenn nun das Eine in höherem Maße prinzipartig ist, das Unzerlegbare aber eines, und unzerlegbar jedes entweder hinsichtlich des Quantums oder der Art ist – und das der Art nach Unzerlegbare das Frühere ist –, die Gattungen aber in Arten zerlegbar sind, so dürfte das zuletzt Ausgesagte in höherem Maße eines sein. Ist doch der »Mensch« nicht Gattung der einzelnen Menschen. Weiter kann bei diesen Dingen, bei denen es ein Früher und ein Später gibt, das, was für sie zutrifft, nicht neben ihnen sein. (Wenn etwa die erste von den Zahlen die Zwei ist, so ist es nicht möglich, daß noch eine Zahl neben den Arten der Zahlen existiert, und ebenso keine Figur neben den Arten der Figuren. Ist dies aber hier nicht der Fall, so wird es kaum bei anderen Fällen Gattungen neben den Arten geben, denn es scheinen gerade hier noch am ehesten Gattungen zu existieren.) Aber beim Unteilbaren findet sich kein Früher oder Später. Weiter, wo es ein Besser und ein Schlechter gibt, da ist stets das Besser das Frühere, so daß es von diesen Dingen keine Gattung geben könnte.

Danach also scheint das, was vom Unteilbaren ausgesagt wird, in höherem Maße Prinzip zu sein als die Gattungen. Wie man aber andererseits dies als Prinzip anzunehmen hat, ist nicht leicht zu sagen. Denn das Prinzip und somit die Ursache muß außerhalb von den Sachen, deren Prinzip es ist, existieren, und es muß getrennt von ihnen sein können. Daß aber derartiges neben dem einzelnen Ding existiere, aus welch anderem Grund sollte das angenommen werden als deshalb, weil es allgemein und von allen ausgesagt wird? Wenn das aber der Grund der Annahme ist, so muß man wohl etwas, je allgemeiner es ist, desto mehr als Prinzip ansetzen. Also wären die ersten Gattungen Prinzipien.[38]

4. Die Aporien: (8), (9), (10), (11)

(8) Und hieran schließt eine Schwierigkeit, die von allen am schwersten und doch am notwendigsten zu betrachten ist, eine Schwierigkeit, bei der die Darlegung jetzt stehengeblieben ist. Denn wenn nichts neben den einzelnen Dingen existiert und wenn aber die einzelnen Dinge unbegrenzt sind, wie kann man dann eine Wissenschaft von diesen unbegrenzten einzelnen Dingen erlangen? Denn wir erkennen insoweit alles, als es ein eines und dasselbe und ein Allgemeines ist.

Aber wenn dies notwendig ist und etwas neben den einzelnen Dingen existieren muß, dann dürften wohl notwendigerweise die Gattungen neben den einzelnen Dingen existieren – und zwar entweder die letzten oder die ersten. Wir haben aber bereits vorher erörtert[39], daß dies unmöglich ist.

Weiter, wenn durchaus etwas neben dem Konkreten (ich spreche vom Konkreten, bei dem etwas vom Stoff ausgesagt wird) »ist«, so fragt sich, wenn es etwas gibt, ob es etwas neben allen Dingen geben soll oder nur neben einigen, neben anderen aber nicht, oder neben keinen. |

Wenn aber nun nichts neben den einzelnen Dingen existiert, so wäre nichts gedacht, sondern alles nur sinnlich erfaßt, und es gäbe von nichts eine Wissenschaft, es sei denn, jemand erklärte die Sinneswahrnehmung zu einer Wissenschaft.[40] Weiter gäbe es dann weder etwas Ewiges noch etwas Unbewegtes (denn alle Sinnesdinge vergehen und sind in Bewegung). [5] Aber gibt es nichts Ewiges, so kann es auch keine Entstehung geben. Es ist nämlich dabei notwendig, daß es etwas Entstehendes und etwas, woraus es entsteht, gibt; und das Äußerste, aus dem etwas entsteht, muß unentstanden sein, da das Entstehen einmal zum Stillstand kommt und aus dem Nichtseienden ein Entstehen unmöglich ist. Weiter, wo es Entstehung und Bewegung gibt, muß es auch eine Grenze geben; [10] ist doch keine Bewegung ohne Grenze, vielmehr hat jede ein Ziel; und es ist nicht möglich, daß etwas entsteht, das nicht entstanden sein konnte; es ist aber notwendig, daß das Entstandene »ist«, sobald es entstanden ist. Weiter, wenn der Stoff »ist«, eben weil er unentstanden ist, so ist es doch viel wahrscheinlicher, daß das Wesen »ist«, auf das hin der Stoff einmal entsteht. Denn wenn es weder das Wesen noch den Stoff gäbe, so existierte überhaupt nichts. [15] Wenn dies aber unmöglich ist, so muß es etwas neben dem Konkreten geben, nämlich die Gestalt und die Form.

Nimmt man das an, so erhebt sich die weitere Schwierigkeit, neben welche Dinge man das ansetzen soll und neben welche nicht. Denn es ist offenbar nicht möglich, es für alle Dinge anzusetzen; man kann nämlich wohl auch nicht annehmen, es existiere irgendein Haus neben den einzelnen Häusern. [20] Überdies fragt sich, ob es nur *ein* Wesen für alle einzelnen Dinge geben soll, so etwa für die Menschen. Doch das wäre unsinnig; sind doch alle Dinge eins, deren Wesen eins ist. Gibt es also viele und verschiedene Wesen? Allein auch das ist nicht wahrscheinlich. Und obendrein stellt sich die Frage, wie der Stoff zu jedem einzelnen hin entsteht und auf welche Weise das Konkrete dies beides – Stoff und Form – ist.[41]

(9) Weiter könnte man im Hinblick auf die Prinzipien folgende Frage stellen: [25] wenn sie nämlich der Art nach

eins sind, so gäbe es nichts, das der Zahl nach eins wäre, auch nicht das Eine an sich und das Seiende an sich. Und wie könnte es da ein Wissen geben, wenn es nichts gibt, das Eins zu allen ist? Doch andererseits, wenn sie der Zahl nach eins sind und jedes einzelne Prinzip *eines* ist und nicht, wie etwa bei den Sinnesdingen, jeweils anders in anderen Fällen (wie etwa bei dieser Silbe da, die der Art nach dieselbe ist – hier und dort –, auch die Prinzipien der Art nach dieselben sind; [30] der Zahl nach nämlich sind sie verschieden), wenn also die Prinzipien der Dinge nicht auf diese Weise existieren, sondern wenn sie der Zahl nach eins sind, so gäbe es neben den Elementen gar nichts davon Verschiedenes. (Denn das der Zahl nach Eine unterscheidet sich in nichts vom einzelnen Ding. So nämlich nennen wir das einzelne Ding das der Zahl nach Eine und das Allgemeine das, was für die einzelnen Dinge zutrifft.) | Es trifft sich also gerade so, wie wenn die Elemente des Lautes der Zahl nach festgelegt wären; es müßten dann alle Buchstaben so viele sein, als es Elemente gibt, wobei keinesfalls zwei oder mehrere Buchstaben von derselben Art sein dürften.[42]

[5] *(10)* Eine um nichts geringere Schwierigkeit aber ist sowohl von den jetzigen Philosophen als auch von den früheren unbehandelt gelassen worden, nämlich die, ob es für das Vergängliche und Unvergängliche dieselben Prinzipien gibt oder verschiedene. Denn sind sie dieselben: Wie ist es dann möglich, daß die einen Dinge vergänglich, die anderen unvergänglich sind, und was ist davon die Ursache? Die Anhänger Hesiods und all die übrigen Theologen[43] haben lediglich das bedacht, was ihnen selbst glaubhaft erschien, [10] auf uns jedoch hatten sie wenig Rücksicht genommen[44]. Denn da sie die Götter als Prinzipien erklären und alles von den Göttern entstanden sein lassen, behaupten sie, daß all das, was nicht Nektar und Ambrosia gekostet habe, sterblich geworden sei. Es ist offenbar, daß ihnen selbst diese Worte (indem sie sie verwendeten) verständlich waren. Und doch geht das, was sie bezüglich der Anwendung dieser Ursachen

gesagt haben, bereits über unser Fassungsvermögen hinaus. [15] Kosten nämlich die Götter Nektar und Ambrosia der Lust wegen, so sind diese nicht Ursache ihres Seins, kosten sie aber Nektar und Ambrosia des Seins wegen, wie sollten sie da ewig sein, da sie doch einer Speise bedürfen?

Doch über das, was in Form von Mythen an Weisheit gelehrt worden ist, braucht man sich wohl nicht allzu ernste Gedanken machen. Aber man muß bei denen, die ihre Untersuchungen mit Hilfe des Beweises anstellen, [20] anfragen und danach forschen, aus welchem Grunde die Dinge, die aus denselben Prinzipien herrühren, einerseits ihrer Natur nach ewig sind, andererseits aber vergehen. Weil aber diese Philosophen weder eine Ursache nennen, noch es wahrscheinlich ist, daß sich die Sache so verhält, ist es klar, daß es für das Vergängliche und für das Unvergängliche nicht dieselben Prinzipien und dieselben Ursachen gibt. Denn auch der Philosoph, von dem man sonst annehmen kann, daß er in gewisser Hinsicht noch am meisten folgerichtig denkt, Empedokles, [25] gerät in denselben Fehler. Denn er setzt zwar ein Prinzip als Ursache des Vergehens an, den Streit; doch es scheint nichtsdestoweniger, daß auch der Streit alles hervorbringt, ausgenommen das Eine[45]; denn alles andere geht aus ihm hervor, außer Gott[46]. Sagt er doch:

> »Woraus alles, was war, ist und fernerhin sein wird, hervorsproßte: Bäume, [30] Männer und Frauen, Tiere, Vögel, flutengenährte Fische, und die langlebenden Götter.«[47]

Aber auch davon abgesehen ist dies klar; | denn befände sich der Streit nicht in den Sachen, wäre doch alles Eines, wie Empedokles meint. Sobald die Dinge nämlich zusammentraten, da

> »stand der Streit an der äußersten Grenze«[48].

Und daraus ergibt sich für ihn, daß der glückseligste Gott weniger Einsicht hat als alles übrige; denn er erkennt nicht alle Elemente, da er den Streit nicht in sich hat, Kenntnis aber gibt es nur von Gleichem. So sagt er[49]:

> »Denn mit Erde sehen wir Erde, mit Wasser das Wasser, mit Äther den göttlichen Äther, Liebe mit Liebe, Streit mit furchtbarem Streit.«[50]

Allein, wovon wir ausgegangen waren, ist soviel klar, daß seiner Meinung nach der Streit ebenso für das Vergehen wie für das Sein Ursache ist. Doch genausowenig ist die Freundschaft eine Ursache des Seins; denn indem sie die Dinge zu dem Einen zusammenführt, vernichtet sie die übrigen Dinge. Zugleich aber nennt er auch keine Ursache für diese Veränderung, sondern meint nur, daß dem eben von Natur aus so sei:

> »Aber als der gewaltige Streit in den Gliedern (des Sphairos) erstarkt war, und sich aufschwang zur Herrschaft, da die Zeit sich erfüllte, die wechselnd ihnen bestimmt ist durch mächtigen Eid.«[51]

Demnach gibt es zwar notwendigerweise Veränderungen, aber irgendeine Ursache für diese Notwendigkeit eröffnet er nicht. Trotzdem aber bleibt er insofern mit sich in Übereinstimmung, als er nicht die einen Dinge vergänglich, die anderen unvergänglich, sondern alle mit Ausnahme der Elemente vergänglich sein läßt. Die nunmehr jedoch aufgeworfene Schwierigkeit lautet: Warum sind einige Dinge vergänglich, andere aber unvergänglich, wenn sie doch alle aus denselben Prinzipien hervorgehen?

Daß es sich wohl nicht um dieselben Prinzipien handelt, soviel sei damit gesagt. Sind sie aber nun verschiedene Prinzipien, so stellt sich die eine Schwierigkeit: ob die Prinzipien selbst unvergänglich sein sollen oder vergänglich. Wenn sie nämlich vergänglich sind, so ist es klar, daß sie ihrerseits wieder von etwas herrühren müssen (denn alles kehrt, wenn es vergeht, dorthin zurück, woraus es stammt). Daher folgt, daß es von den Prinzipien verschiedene frühere Prinzipien geben müßte. Allein das ist unmöglich – mag es nun zum Stillstand kommen oder ins Unbegrenzte fortschreiten. Weiter, wie könnte es vergängliche Dinge geben, wenn die Prinzipien aufgehoben sind? Wenn aber die Prinzipien unvergänglich sind, wie sollten da einerseits aus diesen unvergänglichen Prinzipien vergängliche Dinge stammen, andererseits aber vergängliche? Das ist nämlich durchaus unwahrscheinlich, sondern ist entweder überhaupt nicht möglich oder bedarf noch einer eingehenden Erörterung. Es hat auch noch keiner unternommen, verschiedene Prinzipien aufzustellen, | vielmehr spricht man allen Dingen dieselben Prinzipien zu. Ja man sieht über das oben Erörterte[52] hinweg, als handelte es sich dabei um eine Kleinigkeit.[53]

(11) Von allen Schwierigkeiten ist die die schwerste und zur Erkenntnis der Wahrheit die notwendigste, die fragt, ob das Seiende und das Eine die Wesen der Dinge sind und jedes von beiden nicht ein verschieden Seiendes ist – das eine als Eines, das andere als Seiendes – oder ob es nötig ist zu untersuchen, was das Seiende ist und das Eine, nämlich in der Annahme, als bilde eine andere Natur das Substrat. Die einen nämlich vertreten die Ansicht, daß es sich hinsichtlich der Natur auf jene Weise, die anderen, daß es sich auf diese Weise verhalte. Denn Platon und die Pythagoreer behaupten, das Seiende und das Eine seien nicht etwas Verschiedenes, sondern eben das sei ihre Natur, indem in dem Eins-sein selbst und dem Seiend-sein ihr Wesen liege. Eine andere Ansicht hingegen vertreten die Naturphilosophen; so etwa Empedokles, der das Eine angibt, indem er es auf etwas Bekannteres zurückführt; denn er scheint zu sagen, das Eine sei die Freundschaft – ist sie doch bei allen Dingen die Ursache des Eins-seins. Andere[54] wiederum meinen, das Feuer, andere, die Luft sei dieses Eine und das Seiende, woraus die Dinge seien und entstanden seien. Auf dieselbe Weise äußern sich diejenigen, die mehrere Elemente ansetzen; denn notwendigerweise setzen sie das Eine und das Seiende ebenso vielfach an, als sie Prinzipien annehmen.

Wenn man also nicht annimmt, daß das Eine und das Seiende irgendwelche Wesen sind, folgt daraus, [20] daß auch von dem anderen Allgemeinen nichts ein Wesen ist. Denn das Eine und das Seiende sind doch das Allgemeinste von allem. Es gibt aber kein Eines und kein Seiendes an sich, so kann es wohl schwerlich irgend etwas anderes neben den genannten einzelnen Dingen geben. Weiter, ist das Eine nicht Wesen, so ist es klar, [25] daß auch die Zahl keine von den Dingen abgetrennte Natur sein kann; denn die Zahl besteht aus Einsen, die Eins ist aber das, was Eines ist.

Wenn es aber ein Eines an sich und ein Seiendes an sich gibt, so müssen das Eine und das Seiende ihre Wesen sein; denn es gibt dann kein von ihnen Verschiedenes, von dem sie ausgesagt würden, sondern sie sind dies selbst. Aber wenn es ein Seiendes an sich geben soll und ein Eines an sich, so ergibt sich daraus wohl die große Schwierigkeit, [30] wie es dann noch neben diesen etwas von ihnen Verschiedenes geben soll, ich meine damit, wie es dann mehr Dinge geben soll als eines. Denn das, das vom Seienden verschieden ist, *ist* nicht, so daß nach der Lehre des Parmenides[55] daraus notwendig folgt, daß alle Dinge Eines sind und daß eben dieses Eine das Seiende ist. |

Doch beide Meinungen bergen Schwierigkeiten in sich. Ob man nun das Eine nicht als Wesen annimmt oder ob das Eine an sich existiert, es kann die Zahl unmöglich Wesen sein. Es ist schon oben[56] gesagt worden, worauf das zurückgeht, wenn das Eine nicht Wesen ist. Wenn jedoch das Eine Wesen ist, so ergibt sich dieselbe Schwierigkeit wie hinsichtlich des Seienden.[57] Denn woher soll es neben dem Einen an sich noch ein anderes Eines geben? [5] Es wäre nämlich notwendig, daß es ein Nicht-eins sei. Aber alle Dinge sind entweder Eines oder viele, wovon jedes wieder Eines ist.

Wenn aber das Eine an sich unzerlegbar ist, so ist es nach Zenons[58] Axiom[59] gar nichts. Denn was weder hinzugefügt etwas größer mache noch abgezogen etwas kleiner, das ist seiner Ansicht nach nichts Seiendes, da offenkundig das

Seiende eine Größe darstellt. Und ist es eine Größe, dann ist es körperlich; die körperliche Größe verfüge nämlich in jeder Hinsicht über Sein. Die übrigen Größen aber, in einer Weise hinzugefügt, machen größer, in anderer Weise hinzugefügt, nicht – wie etwa Fläche und Linie; doch ein Punkt und eine Einheit machen keinesfalls größer. Aber Zenon denkt noch etwas plump; es kann durchaus etwas Unzerlegbares existieren, und zwar so, daß es auch gegen Zenons Axiom verteidigt werden kann (denn ein derart Unteilbares, wenn es hinzugefügt wird, macht nicht größer, sondern mehr). Aber es fragt sich: Wie ist es möglich, daß aus einem derartigen Einen oder aus mehreren derartigen eine Größe entsteht? Denn in ähnlicher Weise, sagt man, entstünde die Linie aus Punkten.

Wenn man aber (wie dies einige Philosophen tun) annimmt, daß die Zahl aus dem Einen an sich entsteht und aus einem anderen, das nicht Eines ist, so bleibt trotzdem zu untersuchen, weshalb und wie das Entstehende einmal eine Zahl, ein andermal eine Größe sein soll, wenn man bedenkt, daß das Nicht-eine die »Ungleichheit«[60] und somit dieselbe Natur war. Denn es ist weder klar, wie aus dem Einen und dem Nicht-einen, noch wie aus der Zahl und dem Nicht-einen Größen entstehen sollen.[61]

5. Die vierzehnte Aporie

(14) Daran schließt sich aber die Schwierigkeit, ob die Zahlen, die Körper, die Flächen und die Punkte irgendwelche Wesen sind oder nicht.

Sind sie nämlich keine Wesen, entgeht es uns ganz, was das Seiende und was Wesen der Dinge sein soll. Denn die Affektionen, die Bewegungen, das Bezügliche, die verschiedentlichen Lagen und die Proportionen scheinen von nichts das Wesen anzugeben (denn all das wird von einem Substrat ausgesagt, und nichts ist ein bestimmtes Das). Doch bei den Dingen, die noch am ehesten als Wesen zu gelten scheinen, nämlich Wasser, Erde, Feuer, Luft, woraus die zusammengesetzten Körper bestehen, | sind Wärme, Kälte und derartige Affektionen nicht Wesen, und lediglich der Körper, der diese Affektionen erlitten hat, existiert als ein Seiendes und als ein Wesen. Es ist aber der Körper in geringerem Grade Wesen als die Oberfläche, diese aber in geringerem als die Linie, und diese wiederum in geringerem als die Eins und der Punkt; denn der Körper wird von diesen begrenzt, und sie scheinen auch ohne den Körper existieren zu können, während der Körper unmöglich ohne sie existieren kann. Daher glaubten die meisten und besonders die früheren Philosophen, daß der Körper das Wesen und das Seiende sei, das andere aber dessen Affektionen, so daß also die Prinzipien der Körper auch Prinzipien der Dinge sind. Die späteren Philosophen jedoch[62], die für weiser angesehen werden, meinten, die Zahlen seien die Prinzipien. Wie also gesagt, wenn diese Dinge [Zahlen, Körper, Flächen, Punkte] nicht Wesen sind, gibt es überhaupt kein Wesen und kein Seiendes; denn man darf wohl nicht die Akzidenzen derselben als Seiendes auffassen.

Aber wenn man nun dieser Ansicht beipflichtet, daß die Linien und Punkte in höherem Grade Wesen seien als die Körper, wir aber nicht sehen, an welchen Körpern diese existieren sollen (denn an sinnlich wahrnehmbaren können sie nicht existieren), so dürfte es überhaupt kein Wesen geben. Weiter scheinen all diese Dinge [Linie, Fläche, Punkt] Zerlegungen des Körpers zu sein, und zwar nach Breite, Tiefe und Länge. Überdies findet sich in dem Körper in gleicher Weise jede beliebige Figur oder gar keine. Wenn also beispielsweise im Stein nicht Hermes[63] enthalten ist, so ist auch im Würfel nicht die Hälfte des Würfels enthalten, das heißt genau abgegrenzt. Demnach ist auch keine Oberfläche darin; denn befände sich irgendeine darin, so wäre auch die darin enthalten, die die Hälfte des Würfels abgrenzt. Dasselbe aber trifft auch auf die Linie, den Punkt und die Eins zu. [25] Ist also einerseits der Körper am meisten Wesen, und sind andererseits diese [Punkt, Linie, Fläche] in noch höherem Grade Wesen als der Körper, doch wenn diese nicht existieren und nicht irgendwelche Wesen sind, so entgeht es uns ganz, was das Seiende und was das Wesen der Dinge sein soll. Zu dem Besprochenen nämlich gesellen sich noch hinsichtlich des Entstehens und Vergehens Ungereimtheiten. [30] Denn es scheint das Wesen, wenn es vorher nicht war und nun *ist* oder vorher war und später *nicht* ist, in dieser Hinsicht durch das Entstehen und Vergehen affiziert zu werden. Die Punkte aber, die Linien und die Oberflächen können weder entstehen noch vergehen, wiewohl sie einmal sind und einmal nicht sind. Denn jedesmal wenn sich Körper berühren oder trennen, | so entsteht, berühren sie sich, eine Grenze, trennen sie sich, zwei Grenzen. Also gibt es, sowie sich die Körper verbinden, keine Grenze mehr, sondern sie ist vergangen; sowie sie sich aber trennen, gibt es welche, die vorher nicht da waren (denn ein Punkt, der ja unzerlegbar ist, kann wohl nicht in zwei Punkte zerlegt werden). Wenn es hier aber ein Entstehen und Vergehen gibt, woraus entstehen sie? [5] Ganz ähnlich verhält es sich auch mit dem Jetzt in der Zeit. Denn auch das Jetzt kann weder entstehen noch vergehen, scheint aber trotzdem immer ein anderes zu sein: es ist ja auch kein Wesen. Offenbar verhält es sich bei den Punkten, den Linien und den Flächen ebenso. Es gilt nämlich dafür dasselbe Verhältnis, [10] denn alle diese Dinge sind in gleicher Weise entweder Grenzen oder Zerlegungen.[64]

6. Die Aporien: (13), (12)

Man könnte überhaupt die Frage[65] stellen, warum wir neben den Sinnesdingen und den »mittleren« Dingen[66] noch nach anderen suchen sollen, wie wir[67] etwa die Formen ansetzen.

Wenn das nämlich deshalb geschieht, weil sich die mathematischen Dinge von den Dingen hier bei uns zwar in anderer Hinsicht unterscheiden, [15] nicht aber darin, daß viele gleichartige existieren, so daß auch ihre Prinzipien nicht der Zahl nach begrenzt sein können (wie ja auch die Prinzipien aller Buchstaben hier bei uns nicht der Zahl nach begrenzt sind, wohl aber der Art nach – außer man nimmt die Prinzipien gerade dieser Silbe oder dieses Lautes da; [20] dann werden die Prinzipien auch der Zahl nach begrenzt sein. Ebenso aber verhält es sich auch bei den mittleren Dingen; auch dort nämlich sind die gleichartigen Dinge unbegrenzt); also wenn es neben den sinnlich erfaßbaren und den mathematischen Dingen nicht noch irgendwelche davon verschiedene Dinge gibt – wie etwa einige die Formen annehmen – es also kein Wesen gibt, das der Zahl nach *eines* wäre, sondern nur ein Wesen, das der Art nach *eines* ist, und die Prinzipien der Dinge nicht der Zahl nach, [25] wohl aber der Art nach begrenzt wären, verhält es sich nun notwendigerweise so, so muß man demnach auch die Formen als existierend setzen. Und wenn auch diejenigen, die dieser Ansicht sind, ihre Gedanken nicht hinreichend klar darlegen, so ist es doch das, was sie sagen wollen; und es ergibt sich für sie die Notwendigkeit, von diesen Formen zu sprechen, weil jede einzelne dieser Formen ein Wesen und nicht bloß ein Akzidens ist.

[30] Aber wenn wir annehmen, daß es Formen gibt und daß die Prinzipien eines der Zahl, doch nicht der Art nach sind, so haben wir bereits erklärt[68], welche Unmöglichkeiten sich notwendigerweise daraus ergeben.

(13) Eng damit hängt die Frage zusammen, ob die Elemente dem Vermögen nach oder in einer davon verschiedenen Weise existieren. Wenn sie nämlich in einer anderen Weise existieren, so müßte es etwas anderes, das früher als die Prinzipien wäre, geben. | Denn das Vermögen ist früher als jene Ursache, alles Vermögende aber muß sich nicht unbedingt in jener Weise verhalten. Wenn aber die Elemente

dem Vermögen nach existieren, könnte es möglich sein, daß nichts von dem Seienden existierte. Denn vermögend zu sein ist das, was noch nicht ist. Es entsteht nämlich das, was nicht »ist«; nichts aber entsteht, das nicht vermögend ist zu sein.[69]

(12) Es ist aber nicht nur notwendig, diese Schwierigkeiten hinsichtlich der Prinzipien zu behandeln, sondern man muß auch fragen, ob die Prinzipien allgemein sind oder von der Art, wie wir die einzelnen Dinge nennen. Denn wenn sie allgemein sind, könnten sie keine Wesen sein; nichts Gemeinsames nämlich bezeichnet ein Das, sondern nur ein Derartiges; das Wesen aber ist ein Das. Und wenn auch das gemeinsam Ausgesagte ein Das sein sollte und als eines angesprochen werden könnte, so wäre Sokrates eine Vielheit von Lebewesen: nämlich er selbst und der Mensch und das Lebewesen; sofern doch jedes von diesen ein Das und ein Eines bezeichnet. Sind also die Prinzipien allgemein, so leiten sich davon die genannten Folgerungen ab. Doch sind sie nicht allgemein, sondern in der Art der einzelnen Dinge, so sind sie nicht Sache der Wissenschaft (denn die Wissenschaft aller Dinge ist allgemein); so daß es andere Prinzipien geben müßte, die früher wären als jene und allgemein von ihnen ausgesagt würden, sollte es von ihnen eine Wissenschaft geben.[70]

IV. BUCH (Γ)

1. Die Wissenschaft vom Seienden, insofern es seiend ist

[21] Es gibt eine Wissenschaft, die das Seiende, insofern es seiend ist[1], betrachtet und das, was ihm an sich zukommt. Diese ist aber mit keiner der sogenannten Einzelwissenschaften identisch; denn keine der anderen Wissenschaften betrachtet allgemein das Seiende, insofern es seiend ist, sondern, indem sie sich einen Teil vom Seienden herausschneiden, betrachten sie diesen hinsichtlich seines Akzidens, [25] wie das etwa die mathematischen Wissenschaften tun. Da wir aber die Prinzipien und die höchsten Ursachen suchen, so ist es klar, daß diese Ursachen einer an sich existierenden Natur sein müssen. Wenn nun diejenigen, die die Elemente der Dinge suchten, eben diese Prinzipien suchten, so waren notwendigerweise auch die Elemente nicht Elemente des Seienden in akzidentellem Sinne, [30] sondern des Seienden, insofern es seiend ist. Also müssen auch wir die ersten Ursachen des Seienden, insofern es seiend ist, erfassen.

2. Das Seiende und seine vielfache Bedeutung

Man spricht vom Seienden in vielfachen Bedeutungen, doch stets im Hinblick auf Eines und auf *eine* Natur – wobei man nicht gleiche Ausdrücke verwendet, sondern so, wie alles Gesunde sich auf die Gesundheit bezieht, [35] indem es entweder diese bewahrt oder bewirkt oder ein Zeichen der Gesundheit ist oder sie aufnehmen kann; | wie man ja auch das »ärztlich« nennt, das sich auf die Wissenschaft des Arztes bezieht (man nennt etwas »ärztlich«, weil es entweder über die Wissenschaft des Arztes verfügt oder für sie geeignet oder ein Werk derselben ist); und ähnliches können wir auch bei anderen Wörtern antreffen. [5] Ebenso jedoch spricht man zwar in vielfacher Bedeutung vom Seienden, doch stets im Hinblick auf *ein* Prinzip. Man spricht nämlich vom Seienden, weil es entweder ein Wesen ist oder eine Affektion eines Wesens oder weil es ein Weg zum Wesen oder weil es Vergehen, Privation, Qualität, Bewirkendes oder Erzeugendes eines Wesens ist oder von etwas, das in Beziehung auf das Wesen ausgesagt wird, oder gar, weil es Verneinung von etwas derartigem oder eines Wesens ist. [10] Daher sagen wir ja auch, ein Nichtseiendes *sei* nichtseiend. Und wie es nun für alles Gesunde *eine* Wissenschaft gibt, so trifft das in gleicher Weise auch bei den übrigen Benennungen zu. Denn nicht allein das, was nach Einem ausgesagt wird, zu betrachten ist Aufgabe *einer* Wissenschaft, sondern auch das, was in Beziehung auf *eine* Natur ausgesagt wird. Auch dies nämlich wird in gewisser Hinsicht nach Einem ausgesagt. [15] Es gehört also offenbar zu *einer* Wissenschaft, das Seiende, insofern es seiend ist, zu betrachten. Überall aber handelt die Wissenschaft besonders vom Ersten und von dem, wovon das Übrige abhängt und wonach es ausgesagt wird. Ist das aber das Wesen, so muß wohl der Philosoph die Prinzipien und Ursachen der Wesen erfassen.

Nun aber gibt es von jeweils *einer* Gattung nur *eine* Sinneswahrnehmung und somit nur *eine* Wissenschaft; [20] so behandelt beispielsweise die Grammatik als *eine* Wissenschaft alle Laute. Aus diesem Grunde ist es auch Aufgabe einer der Gattung nach *einzigen* Wissenschaft, alle Arten des Seienden, sofern es seiend ist, zu betrachten; es ist aber Sache ihrer Arten, die Arten zu betrachten.

Nun aber ist das Seiende und das Eine ein und dasselbe und *eine* Natur, insofern nämlich, als sie sich gegenseitig begleiten, wie Prinzip und Ursache, nicht aber, sofern sie durch *einen* Begriff erklärt würden. [25] (Doch es tut nichts zur Sache, das letztere anzunehmen, im Gegenteil, es ist für unsere Arbeit noch dienlicher.) Denn es bedeutet doch dasselbe: »ein« Mensch und »seiender« Mensch und »Mensch«; und doch, die Verdoppelung im Ausdruck: »er ist *ein*

Mensch« und »er ist *ein seiender* Mensch« zeigt nichts Verschiedenes. Es ist klar, daß es [»seiend« und »Mensch«] weder bei der Entstehung noch beim Vergehen voneinander getrennt wird. Und gleich steht es mit dem »ein«. Demnach ist es klar, daß hier die Hinzufügung dasselbe bezeichnet und das »ein« nichts davon Verschiedenes ist neben »seiend«. Weiter ist auch das Wesen jedes Einzelnen nicht nur im akzidentellen Sinne »eines«, und in gleicher Weise ist es seiend an sich. Also folgt, daß, so viel es Arten vom Einen gibt, es auch Arten vom Seienden gibt; deren Was zu betrachten ist Aufgabe einer der Gattung nach identischen Wissenschaft, ich meine hier etwa die Frage nach dem Identischen, dem Ähnlichen und anderem dergleichen. Nahezu alle Gegenteile lassen sich auf dieses Prinzip zurückführen. | Dafür aber genüge das, was wir in der »Auswahl der Gegenteile«[2] erörtert haben.

Es gibt auch ebenso viele Teile der Philosophie, wie es Wesen gibt. Daher muß darunter eine die erste Philosophie sein und eine die daran anschließende Philosophie. Denn das Seiende – und auch das Eine – verfügt sofort über Gattungen; ihnen also folgen entsprechend die Wissenschaften. Denn es verhält sich dem Wortgebrauch nach beim Philosophen wie beim Mathematiker: auch die Mathematik verfügt über Teile, und es gibt auch im Mathematischen eine erste, eine zweite und der Reihe nach die anderen Wissenschaften.[3]

Da es also Aufgabe *einer* Wissenschaft ist, das Entgegengesetzte zu betrachten, dem Einen aber die Menge entgegengesetzt ist (die Verneinung und die Privation zu betrachten ist auch Aufgabe *einer* Wissenschaft, weil in beiden Fällen das Eine, um dessen Verneinung oder Privation es geht, betrachtet wird – denn entweder sagen wir einfach, daß jenes nicht vorhanden ist, oder, nur für eine bestimmte Gattung nicht. Im ersten Fall kommt zu dem, was verneint wird, nur der Unterschied gegenüber dem Einen hinzu ⟨denn Verneinung des Einen ist dessen Nicht-Anwesenheit⟩;

in der Privation gibt es aber noch eine substrathafte Natur, im Hinblick auf die man von einer Privation spricht), so ist es Aufgabe der genannten Wissenschaft, das, was dem oben Erwähnten entgegengesetzt ist, zu erkennen, also das Verschiedene, das Unähnliche, das Ungleiche und das andere, das nach dem vorhin Erwähnten oder nach der Menge und dem Einen genannt wird. [20] Dazu gehört auch der Gegensatz; denn der Gegensatz ist ein Unterschied, der Unterschied aber eine Verschiedenheit. Da also vom Einen in vielfachen Bedeutungen gesprochen wird, so wird auch von diesen Dingen in vielfachen Bedeutungen gesprochen werden, und doch ist es Aufgabe *einer* Wissenschaft, all das zu erkennen. Nicht nämlich, wenn von diesen Dingen in vielfachen Bedeutungen gesprochen wird, ist es auch Aufgabe verschiedener Wissenschaften, sondern nur dann, wenn die Begriffe weder *nach* Einem noch in Beziehung zu Einem zurückgeführt werden. [25] Da aber alles auf das Erste zurückgeführt wird – wie etwa alles, das Eines genannt wird, auf das erste Eine –, muß man sagen, daß es sich ebenso mit dem Identischen, mit dem Verschiedenen und den Gegenteilen verhält. Also muß man einmal unterscheiden, in wieviel Bedeutungen ein jedes ausgesagt wird, dann aber im Hinblick auf das Erste in jeder Aussageweise angeben, wie es sich zu jenem verhält. [30] Einige Dinge nämlich werden im Hinblick auf jenes genannt, weil sie darüber verfügen, andere, weil sie es bewirken, und andere auf eine andere derartige Weise.

Es ist nun klar, daß es Sache *einer* Wissenschaft ist, diese Dinge und das Wesen zu erörtern (das aber war eine von den besprochenen Schwierigkeiten)[4]. Auch gehört es zu einem Philosophen, über *alle* Dinge Betrachtungen anstellen zu können. | Denn läge das nicht im Aufgabenbereich des Philosophen, wer untersuchte dann, ob »Sokrates« und »der sitzende Sokrates« dasselbe sind, oder ob es zu einem immer eines als Gegenteil gibt, oder was ein Gegenteil ist, oder in wievielen Bedeutungen es ausgesagt wird? Und ebenso verhält es sich mit anderen derartigen Problemen. [5] Da nun diese Dinge Affektionen an sich des Einen als Einen sind und des Seienden, insofern es seiend ist, nicht aber, insofern es Zahl ist oder Linie oder Feuer, so ist es offensichtlich Aufgabe jener Wissenschaft, sowohl ihr Was als auch ihre Akzidenzen zu erkennen. Und nicht darin irren diejenigen, die hierüber nachdenken, daß dies etwa nicht zur Philosophie zu rechnen sei, sondern vielmehr darin, daß sie übersehen, daß doch das Wesen, von dem sie nichts verstehen, früher ist. [10] Wie es von der Zahl, insofern sie Zahl ist, eigentümliche Affektionen gibt – zum Beispiel Ungeradheit und Geradheit, und Gleichheit, Übermaß und das Zuwenig – und wie dies sich auf die Zahlen bezieht, sei es an sich, sei es im Hinblick auf andere, und wie ebenso der feste Körper, das Unbewegte, das Bewegte, das Schwerelose und das Schwere über verschiedene Eigentümlichkeiten verfügen, [15] so hat auch das Seiende, insofern es seiend ist, gewisse Eigentümlichkeiten, und das ist es, worüber der Philosoph die Wahrheit zu erkunden hat. Der Beweis dafür: die Dialektiker nämlich und die Sophisten tauchen in dieselbe Gestalt wie der Philosoph (denn die Sophistik ist lediglich eine Scheinweisheit, und die Dialektiker diskutieren über alles); [20] allen gemeinsam aber ist das Seiende; sie diskutieren aber offenbar darüber, weil es einfach zur Philosophie gehört. Sophistik nämlich und Dialektik behandeln dieselbe Gattung wie die Philosophie, doch unterscheidet sich die Philosophie von der Dialektik durch die Art und Weise ihres Vermögens, von der Sophistik in der überlegten Wahl[5] für das Leben. [25] Die Dialektik versucht nur das, wovon die Philosophie Erkenntnisse will, die Sophistik jedoch erscheint als Philosophie, ist aber keine.

Weiter ist eine Reihe der Gegenteile Privation, und alles läßt sich auf das Seiende und auf das Nichtseiende, auf das Eine und die Menge zurückführen, wie etwa Ruhe auf das Eine und Bewegung auf die Menge. Daß das Seiende und das Wesen aus Gegenteilen zusammengesetzt werden, nehmen fast alle einhellig an; [30] alle wenigstens setzen Gegenteile als Prinzipien an: die einen nämlich das Ungerade und Gerade[6], die anderen das Warme und Kalte[7], andere die Grenze und das Unbegrenzte[8] und wieder andere Freundschaft und Streit[9]. Und auch alles übrige scheint auf das Eine und die Menge zurückgeführt (diese Zurückführung nämlich wollen wir nun einmal voraussetzen). | Und gerade die von den anderen angesetzten Prinzipien fallen unter diese [das Eine und die Menge] als ihre Gattungen. Also resultiert auch daraus klar und deutlich, daß es Aufgabe *einer* Wissenschaft ist, das Seiende, insofern es seiend ist, zu betrachten. Denn alle Dinge sind entweder Gegenteile oder bestehen aus Gegenteilen, die Prinzipien der Gegenteile aber sind das Eine und die Menge. [5] Diese aber sind Aufgabe *einer* Wissenschaft – mögen sie nun nach Einem genannt sein oder nicht, wobei letzteres wohl in Wahrheit zutreffen dürfte. Und wird auch vom Einen in vielfachen Bedeutungen gesprochen, so geschieht dies doch vom übrigen im Hinblick auf ein erstes Eines, und ebenso gilt es von den Gegenteilen, wenn auch das Seiende oder das Eine nicht ein Allgemeines sind und nicht ein für alle Dinge Identisches oder ein von ihnen Abgetrenntes – wie dies wirklich nicht der Fall sein dürfte –, [10] sondern nur teils in Beziehung auf Eines, teils durch Reihenfolge eines sind. Daher ist es auch nicht Aufgabe eines Geometers zu betrachten, was das Gegenteil ist oder das Vollendete, das Eine oder das Seiende, das Identische oder das Verschiedene, es sei denn voraussetzungsweise.

Daß es demnach Aufgabe *einer* Wissenschaft ist, das Seiende, insofern es seiend ist, und das diesem Seienden, insofern es seiend ist, Zukommende zu betrachten, ist klar, aber auch, daß dieselbe Wissenschaft nicht nur die Wesen, [15] sondern auch das diesen Zukommende zu betrachten hat, und zwar, abgesehen vom bereits Gesagten, auch das Früher und Später, Gattung und Art, Ganzes und Teil und anderes dergleichen.[10]

3. Die Axiome und der Satz vom Widerspruch

Doch man muß nun die Frage erörtern, ob es Aufgabe *einer* Wissenschaft oder verschiedener Wissenschaften ist, von den in der Mathematik [20] so genannten Axiomen und vom Wesen zu handeln. Aber offenkundig ist die Erforschung dieser Axiome Aufgabe *einer* Wissenschaft, und zwar der des Philosophen; denn sie gelten für alle Dinge und nicht nur für eine gesonderte Gattung, abgetrennt von den anderen. Und es machen auch alle von ihnen Gebrauch, [25] weil sie dem Seienden, insofern es seiend ist, angehören und jede Gattung ein Seiendes ist. Aber man bedient sich ihrer nur insoweit, als man sie gerade benötigt, das heißt, soweit die Gattung reicht, in deren Rahmen man Beweise führt. Weil also offenbar die Axiome für alles, insofern es seiend ist, zutreffen (das nämlich ist das allem Gemeinsame), so ist deren Betrachtung Aufgabe dessen, der das Seiende, insofern es seiend ist, erkennt. Aus diesem Grund unternimmt es auch kein Fachwissenschaftler, [30] über die Axiome auszusagen, ob sie wahr sind oder nicht, weder der Geometer noch der Arithmetiker, sondern nur einige Naturphilosophen haben das getan, und mit Recht: denn sie waren der Meinung, allein über die gesamte Natur und über das Seiende Untersuchungen zu führen. Da es aber eine Wissenschaft gibt, die höher ist als die Naturwissenschaft (denn die Natur ist nur eine Gattung des Seienden), so wird dieser Wissenschaft, [35] die das Seiende allgemein und das erste Wesen betrachtet, auch die Erforschung der Axiome zufallen. | Allerdings, auch die Naturwissenschaft ist eine Weisheit, doch nicht die erste.[11] Was aber manche von denen, die darüber reden, wie man die Wahrheit annehmen soll, unternehmen, das tun sie, ohne in der Analytik ausgebildet zu sein. Denn es ist nötig, bereits darin vorgeschult an diese Fragen heranzutreten, aber nicht zu forschen, während man noch lernt.[12]

[5] Daß es demnach Aufgabe des Philosophen und dessen, der die Natur jedes Wesens betrachtet, ist, auch die Prinzi-

pien des Schlußverfahrens zu untersuchen, ist klar. Es gehört sich aber, daß derjenige, der am meisten Kenntnis hinsichtlich einer bestimmten Gattung hat, imstande ist, die gesichertsten Prinzipien der Sache anzugeben; daher kann auch der, der über das Seiende, insofern es seiend ist, Kenntnis hat, von allem die sichersten Prinzipien liefern. Das aber ist der Philosoph. Doch das sicherste Prinzip von allen ist das, bei dem eine Täuschung unmöglich ist. Dieses Prinzip nämlich muß das bestens erkennbare (denn alle täuschen sich darin, worüber sie nichts wissen) und voraussetzungslos sein. Denn ein Prinzip, über das einer, der irgend etwas von den Dingen erkennen soll, verfügen muß, ist nicht Voraussetzung.[13] Was aber jeder, der etwas erkennen will, erkannt haben muß, mit dem muß er bereits kommen.

Daß nun aber ein derartiges Prinzip das sicherste von allen ist, ist wohl klar. Welches das aber ist, wollen wir nun angeben; denn es ist nicht möglich, daß dasselbe demselben in derselben Beziehung zugleich zukomme und nicht zukomme (und fügen wir noch andere Bestimmungen dazu, so deshalb, um logische Einwände zurückzuweisen). Das also ist das sicherste Prinzip von allen, denn es verfügt über die genannte Definition. Es ist nämlich unmöglich, daß jemand annimmt, dasselbe sei und sei nicht, wie dies nach Meinung einiger Heraklit vertritt. Doch es ist ja auch nicht notwendig, daß jemand das, was er behauptet, auch so annimmt.[14] Wenn es aber nicht möglich ist, daß demselben zugleich Gegenteile zukommen (wobei man auch bei dieser Prämisse die gewohnten Einschränkungen dazubestimme), und wenn das Gegenteil einer Meinung die ihr widersprechende Meinung ist, so ist es offensichtlich unmöglich, daß derselbe annehme, dasselbe sei und sei nicht. Denn derjenige, der sich darüber täuschte, verfügte zugleich über gegenteilige Meinungen. Aus diesem Grund kommen alle, die Beweise führen, auf diese letzte Meinung zurück. Diese nämlich ist von Natur aus das Prinzip aller anderen Axiome.[15]

4. Probleme um das Gesetz vom Widerspruch

Nun aber, wie wir sagten[16], [35] gibt es einige, die behaupten, daß dasselbe sein und nicht sein könne | und daß es möglich sei, dies so anzunehmen.[17] Diese Behauptung vertreten auch viele Naturphilosophen. Doch wir haben eben angenommen, es sei unmöglich, daß etwas zugleich sei und nicht sei, und haben daraus gezeigt, daß dies das sicherste Prinzip von allen ist. [5] Einige[18] allerdings verlangen – aufgrund ihrer mangelhaften philosophischen Ausbildung –, auch dies solle bewiesen werden. Denn es zeigt mangelhafte Ausbildung, wenn man nicht weiß, wofür man einen Beweis zu suchen hat und wofür nicht. Es ist nämlich ein Ding der Unmöglichkeit, daß es überhaupt für alles einen Beweis gebe – denn man würde ins Unbegrenzte fortschreiten, so daß auf diese Art und Weise gar kein Beweis zustande käme. Wenn es aber manches gibt, [10] wofür kein Beweis gesucht werden darf, so könnten sie wohl nicht sagen, was sie in höherem Grade für ein derartiges Prinzip hielten.

Es ist aber möglich, mit Hilfe einer Widerlegung zu beweisen, daß diese Ansicht [daß dasselbe sein und nicht sein kann] unmöglich ist, sofern der Opponierende nur überhaupt etwas sagt. Tut er es aber nicht, so wäre es lächerlich, eine Begründung gegen den zu suchen, der ja für nichts eine Begründung hat, insofern er nämlich keine hat; denn ein solcher ist als solcher gleich einer Pflanze. [15] Ich aber meine, daß es einen Unterschied gibt zwischen einem Beweis mit Hilfe einer Widerlegung und einem direkten Beweis; einerseits nämlich erweckt derjenige, der den direkten Beweis liefern will, den Anschein, als setzte er voraus, was erst bewiesen werden soll[19], andererseits, wenn ein anderer schuld an einer derartigen unbewiesenen Voraussetzung ist, so ist das eine Widerlegung und kein Beweis.[20]

Aber der Anfang bei allen derartigen Diskussionen ist nicht die Forderung, der Opponierende solle sagen, daß etwas sei oder nicht sei [20] (das nämlich könnte man schon für eine

Voraussetzung des erst zu Beweisenden nehmen), sondern die Forderung, daß er etwas für sich und den anderen als geltend bezeichne. Denn das ist, sofern er überhaupt etwas sagen will, notwendig. Tut er es nicht, so gibt es wohl für einen solchen keine Diskussion, weder mit sich selbst noch mit einem anderen. Gibt dies aber jemand zu, so kann ein Beweis stattfinden; denn dann ist bereits etwas definiert. [25] Aber Ursache der Beweisführung ist nicht der Beweisende, sondern der, der Rede und Antwort steht. Denn wenngleich jemand eine Begründung aufhebt, steht der doch Rede und Antwort. Und weiter hat der, der dies zugestanden hat, zugegeben, daß etwas wahr ist auch ohne Beweis, so daß sich also nicht alles zugleich »so« und »nicht so« verhalten kann.[21]

Zuerst nun also ist es klar, daß dies selbst wahr ist, [30] daß der Ausdruck »sein« und der Ausdruck »nicht sein« ein Dieses-da bezeichnet, so daß sich nicht alles »so« und zugleich »nicht so«[22] verhalten kann. Wenn ferner der Ausdruck »Mensch« Eines bezeichnet, so mag dies etwa »zweifüßiges Lebewesen« sein. Ich verstehe nämlich das »Eines bezeichnen« so: wenn ein Mensch dies [d. h. zweifüßiges Tier] bedeutet, so wird, insofern etwas ein Mensch ist, das sein Mensch-sein ausmachen. Denn es macht keinen Unterschied, wenn jemand behauptete, ein Ausdruck bezeichne Mehreres, aber nur genau Begrenztes; | denn dann könnte für jeden Begriff ein anderer Ausdruck gesetzt werden. Ich meine das etwa folgendermaßen: wenn jemand sagte, der Ausdruck »Mensch« bezeichne nicht Eines, sondern vieles, von dem vielen aber eines, dessen Begriff »zweifüßiges Lebewesen« sei, so kann es daneben noch mehrere verschiedene Begriffe geben, nur der Zahl nach seien sie fest begrenzt; so nämlich könnte für jeden Begriff ein eigener Ausdruck angesetzt werden. [5] Doch wenn das nicht geschehen könnte, sondern vielmehr jemand sagte, der Ausdruck bezeichne unbegrenzt vieles, dann gäbe es offenbar gar keinen Begriff. Denn nicht Eines bezeichnen bedeutet soviel wie überhaupt nichts bezeichnen. Bezeichnen aber die Ausdrücke nichts, so ist damit die Möglichkeit, sich miteinander zu unterreden, beseitigt – und in Wahrheit auch die Möglichkeit, sich mit sich selbst zu unterreden. [10] Denn es ist nicht möglich zu denken, denkt man nicht Eines. Doch ist dies möglich [Eines zu denken], so dürfte man für diese Sache auch *einen* Ausdruck festsetzen können.

Demnach soll es – wie bereits anfangs gesagt[23] – dabei bleiben, daß der Ausdruck etwas bezeichne und daß er Eines bezeichne. Denn es ist wohl nicht möglich, daß das Menschsein dasselbe bezeichne wie das Nicht-Mensch-sein, sofern nämlich das Wort Mensch nicht nur über Eines ausgesagt wird, sondern Eines aussagt [15] (denn wir meinen nicht, daß »Eines aussagen« dasselbe sei wie »etwas über Eines aussagen«, da ja auf diese Weise »musisch«[24], »weiß« und »Mensch« Eines bezeichnen würde; und so würde alles Eines sein, da es ja ausdrucksgleich wäre). Es wird auch nicht Sein und Nichtsein dasselbe sein können, außer im Sinne einer Ausdrucksgleichheit, wie etwa dann, wenn andere, was wir Mensch nennen, Nicht-Mensch nennten. [20] Aber darin liegt ja gar nicht die Frage, ob es möglich ist, daß dasselbe ein Mensch »dem Ausdruck nach« zugleich sei und nicht sei, sondern »der Sache nach«. Wenn aber »Mensch« und »Nicht-Mensch« nichts Verschiedenes bezeichnet, so ist offensichtlich auch das »Nicht-Mensch-sein« vom »Mensch-sein« nicht verschieden; demnach hieße »Mensch-sein« »Nicht-Mensch-sein«, [25] denn beides wäre Eines. Das nämlich bedeutet doch »Einessein« – wie etwa bei »Gewand« und »Kleid« –, sofern der Begriff *einer* ist. Und wäre demnach ihr Begriff *einer*, so bezeichnete dann »Mensch-sein« und »Nicht-Mensch-sein« Eines. Allein es war gezeigt worden[25], daß es Verschiedenes bezeichnet. Also ist es notwendig, daß, wenn man wahrhaftig von etwas sagen kann, es sei Mensch, dies ein zweifüßiges Lebewesen (denn das war es ja, was das Wort Mensch bezeichnete) ist; [30] ist das aber notwendig, so ist es unmöglich, daß dasselbe nicht ein zweifüßiges Lebewesen ist. Denn das bezeichnet ja der Ausdruck »es ist notwendig«, daß es unmöglich ist, »nicht zu sein«. Füglich kann es nicht zugleich wahr sein zu behaupten, dasselbe sei Mensch und nicht Mensch. Dasselbe aber trifft auch beim Nicht-Mensch-sein zu. | Mensch-sein nämlich und Nicht-Mensch-sein bezeichnet etwas Verschiedenes, sofern schon Weiß-sein und Mensch-sein Verschiedenes bezeichnet. Denn jenes steht in weitaus größerem Gegensatz, so daß es durchaus Verschiedenes bezeichnet. Wenn man aber behaupten wollte, daß Weiß dasselbe und eins [mit dem Menschen] bezeichne, so werden wir wieder dasselbe – wie bereits vorhin – antworten, daß dann alles, und nicht nur das Entgegengesetzte, Eines sein würde. Ist das aber unmöglich, resultiert daraus die besagte Folgerung, sofern der Gefragte überhaupt antwortet. Wenn er aber auf eine einfache Frage in seiner Antwort Verneinungen hinzufügt, so beantwortet er nicht, worum er gefragt wurde. Denn es bedeutet ja kein Hindernis, daß dasselbe Mensch, weiß und tausenderlei anderes ist; aber auf die Frage, ob es wahr sei zu sagen, dies sei ein Mensch oder nicht, muß man trotzdem nur das, was Eines bezeichnet, antworten und darf nicht dazusetzen, es sei auch weiß und groß. Denn man kann doch nicht alle Akzidenzen in ihrer Unbegrenztheit durchgehen. Demnach muß man entweder alle insgesamt durchgehen oder keines. Und ebenso darf man nicht, wenn auch tausendmal dasselbe Mensch und nicht Mensch ist, auf die Frage, ob dies ein Mensch ist, noch hinzuantworten, daß es gleichzeitig auch nicht Mensch ist, es sei denn, man gibt in der Antwort auch alle anderen Akzidenzen an: diejenigen, die sind, und diejenigen, die nicht sind. Macht man aber das, so unterredet man sich nicht mehr.[26]

Überhaupt heben diejenigen, die derartiges vertreten, das Wesen und das Was-es-ist-dies-zu-sein auf. Denn sie müssen erklären, daß alles Akzidens sei und daß es ein Mensch-sein an sich oder Lebewesen-sein gar nicht gibt. Wenn es aber ein Mensch-sein an sich geben sollte, so wäre dies weder das Nicht-Mensch-sein noch das Mensch-sein (und doch sind dies die Verneinungen von jenem). [25] Eines nämlich war es, was es bezeichnete, und das war das Wesen von etwas. Aber das Wesen von etwas bezeichnen heißt, daß nichts anderes sein Sein ist. Wenn aber bei ihm das Mensch-sein an sich entweder das Nicht-Mensch-sein an sich wäre oder nicht das Mensch-sein an sich, so wäre es etwas anderes, so daß demnach jene erklären müssen, es gäbe von nichts einen derartigen Begriff, [30] sondern alles sei eben nur Akzidens. Dadurch nämlich ist ja Wesen und Akzidens voneinander getrennt; denn so kommt das Weiße dem Menschen als Akzidens zu, weil er weiß ist, nicht aber, weil er das Weiße an sich ist. Wird aber alles akzidentell ausgesagt, so wird es kein erstes »Worüber« geben, sofern doch immer das Akzidens [35] die Aussage über ein bestimmtes Substrat bezeichnet. | Füglich müßte man ins Unbegrenzte fortschreiten. Doch das ist nicht möglich, denn es lassen sich nicht mehr als zwei miteinander verknüpfen. Ein Akzidens nämlich ist nicht Akzidens eines Akzidens, es sei denn, beide sind an ein und demselben Akzidenzen. Damit meine ich etwa, daß das Weiße »musisch« ist und das »Musische« weiß, weil ja beides Akzidenzen des Menschen sind. [5] Aber Sokrates ist in diesem Sinne nicht »musisch«, weil beides Akzidenzen an einem andereren Verschiedenen sind. Da also das eine in diesem, das andere in jenem Sinne als Akzidens ausgesagt wird – beispielsweise, daß das Weiße für Sokrates Akzidens ist –, kann es nach aufwärts kein Fortschreiten ins Unbegrenzte geben; daß etwa für Sokrates, der weiß ist, etwas davon Verschiedenes ein Akzidens sei; [10] denn es ist nicht möglich, daß aus allen ein Eines wird. Aber auch für das »Weiße« kann es nicht etwas Verschiedenes als Akzidens geben – etwa das »Musische«; denn es ist dieses nicht mehr für jenes Akzidens als jenes für dieses. Zugleich aber ist der Unterschied getroffen worden, daß das eine in diesem Sinne Akzidens sei, das andere aber so wie das »Musische« für Sokrates. In letzterem Sinne aber ist ein Akzidens nicht für ein Akzidens Akzidens, [15] sondern nur im ersteren Sinn. Demnach kann nicht alles als Akzidens ausgesagt werden. Füglich muß es etwas geben, das das Wesen bezeichnet. Ist das aber der Fall, so ist erwiesen, daß Widersprüche keinesfalls zugleich ausgesagt werden können.

Weiter, sind alle Widersprüche über ein und dasselbe zugleich wahr, so wäre offenbar alles Eines. [20] Denn Dreiruderer, Mauer, Mensch würden dasselbe sein, wenn man von jedem Ding bejahend oder verneinend aussagen kann – so wie dies diejenigen behaupten müssen, die der Lehre des Protagoras[27] beipflichten. Denn wenn jemand der Ansicht ist, der Mensch sei kein Dreiruderer, so ist er auch offenbar kein Dreiruderer; und doch wird er es sein, wenn der Widerspruch wahr ist. [25] Also gelangt man zur Meinung des Anaxagoras: »Alle Dinge waren zusammen«[28]. Das bedeutet aber, daß in Wahrheit nichts existiert. Es scheinen also diese Leute vom Unbestimmten zu reden, und während sie meinen, vom Seienden zu sprechen, sprechen sie vom Nichtseienden. Denn das, was nur dem Vermögen nach, nicht aber der Vollendung[29] nach *ist*, ist das Unbestimmte. Aber sie müssen von jedem Ding die Bejahung oder Verneinung aussagen. [30] Es wäre nämlich unsinnig, wenn zwar für jedes Ding die eigene Verneinung zuträfe, nicht aber die Verneinung des von ihm Verschiedenen, das ihm gar nicht zukommt. Ich meine das etwa so: wenn es wahr ist, zu sagen, daß der Mensch nicht Mensch ist, so ist es offenbar auch wahr zu sagen, daß er entweder ein Dreiruderer oder kein Dreiruderer ist. Gilt aber die Bejahung, so muß auch die Verneinung gelten. Trifft aber die Bejahung nicht zu, [35] so doch die Verneinung in höherem Maße als die Verneinung seiner selbst. | Wenn aber jene zutrifft, so auch die Verneinung des Dreiruderers, und wenn diese, dann auch die Bejahung.[30]

So also ergeht es denen, die diese Meinung vertreten und behaupten, daß weder Bejahung noch Verneinung notwendig sei. Denn ist es wahr, daß etwas Mensch als auch nicht

Mensch ist, so wird es offenbar auch wahr sein, [5] daß es weder Mensch ist noch nicht Mensch. Zu den zwei Aussagen nämlich gibt es zwei Verneinungen; wenn aber jene Aussage [etwas ist Mensch und nicht Mensch] als *eine* aus beiden bestehend aufgefaßt wird, so ist wohl auch diese Aussage [es sei weder Mensch noch nicht Mensch] *eine*, die jener Aussage entgegengesetzt ist.[31]

Weiter verhält es sich entweder bei allen Dingen so, wie diese meinen, und es ist etwas weiß und zugleich auch nicht weiß, seiend und zugleich auch nicht seiend und in gleicher Weise bei den anderen Bejahungen und Verneinungen, oder eben nicht, [10] sondern es verhält sich nur bei gewissen so, bei anderen aber nicht. Wenn es sich aber nicht bei allen in der erwähnten Weise verhält, so wären doch diese, bei denen es sich nicht so verhält, in Übereinstimmung. Verhält es sich aber bei allen so, so wird es wiederum bei allen, bei denen es Bejahung gibt, auch Verneinung geben und bei denen es Verneinung gibt, Bejahung geben, oder es wird bei denen, wo es Bejahung gibt, auch Verneinung geben, nicht aber bei allen, bei denen es Verneinung gibt, Bejahung geben. [15] Und träfe allerdings letzteres zu, dann gäbe es etwas dauerhaft Nichtseiendes, und dies stellte eine gesicherte Meinung dar; und wenn das Nichtsein etwas Sicheres ist und Erkennbares, so wäre die entgegengesetzte Behauptung noch erkennbarer.[32] Wenn aber in gleicher Weise das, was verneint wird, bejaht wird, so muß man entweder die Wahrheit *zerlegend* sagen – wie etwa, daß etwas weiß sei, und ein andermal, daß es nicht weiß sei – oder nicht. [20] Wenn man die Wahrheit nicht sagt, indem man [Bejahung und Verneinung] zerlegt, so sagt man dies [den Satz, daß Entgegengesetztes zugleich wahr sein soll] überhaupt nicht aus, und es gibt gar nichts (wie aber sollte etwas, das gar nicht existiert, reden können und gehen?). Auch wäre dann alles Eines – wie schon vorhin erörtert[33] –, und dasselbe wäre Mensch, Gott, Dreiruderer und deren Widersprüche. [25] (Wenn nämlich Bejahung und Verneinung von jedem Einzelnen gilt, kann sich nicht mehr eines vom anderen unterscheiden; denn unterschiede es sich, wäre dieser Unterschied wahr und eigentümlich.) In gleicher Weise aber trifft, auch wenn es möglich sein sollte, [Bejahung und Verneinung] *zerlegend* die Wahrheit zu sagen, das eben Erklärte zu. Dazu aber kommt noch, daß alle die Wahrheit und alle die Unwahrheit sagten und daß derjenige, der dies behauptet, sich selbst eingesteht, die Unwahrheit zu sagen. Zugleich aber ist es offenkundig, daß man mit einem solchen Menschen über nichts eine Überlegung anstellen kann, denn er sagt ja nichts. Er meint nämlich weder, es verhalte sich etwas »so«, noch, es verhalte sich »nicht so«. Und doch verneint er wiederum beides, daß es sich weder »so« noch »nicht so« verhalte. Wäre dem nicht so, wäre bereits etwas definiert.

Weiter, ist die Verneinung unwahr, sooft die Bejahung wahr ist, und die Bejahung unwahr, sooft die Verneinung wahr ist, so kann man in Wahrheit nicht dasselbe zugleich bejahen und verneinen. | Doch vielleicht könnte man hier einwerfen, das sei ja die anfänglich vorgelegte Frage.

Weiter, ist derjenige, der annimmt, es verhalte sich etwas so oder es verhalte sich nicht so, einer Täuschung zum Opfer gefallen, spricht dann der, der beides zugleich annimmt, die Wahrheit? Spricht nämlich letzterer die Wahrheit, was soll es dann bedeuten, wenn man sagt, die Natur der Dinge sei von dieser oder jener bestimmten Art? Wenn dieser aber nicht die Wahrheit sagt, sondern vielmehr derjenige, der die erste Ansicht vertritt, so verhalten sich schon die Dinge auf bestimmte Weise, und es dürfte das wahr sein und nicht zugleich auch nicht wahr. Wenn aber alle in gleicher Weise sowohl die Unwahrheit als auch die Wahrheit sagen, kann einer, der dieser Ansicht beipflichtet, weder etwas aussprechen noch sagen; denn er sagt doch zugleich dies und auch nicht dies. Sofern er aber überhaupt nichts annimmt, sondern in gleicher Weise etwas meint und auch nicht meint, wie sollte er sich da von den Pflanzen unterscheiden?

Und daraus folgt wohl sehr deutlich, daß niemand tatsächlich dieser Ansicht beipflichtet, weder von den anderen Menschen noch aber auch von denen, die diese Lehre vertreten. Denn weshalb geht einer nach Megara und bleibt nicht vielmehr in Ruhe, wenn er glaubt, er müsse gehen? Weshalb aber marschiert nicht einer frühmorgens geradewegs in einen Brunnen oder in einen Abgrund, wenn es sich gerade so ergibt, sondern scheint vielmehr auf der Hut zu sein, als sei er durchaus nicht in gleicher Weise der Meinung, das Hineinfallen sei nicht gut und gut zugleich? Es ist natürlich klar, daß er das eine für besser erachtet, das andere aber nicht. Ist dem aber so, so muß er das eine für einen Menschen, das andere nicht für einen Menschen, das eine für süß, das andere aber für nicht süß halten. Er sucht nämlich nicht alles in gleicher Weise, nimmt nicht alles in gleicher Weise an, wenn er in der Meinung, es sei nun besser, Wasser zu trinken und einen Menschen zu sehen, nach diesem sucht; obwohl er all das gleichsetzen müßte, wenn dasselbe in gleicher Weise Mensch wäre und nicht Mensch. Doch, wie gesagt, es gibt niemanden, der nicht vor dem einen auf der Hut zu sein scheint und vor dem anderen nicht. So nehmen also doch alle – wie es scheint – an, daß sich etwas schlechthin so verhalte, und wenn schon nicht in Hinsicht auf alles, so doch in Hinsicht auf »besser« und »schlechter«.[34] Und wenn sie das nicht mit Wissen, sondern aus bloßer Meinung tun, so müssen sie sich weit mehr um die Wahrheit kümmern, wie sich ja auch der Kranke mehr als der Gesunde um die Gesundheit bemüht. Denn im Hinblick auf den Wissenden steht der bloß Meinende in keinem gesunden Verhältnis zur Wahrheit.

Weiter, wenn sich auch alle Dinge »so« und »nicht so« verhielten, so gibt es in der Natur der Dinge doch das Mehr und Weniger[35]; denn wir würden nicht auf gleiche Weise sagen, die Zwei sei gerade und die Drei, und nicht täuscht sich in gleicher Weise der, der vier für fünf hält, wie der, der es für tausend hält. So sich nun beide nicht in gleicher Weise täuschen, ist es klar, daß sich der eine von beiden weniger täuscht, also mehr die Wahrheit sagt. Wenn aber nun das Mehr ein Näher ist, | dann gibt es wohl ein Wahres, dem das mehr Wahre nähersteht. Und selbst wenn es das nicht gäbe, so gibt es doch bereits etwas Sichereres und Wahreres, und wir wären somit von der unzulänglichen Lehre erlöst, die hindert, etwas in der Überlegung fest zu begrenzen.

5. Kritik an der Lehre des Protagoras

Und dieselbe Meinung ist auch die Grundlage für die Lehre des Protagoras[36], und beide Lehren müssen in gleicher Weise entweder bestehen oder nicht bestehen. Wenn nämlich einerseits alle Meinungen wahr sind und alle Erscheinungen, so ist notwendigerweise alles zugleich wahr und falsch; denn viele sind einander entgegengesetzter Meinung und glauben, daß diejenigen sich täuschen, die nicht dasselbe wie sie meinen; demnach müßte dasselbe sowohl sein als auch nicht sein. Und wenn andererseits das so ist, muß jede Meinung wahr sein; denn diejenigen, die sich täuschen, und die, die die Wahrheit sagen, vertreten einander entgegengesetzte Meinungen. Wenn sich aber die Dinge so verhalten, dann denken doch alle die Wahrheit. Daß nun beide Lehren ein und denselben Gedanken zur Grundlage haben, ist klar. Es ist aber die Art, wie man ihnen zu begegnen hat, nicht bei allen dieselbe; denn die einen brauchen überzeugende Gründe, die anderen bloße Gewalt. Die einen nämlich, die aufgrund eines Zweifels zu einer derartigen Annahme gelangt sind, sind in ihrer Unwissenheit leicht zu heilen; denn man hat nicht ihren Worten, sondern ihrer Überlegung zu begegnen. Die anderen aber, die lediglich des Redens halber reden, werden durch die Widerlegung ihrer aus Lauten und Ausdrücken bestehenden Rede geheilt.[37]

Diejenigen aber, die aufgrund eines Zweifels zu eben dieser Meinung gelangten, stießen von den Sinnesdingen her auf sie. Denn einerseits folgte die Meinung, daß Widersprüche und Gegenteile zugleich existieren, daraus, weil sie sahen, daß aus demselben die Gegenteile entstehen. [25] Ist es nun aber nicht möglich, daß etwas entstanden ist, das nicht *ist*, so muß die Sache vorher in gleicher Weise beides zugleich gewesen sein, wie ja Anaxagoras[38] behauptet, alles sei gemischt in allem, und ebenso Demokrit; denn auch dieser lehrt, daß sich das Leere und das Volle in gleicher Weise in jedem Teil vorfinde, wiewohl er vom einen als Seiendem, vom anderen als Nichtseiendem spricht.[39] [30] Diesen nun, die von da aus zu dieser Ansicht gelangt sind, werden wir entgegnen, daß sie in gewisser Hinsicht richtig sprechen, in anderer Hinsicht aber in Unkenntnis sind. Vom Seienden nämlich spricht man in zwei Bedeutungen, und zwar so, daß nach der einen Bedeutung etwas aus dem Nichtseienden entstehen kann, nach der anderen nicht, und daß dasselbe zugleich sein und nicht sein kann, allerdings nicht in ein und derselben Bedeutung. Denn dem Vermögen nach [35] kann dasselbe zugleich Gegenteil sein, nicht aber der Vollendung nach.[40] Dazu aber werden wir ihnen noch die Anerkennung abverlangen, daß es noch ein anderes Wesen der Dinge gibt, bei dem sich überhaupt weder Bewegung noch Vergehen, noch Entstehung vorfindet.

In gleicher Weise entsprang | auch bei einigen Denkern[41] aus den Sinnesdingen die Meinung, Wahrheit liege in den Erscheinungen. Die Wahrheit nämlich, meinen sie, könne nicht nach der größeren oder kleineren Zahl der Stimmen beurteilt werden, die eine bestimmte Meinung haben, da doch ein und dasselbe den einen beim Kosten süß, anderen wieder bitter erscheine, so daß also, wenn alle krank [5] oder alle verrückt wären und nur zwei oder drei gesund und bei Sinnen, eben diese als die Kranken und Verrückten erschienen, die anderen jedoch nicht. Weiter aber erschiene vielen Lebewesen ein und dasselbe uns gegenüber gegenteilig, und jedem einzelnen für sich erschienen nicht immer aufgrund der Sinneswahrnehmung dieselben Dinge. [10] Also sei es unklar, was davon wahr sei und was falsch. Denn »das« sei nicht mehr wahr als »das«, sondern beides in gleicher Weise. Aus diesem Anlaß sagt auch Demokrit, daß entweder nichts wahr sei, oder es sei uns unerklärlich.[42] Überhaupt sagen sie, daß wegen der Annahme, Einsicht bedeute Sinneswahrnehmung, diese aber Umwandlung, notwendigerweise das in der Sinneswahrnehmung Erscheinende wahr sei. Aus diesen Gründen nämlich sind sowohl Empedokles als auch Demokrit und sozusagen jeder von den anderen Denkern in derartige Ansichten verstrickt worden. Denn so sagt auch Empedokles, daß sich mit der Veränderung unseres Zustandes auch die Einsicht ändere:

> »Je nach der gegenwärtigen Lage erwächst nämlich Menschen die Klugheit.«[43]

Und ebenso äußert er anderswo:

> »Wie sie selber sich ihrer Natur nach wandeln, so erfolgt stets bei ihnen gewandeltes Denken.«[44]

Und Parmenides spricht auf dieselbe Art:

> »Wie sich nämlich jeweils die Mischung vielgekrümmter Glieder verhält, so tritt zu den Menschen Vernunft. Denn es ist dasselbe, was denkt: die Natur der Glieder bei den Menschen allen und jedem. Denn was mehr ist, ist der Gedanke.«[45]

Es wird aber auch von Anaxagoras der Ausspruch, den er zu einigen seiner Gefährten tat, überliefert, daß die Dinge für sie so wären, wie sie sie auffaßten. Man sagt, daß auch Homer diese Meinung zu vertreten scheine, weil er Hektor, als dieser infolge eines Schlages betäubt war, »anderes denkend« daliegen läßt, als hätten auch die Verrückten Einsicht, nur nicht eben dieselbe [wie die Normalen].[46] Offenbar folgt daraus, daß, wenn beides Einsicht ist, sich die Dinge zugleich »so« als auch »nicht so« verhalten.[47] Daraus aber ergibt sich eine äußerst schwerwiegende Konsequenz. Wenn nämlich diejenigen, die – soweit dies eben möglich ist – die Wahrheit am meisten geschaut haben (und damit sind wohl die gemeint, die sie am meisten suchen und lieben), derartige Ansichten vertreten und dermaßen von der Wahrheit reden, wie sollte dann nicht denen, die es unternehmen zu philosophieren, der Mut schwinden? Denn das Suchen nach Wahrheit bedeutete so nichts weiter, als nach Vögeln zu haschen.[48] |

Die Ursache aber für die Meinung, die sie verfechten, liegt darin, daß sie zwar nach der Wahrheit des Seienden forschten, aber als Seiendes lediglich die Sinnesdinge gelten ließen. In diesen aber herrscht die Natur des Unbestimmten und diejenige des Seienden vor, von dem wir bereits oben gesprochen haben.[49] Daher sprechen sie zwar dem Anschein nach wahr, sagen aber nicht die Wahrheit (denn so gehört es sich wohl eher, gegen sie zu sprechen, als in der Art wie Epicharmos gegen Xenophanes)[50]. Weiter aber, da sie sahen, daß diese gesamte Natur sich bewege und man über ein Veränderliches keine wahre Aussage machen könne, meinten sie, daß es von etwas, das sich ganz und gar verändere, keine Wahrheit auszusagen gebe. Denn aus dieser Annahme erwuchs die zugespitzteste der genannten Meinungen, nämlich die der Anhänger des Heraklit und die des Kratylos, der letzten Endes meinte, man dürfe überhaupt nichts sagen, sondern nur mehr den Finger erhob und den Heraklit tadelte, der behauptete, daß es unmöglich sei, zweimal in denselben Fluß zu steigen.[51] Denn er selbst glaubte, man könne es auch nicht *einmal*.

Wir aber werden auf dieses Argument entgegnen, daß zwar das Sichverändernde, wenn es sich verändert, diesen Denkern einen gewissen Grund zur Meinung gibt, daß es nicht existiere, wiewohl auch gegen diese Ansicht noch zu opponieren ist. Denn das Abnehmende hat noch etwas von dem, wovon es abnimmt, und vom Entstehenden muß schon etwas existieren. Und überhaupt: wenn etwas vergeht, so muß es doch als Seiendes existieren, und wenn etwas entsteht, so muß etwas sein, woraus es entsteht und wodurch es gezeugt wird, dies kann aber nicht ins Unbegrenzte fortgehen. Doch indem wir das nun übergehen, wollen wir nur sagen, daß das Sichverändern hinsichtlich des Quantum nicht dasselbe ist wie das Sichverändern im Hinblick auf das Quale. Gibt es auch im Hinblick auf das Quantum kein Bleibendes, so erkennen wir doch alles hinsichtlich der Form.[52]

[25] Weiter muß man wohl diejenigen, die diese Ansicht vertreten, tadeln, weil sie, während sie ein derartiges Verhalten nur bei einer geringeren Zahl von Sinnesdingen selbst feststellten, über das ganze Weltall diese ihre Aussage in gleicher Weise erstreckten. Denn lediglich der uns umgebende Raum des sinnlich Erfaßbaren ist dem Vergehen und Entstehen unterworfen; [30] aber dieser Raum ist sozusagen nicht einmal ein Teil vom All, so daß man mit mehr Recht um des Ganzen willen das Irdische freigesprochen, um des Irdischen willen das Ganze verurteilt hätte.[53] Weiter werden wir ihnen offenkundig dasselbe entgegnen, das schon vorher gesagt wurde[54]: man muß ihnen nämlich zeigen, daß es eine unbewegte Natur gibt, und sie auch davon überzeugen. [35] Allerdings ergibt sich für diejenigen, die behaupten, daß alles zugleich sei und nicht sei, die Folgerung, daß sich alles eher in Ruhe als in Bewegung befinde. Denn es gibt ja nichts, wozu sich etwas verändern könnte, da ja schon alles allem zukommt. |

Was aber die Wahrheit anlangt, so ist zu sagen, daß nicht alles Erscheinende wahr ist; erstens, weil zwar nicht die Sinneswahrnehmung des ihr eigentümlichen Gegenstandes falsch ist, sondern vielmehr Vorstellung und Sinneswahrnehmung nicht dasselbe sind; zweitens kann man sich darüber wundern, wenn sie sich darüber unschlüssig sind, ob die Größen so groß und die Farben derart sind, [5] wie sie entfernten Betrachtern erscheinen oder nahen Betrachtern, und ob derart, wie sie Gesunden erscheinen oder Kranken, und ob das schwerer ist, wie es dem Schwachen erscheint oder den Starken, ob das wahr ist, wie es den Schlafenden vorkommt oder den Wachen. Daß sie nämlich selbst das alles nicht so ernst meinen, ist klar. Denn wohl niemand, der tatsächlich in Libyen ist, wird, wenn er sich vorstellt, nachts in Athen zu sein, ins Odeion marschieren. Weiter aber ist im Hinblick auf die Zukunft – wie bereits Platon sagte[55] – durchaus nicht in gleicher Weise die Meinung des Arztes und die des Laien maßgebend (etwa darüber, ob jemand gesund werden wird oder nicht). Und weiter, was die Sinneswahrnehmungen angeht, so ist die eines fremden Gegenstandes und die des eigentümlichen oder die des nahen und des eigenen[56] nicht gleich bedeutsam; sondern über die Farbe entscheidet der Gesichtssinn und nicht der Geschmackssinn, doch über die Speise der Geschmacks- und nicht der Gesichtssinn. Keiner aber von diesen Sinnen sagt zur selben Zeit über dasselbe aus, daß es sich zugleich »so« und auch »nicht so« verhalte. Aber auch nicht zu verschiedener Zeit hat es einen Zweifel über die Affektion gegeben, sondern nur darüber, in welcher Verbindung dieselbe vorkam. Ich meine das etwa so: es kann zwar ein und derselbe Wein – entweder ändert er sich selbst oder es ändert sich unsere eigene körperliche Verfassung – das eine Mal süß, das andere Mal nicht süß erscheinen; nicht aber hat sich das Süße selbst verändert – wie es ist und wann es ist –, sondern man sagt darüber immer die Wahrheit aus, und es ist notwendigerweise das, was süß sein soll, so beschaffen.[57] Allein dies schieben alle diese Lehren beiseite; wie es für sie für nichts ein Wesen gibt, ebenso gibt es für nichts eine Notwendigkeit. Denn das Notwendige kann nicht »so« und auch »anders« sein. Wenn also etwas notwendig ist, so kann es sich nicht »so« und zugleich »nicht so« verhalten.

Überhaupt könnte, wenn es lediglich das sinnlich Wahrnehmbare gibt, nichts existieren, sofern keine beseelten Wesen existieren; es gäbe dann nämlich keine Sinneswahrnehmung. Daß es nun weder sinnlich Wahrnehmbares gäbe noch Sinneswahrnehmungen[58], mag vielleicht wahr sein (denn das bedeutet eine Affektion des Wahrnehmenden); aber daß es die Substrate, die die Sinneswahrnehmung bewirken, nicht auch ohne Sinneswahrnehmung gäbe, ist unmöglich. Denn Sinneswahrnehmung ist nicht Wahrnehmung ihrer selbst; sondern es gibt etwas, das von der Sinneswahrnehmung verschieden ist, das früher sein muß als die Sinneswahrnehmung. Denn das Bewegende ist von Natur aus früher als das Bewegte; | und das ist nicht weniger der Fall, auch wenn beides aufeinander bezogen wird.

6. Weitere Auseinandersetzung mit Protagoras

Es gibt nun aber Denker, sowohl solche, die von all dem überzeugt sind, als auch solche, die sich lediglich den Worten nach zu diesen Lehren bekennen, die folgende Zweifel erheben: sie fragen nämlich, wer wohl derjenige sei, der über den Gesunden entscheidet oder überhaupt über den, der über jede einzelne Frage richtig entscheiden kann. Derartige Bedenken aber gleichen dem Zweifel, ob wir jetzt schlafen oder wachen. Doch alle diese Unschlüssigkeiten laufen auf ein und dasselbe hinaus: diese Leute fordern für alles einen Grund; sie suchen nämlich ein Prinzip und suchen dies mittels eines Beweises zu erlangen. Daß sie aber davon nicht überzeugt sind, wird aus ihren Handlungen offenbar. Aber wie wir schon sagten, ihr Fehler liegt eben darin, daß sie nämlich eine Begründung für das suchen, wofür es eben keine Begründung gibt; denn das Prinzip des Beweises ist selbst kein Beweis.

Davon könnte man nun diese Leute leicht überzeugen (denn es ist nicht schwer, dies zu begreifen). Diejenigen aber, die nur die zwingende Macht durch das Wort suchen, suchen etwas Unmögliches. Denn sie wollen das Gegenteil bewiesen haben und sprechen doch von vornherein selbst das Gegenteil.[59] Wenn aber nicht alles auf etwas anderes bezogen ist, sondern einiges auch an sich selbst existiert, so kann wohl nicht alles Erscheinende wahr sein; denn das Erscheinende ist nur für jemanden ein Erscheinendes. Wer also sagt, alle Erscheinungen seien wahr, macht alle Dinge zu etwas Bezüglichem. Daher müssen diejenigen, die nur nach der zwingenden Macht durch das Wort suchen und zugleich beanspruchen, selbst Rede und Antwort zu stehen, sich davor hüten, einfach zu sagen, daß das Erscheinende nicht existiere, sondern vielmehr sagen, daß das Erscheinende für den existiert, dem es erscheint, und wann und inwiefern und wie es erscheint. Stehen sie Rede und Antwort, nicht aber auf diese Weise, so wird sich für sie daraus ergeben, daß sie bald das Gegenteil aussagen. Denn es kann doch wohl vorkommen, daß ein und dasselbe dem Gesichtssinn als Honig erscheint, dem Geschmackssinn aber nicht, und daß den beiden Augen, falls sie von ungleicher Sehkraft sind, etwas ungleich erscheint. Denjenigen aber, die aufgrund der oben genannten Ursachen sagen[60], daß das Erscheinende wahr sei und daher alles in gleicher Weise wahr und falsch, daß nämlich nicht allen dasselbe erscheine und nicht einmal demselben Menschen immer dasselbe, sondern oft zur selben Zeit das Gegenteil (denn der Tastsinn nimmt, verschränkt man die Finger[61], zwei, der Gesichtssinn aber ein Ding wahr)[62], diesen werden wir entgegnen: aber nicht derselben Sinneswahrnehmung und im Hinblick auf dasselbe und in derselben Weise und zur selben Zeit erscheint etwas verschieden; unter diesen Einschränkungen sei dies wahr. | Aber vielleicht müssen gerade diese, die nicht aus einer Unschlüssigkeit heraus, sondern nur um der Rede willen so reden, behaupten, das Erscheinende sei nicht schlechthin wahr, sondern nur für den, dem es erscheint. Und – wie bereits früher gesagt[63] – sie müssen alles auf etwas bezogen machen (zu etwas, das sich sowohl auf die Meinung wie auf die Sinneswahrnehmung bezieht), so daß weder etwas entstanden wäre noch existierte, wenn es nicht jemand vorher gemeint hätte. Wenn etwas geworden ist und existieren wird, so ist es klar, daß nicht alles nur im Hinblick auf die Meinung existiert. Wenn ferner etwas eines ist, so müßte es sich auf eines oder ein fest Begrenztes beziehen; und wenn ein Identisches sowohl Halbes ist als auch Gleiches, so ist es aber nicht das Gleiche im Hinblick auf das Doppelte. Wenn nun im Hinblick auf das Meinende Mensch und Gemeintes dasselbe ist, [10] so geht es nicht an, daß das Meinende Mensch ist, sondern vielmehr das Gemeinte. Wenn aber jedes nur im Hinblick auf das Meinende sein wird, so müßte das Meinende im Hinblick auf eine der Art nach unbegrenzte Vielfalt sein.

Soviel sei nun darüber gesagt, daß die Meinung, entgegengesetzte Aussagen seien nicht zugleich wahr, die sicherste von allen ist; und weiter, was denen widerfährt, die so sprechen, und weshalb sie so sprechen. [15] Da es aber unmöglich ist, über ein und dasselbe zugleich Widersprechendes mit Wahrheit auszusagen, ist es offenbar, daß nicht ein und demselben zugleich Gegenteiliges zukommen kann. Denn das eine Glied des Gegensatzes ist nicht weniger Privation [als das Gegenteil], Privation eines Wesens aber ist eine Verneinung einer streng begrenzten Gattung. [20] Wenn es also unmöglich ist, etwas mit Wahrheit gleichzeitig zu bejahen und zu verneinen, so ist es auch unmöglich, daß Gegenteiliges zugleich demselben zukomme, es sei denn, daß entweder beide Gegenteile nur in gewisser Beschränkung zukommen oder das eine nur in gewisser Beschränkung, das andere aber schlechthin.[64]

7. Der Satz vom ausgeschlossenen Dritten

Und doch ist es nicht möglich, daß es ein Mittleres zwischen den beiden Gliedern des Widerspruches gibt, sondern man muß eben eines von beiden entweder bejahen oder verneinen. [25] Das aber wird klar, wenn man erst einmal feststellt, was wahr ist und was falsch. Denn zu behaupten, das Seiende sei nicht oder das Nichtseiende sei, ist falsch. Aber zu behaupten, daß das Seiende sei und das Nichtseiende nicht sei, ist wahr. Es wird demnach der, der behauptet, daß etwas sei oder nicht sei, die Wahrheit sagen oder die Unwahrheit. Aber man sagt weder vom Seienden noch vom Nichtseienden, es sei nicht *oder* es sei. Weiter [30] dürfte das Mittlere zwischen den beiden Gliedern des Widerspruches insofern ein Mittleres sein, wie etwa das Graue zwischen dem Schwarzen und Weißen oder wie das, was weder Mensch noch Pferd ist, ein Mittleres ist zwischen Mensch und Pferd. Ist es nach letzterer Auffassung ein Mittleres, so dürfte bei ihm keine Veränderung vorkommen (denn es verändert sich etwas vom Nicht-Guten zum Guten oder von diesem zum Nicht-Guten). Nun aber zeigt sich beim Mittleren immer eine Veränderung (denn es gibt nur Veränderung zum Entgegengesetzten oder Mittleren). [35] Gibt es aber nach ersterer Auffassung ein Mittleres, so fände auch in diesem Fall eine Entstehung zum Weißen aus etwas, das nicht nicht-weiß ist, statt; | doch das sieht man nirgends. Weiter bejaht oder verneint die Überlegung alles Überlegte und Gedachte[65] – das folgt klar aus der Definition –, je nachdem die Überlegung wahr ist oder falsch. Wenn nämlich die Überlegung in der einen Weise bejahend oder verneinend zusammensetzt, so spricht sie wahr, wenn aber in der anderen, spricht sie falsch. [5] Weiter müßte es neben allen Widersprüchen ein Mittleres geben (wenn man nicht nur des Redens willen davon redet); also könnte da jemand weder die Wahrheit sagen noch die Wahrheit nicht sagen. Und ebenso müßte es ein Mittleres zwischen dem Seienden und dem Nichtseienden geben und eine Veränderung zwischen Entstehen und Vergehen. Weiter müßte es ein Mittleres auch in den Gattungen geben, in denen die Verneinung unmittelbar das Gegenteil hinzubringt, [10] wie es etwa bei den Zahlen solche geben müßte, die weder gerade sind noch ungerade; allein das ist unmöglich und ergibt sich aus der Definition der Zahlen. Ferner ginge dies ins Unbegrenzte weiter, und man erhielte nicht nur das Anderthalbfache der Dinge, sondern noch mehr. Denn es wäre ja möglich, auch das Mittlere hinsichtlich der Bejahung und Verneinung zu verneinen, und das wäre wieder ein Was; denn sein Wesen ist ein anderes. [15] Weiter, wenn jemand auf die Frage, ob etwas weiß sei, sagt, es sei nicht weiß, so hat er nichts anderes als das Sein abgesprochen; Verneinung nämlich bedeutet Nichtsein.

Einige sind nun zu dieser Meinung auf dieselbe Art gelangt wie zu anderen Paradoxien. Wenn sie nämlich nicht in der Lage sind, die Streitgespräche zu lösen, geben sie nach und stimmen dem [vom Opponierenden] Erschlossenen zu. [20] Die einen also sind zu dieser Meinung aus einer derartigen Ursache gekommen, andere aber deshalb, weil sie für alles eine Begründung suchen. All diesen gegenüber muß man aber von der Definition ausgehen. Die Definition aber entsteht daraus, daß sie notwendigerweise etwas bezeichnen müssen. Denn der Begriff, dessen Zeichen der Ausdruck ist, wird so zur Definition.[66] Es scheint nun die Lehre des Heraklit, die besagt, [25] daß alles sei und nicht sei, alles wahr zu machen, doch die des Anaxagoras, die erklärt, es gäbe ein Mittleres zwischen den Gliedern des Widerspruches, alles falsch; denn wenn alles vermischt ist, ist die Mischung weder gut noch nicht gut, so daß man nichts Wahres davon aussagen kann.

8. Einseitige Ansichten sind unrichtig

Nach diesen Bestimmungen aber geht klar hervor, daß die einseitigen Aussagen, [30] die für alle Dinge gelten sollen, unmöglich zutreffen – wie einige behaupten; zum Beispiel diejenigen, die sagen, nichts sei wahr (nach ihrer Behauptung nämlich stünde der Annahme nichts im Wege, daß alle Aussagen sich so verhalten wie der Satz, daß die Diagonale eines Quadrates durch die Seiten meßbar sei)[67], oder die, die sagen, alles sei wahr. Diese Lehren nämlich decken sich fast mit der des Heraklit. Denn derjenige, der sagt, alles sei wahr und alles sei falsch, der sagt auch jeden von diesen beiden Sätzen getrennt aus, | so daß also, wenn jenes unmöglich ist, auch dieses unmöglich ist. Weiter gibt es offenkundig Widersprüche, von denen unmöglich beide Glieder zugleich wahr sein können – und doch können sie auch nicht alle falsch sein, wiewohl es aufgrund des Gesagten den Anschein haben könnte, es dürfte dies schon eher der Fall sein. Aber gegenüber allen derartigen Behauptungen muß man, wie bereits oben gesagt[68], das Zugeständnis fordern, nicht daß etwas sei oder nicht sei, sondern daß man etwas bezeichne; man muß also von der Definition ausgehend sich unterreden und festlegen, was das Falsche oder das Wahre bezeichne. Wenn aber nichts anderes wahr ist, als das zu behaupten, dessen Verneinung falsch ist, so ist unmöglich alles falsch[69]; denn das eine Glied eines Widerspruches muß wahr sein. Wenn man weiter alles entweder behaupten oder verneinen muß, so können nicht beide Glieder des Widerspruches falsch sein, denn nur *eines* der beiden Glieder des Widerspruches ist falsch.

Für all diese Behauptungen aber folgt das schon oftmals Erörterte, daß sie sich selbst aufheben. Der nämlich, der sagt, alles sei wahr, erklärt auch die entgegengesetzte Behauptung für wahr (da doch die entgegengesetzte Behauptung seine für nicht wahr erachtet); und der, der sagt, alles sei falsch, erklärt seine eigene Behauptung für falsch.[70] Wenn aber der eine die entgegengesetzte Behauptung ausnimmt, daß sie allein nicht wahr sei, der andere aber, daß seine Behauptung nicht falsch sei, so kommen sie nichtsdestoweniger zur Folgerung, unbegrenzt viele wahre und falsche Behauptungen fordern zu müssen. Denn auch die Behauptung, die sagt, eine wahre Behauptung sei wahr, ist wahr – und das würde ins Unbegrenzte fortschreiten.

Es ist aber auch offenkundig, daß diejenigen, die behaupten, alles befinde sich in Ruhe, ebensowenig die Wahrheit sagen wie diejenigen, die meinen, alles sei in Bewegung. Wenn sich nämlich alles in Ruhe befände, so wäre immer dasselbe wahr und falsch; [25] und doch zeigt sich dies als veränderlich (denn der Sprecher selbst war einst nicht und wird wiederum nicht sein). Wenn sich aber alles in Bewegung befände, so wäre nichts wahr; also wäre alles falsch. Es hat sich aber gezeigt, daß dies unmöglich ist. Weiter muß das, was sich verändert, ein Seiendes sein; denn die Veränderung geht *aus* etwas *zu* etwas. Es kann aber auch nicht sein, daß sich alles nur zeitweilig in Ruhe befinde oder in Bewegung, nichts aber für immer. [30] Es gibt nämlich etwas, das stets das Bewegte bewegt, und das erste Bewegende ist selbst unbewegt.[71]

V. BUCH (Δ)

1. *Prinzip*

[34] Prinzip[1] wird *(1)* derjenige Teil einer Sache genannt, von dem [35] aus sich jemand zuerst bewegt, wie zum Beispiel bei einer Linie und einem Weg von der einen Seite dies Prinzip ist, | von der entgegengesetzten das andere Prinzip ist; weiter *(2)* nennt man Prinzip dasjenige, von dem aus jedes Einzelne am besten entstehen kann, wie man etwa beim Lernen bisweilen nicht vom Ersten und vom Prinzip einer Sache ausgehen darf, sondern von dort, woher man am leichtesten lernen kann; weiter *(3)* denjenigen Teil einer Sache, von dem als innewohnenden Teil eine Sache zuerst entsteht, zum Beispiel bei einem Schiff der Kiel, [5] bei einem Haus der Grundbau und bei Lebewesen nach der Meinung der einen das Herz, nach der der anderen das Gehirn und nach der wieder anderer irgendein derartiger Teil; ferner *(4)* dasjenige, von dem als nicht innewohnend eine Sache zuerst entsteht und wovon zuerst Bewegung und Veränderung natürlich ihren Anfang nehmen, wie etwa das Kind aus Vater und Mutter und die Schlacht aus Streitereien erwächst; [10] dann *(5)* dasjenige, nach dessen Entscheidung sich das Bewegte bewegt und das Sichverändernde verändert, wie etwa die Behörden in den Städten, die Dynastien, Königs- und Tyrannenherrschaften »Herrschaften«[2] genannt werden, genauso wie die Künste und von ihnen diejenigen am meisten, die herrschen; und weiter *(6)* noch dasjenige, an dem eine Sache zuerst erkennbar ist; [15] auch das wird Prinzip einer Sache genannt, wie etwa die Voraussetzungen Prinzipien der Beweise sind.

In ebensoviel Bedeutungen spricht man von Ursachen, denn alle Ursachen sind Prinzipien. Allen Prinzipien ist nun gemeinsam, daß sie ein Erstes sind, von dem aus entweder ein Ding ist oder entsteht oder erkannt wird; die einen dieser Prinzipien aber sind den Dingen innewohnend, die anderen sind außerhalb von ihnen. [20] Daher ist sowohl die Natur Prinzip als auch das Element, die Überlegung, die Entscheidung, das Wesen und das Weswegen; bei vielen Dingen nämlich sind das Gute und das Schöne[3] Prinzip des Erkennens und der Bewegung.

2. *Ursache*

Ursache[4] wird nach einer Bedeutung *(1)* derjenige Teil einer Sache genannt, von dem aus als innewohnend etwas entsteht, [25] wie etwa das Erz Ursache der Statue ist, das Silber Ursache der Schale und die Gattungen von diesen; nach einer anderen Bedeutung *(2)* werden Ursache die Form und das Urbild – das aber ist der Begriff des Was-es-ist-dies-zu-sein – und die Gattungen davon genannt (z. B. für die Oktave das Verhältnis 2 : 1 und überhaupt die Zahl) und die Teile, die im Begriff enthalten sind. Weiter *(3)* wird Ursache das genannt, [30] von dem aus der erste Anfang der Veränderung oder der Ruhe stammt; so ist zum Beispiel der Berater Ursache, der Vater Ursache des Kindes und überhaupt das Bewirkende Ursache des Bewirkten und das Verändern Ursache des Sichverändernden. Weiter *(4)* wird Ursache als Ziel aufgefaßt, das heißt als das Weswegen, wie etwa die Gesundheit Ursache des Spazierengehens ist. Denn wir erwidern auf die Frage, weshalb jemand spazierengehe: »Damit er gesund wird«. Und wenn wir so sprechen, [35] meinen wir, die Ursache angegeben zu haben. Und dasselbe gilt von allem, was als Mittleres zum Ziel auftritt, wenn etwas anderes die Bewegung ausgelöst hat, wie etwa Ursachen | für die Gesundung Abmagerung oder Reinigung oder Heilmittel und ärztliche Werkzeuge sind. Denn all dies geschieht um eines Zieles willen, unterscheidet sich aber voneinander dadurch, daß einiges Werkzeuge sind, anderes aber Werke.

Ungefähr in so vielen Bedeutungen werden Ursachen ausgesagt. Es folgt aber daraus, da die Ursachen in mehreren Bedeutungen ausgesagt werden, [5] daß es von ein und demselben Ding mehrere Ursachen gibt, und das nicht nur im akzidentellen Sinn (so ist etwa von einer Statue sowohl die Kunst des Bildhauers als auch das Erz Ursache, und zwar in keiner anderen Beziehung, als eben in der sie Statue ist; doch nicht in derselben Weise, sondern das eine als Stoff und das andere als das Woher der Bewegung). Es gibt auch von einander Ursachen (z. B. das Arbeiten ist Ursache des Wohlbefindens [10] und dies wiederum Ursache des Arbeitens; – aber nicht auf dieselbe Weise, sondern das eine als Ziel, das andere als Anfang der Bewegung). Weiter ist ein und dasselbe auch Ursache von Gegenteilen; denn wenn etwas, insoweit es anwesend ist, Ursache für »Dieses-da« ist, so sehen wir es, insoweit es abwesend ist, bisweilen als Ursache des Gegenteiles an; wir sehen zum Beispiel als Ursache für den Schiffbruch die Abwesenheit des Steuermannes, dessen Anwesenheit ja Ursache für die Rettung des Schiffes gewesen wäre. [15] Beides aber, Anwesenheit und deren Privation, sind bewegende Ursachen.

Alle nun genannten Ursachen fallen unter vier hervorragende Klassen. Denn die Buchstaben für die Silben, der Stoff für das daraus Erzeugte, das Feuer, die Erde und alles derartige für die Körper, die Teile für das Ganze [20] und die Voraussetzungen für die Schlüsse sind Ursachen als das, »woraus« etwas ist. Die einen sind nun davon Ursachen im Sinne des Substrates, wie etwa die Teile[5], die anderen aber im Sinne des Was-es-ist-dies-zu-sein (das Ganze, die Zusammensetzung und die Form)[6]. Der Same aber, der Arzt, der Berater und überhaupt das Wirkende sind allesamt Ursachen als das Woher des Anfanges der Veränderung und der Ruhe.[7] [25] Andere Ursachen gibt es schließlich als Ziel und als das Gute für die anderen Dinge; das Weswegen nämlich will doch das Beste und das Ziel der anderen Dinge sein; dabei soll es keinen Unterschied machen, ob man das Gute selbst oder das scheinbar Gute[8] bezeichnet.

Dies nun sind die Ursachen und so viele gibt es der Art nach. Bedeutungen von Ursachen aber gibt es zwar der Zahl nach viele, doch lassen sich diese in wenige Hauptgruppen zusammenfassen. Man spricht nämlich von Ursachen in vielfachen Bedeutungen, und selbst die gleichartigen Ursachen unterscheiden sich dadurch, daß die eine früher, die andere später Ursache ist, wie etwa der Arzt und überhaupt der Künstler Ursache für die Gesundheit ist und das Verhältnis 2 : 1 und die Zahl Ursache für die Oktave sind und immer das Umfassende für das einzelne Ding. Weiter gibt es auch akzidentelle Ursachen und ihre Gattungen; so ist zum Beispiel Polykleitos in einem anderen Sinne Ursache einer Statue und wieder in einem anderen der Bildhauer, weil es nämlich für den Bildhauer ein Akzidens ist, daß er Polykleitos ist. | Doch auch das das Akzidens Umfassende kann Ursache sein, wie etwa der Mensch Ursache der Statue ist oder überhaupt das Lebewesen, weil ja Polykleitos ein Mensch, der Mensch aber ein Lebewesen ist. Aber auch bei den Akzidenzen sind die einen näher oder ferner als die anderen; zum Beispiel, wenn der Weiße und der Musische Ursache der Statue genannt würde (und nicht nur Polykleitos oder der Mensch).

Alles aber, das im eigentlichen und im akzidentellen Sinne Ursache genannt wird, wird einerseits als vermögende, andererseits als verwirklichende Ursache bezeichnet, wie etwa vom »Hausbauen« der Baumeister oder bauende Baumeister Ursache ist. Das gleiche, das schon oben ausgesprochen wurde, wird auch von dem gelten, dessen Ursachen die Ursachen sind, wie beispielsweise die Ursache von »dieser Statue« oder »einer Statue« oder überhaupt »eines Abbildes« und die Ursache »dieses Erzes« oder »eines Erzes« oder überhaupt »eines Stoffes«; und ebenso gilt es bei den Akzidenzen. Weiter wird das eine und das andere in Verbindung ausgesagt werden; so etwa, wenn man nicht allein für sich »Polykleitos« und »Bildhauer« sagt, sondern der Bildhauer Polykleitos.

Und doch sind alle diese Ursachen der Menge nach lediglich sechs, von denen jede in zweifacher Bedeutung ausgesagt wird: entweder nämlich als einzelnes Ding oder als Gattung oder als Akzidens oder als Gattung des Akzidens oder beides in Verbindung oder jeweils für sich. Diese sechs Ursachen aber können entweder verwirklichend oder dem Vermögen nach Ursachen sein. [20] Beide unterscheiden sich aber insofern, als die verwirklichenden Ursachen, und somit die einzelnen Dinge, mit dem, dessen Ursache sie sind, zugleich existieren oder nicht existieren – wie dieser Heilende mit diesem Gesundenden und dieser Baumeister mit diesem in Bau Befindlichen –, während das aber für die Ursachen dem Vermögen nach nicht immer zutrifft. Denn es geht doch nicht zugleich das Haus und sein Baumeister zugrunde.

3. Element

[25] Element[9] heißt dasjenige, aus dem als dem Ersten, Innewohnenden, der Art nach nicht mehr in eine weitere Art Zerteilbaren etwas zusammengesetzt ist. So sind beispielsweise Lautelemente das, woraus sich der Laut zusammensetzt und wohin er als in seine letzten Teile zerlegt wird; diese Teile können aber nicht mehr in andere der Art nach von ihnen verschiedene Laute zerlegt werden. [30] Sondern wenn sie zerlegt werden, so ergeben sich gleichartige Teile, wie etwa von Wasser ein Teil ebenfalls Wasser ist, nicht aber so von einer Silbe. In gleicher Weise aber meinen auch diejenigen, die von den Elementen der Körper sprechen, dasjenige, wohin sich als letztes die Körper zerlegen, wobei die Elemente nicht weiter in andere der Art nach verschiedene zerlegt werden. Und ob es sich nun um eines oder mehrere handelt, man nennt derartige Dinge »Elemente«. [35] Ganz ähnlich spricht man von Elementen der geometrischen Figuren und überhaupt von solchen der Beweise. Denn die ersten

Beweise, die in mehreren Beweisen enthalten sind, | werden Elemente der Beweise genannt. Von dieser Art sind die ersten Schlußfolgerungen, die aus drei Gliedern durch einen Mittelbegriff gebildet sind.

Davon überträgt man das Wort »Element« und wendet es auf das an, was – da es eines ist und klein – für vieles brauchbar ist. [5] Deshalb nennt man auch das Kleine, Einfache und Unzerlegbare »Element«. Daher ist es auch gekommen, daß man die allgemeinsten Dinge zu Elementen erklärt, weil sich jedes von ihnen – da es eines ist und einfach – in vielen findet, entweder in allen oder doch in möglichst vielen; deshalb schienen manchen das Eine und der Punkt Prinzipien zu sein. Da nun die sogenannten Gattungen allgemein sind und unzerlegbar [10] (denn von ihnen gibt es keinen Begriff), behaupteten manche, die Gattungen seien Elemente, und zwar mehr als der Unterschied, da ja die Gattung allgemeiner ist; denn woran sich ein Unterschied findet, bei dem ist auch die Gattung vorhanden, woran sich aber eine Gattung findet, bei dem findet sich nicht in jedem Fall ein Unterschied. Es ist also allen Bedeutungen gemeinsam, daß das Element eines einzelnen Dinges das ist, was dem einzelnen Ding als Erstes innewohnt.

4. Natur

[15] Von Natur spricht man *(1)* in der einen Bedeutung als der Entstehung der wachsenden Dinge – als spräche man gleichsam das υ in φύσις gedehnt aus[10]; in der anderen *(2)* als dem innewohnenden Bestandteil, aus dem als dem Ersten das wachsende Ding entsteht; weiter *(3)* als dem, woher in jedem Ding, das von Natur aus ist, die Bewegung ausgeht, die ihm selbst zukommt, sofern es das ist, was es ist. [20] Vom Wachsen jedoch spricht man bei allem, was sich infolge eines von ihm Verschiedenen vermehrt, und zwar dadurch,

daß es sich mit ihm berührt und zusammengewachsen oder ihm – wie die Embryonen – angewachsen ist. Es gibt aber zwischen Zusammenwachsen und Berührung[11] einen Unterschied: bei letzterer nämlich muß es nichts Verschiedenes außer der Berührung geben, doch bei den zusammengewachsenen Dingen gibt es etwas, das in beiden ein und dasselbe ist und das bewirkt, daß die Dinge, statt lediglich sich zu berühren, [25] zusammengewachsen und Eines sind nach dem Kontinuum[12] und Quantum, wenn auch nicht nach dem Quale. Weiter *(4)* spricht man von dem als Natur, woraus als dem Ersten ein Ding, das von Natur aus ist, entweder existiert oder entsteht, wobei es ungestaltet ist und aus eigenem Vermögen nicht veränderlich – wie man etwa das Erz die Natur einer Statue oder eherner Geräte nennt, [30] das Holz Natur hölzerner, und ebenso in anderen Fällen; denn aus diesen besteht jedes einzelne Ding, wobei der erste Stoff durchgehend erhalten bleibt. Auf diese Weise nämlich sagt man auch, die Elemente der Dinge, die von Natur aus sind, seien ihre Natur: die einen verstehen darunter das Feuer, die anderen die Erde, andere die Luft, andere das Wasser und wieder andere etwas anderes Derartiges; einige nehmen mehrere Elemente dieser Art an, [35] einige alle. Weiter *(5)* spricht man von Natur in wieder anderer Bedeutung als Wesen der Dinge, die von Natur aus sind, wie etwa diejenigen behaupten, die meinen, Natur sei die erste Zusammensetzung, oder wie Empedokles sagt: |

> »Natur gibt es von keinem der Dinge, sondern nur Mischung und Trennung der gemischten Dinge gibt es; der Ausdruck Natur für diese Dinge stammt von den Menschen.«[13]

Deshalb sagen wir auch von Dingen, die von Natur existieren oder entstehen, wenn auch das schon vorhanden ist, woraus sie von Natur aus entstehen oder existieren, noch nicht, sie verfügten über ihre Natur, [5] solange sie noch nicht über die Form und die Gestalt verfügen. Von Natur aus ist also das, was aus beidem [Stoff und Form] besteht, wie etwa die Lebewesen und ihre Teile. Einerseits ist Natur der erste Stoff (aber auch der in zweifacher Bedeutung: entweder der erste Stoff für das Ding selbst oder der erste Stoff überhaupt – zum Beispiel ist von Erzarbeiten hinsichtlich ihrer selbst das Erz das Erste, überhaupt aber ist vielleicht das Wasser das Erste, [10] sofern alles Schmelzbare Wasser ist)[14], andererseits ist Natur Form und Wesen; das aber ist das Ziel der Entstehung. Übertragen *(6)* aber nennt man auch überhaupt jedes Wesen deshalb Natur, weil auch Natur in gewisser Hinsicht Wesen ist.

Aus dem Gesagten geht also hervor, daß die erste Natur und die Natur im eigentlichen Sinne des Wortes das Wesen derjenigen Dinge ist, die in sich selbst über das Prinzip der Bewegung verfügen, sofern sie diese Dinge sind, die sie sind. [15] Denn der Stoff wird Natur genannt, da er für das Wesen aufnahmefähig ist, die Entstehungen und das Wachsen aber daher, weil sie Bewegungen sind, die vom Wesen ausgehen. Und Prinzip der Bewegung der Dinge, die von Natur aus sind, ist auch Natur, soweit sie in ihnen irgendwie entweder dem Vermögen oder der Vollendung nach enthalten ist.

5. Notwendig

[20] Unter »notwendig« versteht man *(1)* dasjenige, ohne das – mitursächlich – man nicht leben kann (wie etwa Atmen und Nahrung für ein Lebewesen notwendig sind, denn ohne diese zu existieren ist nicht möglich), und dasjenige, ohne das das Gute nicht existieren oder entstehen kann oder ohne das man das Schlechte nicht entfernen oder sich selbst davon trennen kann (wie es z. B. notwendig ist, die Arznei zu trinken, um nicht krank zu werden, [25] und nach Ägina zu segeln, um zu Geld zu kommen).

Weiter *(2)* versteht man unter »notwendig« das Gewaltsame

und die Gewalt; damit ist das gemeint, was uns gegen unseren Trieb und unsere Entscheidung in den Weg tritt und hemmt. Denn das Gewaltsame nennt man notwendig, und deshalb ist es auch schmerzlich. So sagt Euenos[15]:

»Alles Notwendige ist beschwerlich«.

Und Gewalt ist auch eine Art Notwendigkeit, wie Sophokles[16] sagt:

»Aber Gewalt nötigt mich, dies zu tun«.

Auch scheint die Notwendigkeit etwas zu sein, das nicht umzustimmen ist, und zwar mit Recht; sie ist nämlich das Gegenteil einer nach Entscheidung und Nachdenken verlaufenden Bewegung. Wenn sich weiter *(3)* eine Sache nicht anders verhalten kann, sagen wir, daß sie sich »notwendig« so verhalte. Und nach dieser Bedeutung von »notwendig« spricht man in gewisser Hinsicht auch von allem anderen Notwendigen. Denn vom Gewaltsamen sagt man, | daß es dann »notwendig« wirke oder affiziert werde, wenn es wegen des Zwanges seinem Trieb nicht zu folgen vermag – wobei man eben das als Notwendigkeit anspricht, weswegen es sich nicht anders verhalten kann. Ebenso steht es um die Mitursachen des Lebens und des Guten. Denn wenn einerseits das Gute, andererseits das Leben ohne gewisse Dinge nicht sein kann, so sind diese notwendig und die Ursache ist in gewisser Beziehung eine Notwendigkeit. Weiter gehört zum Notwendigen der Beweis, da sich etwas, ist es schlechthin bewiesen worden, nicht anders verhalten kann. Ursachen dieser Notwendigkeit sind die ersten Voraussetzungen, wenn sich nämlich das, woraus sich die Schlußfolgerung ableitet, nicht anders verhalten kann.

Einige Dinge verfügen über eine von ihnen verschiedene Ursache des »Notwendig-seins«, einige nicht, doch gerade durch sie gibt es »notwendigerweise« Dinge, die von ihnen verschieden sind. Also ist das Erste und im eigentlichen Sinn des Wortes Notwendige das Einfache; denn das kann sich nicht auf mehrfache Art verhalten, bald so und bald so – dann nämlich verhielte es sich ja schon auf mehrfache Art. Wenn es also gewisse ewige und unbewegte Dinge gibt, so gibt es für sie nichts Gewaltsames und nichts, was gegen ihre Natur ist.

6. *Eines*

Vom Einen spricht man entweder in akzidentellem Sinn oder an sich. Eines *(1)* in akzidentellem Sinn ist zum Beispiel Koriskos[17] und das Musische und der musische Koriskos (denn es bedeutet dasselbe »Koriskos und das Musische« und »der musische Koriskos«) oder das Musische und das Gerechte und der musische und gerechte Koriskos. All das nämlich wird eines in akzidentellem Sinn genannt: »das Gerechte und das Musische«, weil es *einem* Wesen akzidentell zukommt, »das Musische und Koriskos«, weil das eine dem anderen akzidentell zukommt. In gleicher Weise aber ist gewissermaßen der musische Koriskos mit dem Koriskos Eines, weil einer von den im Begriff enthaltenen Teilen dem anderen akzidentell zukommt – wie nämlich das Musische dem Koriskos. Und der musische Koriskos ist Eines mit dem gerechten Koriskos, weil ein Teil von jedem von beiden ein und demselben akzidentell zukommt. Und derselbe Fall tritt ein, wenn man bei einer Gattung oder allgemeinen Ausdrücken in akzidentellem Sinn spricht, wie etwa, daß Mensch und musischer Mensch dasselbe sei. Dieser Fall tritt nämlich entweder ein, weil dem Menschen als *einem* Wesen das Musische akzidentell zukommt, oder, weil beides einem einzelnen Ding – zum Beispiel dem Koriskos – akzidentell zukommt. Jedoch kommt beides nicht in demselben Sinne zu, sondern das eine wohl im Sinne einer Gattung und eines im Wesen Innewohnenden, das andere im Sinne eines Merkmales oder einer Affektion des Wesens.

Diejenigen Dinge also, von denen man in akzidentellem Sinne als Einem spricht, werden auf die angegebene

Weise ausgesagt. Von diesen Dingen aber *(2)*, die an sich Eines genannt werden, heißen einige so, weil sie ein Kontinuum bilden | – wie etwa das Bündel durch das Band und das Holz durch den Leim. Doch auch eine Linie, sei sie auch gekrümmt, wird, sofern sie kontinuierlich ist, *eine* genannt – wie auch jedes von den Gliedern des Körpers, zum Beispiel das Bein und der Arm. Von diesen Dingen selbst aber heißen die, die von Natur aus kontinuierlich sind, in höherem Grade Eines als die, die es durch Kunst sind. [5] Kontinuum aber wird das genannt, dessen Bewegung an sich *eine* ist und nicht anders sein kann. Eine Bewegung aber ist sie, wenn sie unzerlegbar ist, unzerlegbar nämlich der Zeit nach. Ein Kontinuum an sich ist das, das nicht nur durch Berührung eines ist. Nimmt man nämlich zwei Hölzer, die einander berühren, so wird man nicht behaupten, sie seien eines, weder ein Holz noch ein Körper, noch sonst ein Kontinuum. Das Kontinuum überhaupt wird [10] Eines genannt, auch wenn es eine Krümmung hat, in höherem Grade aber das, das keine Krümmung hat – zum Beispiel Schienbein und Hüfte in höherem Grade als das Bein, weil die Bewegung des Beines nicht *eine* zu sein braucht. So ist die gerade Linie in höherem Grade *eines* als die gekrümmte. Von der gekrümmten, die einen Winkel hat, sagen wir, daß sie sowohl *eine* als auch nicht *eine* sei, weil ihre Bewegung nicht zugleich wie auch zugleich stattfinden kann.

[15] Immer aber findet die Bewegung der geraden Linie zugleich statt, und kein Teil, der über Größe verfügt, kann ruhen, während ein anderer sich bewegt, wie das bei der gekrümmten Linie vorkommen kann.

Weiter spricht man auf noch andere Weise vom Einen, wenn sein Substrat der Art nach unterschiedslos ist. Unterschiedslos nennt man aber das, dessen Art für die Sinneswahrnehmung unzerlegbar ist. Substrat aber nennt man im Hinblick auf das Ziel entweder das Erste [20] oder das Letzte. Denn einerseits nennt man auch den Wein *einen* und ebenso das Wasser *eines*, insofern jedes der Art nach unzerlegbar ist.

Andererseits nennt man alle Flüssigkeiten Eines (wie etwa Öl, Wein) und das Schmelzbare, weil sie eben alle über dasselbe letzte Substrat verfügen; denn sie alle sind Wasser oder Luft.

[25] Als Eines werden auch diejenigen Dinge bezeichnet, deren Gattung *eine* ist – wiewohl durch entgegengesetzte Unterschiede verschieden. Auch alle diese Dinge werden Eines genannt, da die Gattung, die für die Unterschiede das Substrat darstellt, *eine* ist (so sind beispielsweise Pferd, Mensch, Hund Eines, da sie allesamt Lebewesen sind), und zwar auf ähnliche Art und Weise, wie der Stoff einer sein kann. Manchmal werden diese Dinge auf diese Weise Eines genannt, manchmal ist es die höhere Gattung, die als dieselbe bezeichnet wird [30] – sofern es sich um die letzten Arten der Gattung handelt: nämlich die den folgenden Gattungen übergeordnete Gattung; zum Beispiel das gleichseitige und gleichschenkelige Dreieck sind ein und dieselbe Figur, weil beide Dreiecke sind; doch sind sie nicht dieselben Dreiecke.

Weiter werden Eines all die Dinge genannt, deren Begriff, der das Was-es-ist-dies-zu-sein angibt, unzerlegbar ist im Hinblick auf einen anderen Begriff, der die andere Sache erklärt (an und für sich nämlich ist jeder Begriff zerlegbar). [35] Auf diese Weise ist sowohl das Vermehrte als auch das Abnehmende Eines, weil sein Begriff *einer* ist, so wie bei den Flächen der Begriff ihrer Form *einer* ist. | Überhaupt sind diejenigen Dinge, bei denen das Denken, das das Was-es-ist-dies-zu-sein denkt, unzerlegbar ist und weder der Zeit noch dem Ort, noch dem Begriff nach abgetrennt werden kann, im höchsten Grade Eines; und von diesen Dingen am ehesten diejenigen, die Wesen sind. Denn man nennt ja überhaupt diejenigen Dinge, die keine Zerlegung erlauben, insofern sie keine erlauben, Eines; [5] zum Beispiel, wenn bei jemandem, insofern er Mensch ist, keine Zerlegung erlaubt ist, er *ein* Mensch ist; insofern Lebewesen, er *ein* Lebewesen ist; insofern Größe, er *eine* Größe ist.

Die meisten Dinge nun werden Eines genannt, weil ein von ihnen Verschiedenes Eines ist, das sie entweder bewirken oder haben oder von dem sie affiziert werden oder wozu sie in Beziehung stehen. Diejenigen Dinge aber, die in erster Linie Eines genannt werden, sind die, deren Wesen *eines* ist – *eines* entweder der Kontinuität oder der Art oder dem Begriff nach. Denn wir zählen [10] als mehrere Dinge das, das nicht eine Kontinuität bildet, eine Art oder einen Begriff.

Weiter nennen wir in gewisser Hinsicht alles Eines, wenn es ein Quantum ist und kontinuierlich, andererseits tun wir das aber nicht, wenn es nicht etwas Ganzes ist, das heißt, wenn es nicht *eine* Form hat. In diesem Sinn würden wir auch nicht von Einem sprechen, sähen wir die Teile eines Schuhes nur irgendwie zusammengesetzt [15] (es sei denn nur der Kontinuität wegen); sondern nur dann, wenn sie so zusammengesetzt sind, daß sie *ein* Schuh sind und *eine* bestimmte Form haben. Daher ist auch unter den Linien die Kreislinie in höchstem Sinne *eine*, weil sie ganz und vollendet ist.

(3) Das Eins-sein ist Prinzip für etwas, eine Zahl zu sein; denn das erste Maß ist Prinzip. Womit wir nämlich als Erstem erkennen, das ist das erste Maß [20] jeder einzelnen Gattung. Also ist bei jedem Ding das Eine Prinzip des Erkennbaren. Nicht aber ist in allen Gattungen das Eine dasselbe: hier ist es der Viertelton, dort der Vokal oder der Konsonant, etwas anderes bei der Schwere, wieder anderes bei der Bewegung. Überall aber ist das Eine dem Quantum oder der Art nach unzerlegbar. Das nun, das dem Quantum nach unzerlegbar ist, heißt dann die Eins, [25] wenn es in jeder Richtung unzerlegbar ist und keine Lage hat, das aber, das in jeder Richtung unzerlegbar ist und eine Lage hat, heißt Punkt. Das aber, das in *einer* Richtung zerlegbar ist, heißt Linie, das in zwei Richtungen zerlegbar ist, Fläche, das in allen drei Richtungen dem Quantum nach zerlegbar ist, Körper. Und umgekehrt ist das, was in zwei Richtungen zerleg-

bar ist, eine Fläche, was in einer Richtung zerlegbar ist, eine Linie, was in keiner Richtung dem Quantum nach zerlegbar ist, Punkt und Eins – nämlich das keine Lage hat, Eins, das aber eine Lage hat, Punkt.

Weiter sind einige Dinge der Zahl nach Eines, andere der Art, andere der Gattung und andere der Analogie nach. Der Zahl nach sind die Dinge Eines, deren Stoff *einer* ist, der Gattung nach die, die derselben Form der Aussageweise angehören, und der Analogie nach die, die sich ebenso verhalten wie ein Anderes zu einem Anderen. Immer aber folgt das Spätere dem Früheren; zum Beispiel, was der Zahl nach Eines ist, ist auch der Art nach Eines; nicht aber alles, was der Art nach Eines ist, ist auch der Zahl nach Eines. | Aber was der Art nach Eines ist, ist es auch der Gattung nach, doch was der Gattung nach Eines ist, ist nicht alles auch der Art nach Eines, sondern der Analogie nach; was aber der Analogie nach Eines ist, ist nicht alles der Gattung nach Eines.

Aber es ist auch klar, daß *viel* als Gegensatz zum *Einen* ausgesagt wird. Einige Dinge nämlich werden als viele ausgesagt, weil sie nicht kontinuierlich sind, andere, weil ihr Stoff – entweder der erste oder der letzte – der Art nach eine Zerlegung erlaubt, und wieder welche, weil die Begriffe, die das Was-es-ist-dies-zu-sein aussagen, mehrere sind.

7. Das Seiende

Das Seiende wird einerseits in akzidentellem Sinn, andererseits an sich ausgesagt. In akzidentellem Sinn sagen wir etwa, daß der Gerechte musisch sei oder daß der Mensch musisch sei oder daß der Musische ein Mensch sei, ähnlich wie wir auch sagen, daß der Musische baue, da es eben dem Baumeister akzidentell zukommt, musisch zu sein, oder dem Musischen, ein Baumeister zu sein (denn »dies ist dies«

heißt, daß »dies akzidentell diesem zukommt«). Und ebenso steht es mit den angegebenen Fällen. Denn wenn wir sagen, daß der Mensch musisch sei und daß der Musische Mensch sei oder daß der Weiße musisch sei oder dieser Musische weiß, so geschieht dies in den beiden letzten Fällen, weil beides ein und demselben akzidentell zukommt, im ersten Fall geschieht es, weil es einem Seienden akzidentell zukommt, und in dem Fall, daß der Musische Mensch sei, weil eben dem Menschen das Musische akzidentell zukommt. (So sagt man auch, daß das Nicht-Weiße »sei«, weil jenes ist, dem es akzidentell zukommt.) Das also, wovon man sagt, daß es in akzidentellem Sinn sei, wird so genannt, entweder weil beides ein und demselben, das »ist«, zukommt, oder weil es jenem, das »ist«, zukommt, oder weil das selbst »ist«, dem das zukommt, wovon es selbst ausgesagt wird.

Vom Sein an sich spricht man in so vielen Bedeutungen, als es Formen der Aussageweisen gibt. Denn wievielfach diese ausgesagt werden, sovielfach bezeichnen sie das Sein. Da nun das Ausgesagte teils ein Was bezeichnet, teils ein »Quale«, teils ein »Quantum«, teils ein »Bezügliches«, teils ein »Bewirken« oder Affiziertwerden, teils ein »Wo«, teils ein »Wann«, so bezeichnet das Sein dasselbe, was jedes von diesem Ausgesagten bezeichnet. Denn es bedeutet keinen Unterschied, ob man sagt, der Mensch im Zustand der Gesundheit, oder, der Mensch ist gesund, oder ob man sagt, der Mensch ist schreitend oder schneidend, oder, der Mensch schreitet oder schneidet und ähnlich bei anderen Fällen.

Weiter bezeichnet »sein« und »ist«, daß etwas wahr sei, aber das Nichtsein, daß etwas nicht wahr sei, sondern falsch bei Bejahungen ebenso wie bei den Verneinungen. So sagt etwa der Satz »Sokrates ›ist‹ musisch« aus, daß dies wahr sei, oder der Satz »Sokrates ›ist‹ nicht weiß« ebenso, daß dies wahr sei; jedoch der Satz »die Diagonale ist nicht (durch die Seite) meßbar« besagt, daß dies falsch sei.

Weiter bezeichnet das Sein und Seiendes | bei den angeführten

Fällen teils etwas dem Vermögen nach, teils etwas der Vollendung nach. Denn wir sprechen von einem Sehen sowohl bei einem dem Vermögen nach als auch bei einem der Vollendung nach Sehenden. Und in gleicher Weise sprechen wir von Wissen bei einem, der Wissen zu gebrauchen vermag, wie bei einem, der es gebraucht. [5] Und ruhend nennen wir das, was sich bereits in Ruhe befindet, wie auch das, was zu ruhen vermag. Und ebenso steht es mit den Wesen: wir sagen nämlich auch, der Hermes sei im Steine und die Hälfte der Linie in der Linie, und nennen etwas Weizen, das noch nicht reif ist. Wann aber etwas möglich ist und wann nicht, das muß anderswo bestimmt werden.[18]

8. Das Wesen

[10] Wesen heißen einerseits die einfachen Körper, wie etwa Erde, Feuer, Wasser und dergleichen, und überhaupt Körper und die aus ihnen bestehenden Lebewesen und göttlichen Dinge und ihre Teile. All diese Dinge aber heißen Wesen, weil sie nicht von einem Substrat ausgesagt werden, sondern vielmehr anderes von ihm. Andererseits heißt Wesen das, [15] was in solchen Dingen, die nicht von einem Substrat ausgesagt werden, als Ursache des Seins enthalten ist, wie etwa die Seele im Lebewesen. Weiter heißen Wesen die Teile, die, in derartigen Dingen enthalten, sie begrenzen und als »Dies da« bezeichnen, mit deren Aufhebung das Ganze aufgehoben ist, wie etwa nach der Ansicht einiger[19] mit der Aufhebung der Fläche der Körper aufgehoben ist und die Fläche mit der Aufhebung der Linie. [20] Und einigen scheint überhaupt die Zahl von dieser Art zu sein (da nach ihrer Aufhebung nichts existiere, wo sie doch alles begrenze). Weiter wird auch das Was-es-ist-dies-zu-sein, dessen Begriff Definition ist, als Wesen jedes Einzelnen bezeichnet. Es gibt also zwei Arten, nach denen das Wesen ausgesagt wird:

einerseits als das letzte Substrat, das nicht weiter von einem anderen ausgesagt wird, andererseits aber als dasjenige, das ein Dies-Seiendes und abgetrennt[20] ist. [25] Derartig aber sind Gestalt und Form jedes Einzelnen.

9. Dasselbe, verschieden, unterschieden, gleich, ungleich

Einige Dinge bezeichnet man als dasselbe in akzidentellem Sinn, wie etwa das Weiße und das Musische dasselbe sind, weil es akzidentell demselben zukommt, und der Mensch und das Musische, weil jedes jedem akzidentell zukommt, und das Musische und Mensch, weil jenes dem Menschen akzidentell zukommt. [30] Jedem von beiden wird dies und diesem jedes von beiden als dasselbe ausgesagt, denn dem musischen Menschen wird der Mensch und das Musische als dasselbe ausgesagt und diesen jenes. Deshalb wird auch nicht all dies allgemein ausgesagt. Denn es ist nicht wahr zu behaupten, daß jeder Mensch und das Musische dasselbe sei. [35] Das Allgemeine nämlich kommt den Dingen an sich zu, | die Akzidenzen aber kommen ihnen nicht an sich zu. Den einzelnen Dingen aber werden die Akzidenzen schlechthin zugesprochen. Dasselbe nämlich scheint Sokrates und der musische Sokrates zu sein. Doch Sokrates kann nicht von vielen ausgesagt werden; deshalb spricht man auch nicht von »jedem Sokrates« wie von »jedem Menschen«.

Einige Dinge werden also in diesem Sinne dasselbe genannt, [5] andere an sich in ebenso vielen Bedeutungen wie das Eine. Das nämlich wird als dasselbe ausgesagt, dessen Stoff *einer* ist entweder der Art oder der Zahl nach, und das, dessen Wesen *eines* ist. Es ist also klar, daß die Identität eine Art Einheit des Seins ist – entweder von mehreren Dingen oder von einem, wenn man es als mehrere ansieht, wie etwa, wenn man erklärt, etwas sei mit sich selbst dasselbe. Dann sieht man es wie zwei Dinge an.

Man nennt Dinge verschieden, wenn die Arten oder der Stoff oder der Begriff des Wesens mehrere sind. Und überhaupt gebraucht man den Ausdruck »verschieden« in entgegengesetztem Sinne zu »dasselbe«.
Unterschieden nennt man alle Dinge, die verschieden sind, während sie in gewisser Beziehung doch dasselbe sind, allerdings nicht der Zahl nach, sondern der Art oder der Gattung oder der Analogie nach; weiter Dinge, deren Gattung verschieden ist, und Gegenteile und solche Dinge, deren Verschiedenheit im Wesen liegt.
Gleich werden Dinge genannt, die in jeder Beziehung von demselben affiziert werden, weiter Dinge, die mehr von demselben als von Verschiedenem affiziert werden, und Dinge, deren Qualität *eine* ist. Auch das nennt man einem anderen Dinge gleich, das mit ihm die meisten oder die bedeutsamsten Gegenteile gemein hat, in denen es sich verändern kann.
Im entgegengesetzten Sinne zu den gleichen Dingen spricht man von den ungleichen Dingen.

10. Entgegengesetzt

Entgegengesetzt heißt man den Widerspruch, das Gegenteil, das Bezügliche, die Privation, das Innehaben und das Letzte, woraus die Entstehung hervor- und wohin das Vergehen übergeht. Und was sich nicht an demselben Ding, das beides aufzunehmen imstande ist, finden kann, das nennt man entweder selbst entgegengesetzt oder das, woraus es ist. Das Graue nämlich und das Weiße finden sich nie zugleich an demselben Ding; daher ist das, woraus sie bestehen, entgegengesetzt.
Gegenteile heißen diejenigen Dinge, die sich der Gattung nach unterscheiden und sich nicht zugleich an demselben Ding finden können; ferner diejenigen Dinge, die sich am

meisten von denen unterscheiden, die zur selben Gattung gehören; ferner diejenigen Dinge, die sich am meisten von denen unterscheiden, die sich in demselben, das zur Aufnahme imstande ist, vorfinden; ferner diejenigen Dinge, die sich am meisten von denen unterscheiden, die zum selben Vermögen gehören, [30] und diejenigen Dinge, bei denen der Unterschied der größte ist – entweder schlechthin, der Gattung oder der Art nach. Die anderen Dinge heißen Gegenteile teils, weil sie über derartige Gegenteile verfügen, teils, weil sie derartige Gegenteile aufzunehmen imstande sind, teils, weil sie derartige Gegenteile bewirken oder von derartigen Gegenteilen affiziert werden können, teils, weil sie derartige Gegenteile bewirken oder davon affiziert werden oder weil sie Aufgabe von derartigen Gegenteilen sind oder Aufnahme oder ein Innehaben oder eine Privation.

[35] Da aber das Eine und das Seiende in vielfachen Bedeutungen ausgesagt werden, so muß es auch für alles andere, das demgemäß ausgesagt wird, entsprechende Bedeutungen geben: so auch bei »dasselbe«, »verschieden« und »gegenteilig«; so daß es nach jeder Aussageweise eine »verschiedene« Bedeutung gibt.

Der Art nach verschieden | heißen Dinge, die zwar derselben Gattung angehören, aber nicht einander untergeordnet sind, und Dinge, die zwar zur selben Gattung gehören, aber einen Unterschied aufweisen, und Dinge, die in ihrem Wesen einen Gegensatz zeigen. Weiter sind auch die Gegenteile voneinander der Art nach verschieden – entweder alle Gegenteile oder die in erster Linie so bezeichneten; weiter auch diejenigen Dinge, bei denen in der letzten Art [5] der Gattung die Begriffe verschieden sind (wie etwa Mensch und Pferd der Gattung nach unteilbar sind, aber ihre Begriffe sind verschieden), und diejenigen Dinge, die zwar zum selben Wesen gehören, aber einen Unterschied zeigen.

Dieselben Dinge der Art nach werden im entgegengesetzten Sinn zu den gerade erörterten ausgesagt.

11. Früher, später

Als früher und später bezeichnet man zunächst, da es ja in jeder Gattung ein Erstes [10] und einen Anfang gibt, einige Dinge in dem Sinne, daß sie einem ganz bestimmten Anfang näherstehen – entweder schlechthin und von Natur aus oder in Beziehung auf etwas oder irgendwo oder von irgendwem veranlaßt. So sind Dinge dem Ort nach früher dadurch, daß sie entweder einem von Natur aus bestimmten Ort (z. B. der Mitte oder dem Äußersten) oder einem beliebigen Ort näher sind; das Entferntere aber ist später. Andere Dinge sind der Zeit nach früher. [15] (Einige nämlich dadurch, daß sie vom Jetzt weiter entfernt sind, wie etwa die vergangenen; früher nämlich ist der Trojanische Krieg als der Persische, weil er vom Jetzt weiter entfernt ist. Einige aber dadurch, daß sie dem Jetzt näherstehen, wie etwa die Zukünftigen; so sind nämlich die Nemeischen Spiele früher als die Pythischen, weil sie – sofern man das Jetzt als Anfang und Erstes nimmt – dem Jetzt näherstehen.) Einige Dinge sind wieder der Bewegung nach früher [20] (denn das, das dem ersten Bewegenden nähersteht, ist früher; so ist etwa der Knabe früher als der Mann; auch dies ist schlechthin ein Anfang). Einige sind es dem Vermögen nach (das nämlich, das dem Vermögen nach stärker und vermögender ist, ist früher; derart aber ist dasjenige, nach dessen Entscheidung ein anderes, und zwar ein Späteres, folgen muß, so daß sich das Spätere nicht bewegt, [25] wenn sich das Erstere nicht bewegt, aber bewegt, wenn sich das Erstere bewegt; in diesem Fall ist die Entscheidung Anfang). Einige Dinge sind der Ordnung nach früher (das ist aber bei Dingen der Fall, die von einem ganz bestimmten Einen einen proportionalen Abstand haben; so ist beim Chor der zweite Mann früher als der dritte und bei der Lyra die vorletzte Seite früher als die letzte; dort ist nämlich der Chorführer und hier die mittlere Saite Anfang).

Diese Dinge werden also [30] in diesem Sinne früher genannt. In einem anderen Sinn aber heißen Dinge früher, die dem Erkennen nach früher sind, als wären sie schlechthin früher. Dabei aber werden die dem Begriff nach früheren und die der Sinneswahrnehmung nach früheren Dinge unterschieden. Dem Begriffe nach ist das Allgemeine früher, der Sinneswahrnehmung nach das einzelne Ding. Dem Begriffe nach ist das Akzidens früher als das Ganze, wie etwa das Musische früher ist als der musische Mensch; denn der ganze Begriff kann nicht ohne den Teil bestehen; so kann auch das Musische nicht existieren, wenn es nicht etwas gibt, das musisch ist.

Weiter werden die Affektionen des Früheren »früher« genannt, wie etwa die Geradheit früher als die Ebenheit ist. Denn die Geradheit ist eine Affektion der Linie an sich, | die Ebenheit aber eine der Fläche.

Diese Dinge also heißen in solchem Sinne »früher« und »später«. Andere heißen so der Natur und dem Wesen nach. Früher heißen dann Dinge, die ohne andere existieren können, während diese aber nicht ohne jene, eine Unterscheidung, die Platon verwendete.[21] (Weil aber das Sein in vielfachen Bedeutungen ausgesagt wird, so ist zuerst das Substrat und somit auch das Wesen früher; weiter in anderer Weise das, das dem Vermögen nach oder der Vollendung nach existiert. Einige Dinge nämlich sind dem Vermögen nach früher, einige der Vollendung nach; so ist etwa die halbe Linie dem Vermögen nach früher als die ganze, der Teil früher als das Ganze und der Stoff früher als das Wesen – jedoch der Vollendung nach später; denn erst nach der Auflösung des Ganzen werden sie der Vollendung nach sein.) In gewisser Hinsicht werden alle Dinge, die »früher« und »später« heißen, in diesem Sinne ausgesagt. Einige nämlich können der Entstehung nach ohne die anderen sein, wie etwa das Ganze ohne die Teile, einige dem Vergehen nach, wie der Teil ohne das Ganze. Und ebenso steht es mit dem übrigen.

12. Das Vermögen

Vermögen heißt einerseits das Prinzip der Bewegung oder Veränderung, das in einem verschiedenen Ding stattfindet, oder insofern dies ein verschiedenes ist; so ist etwa die Baukunst ein Vermögen, das in dem Gebauten nicht vorhanden ist, aber die Heilkunst, die auch ein Vermögen ist, kann zwar im Geheilten vorhanden sein, doch nicht, sofern er geheilt ist. So heißt nun einerseits Vermögen überhaupt das Prinzip der Veränderung oder Bewegung in einem verschiedenen Ding oder, insofern dies ein verschiedenes ist, andererseits das Prinzip der Veränderung oder Bewegung unter dem Einfluß eines verschiedenen Dinges oder, insofern dies ein verschiedenes ist. Denn dem Vermögen nach wird das Affizierte von etwas affiziert. Und wir sagen, daß es vermögend ist, von etwas affiziert zu werden, bald, wenn es irgendeine beliebige Affektion, bald wenn es nicht nur eine beliebige Affektion, sondern eine zum Besseren leitende Affektion zu erfahren imstande ist. Weiter heißt Vermögen die Fähigkeit, etwas gut und nach einer Entscheidung auszuführen; denn manchmal sagen wir von denen, die zwar gehen oder sprechen können, aber nicht gut oder nicht nach einer Entscheidung, sie vermöchten nicht zu sprechen oder zu gehen. Ebenso verhält es sich beim Affiziert-werden. Weiter heißen diejenigen Zustände Vermögen, durch die etwas gänzlich unaffizierbar oder unveränderbar ist oder sich zumindest doch nicht leicht zum Schlechteren bewegen läßt. Denn zerbrochen, zerrieben, gekrümmt und überhaupt vernichtet wird etwas nicht dadurch, daß es vermögend ist, sondern dadurch, daß es nicht vermögend ist und von etwas zu wenig hat. Unaffizierbar aber ist davon das, das seines Vermögens wegen, und weil es Vermögen hat und sich in bestimmter Weise verhält, nur schwer und langsam affiziert wird.

Da nun von Vermögen in so vielen Bedeutungen gesprochen wird, so wird man auch in der einen Bedeutung von *ver-*

mögend dann sprechen, wenn etwas über das Prinzip der Bewegung oder Veränderung verfügt (denn auch das, das einen Stillstand bewirkt, ist etwas Vermögendes) in einem verschiedenen Ding oder, insofern dies ein verschiedenes ist; in einer anderen Bedeutung wird man von »vermögend« dann sprechen, wenn ein anderes Ding ein derartiges Vermögen über das »Vermögende« hat; | wieder in einer anderen Bedeutung, wenn es über das Vermögen verfügt, in irgend etwas anderes überzugehen, sei es in etwas Schlechteres, sei es in etwas Besseres. (Denn auch das, was vergeht, erscheint vermögend zu vergehen, und es wäre nicht vergangen, wenn es dazu unvermögend wäre; nun aber verfügt es über eine gewisse Anlage, Ursache und ein Prinzip zu einer derartigen Affektion. Bald erscheint etwas vermögend zu sein dadurch, daß es über etwas verfügt, bald dadurch, daß bei ihm eine Privation von etwas vorliegt. Wenn nun auch die Privation in gewisser Hinsicht ein Innehaben ist, so könnte wohl alles dadurch vermögend sein, daß es etwas innehat. Ist aber Privation kein Innehaben, so kann man doch beides gleich benennen, so daß etwas vermögend ist dadurch, daß es über ein bestimmtes Innehaben und ein Prinzip verfügt und über eine Privation dieses Innehabens, falls es über eine Privation »verfügen« kann.) Und wieder in einer anderen Bedeutung wird man von »vermögend« sprechen, wenn weder etwas anderes noch es selbst, insofern es ein anderes ist, über das Vermögen und das Prinzip zum Vergehen verfügt. Weiter heißt all das entweder nur deshalb vermögend, weil es entstehen oder nicht entstehen kann, oder weil es gut entstehen kann. Denn auch in den leblosen Dingen findet sich ein derartiges Vermögen, wie etwa in den Instrumenten. Von der einen Leier nämlich behauptet man, sie vermöge zu tönen, von der anderen aber, sie vermöge es nicht, falls sie nicht wohltönend ist.

Unvermögen ist eine Privation des Vermögens und eines derartigen Prinzips, von dem gerade gesprochen wurde, entweder überhaupt oder bei demjenigen Ding, bei dem das Vermögen der Natur nach vorhanden sein sollte, oder zu der Zeit, da es der Natur nach vorhanden sein müßte. Denn man kann nicht in gleicher Bedeutung vom Knaben, vom Mann und vom Eunuchen sagen, sie seien zur Zeugung unvermögend. Weiter ist jedem Vermögen [20] ein Unvermögen entgegengesetzt, sowohl dem Vermögen, das bloß bewegt, als auch dem, das gut bewegt.

Unvermögend heißt einerseits etwas nach dem Unvermögen in dieser Bedeutung, andererseits aber auch in anderer Bedeutung, wie man »möglich« und »unmöglich«[22] einander gegenüberstellt. Unmöglich ist das, dessen Gegenteil notwendig wahr ist. (So ist es etwa unmöglich, daß die Diagonale eines Quadrates meßbar sei, [25] weil ein derartiger Satz falsch ist, dessen Gegenteil aber nicht nur wahr, sondern notwendig wahr ist; daß sie also meßbar sei, ist nicht nur falsch, sondern notwendig falsch.) Das Gegenteil dazu, das Mögliche, tritt dann ein, wenn das Gegenteil nicht notwendig falsch ist, wie es etwa möglich ist, daß ein Mensch sitzt; ist es doch nicht notwendig falsch, [30] daß er nicht sitze. Wie gesagt, bezeichnet also das Mögliche in der einen Bedeutung dasjenige, das nicht notwendig falsch ist; in einer anderen Bedeutung das, das wahr sein kann. In übertragener Bedeutung spricht man in der Geometrie von Vermögen.

Diese Bedeutungen von möglich stehen also nicht mit dem Begriff »Vermögen« im Zusammenhang. [35] All das aber, das nach einem Vermögen »vermögend« genannt wird, heißt so im Hinblick auf das erste Vermögen; | und das ist das Prinzip der Veränderung in einem anderen oder, insofern es ein anderes ist. Denn das übrige heißt »vermögend«, weil irgendein anderes ein derartiges Vermögen über sie hat oder weil es ein derartiges Vermögen nicht hat oder weil es das Vermögen auf eine bestimmte Weise hat. Ebenso verhält es sich beim »Unvermögenden«. Also lautet die eigentliche Definition des ersten Vermögens: [5] Prinzip der Veränderung in einem anderen oder, insofern es ein anderes ist.

13. Quantum

Quantum heißt das, was in Teile, die ihm innewohnen, zerlegbar ist, von denen jeder der Natur nach ein Eines und ein Das ist. Die Menge ist nun ein Quantum, wenn es zählbar ist, aber eine Größe, wenn es meßbar ist. [10] Menge aber heißt das, was dem Vermögen nach in Nicht-Kontinuierliches zerlegbar ist, und Größe das, was in ein Kontinuum zerlegbar ist. Von den Größen heißt die, die nach einer Richtung kontinuierlich ist, Länge, die, die nach zwei Richtungen kontinuierlich ist, Breite und die, die nach drei Richtungen kontinuierlich ist, Tiefe. Davon heißt die begrenzte Menge Zahl, die Länge Linie, die Breite Fläche, die Tiefe Körper.

[15] Weiter heißen einige Dinge an sich Quanta, einige in akzidentellem Sinn. So ist etwa die Linie ein Quantum an sich, doch das Musische in akzidentellem Sinn. Von den Dingen, die an sich Quanta sind, sind es einige dem Wesen nach; so ist etwa die Linie ein Quantum (im Begriff nämlich, der aussagt, was sie ist, ist ein Quantum enthalten). Andere Dinge sind Affektionen und Zustände eines derartigen Wesens; [20] wie etwa das Viel und das Wenig, das Lange und Kurze, das Breite und Schmale, das Tiefe und Flache, das Schwere und Leichte und andere derartigen Dinge. Doch auch das Große und das Kleine, das Größere und Kleinere, sowohl wenn es an sich, als auch wenn es in Beziehung aufeinander ausgesagt wird, sind am Quantum Affektionen an sich. [25] Allerdings werden diese Ausdrücke auch auf andere Dinge übertragen.

Von Dingen aber, die in akzidentellem Sinne Quanta heißen, werden einige in dieser Weise genannt, wie man vom Musischen und Weißen gesagt hat, sie seien Quanta, insofern nämlich die Dinge, woran sie vorhanden sind, Quanta sind. Andere heißen Quanta in der Weise, in der Bewegung und Zeit Quanta sind; denn auch diese nennt man Quanta – und zwar kontinuierliche – deshalb, [30] weil jene Dinge zerlegbar sind, deren Affektionen sie sind. Ich meine hier nicht das, was bewegt wird, sondern das, worin es bewegt wurde; denn da dies ein Quantum ist, ist auch die Bewegung ein Quantum, und da diese eines ist, ist es auch die Zeit.

14. Quale

Quale heißt in der einen Bedeutung der Unterschied des Wesens; so ist etwa der Mensch ein bestimmtes Quale von Lebewesen, da er zweifüßig ist, das Pferd aber, weil es vierfüßig ist; der Kreis ist ein bestimmtes Quale von Figur, weil er keine Winkel hat, wobei die Qualität ein Unterschied dem Wesen nach ist. | In dieser einen Bedeutung also heißt Qualität Unterschied des Wesens; in einer anderen Bedeutung spricht man von Qualia bei den unbewegten und mathematischen Dingen. So sind die Zahlen bestimmte Qualia, beispielsweise die zusammengesetzten und nicht nur in einer Richtung verlaufenden, deren Nachahmung Ebene und Körper sind (dies sind nämlich die aus ein- oder zweimaliger Multiplikation entstandenen Quanta). Und Quale ist überhaupt das, das neben dem Quantum in ihrem Wesen vorhanden ist. Denn Wesen jeder Zahl ist »das Einmalige«; so etwa von der Zahl sechs nicht das, was sie zwei- oder dreimal, sondern das, was sie einmal ist; denn sechs ist »einmal« sechs.

Weiter heißen Qualia die Affektionen der Wesen, die bewegt werden: so etwa Wärme und Kälte, das Weiße und Schwarze, die Schwere und das Leichte und alle derartigen Affektionen, nach denen man, wenn sie sich verändern, sagt, daß die Körper anders werden. Weiter nennt man Qualia der Tugend und der Schlechtigkeit nach und überhaupt hinsichtlich des Schlechten und Guten.

Es könnte also von Quale in zwei Bedeutungen die Rede sein, wovon die eine die eigentlichste ist; erste Qualität nämlich [15] ist der Unterschied des Wesens (ein Teil davon ist diejenige Qualität, die sich in den Zahlen vorfindet; denn auch sie ist ein Unterschied von Wesen, aber nicht von bewegten, oder zumindest nicht, insofern sie bewegt werden). Ferner sind Qualitäten die Affektionen der bewegten Dinge, insofern sie bewegt werden, und die Unterschiede der Bewegungen. Tugend und Schlechtigkeit sind ein Teil der Affektionen. Sie zeigen nämlich Unterschiede der Bewegung und Verwirklichung, [20] nach denen die in Bewegung befindlichen Dinge etwas gut oder schlecht bewirken oder gut oder schlecht affiziert werden; denn was in der einen Weise sich bewegen oder etwas verwirklichen kann, ist gut, was aber in der anderen, gegenteiligen Weise, ist schlecht. Gut und schlecht bezeichnet das Quale besonders bei beseelten Wesen, und unter diesen besonders bei denen, die über eine Entscheidung [25] verfügen.

15. Das Bezügliche

Bezüglich heißen einerseits Dinge, die sich verhalten, wie das Doppelte zum Halben, das Dreifache zum Drittel und überhaupt das Vielfache zu dem so vielten Teil und das Übertreffende zum Übertroffenen. Andererseits Dinge, die sich verhalten wie das Erwärmende zum Erwärmten, das Schneidende zum Geschnittenen [30] und überhaupt das Bewirkende zum Affizierten. Dann noch Dinge, die sich verhalten wie das Gemessene zum Maß, das Gewußte zur Wissenschaft und das sinnlich Erfaßbare zur Sinneswahrnehmung.

Im ersten Fall spricht man von bezüglich der Zahl nach, entweder überhaupt oder in bestimmter Weise zu einander oder zum Einen. Wie etwa das Doppelte eine im Verhältnis zum Einen bestimmten Zahl ist; das Vielfache [35] steht auch der Zahl nach im Verhältnis zum Einen, doch nicht in genau bestimmter Weise, wie etwa durch diese oder jene Zahl. | Das Verhältnis von anderthalb zum Anderthalb-Geringeren ist der Zahl nach zu einer bestimmten Zahl gegeben. Doch das Um-einen-Teil-Größere steht zu dem Um-einen-Teil-Kleineren in einer unbestimmten Beziehung, wie das Vielfache zum Einen. Die Beziehung aber des Übertreffenden zum Übertroffenen ist überhaupt der Zahl nach bestimmt. Die Zahl nämlich ist meßbar, und keine Zahl kann von einem Nicht-Meßbaren ausgesagt werden; die Beziehung aber des Übertreffenden zum Übertroffenen ist »ebensoviel und noch etwas dazu«; dieses Etwas ist unbestimmt; es kann gleich oder nicht gleich sein, wie es sich eben fügt. All diese Beziehungen werden der Zahl nach ausgesagt und sind Affektionen der Zahl; weiter gilt dies in einem anderen Sinn für das Gleiche, das Ähnliche und Dasselbe. All diese nämlich werden im Bezug auf das Eine ausgesagt. Dasselbe nämlich ist das, dessen Wesen *eines* ist, ähnlich das, dessen Qualität *eine* ist, und gleich das, dessen Quantum *eines* ist. Das Eine aber ist Prinzip und Maß der Zahl, so daß all diese Beziehungen einer Zahl nach, nicht aber im selben Sinn ausgesagt werden.

Die bewirkenden und affizierbaren Dinge stehen in Beziehung durch das bewirkende und affektive Vermögen und durch die Verwirklichungen dieser Vermögen. So steht das Erwärmen-könnende zum Erwärmbaren in Beziehung, insofern es dies zu erwärmen vermag; und wiederum das Erwärmende zum Erwärmten und das Schneidende zum Geschnittenen, insofern es verwirklicht. Die Beziehungen der Zahl nach sind keine Verwirklichungen – außer in diesem Sinne, wie es an anderer Stelle erklärt worden ist.[23] Doch Verwirklichungen der Bewegung nach gibt es hier nicht. Manche Dinge, die sich dem Vermögen nach aufeinander beziehen, werden auch den verschiedenen Zeiten nach ausgesagt, wie etwa das, was bewirkt hat, in Beziehung steht zu dem, was bewirkt worden ist. In diesem Sinne nämlich heißt ein Vater auch Vater des Sohnes; denn der eine ist der, der bewirkt hat, der andere der, der eine Bewirkung erfahren hat. [25] Weiter stehen einige Dinge zueinander in Beziehung der Privation eines Vermögens nach, wie das Unvermögende und dergleichen, zum Beispiel das Unsichtbare.

Alle Dinge nun, die der Zahl und dem Vermögen nach als bezüglich bezeichnet werden, sind bezüglich, weil das, was sie unmittelbar sind, in Beziehung zu einem anderen besteht, nicht aber, weil ein anderes zu jenen in Beziehung steht. Doch das Meßbare, Wißbare und Überlegbare [30] heißt deshalb bezüglich, weil etwas anderes zu ihnen selbst in Beziehung steht. Denn das Überlegbare bezeichnet dies, weil es von ihm eine Überlegung gibt; nicht aber ist die Überlegung auf das bezogen, dessen Überlegung es ist (denn zweimal dürfte sonst dasselbe gesagt werden). Und ebenso ist das Sehen Sehen von etwas, nicht aber nur Sehen desjenigen, dessen Sehen es ist | (wiewohl man damit die Wahrheit spräche), sondern das Sehen ist auf eine Farbe oder dergleichen gerichtet. Auf jene Weise aber würde zweimal dasselbe gesagt sein, sagt man, das Sehen sei das Sehen dessen, dessen Sehen es ist.

Dinge nun, die an sich als bezüglich ausgesagt werden, werden einerseits auf diese Art und Weise ausgesagt, andererseits, wenn die Gattung, zu der sie gehören, derart ist; [5] so gilt etwa die Heilkunst für »bezüglich«, weil ihre Gattung, die Wissenschaft, als »bezüglich« angesehen wird. Weiter heißt all das bezüglich, durch dessen Verfügung etwas bezüglich ist, so etwa die Gleichheit, weil das Gleiche bezüglich ist, und die Ähnlichkeit, weil das Ähnliche bezüglich ist.

Andere Dinge heißen in akzidentellem Sinn bezüglich, wie etwa ein Mensch, weil ihm akzidentell zukommt, das Doppelte von etwas zu sein, [10] das Doppelte aber etwas Bezügliches ist; oder das Weiße heißt bezüglich, wenn demselben Ding weiß und doppelt akzidentell zukommen.

16. Vollendet

Vollendet heißt einmal das, außerhalb dessen auch nicht *einer* seiner Teile zu finden ist (so ist etwa diese Zeit eines jeden Dinges vollkommen, außer der sich keine Zeit findet, die ein Teil dieser Zeit wäre). [15] Und vollendet heißt auch das, das der Tugend und dem Guten nach in seiner Gattung nicht übertroffen werden kann, wie etwa ein Arzt vollendet ist und ein Flötenspieler, wenn ihnen nach der Form der ihnen eigentümlichen Tugend nichts mangelt. Indem wir so diese Bedeutung auf das Schlechte übertragen, sprechen wir auch von einem vollendeten Sykophanten[24] und einem vollendeten Dieb, [20] da wir ja derartige Menschen auch »gut« nennen, so etwa einen »guten« Dieb oder guten Sykophanten. Und Tugend ist eine Vollendung. Jedes einzelne Ding nämlich und jedes Wesen ist dann vollendet, wenn ihm nach der Form der ihm eigentümlichen Tugend kein Teil der natürlichen Größe mangelt. Weiter heißen die Dinge vollendet, die ein gutes Ziel erreicht haben. Denn im Hinblick auf das Ziel-erreicht-haben sind die Dinge vollendet, so daß wir, da das Ziel ein Äußerstes ist, [25] diese Bedeutung auch auf das Schlechte übertragen und sagen, etwas sei »vollendet« zugrunde und »vollendet« untergegangen, sobald an seinem Vergehen und seinem Übel nichts mehr mangelt, sondern es am Äußersten angelangt ist. Deshalb spricht man auch in übertragener Bedeutung vom Tod als Ziel, weil beides ein Äußerstes ist. Ziel aber ist das äußerste Weswegen.

[30] Von den Dingen also, die an sich vollendet genannt werden, spricht man in all diesen Bedeutungen; einerseits, weil ihnen am Guten nichts mangelt, weil sie nicht übertroffen werden können und nichts außerhalb ihrer selbst zu finden ist, andererseits, weil sie überhaupt in der jeweiligen Gattung nicht übertroffen werden können | und nichts außerhalb ihrer selbst ist. Alle Dinge aber, die sonst noch vollendet heißen, werden nach dem eben Erörterten so genannt, weil

sie entweder etwas Derartiges bewirken oder darüber verfügen oder mit diesem zusammenpassen oder in irgendeiner Beziehung zu einem, das zuerst vollendet genannt wird, stehen.

17. Die Grenze

Grenze heißt das Äußerste eines jeden Einzelnen, sowohl als Erstes, [5] außerhalb dessen nichts zu finden ist, als auch als Erstes, innerhalb dessen alles ist. Grenze heißt auch das, das Form einer Größe ist, oder eines, das über Größe verfügt; weiter das Ziel eines jeden Einzelnen (aber das ist ein derartiges, auf das Bewegung und Handlung gerichtet sind, nicht, von wo sie ausgehen; zuweilen allerdings heißt beides Grenze – das Woher und das Wohin) und das Weswegen, das Wesen von jedem Einzelnen und das Was-es-ist-dies-zu-sein von jedem Einzelnen. Dies nämlich ist die Grenze des Erkennens; [10] wenn aber des Erkennens, dann auch der Sache. Es erhellt also daraus, daß »Grenze« in ebenso vielen Bedeutungen gebraucht wird wie das Wort Prinzip, ja sogar in noch mehr. Denn das Prinzip ist gewissermaßen eine Grenze, doch nicht jede Grenze ist ein Prinzip.

18. Wonach, an sich

Der Begriff »wonach« verfügt über vielfache Bedeutungen. Nach der einen Bedeutung bezeichnet »wonach« die Form [15] und das Wesen jeder Sache; so ist etwa das, »wonach« jemand gut genannt wird, das Gute selbst. Nach einer anderen Bedeutung bezeichnet es das, woran als dem Ersten etwas naturgemäß entsteht, wie etwa die Farbe an der Oberfläche. »Wonach« in der ersten Bedeutung ist die Form, in der zweiten der Stoff eines jeden Einzelnen und das jedem Einzelnen zukommende erste Substrat. Überhaupt wird das »Wonach« einem Ding in ebenso vielen Bedeutungen zukommen wie die Ursache. [20] So sagt man: »Wonach ist er gekommen?« oder: »Weshalb ist er gekommen?« und: »Wonach ist falsch oder richtig geschlossen worden?« oder: »Was ist die Ursache des richtigen oder des falschen Schlusses?« Weiter wird der Begriff »wonach« auch der Lage nach ausgesagt, zum Beispiel: »Wonach steht er?« oder: »Wonach geht er?« All das nämlich bezeichnet einen Ort und eine Lage.

Also muß auch der Begriff [25] »an sich« in vielfacher Bedeutung ausgesagt werden. In der einen Bedeutung ist das »an sich« bei jedem Einzelnen das Was-es-ist-dies-zu-sein, wie etwa Kallias Kallias an sich ist und das Was-es-ist-dies-zu-sein des Kallias. In anderer Bedeutung ist das »an sich« all das, was in dem Was vorhanden ist; so ist Kallias an sich ein Lebewesen, denn in seinem Begriff ist »Lebewesen« enthalten, da ja Kallias ein Lebewesen ist. Weiter [30] ist das »an sich« das, was es in sich selbst oder in einem seiner Teile als Erstes aufgenommen hat, wie etwa die Oberfläche an sich weiß ist und der Mensch an sich lebt; denn die Seele ist ein Teil des Menschen, in dem zuerst das Leben enthalten ist. Weiter ist das »an sich« das, was keine andere Ursache hat. Vom Menschen gibt es zwar viele Ursachen – etwa das Lebewesen, das Zweifüßige –, aber trotzdem ist Mensch an sich Mensch. [35] Weiter ist das »an sich« all das, das einem Ding allein und diesem, insofern es allein ist, zukommt. Und deshalb ist das Getrennte an sich. |

19. Die Anlage

Anlage nennt man die Anordnung eines Dinges, das über Teile verfügt – entweder dem Ort, dem Vermögen oder der Art nach. Es muß nämlich dabei eine gewisse Lage geben, wie ja schon der Ausdruck »Anlage« zeigt.

20. Der Zustand (das Innehaben)

Zustand heißt in der einen Bedeutung etwa eine Art Verwirklichung des Habenden und des Gehabten [5] – wie eine Handlung oder Bewegung. Wenn nämlich das eine bewirkt, das andere aber bewirkt wird, so ist die Bewirkung ein Mittleres; so ist auch zwischen dem, der ein Gewand hat, und dem gehabten Kleid als Mittleres ein Zustand. Es ist nun klar, daß dieser Zustand keinen Zustand haben kann; denn es würde ins Unbegrenzte fortgehen, wenn es möglich wäre, von einem Gehabten das Innehaben zu haben. [10] In einer anderen Bedeutung heißt Zustand die Anlage, nach der sich das Befindende gut oder schlecht befindet – und zwar entweder an sich oder in bezug auf anderes. So ist etwa die Gesundheit in gewisser Hinsicht ein Zustand, denn sie ist eine derartige Anlage. Weiter heißt Zustand das, das ein Teil einer derartigen Anlage ist. Deshalb ist auch die Tugend der Teile ein Zustand.

21. Die Affektion

[15] Affektion heißt in der einen Bedeutung eine Qualität, dergemäß etwas anders werden kann, wie etwa das Weiße und Schwarze, Süße und Bittere, Schwere und Leichte und anderes dergleichen. In einer anderen Bedeutung heißen Affektionen die Verwirklichungen und die bereits eingetretenen Umwandlungen dieser Qualitäten. Weiter heißen so besonders die schädlichen Umwandlungen und Bewegungen, [20] vorzüglich aber die schmerzhaften Schäden. Doch auch große Unglücksfälle heißen Affektionen.

22. Die Privation

Von Privation spricht man in der einen Bedeutung dann, wenn etwas von dem nichts hat, was seiner Natur nach gehabt wird, auch wenn es selbst seiner Natur nach es nicht haben kann, wie man etwa einer Pflanze eine Privation der Augen zuschreibt. In einer anderen Bedeutung spricht man von Privation, wenn etwas, das seiner Natur nach etwas haben kann – entweder selbst oder seine Gattung – es nicht hat, wie man etwa einem blinden Menschen in anderer Weise eine Privation des Sehens zuschreibt als dem Maulwurf, dem letzteren der Gattung nach, dem ersteren an sich. Weiter spricht man bei etwas von Privation, das, wiewohl es seiner Natur nach etwas haben kann und zu dem Zeitpunkt, da es etwas seiner Natur nach haben kann, es nicht hat. Denn Blindheit ist zwar eine Privation, aber blind heißt einer nicht zu jeder Zeit seines Alters, sondern nur dann, wenn er zu der Zeit, wo er der Natur nach über das Sehen verfügen müßte, darüber nicht verfügt – ebenso, wenn jemand nicht hat, worin, wonach, wozu und wie er es der Natur nach haben müßte.

Weiter ist die gewaltsame Wegnahme eines jeden »Privation«. Aber auch in all den Fällen, in denen man durch ein vorgesetztes »un«[25] Verneinungen bezeichnet, spricht man von Privationen. So spricht man beim Ungleichen von Privation, weil es – wiewohl seiner Natur nach dazu imstande – keine Gleichheit hat, beim Unsichtbaren, weil es überhaupt keine oder nur eine schlechte Farbe hat, und beim Fußlosen, weil es überhaupt keine oder nur schlechte Füße hat. Weiter spricht man von Privation bei dem, | was etwas in nur geringem Maß hat, wie etwa beim »kernlosen« Obst (d. h., weil es etwas in gewisser Hinsicht schlecht hat). Weiter, weil es etwas nicht leicht oder nicht gut hat (so spricht man von Unzerschneidbarem nicht nur da, wo etwas überhaupt nicht geschnitten werden kann, sondern auch da, wo etwas nicht leicht und gut zerschnitten werden kann). Weiter, weil es etwas gar nicht hat (blind nämlich heißt nicht der Einäugige, sondern der, der auf beiden Augen über keine Sehkraft verfügt). Daher ist auch nicht jeder entweder gut oder schlecht, gerecht oder ungerecht, sondern hier gibt es noch ein Mittleres.

23. Das Haben

Der Ausdruck *Haben* wird in vielfacher Bedeutung gebraucht. In der einen Bedeutung heißt »haben« das seiner eigenen Natur oder seinem Triebe nach etwas Betreiben; daher sagt man auch, das Fieber »habe« den Menschen, die Tyrannen »hätten« die Städte und die, die Gewänder tragen, »hätten« das Gewand. In einer anderen Bedeutung spricht man von »haben« bei dem, an dem als dem Aufnahmefähigen etwas vorhanden ist; wie etwa das Erz die Form der Statue »hat« und der Körper die Krankheit »hat«. In einer weiteren Bedeutung heißt »haben« das Umfassen des Umfaßten; denn worin als dem Umfassenden etwas enthalten ist, davon sagt man, es werde von dem »gehalten«. Wie es etwa heißt, das Gefäß »habe« die Flüssigkeit, die Stadt »habe« die Menschen und das Schiff »habe« die Matrosen, so sagen wir auch vom Ganzen, es »habe« die Teile. Weiter sagt man von dem, was etwas hindert, sich seinem eigenen Triebe nach zu bewegen oder zu handeln, es »habe« dies. So sagt man, die Säulen »hielten« die aufliegenden Lasten, und ebenso lassen auch die Dichter den Atlas den Himmel »halten«[26], als stürzte er sonst auf die Erde herab, wie einige Naturphilosophen behaupten.[27] In dieser Bedeutung spricht man auch, daß das Zusammenhaltende das, was es zusammenhält, »habe«, als trennte es sich sonst nach dem eigenen Triebe eines jeden. Doch auch der Ausdruck »in etwas sein« wird in gleicher Weise wie das »haben« gebraucht und richtet sich nach ihm.

24. Aus etwas sein

Aus etwas sein heißt in der einen Bedeutung das, woraus etwas als aus seinem Stoff ist, und das in zweifacher Bedeutung: entweder der ersten Gattung nach oder nach der letzten Art. So ist in der einen Bedeutung alles Schmelzbare aus Wasser, in der anderen die Statue aus Erz. In einer anderen Bedeutung heißt es das, woraus etwas als dem ersten bewegenden Prinzip ist (wie etwa: »Woraus entstand der Kampf?« »Aus Schmähung«, weil eben diese der Anfang des Kampfes war). In einer weiteren das, was aus dem besteht, was aus Stoff und Gestalt zusammengesetzt ist, wie etwa aus dem Ganzen die Teile, aus der Ilias der Vers und aus dem Haus die Steine. Ziel nämlich ist die Gestalt, vollendet aber das, das sein Ziel erreicht hat. Weiter gebraucht man es in der Bedeutung, in der die Form aus ihrem Teil besteht, wie etwa der Mensch aus dem »Zweifüßigen« und die Silbe aus dem Buchstaben; denn dies birgt einen anderen Sinn als den, | in dem die Statue aus Erz besteht. Das zusammengesetzte Wesen nämlich stammt aus dem sinnlich erfaßbaren Stoff, aber auch die Form stammt aus dem Stoff der Form. Es wird also »aus etwas sein« in diesen Bedeutungen gebraucht, in anderen dann, wenn eine dieser Bedeutungen sich nun in bezug auf einen Teil vorfindet, wie zum Beispiel von Vater und Mutter das Kind stammt und aus der Erde die Pflanzen, weil sie aus einem Teil derselben stammen. In einer weiteren Bedeutung bezeichnet es das, was in der Zeit nach ihm ist, wie etwa »aus« dem Tag die Nacht ist und »aus« der Windstille der Sturm, weil eben das eine nach dem anderen kommt. In manchen Fällen – wie in den eben erörterten – wird der Ausdruck in dieser Bedeutung gebraucht, weil eine Veränderung ineinander stattfindet, in anderen, weil lediglich eine zeitliche Aufeinanderfolge eintritt, wie etwa »aus« der Tagundnachtgleiche eine Seereise stattfand, weil eben »nach« der Tagundnachtgleiche, und »aus« den Dionysien die Thargelien[28], weil »nach« den Dionysien.

25. Der Teil

Teil heißt in der einen Bedeutung das, in was das Quantum irgendwie zerlegt werden kann (denn immer wird das, das von dem Quantum, insofern es ein Quantum ist, abgetrennt wird, sein Teil genannt, wie ja in gewisser Hinsicht von drei zwei ein Teil heißt). [15] In einer anderen Bedeutung bezeichnet man nur das als Teil eines Quantums, das das Quantum mißt. Also heißt zwar einerseits zwei ein Teil von drei, andererseits aber nicht. Weiter heißt das, in was – abgesehen vom Quantum – die Art zerlegt werden kann, Teil derselben. Daher sagt man, die Arten seien Teile der Gattung. Weiter heißt das, in was das Ganze zerlegt wird oder woraus es zusammengesetzt ist, [20] Teil, entweder die Form oder das, was über eine Form verfügt. So ist etwa von einer ehernen Kugel oder einem ehernen Würfel sowohl das Erz ein Teil (das nämlich ist der Stoff, an dem sich die Form findet) als auch der Winkel. Weiter heißt das, das sich im jedes Einzelne erklärenden Begriff findet, Teil des Ganzen. Deshalb nennt man die Gattung einen Teil der Art, in einer anderen Bedeutung allerdings ist [25] die Art Teil der Gattung.

26. Das Ganze

Als ein *Ganzes* bezeichnet man das, dem keiner der Teile, deretwegen es ein der Natur nach Ganzes genannt wird, fehlt, und das das Umfaßte so Umfassende, daß beides ein Eines ist. Das aber geschieht in zweifacher Art: entweder nämlich, daß jedes Einzelne [Umfassendes und Umfaßtes] ein Eines ist oder daß aus den Einzelnen das Eine ist. Denn das Allgemeine und das, was allgemein als ein Ganzes ausgesagt wird, [30] ist in diesem Sinne allgemein, daß es vieles dadurch umfaßt, daß es von jedem Einzelnen ausgesagt wird und alles Einzelne Eines ist, wie etwa Mensch, Pferd,

Gott, weil sie alle Lebewesen sind. In anderer Bedeutung ist ein Ganzes das Kontinuum und Begrenzte, wenn aus mehreren in ihm befindlichen Teilen eine Art Eines geworden ist, und zwar besonders, wenn diese Teile dem Vermögen nach, doch auch, wenn sie der Verwirklichung nach bestehen. Von diesen Dingen aber gebraucht man den Ausdruck »Ganzes« mehr von denen, die durch die Natur ein Ganzes sind, als von denen, die es durch die Kunst sind, wie wir das schon beim Einen erörtert haben; denn die Ganzheit ist in gewisser Hinsicht eine Einheit. |

Weiter bezeichnet man von dem Quantum, das über Anfang, Mitte und Letztes verfügt, das als »gesamt«, bei dem die Lage keinen Unterschied bewirkt, dagegen das »ganz«, bei dem die Lage einen Unterschied ausmacht. Das aber, bei dem beides eintreten kann, heißt sowohl »ganz« als auch »gesamt«. Dabei handelt es sich um Dinge, bei deren veränderter Lage die Natur zwar dieselbe bleibt, die Form aber nicht, wie etwa Wachs und Kleidung; denn man nennt sie sowohl »ganz« als auch »gesamt«, weil sie beides sind. Wasser hingegen und alles, was flüssig ist, und die Zahl nennt man »gesamt«; doch sagt man nicht »ganze« Zahl und »ganzes« Wasser, außer in übertragener Bedeutung. Wo man aber von etwas, insofern es Eines ist, als »gesamt« spricht, dort nennt man seine getrennten Teile »gesamte«: diese »gesamte« Zahl, diese »gesamten« Einsen.

27. Verstümmelt

Verstümmelt heißt von den Quanta nicht jedes beliebige, sondern es muß teilbar sein und ein Ganzes. Denn zwei Dinge werden nicht verstümmelt genannt, wenn eines davon weggenommen ist (niemals nämlich ist das Verstümmelte und das Übriggebliebene gleich); und überhaupt heißt keine Zahl so. Denn das Wesen muß erhalten bleiben. Wenn ein Becher verstümmelt sein soll, so muß er doch noch ein Becher sein. Doch die Zahl ist dann nicht mehr dieselbe. Dazu muß auch nicht all das, was aus ungleichen Teilen besteht, »verstümmelt« heißen (denn auch eine Zahl kann in gewisser Hinsicht über ungleiche Teile verfügen, wie etwa die Zwei und die Drei). Überhaupt heißt das nicht verstümmelt, bei dem die Lage keinen Unterschied bewirkt, wie etwa Wasser oder Feuer. Vielmehr kann nur das verstümmelt sein, das seinem Wesen nach über Lage verfügt. Und weiter [20] muß es kontinuierlich sein. Denn die Harmonie, wiewohl sie aus ungleichen Teilen besteht und über Lage verfügt, kann doch nicht etwas Verstümmeltes werden. Dazu noch wird auch etwas, das ein Ganzes ist, nicht durch Privation eines beliebigen Teiles verstümmelt. Es darf nämlich die Privation weder die für das Wesen bedeutsamen noch irgendwelche der Lage nach beliebigen Teile betreffen. Wenn etwa der Becher durchbohrt ist, [25] so heißt er nicht verstümmelt, sondern vielmehr dann, wenn der Henkel oder ein äußerer Teil fehlt. Und so heißt auch der Mensch nicht dann verstümmelt, wenn ihm Fleisch oder die Milz, sondern wenn ihm einer der äußersten Teile weggenommen worden ist, und auch da nicht bei jedem Teil, sondern nur bei einem solchen, der – ganz weggenommen – nicht wieder entsteht. Deshalb sind Kahlköpfige nicht verstümmelt.

28. Die Gattung

Der Begriff Gattung wird einerseits dann gebraucht, wenn es eine kontinuierliche Entstehung von Dingen gibt, die über dieselbe Form verfügen. [30] So sagt man etwa: »Solange die Gattung der Menschen besteht«, das heißt, solange es eine kontinuierliche Entstehung von Menschen gibt. Andererseits gebraucht man den Begriff Gattung von dem, das als erstes Bewegendes Dinge zum Sein führt. So nämlich heißen die Hellenen »Geschlecht« und die Ionier, weil eben die einen von Hellen und die anderen von Ion als erstem Erzeuger abstammen. Und der Begriff Gattung [Geschlecht] wird mehr vom Erzeuger gebraucht als vom Stoff (und doch heißt auch das von einem Weibe Stammende Geschlecht, wie etwa die Nachkommen Pyrrhas[29]). Weiter gebraucht man den Begriff Gattung in der Bedeutung, in der die Fläche | die Gattung der Flächenfiguren und der Körper die Gattung der Körperfiguren ist. Denn jede einzelne Figur ist »eine solche Fläche« oder »ein solcher Körper«. Doch dies – Fläche und Körper – ist Substrat für die Unterschiede. Weiter spricht man von Gattung in der Bedeutung, in der der in den Begriffen erste Bestandteil, der im Was ausgesagt wird, Gattung heißt, deren Unterschiede dann Qualitäten genannt werden. Also wird Gattung in diesen verschiedenen Bedeutungen ausgesagt: einmal nach der kontinuierlichen Entstehung derselben Art, dann nach dem ersten gleichartigen Bewegenden und dann nach dem Stoff. Denn das, wovon es Unterschied und Qualität gibt, ist das Substrat, das wir Stoff nennen.

Dinge heißen der »Gattung nach verschieden«, wenn ihr erstes Substrat verschieden ist und sich weder das eine Ding in das andere noch beide in dasselbe auflösen (wie etwa Form und Stoff der Gattung nach verschieden sind); und all die Dinge, die nach einer verschiedenen Kategorienform des Seienden ausgesagt werden (denn einiges von dem Seienden bezeichnet einerseits ein Was, andererseits ein Quale und all das, was oben[30] unterschieden wurde). Denn all das löst sich weder ineinander auf, noch wird es in Eines aufgelöst.

29. *Falsch*

Falsch bedeutet einerseits das, was als Sache falsch ist. Und das tritt ein, weil gewisse Dinge nicht tatsächlich zusammenstimmen oder nicht zusammenstimmen können; wie etwa, wenn man sagt: »Die Diagonale eines Quadrates sei meßbar«, oder: »Du sitzt«. Davon nämlich ist das erste immer falsch, das zweite zu gewissen Zeiten. Auf diese Weise ist beides »nicht seiend«. Weiter heißt falsch, das zwar ein Seiendes ist, aber seiner Natur nach nicht erscheint, wie es ist, oder als etwas erscheint, was es nicht ist (z. B. Schattenmalerei[31] und Träume; denn diese sind zwar etwas, aber nicht das, wovon sie eine Vorstellung bewirken). Auf diese Weise also heißen Sachen falsch, entweder weil sie nicht sind, oder weil die von ihnen vermittelte Vorstellung Vorstellung von etwas ist, das es nicht gibt.

Ein Begriff aber ist falsch, wenn er, insofern er falsch ist, ein Begriff des Nichtseienden ist. Daher ist jeder Begriff, der auf etwas anderes bezogen wird, als wofür er wahr ist, falsch; wie etwa der Begriff des Kreises bezogen auf den Begriff des Dreiecks falsch ist. Für jedes Einzelne aber gibt es in gewisser Hinsicht nur *einen* Begriff, den des Was-es-ist-dies-zu-sein. Dann aber gibt es gewissermaßen wieder viele Begriffe, da ein Ding und das Ding mit seinen Affektionen irgendwie dasselbe sind; so etwa Sokrates und der musische Sokrates (der falsche Begriff ist von nichts schlechthin Begriff). Daher ist auch die Meinung des Antisthenes[32] recht einfältig, der fordert, jedes dürfe nur mit dem ihm eigentümlichen Begriff benannt werden, also stets Eines von Einem. Daraus aber folgte, daß es kein Widersprechen und nahezu auch kein Falschreden geben könne. Und doch ist es möglich, jedes Einzelne nicht nur mit seinem Begriff auszusagen, sondern auch mit dem eines anderen, und zwar auf durchaus falsche Weise, in gewisser Hinsicht aber auch wahr, | wie etwa die Acht mit Hilfe des Begriffes Zwei als ein Doppeltes bezeichnet werden kann.

In diesen Bedeutungen also spricht man von »falsch«. Von einem falschen Menschen aber spricht man dann, wenn er zu falschen Begriffen gerne bereit ist und sie absichtlich wählt – und zwar aus keinem anderen Grund, als nur um des Falschen selbst willen; weiter dann, wenn er anderen derartig falsche Begriffe vermittelt, wie wir ja auch die Sache falsch nennen, die eine falsche Vorstellung bewirkt. Daher ist auch die Behauptung im Hippias[33], daß dasselbe falsch und wahr sei, irreführend. Diese Behauptung nämlich erachtet den für falsch, der zu lügen vermag (dieser ist der Wissende und Verständige), und weiter den, der freiwillig Schlechtes tut, für besser als den, der unfreiwillig Schlechtes tut.[34] Dieser falsche Satz wird durch eine Heranführung ermittelt: der nämlich, der freiwillig hinkt, sei besser als der unfreiwillig Hinkende, wobei unter Hinken das Nachahmen des Hinkens gemeint ist. Doch wer tatsächlich freiwillig hinkte, der ist, wie dies beim Sittlichen der Fall ist, vielleicht schlechter.

30. Das Akzidens

Akzidens heißt das, das an etwas vorhanden ist und der Wahrheit gemäß von ihm ausgesagt werden kann, jedoch nicht mit Notwendigkeit und nicht in der Regel: zum Beispiel, wenn jemand für eine Pflanze ein Loch gräbt und einen Schatz findet. Dies also – das Auffinden eines Schatzes – ist für den, der ein Loch gräbt, ein Akzidens; denn es folgt weder mit Notwendigkeit eines aus dem anderen oder eines nach dem anderen, noch trifft es sich in der Regel, daß jemand, wenn er ein Loch für eine Pflanze gräbt, einen Schatz entdeckt. So kann wohl auch ein Musischer weiß sein; doch da dies weder mit Notwendigkeit noch in der Regel zutrifft, nennen wir das ein Akzidens. Da es also etwas gibt, das vorhanden ist und an etwas vorhanden ist, und manches davon irgendwo und irgendwann an etwas vorhanden ist, so wird das Akzidens heißen, was an etwas vorhanden ist, aber nicht, weil es Dieses-da war oder gerade jetzt oder gerade hier ist. Also gibt es vom Akzidens keine fest bestimmte Ursache, [25] sondern lediglich eine zufällige. Diese aber ist unbestimmt. So bedeutete es etwa für jemanden ein Akzidens, nach Ägina zu gelangen, wenn er nicht deshalb dorthin gelangte, weil er hinkommen wollte, sondern weil er vom Sturm verschlagen oder von Räubern gefangengenommen worden war. Das Akzidens ist entstanden und »ist«, doch nicht, insofern es selbst ist, sondern, insofern etwas von ihm Verschiedenes existiert. Denn der Sturm war die Ursache, daß er anderswohin gelangte, als er wollte.

[30] In einer anderen Bedeutung aber nennt man Akzidens das, was sich an jedem Einzelnen an sich findet, ohne aber in seinem Wesen enthalten zu sein, so etwa am Dreieck die Winkelsumme von zwei Rechten. Das Akzidens in dieser Bedeutung kann ewig sein, in jener aber nicht. Darüber aber ist anderswo gehandelt.[35] |

1025b

VI. BUCH (E)

1. Die Erste Philosophie

[3] Wir suchen die Prinzipien und Ursachen des Seienden, offenbar aber, insofern es ein Seiendes ist.[1] Denn es gibt eine Ursache für Gesundheit und Wohlbefinden, und es gibt für die mathematischen Dinge [5] Prinzipien, Elemente und Ursachen, und überhaupt handelt jede auf Überlegung gegründete oder an Überlegung teilhabende Wissenschaft in mehr oder weniger strengem Sinn des Wortes von Ursachen und Prinzipien. Doch all diese Wissenschaften umschreiben nur ein bestimmtes Seiendes und eine bestimmte Gattung und beschäftigen sich damit, nicht aber mit dem Seienden schlechthin und insofern es ein Seiendes ist, [10] sie stellen keine Erörterungen über das Was an, sondern sie gehen vielmehr von diesem aus; die einen erklären es mit Hilfe der Sinneswahrnehmung, die anderen nehmen das Was als Voraussetzung. Auf diese Art und Weise erweisen sie mehr oder minder streng, was an der Gattung, mit der sie sich beschäftigen, an sich vorhanden ist. Daher ist es klar, [15] daß sich aus einer derartigen Heranführung kein Beweis des Wesens und des Was ergibt, sondern bloß eine andere Art der Erklärung. Und diese Wissenschaften sagen auch gleichermaßen nichts darüber aus, ob es die Gattung, mit der sie sich beschäftigen, gibt oder nicht, weil es eben Sache ein und derselben Überlegung ist, das Was und das Ob zu erklären.

Da aber die Naturwissenschaft ebenfalls eine Gattung des Seienden behandelt – ein derartiges Wesen nämlich, [20] in dem selbst sich das Prinzip der Bewegung und der Ruhe befindet –, ist es klar, daß sie weder eine handelnde noch eine bewirkende Wissenschaft ist. Denn bei den bewirkenden Wissenschaften ist das Prinzip – sei es Vernunft, Kunst oder irgendein Vermögen – im Bewirken, bei den handelnden Wissenschaften jedoch als Entscheidung im Handelnden; denn das, was getan wurde, und das, wozu man sich entschieden hat, ist ein und dasselbe. [25] Wenn demnach jede Überlegung entweder handelnd oder bewirkend oder betrachtend ist, so dürfte wohl die Naturwissenschaft eine betrachtende sein, aber betrachtend über ein derartiges Seiendes, das sich zu bewegen vermag, und über ein begriffsmäßiges Wesen nur, insoweit es in der Regel und nicht abgetrennt besteht. Hier darf aber nicht verborgen bleiben, wie es sich mit dem Was-es-ist-dies-zu-sein und dem Begriff verhält, da ohne dieses [30] das Forschen nichts leisten kann. Es verhält sich aber beim Definierten und beim Was einiges wie beim »Stülpnasigen«, anderes wie beim »Hohlen«. Dies aber unterscheidet sich dadurch, daß das Stülpnasige etwas mit dem Stoff Zusammengefaßtes ist (denn das Stülpnasige ist eine hohle Nase), die Hohlheit aber ohne sinnlich erfaßbaren Stoff besteht. Wenn nun alle natürlichen Dinge in gleicher Weise | wie das Stülpnasige ausgesagt werden, wie etwa Nase, Auge, Gesicht, Fleisch, Knochen und überhaupt das Lebewesen und auch Blatt, Wurzel, Rinde und überhaupt die Pflanze (denn bei keinem von diesen gibt es den Begriff ohne Bewegung, sondern all das verfügt stets über Stoff), so ist es klar, wie man bei den natürlichen Dingen das Was suchen und definieren muß [5] und weshalb der Naturwissenschaftler teilweise auch die Seele betrachten muß, sofern diese nicht ohne Stoff besteht. Daraus ergibt sich deutlich, daß die Naturwissenschaft eine betrachtende Wissenschaft ist.

Aber auch die Mathematik ist eine betrachtende Wissenschaft. Doch ob sie sich mit dem Unbeweglichen und dem Abgetrennten beschäftigt, ist im Augenblick nicht klargestellt; daß aber einige mathematischen Dinge das Seiende betrachten, insofern es unbeweglich und insofern es abgetrennt ist, [10] ist klar.

Wenn es aber Ewiges, Unbewegliches und Abgetrenntes gibt, so ist offenbar dessen Erkenntnis Sache einer betrachtenden Wissenschaft; allerdings nicht der Naturwissenschaft (denn sie handelt vom Beweglichen), aber auch nicht der Mathematik, sondern vielmehr einer Wissenschaft, die beiden vorausgeht. Denn die Naturwissenschaft handelt zwar vom Abgetrennten, aber nicht vom Unbeweglichen; von der Mathematik handeln wiederum einige Teile zwar vom Unbeweglichen, [15] aber doch wohl nicht vom Abgetrennten, sondern vom am Stoff Befindlichen. Doch die erste Wissenschaft handelt vom Abgetrennten und Unbeweglichen. Nun müssen zwar alle Ursachen ewig sein, am meisten aber diese. Denn sie sind die Ursachen für die sichtbaren Dinge des Göttlichen.

Demnach dürfte es drei betrachtende Philosophien geben: die Mathematik, die Naturwissenschaft und die Theologie. Denn es ist klar, [20] ist irgendwo das Göttliche vorhanden, ist es in einer derartigen Natur vorhanden. Und die ehrbarste Wissenschaft muß von der ehrbarsten Gattung handeln. Die betrachtenden Wissenschaften nun sind allen anderen am ehesten vorzuziehen, diese aber den betrachtenden.

Man könnte nämlich darüber unschlüssig sein, ob die Erste Philosophie allgemein ist oder von einer bestimmten Gattung und von *einer* bestimmten Natur handelt. (Denn auch bei den mathematischen Wissenschaften herrscht nicht [25] ein und dieselbe Art vor: Geometrie und Astronomie handeln von einer bestimmten Natur, die allgemeine Mathematik behandelt alle gemeinsam.) Wenn es nun neben den von Natur aus bestehenden Wesen nicht ein davon verschiedenes Wesen gibt, so dürfte wohl die Naturwissenschaft die erste Wissenschaft sein. Wenn es aber ein unbewegtes Wesen gibt, so ist wohl dies das frühere und die Philosophie [30] die erste und allgemein, weil sie die erste ist. Und es dürfte wohl ihre Aufgabe sein, das Seiende zu betrachten, insofern es ein Seiendes ist, sowohl sein Was als auch das ihm Zukommende, insofern es seiend ist.[2]

2. Bedeutungen des Seienden; das Akzidens

Da aber das Seiende, das man schlechthin das Seiende nennt, in vielfachen Bedeutungen ausgesagt wird, von denen die eine das Akzidentelle bezeichnete[3], die andere das Seiende im Sinne des Wahren und das Nichtseiende im Sinne des Falschen, außerdem noch die Figuren der Aussageweise (wie etwa das Was, das Quale, das Quantum, das Wo, das Wann und | was sonst noch ähnliche Bedeutungen anzeigt) und weiter neben alledem noch das dem Vermögen und der Verwirklichung nach Seiende – da also das Seiende in vielfachen Bedeutungen ausgesagt wird, so muß man zuerst von dem im akzidentellen Sinn Seienden sagen, daß es davon keine wissenschaftliche Betrachtung gibt. Das zeigt sich darin, daß sich keine Wissenschaft – weder eine handelnde noch eine bewirkende, noch eine betrachtende – darum kümmert. Derjenige nämlich, der ein Haus baut, bewirkt nicht all das, das sich als Akzidens am entstehenden Haus vorfindet; denn das ist unzählig vieles. Auch hindert nichts, daß das gebaute Haus für die einen angenehm, für andere schädlich und wieder für andere nützlich ist und daß es sozusagen von allen anderen Dingen verschieden ist. Doch nichts von alledem bewirkt die Baukunst. Auf eben dieselbe Art betrachtet auch der Geometer nicht das, was den Figuren als Akzidens zukommt, und er kümmert sich nicht, ob ein Dreieck verschieden ist von einem Dreieck, dessen Winkelsumme zwei Rechte ist. Und dies ist auch ganz vernünftig; denn das Akzidens ist gleichsam ein bloßer Ausdruck. Daher hat Platon[4] in gewisser Hinsicht der Sophistik nicht zu Unrecht das Nichtseiende zugewiesen. Denn die Darlegungen der Sophisten beschäftigen sich vor allem mit dem Akzidentellen: ob etwa »musisch« oder »grammatisch« verschieden ist oder dasselbe, und ebenso der musische Koriskos und Koriskos; und ob alles, was ist, ohne immer zu sein, geworden ist, so daß also, wenn der Musische grammatisch geworden ist, auch der Grammatische musisch geworden ist, und was es sonst noch an derartigen Darlegungen gibt. Denn es scheint das Akzidentelle dem Nichtseienden nahezustehen. Das zeigt sich auch klar aus folgenden Darlegungen: von dem nämlich, was im anderen Sinne »ist«, gibt es Entstehung und Vergehen, von dem aber, was im akzidentellen Sinne »ist«, nicht. Doch muß man vom Akzidens ferner, so weit als möglich, klären, [25] was seine Natur ist und aus welcher Ursache es »ist«. Denn es wird sich vielleicht daraus zugleich erklären lassen, weshalb es von ihm keine Wissenschaft gibt.

Da es nun unter den Dingen einerseits welche gibt, die sich immer auf dieselbe Weise und notwendig verhalten – ich meine hier nicht die Notwendigkeit[5], die eine Gewaltsamkeit bedeutet, sondern diejenige, die besagt, daß sich etwas nicht anders verhalten kann –, andererseits welche, die nicht notwendig und immer sind, [30] aber doch zumeist, so ist dies das Prinzip und dies die Ursache dafür, daß ein Akzidens existiert. Was nämlich weder immer noch zumeist existiert, das nennen wir Akzidens. Wenn beispielsweise an den Hundstagen Unwetter und Kälte auftreten, nennen wir das ein Akzidens, nicht aber, wenn Hitze und Schwüle, weil letzteres immer oder doch meist, ersteres aber nicht zutrifft. [35] So bedeutet es auch für den Menschen ein Akzidens, weiß zu sein (dies findet nämlich weder immer noch zumeist statt), daß er aber ein Lebewesen ist, bedeutet kein Akzidens. Und der Umstand, daß ein Baumeister heilt, ist ein Akzidens, | weil dies zu bewirken nicht zur Natur des Baumeisters gehört, sondern zu der des Arztes; es ist eben für den Baumeister nur ein Akzidens, ein Arzt zu sein. Demnach kann auch wohl der Kochkünstler, während er den Wohlgeschmack bezweckt, für jemanden etwas Gesundes bewirken, doch nicht infolge seiner Kochkunst. Daher – sagen wir – ist das ein Akzidens für ihn, er bewirkt es zwar in gewisser Hinsicht, nicht aber schlechthin. [5] Denn für das andere Seiende gibt es bewirkende Vermögen, doch für das Akzidens gibt es keine Kunst und kein fest bestimmtes Vermögen. Denn vom akzidentell Seienden oder Entstandenen gibt es auch die Ursache nur im akzidentellen Sinn. Da also nicht alle Dinge notwendig und immer sind oder entstehen, sondern der Großteil nur zumeist, [10] muß es ein Seiendes im akzidentellen Sinne geben. So ist etwa nicht immer und nicht zumeist der Weiße musisch; wird er es aber irgendwann, so wird er es im Sinne eines Akzidens sein. (Wäre dem aber nicht so, müßte alles notwendig sein.) Demnach wird der Stoff, der sich neben dem, was zumeist ist, auch noch anders verhalten kann, die Ursache des Akzidentellen sein. [15] Man muß damit den Anfang machen zu fragen, ob es nichts gibt, das weder immer noch zumeist ist, oder ob dies unmöglich ist. Es gibt also etwas neben diesem, nämlich das, was sich zufällig so ergeben hat, und das Akzidentelle.

Doch gibt es etwas, das zumeist, aber nichts, das immer vorhanden ist, oder gibt es auch etwas Ewiges? Darüber soll später[6] gehandelt werden. Daß es aber keine Wissenschaft vom Akzidentellen [20] gibt, ist klar; denn jede Wissenschaft ist Wissenschaft von dem, das entweder immer oder doch zumeist vorkommt. Denn wie wollte man sonst lernen oder einen anderen lehren? Es muß nämlich durch das, was immer ist, oder durch das, was zumeist ist, bestimmt sein; wie etwa, daß Honigwasser für einen Fiebernden zumeist heilsam ist. Über das aber, was außerhalb dieser Regel ist, wann es nicht heilsam ist, kann nichts ausgesagt werden: [25] etwa »bei Neumond«. Denn sofern dies immer oder zumeist geschieht, geschieht es auch bei Neumond. Das Akzidens aber steht außerhalb dieser Fälle. Was also das Akzidens ist und aus welcher Ursache es ist und weshalb es von ihm keine Wissenschaft gibt, ist somit gesagt worden.

3. Ursache des Akzidens

Daß es aber Prinzipien und Ursachen gibt, die entstehen können und vergänglich sind, ohne daß sie sich selbst in einem Entstehen und Vergehen befinden, ist klar. Wäre dem aber nicht so, müßte alles notwendig sein, sofern es nämlich für das, was entsteht und vergeht, eine Ursache geben muß, die dies nicht nur in akzidentellem Sinne ist. So fragt man: Wird »dieses-da« sein oder nicht? Antwort: Ja, wenn »jenes« geschieht; wenn »jenes« nicht geschieht, nicht. Und jenes wird geschehen, wenn ein anderes geschieht. So ist es klar, daß man, wenn man von einem bestimmten Zeitpunkt aus immer einen Zeitteil wegnimmt, | bis zum Jetzt gelangt. Beispielsweise wird dieser Mensch da durch Krankheit oder Gewalt sterben, wenn er ausgeht und dies wieder tun, wenn er durstig ist; und er wird durstig sein, wenn irgend etwas anderes eintritt; auf diese Weise wird man bis zu dem gelangen, was jetzt zutrifft oder bereits zugetroffen hat; zum Beispiel also, wenn »er durstig sein wird«; er wird aber durstig sein, wenn er Salziges ißt; dies aber trifft entweder zu oder nicht; er wird also mit Notwendigkeit sterben oder nicht sterben. Und in gleicher Weise ergibt sich derselbe Gedankengang, wenn jemand zu dem übergeht, was bereits geschehen ist; denn dies – damit meine ich das Geschehene – findet sich bereits in etwas vor. Es wird also alles, was geschehen wird, mit Notwendigkeit geschehen, zum Beispiel, daß der Lebende sterben wird; es ist bereits etwas entstanden: so ist etwa am selben Körper Gegenteiliges vorhanden. Ob aber der Tod durch Krankheit eintreten wird oder durch Gewalt, ist noch nicht bestimmt, sondern erst dann, wenn »jenes« geschehen ist.

Es ist demnach klar, daß dies bis zu einem gewissen Prinzip fortschreitet, dieses aber nicht mehr auf ein anderes zurückgeht. Dies aber dürfte nun das Prinzip dessen sein, was sich zufällig so ergeben hat, und die Ursache für seine Entstehung dürfte keine andere sein. Aber auf welche Art Prinzip und welche Art Ursache eine solche Zurückführung abzielt [15] – ob auf den Stoff, das Weswegen oder die bewegende Ursache –, muß hauptsächlich erwogen werden.

4. Das Seiende und Nichtseiende, das Wahre und Falsche

Das akzidentell Seiende wollen wir nun damit beiseite lassen. Denn es ist hinreichend bestimmt worden. Was aber im Sinne des Wahren als »seiend« bezeichnet wird und was im Sinne des Falschen als »nicht seiend«, das beruht auf Zusammensetzung und Zerlegung, beides zusammen aber auf Teilung des Widerspruches. [20] (Das Wahre nämlich verfügt über die Bejahung aufgrund eines Verbunden-seins, über die Verneinung aufgrund eines Zerlegt-seins, das Falsche aber verfügt über den Widerspruch eben dieser Teilung. Wie es aber kommt, etwas zugleich oder getrennt zu denken, gehört zu einem anderen Gedankengang; ich meine »zugleich« und »getrennt« so, daß nicht nur eine Reihenfolge, sondern ein Eines entsteht.) [25] Denn nicht ist das Falsche und das Wahre in den Sachen selbst – als wäre etwa das Gute wahr und das Schlechte durchaus falsch –, sondern in der Überlegung; beim Einfachen aber und beim Was ist das Wahre und Falsche nicht einmal in der Überlegung. Wie nun aber das in diesem Sinne Seiende und Nichtseiende zu betrachten ist, muß später überlegt werden.[7]

Da aber die Verflechtung [30] und Zerlegung in der Überlegung liegt, nicht aber in den Sachen, und das in diesem Sinne Seiende von dem im eigentlichen Sinne Seienden verschieden ist (denn es ist ein Was oder ein Quale oder ein Quantum oder etwas anderes dieser Art, das die Überlegung mit einer Sache verbindet oder von einer trennt), muß man sowohl das akzidentell Seiende als auch das im Sinne des Wahren Seiende aufgeben. Denn die Ursache des ersteren ist unbestimmt, die Ursache des letzteren in gewisser Hinsicht eine Affektion der Überlegung, | und beide gehören der übriggebliebenen Gattung des Seienden an und zeigen nicht noch eine Natur des Seienden, die außerdem existiert. Deshalb soll dies beiseite gelassen werden und vielmehr das Augenmerk auf die Ursachen und Prinzipien des Seienden, insofern es Seiendes ist, gelenkt werden. Aus dem aber, was wir über die verschiedenen Bedeutungen jedes einzelnen Ausdruckes erörtert haben, [5] geht klar hervor, daß das Seiende in vielfachen Bedeutungen ausgesagt wird.[8]

VII. BUCH (Z)

1. Das Wesen, die Grundfrage der Philosophie

[10] Das Seiende wird in vielfachen Bedeutungen ausgesagt, wie wir sie früher in der Erörterung über die mehrfachen Bedeutungen[1] unterschieden haben. Denn es bezeichnet einerseits ein Was und ein Das, andererseits ein Quale, ein Quantum oder jedes von dem anderen, das auf diese Weise ausgesagt wird. Wenn nun das Seiende in so vielen Bedeutungen ausgesagt wird, so ist es klar, daß die erste davon die ist, in der man unter dem Seienden das Was versteht, das das Wesen bezeichnet. [15] Denn wenn wir sagen, daß Das ein Quale sei, so sagen wir, es sei gut oder schlecht, aber nicht, es sei drei Ellen lang oder ein Mensch; wenn wir aber das Was angeben, so sagen wir nicht, es sei weiß oder warm oder drei Ellen lang, sondern ein Mensch oder ein Gott. Das andere aber wird als »seiend« ausgesagt, weil es an dem Seienden in der ersten Bedeutung eine Quantität, eine Qualität, eine Affektion oder etwas anderes derartiges ist. [20] Daher könnte man unschlüssig sein, ob das Gehen und das Gesund-sein und das Sitzen jeweils ein Seiendes bezeichnen, und in gleicher Weise bei allem anderen derartigen. Denn nichts von alledem besteht an sich oder vermag vom Wesen getrennt zu werden, sondern, wenn überhaupt, so gehört vielmehr das Gehende, das Sitzende und das Gesund-seiende zum Seienden. [25] Dies zeigt sich aber daher mehr als Seiendes, weil es dafür ein genau bestimmtes Substrat gibt (das ist nämlich das Wesen und das einzelne Ding), das sich als in einer derartigen Aussageweise enthalten zeigt. Denn das Gute oder das Sitzende wird ohne dieses nicht ausgesagt. Es ist also klar, daß durch dieses Wesen ein jedes von jenem »ist«, [30] so daß das erste Seiende, das nicht ein »etwas«, sondern schlechthin Seiendes ist, das Wesen sein dürfte.

Nun wird zwar ein Erstes in vielfacher Bedeutung ausgesagt; doch ist in jeder Bedeutung das Wesen Erstes, sowohl dem

Begriff, dem Erkennen und der Zeit nach. Denn von den übrigen Aussageinhalten ist keiner abgetrennt, sondern nur das Wesen allein. Und auch dem Begriff nach ist es Erstes [35] (denn im Begriff jedes einzelnen Dinges muß der Begriff des Wesens enthalten sein). Und wir glauben dann jedes Einzelne am besten zu wissen, wenn wir erkannt haben, »was« zum Beispiel der Mensch ist oder das Feuer; besser als wenn wir das Quale oder das Quantum | oder das Wo erkannt haben; denn auch davon wissen wir jedes nur dann, wenn wir erkannt haben, was das Quantum oder das Quale ist.

Und die Frage, die bereits von alters her erhoben wurde, die auch heute erhoben wird und immer erhoben werden und Gegenstand der Ratlosigkeit sein wird, was nämlich das Seiende sei, bedeutet nichts weiter als, was das Wesen sei (von dem nämlich sagen die einen[2], es sei Eines, [5] die anderen, es sei *mehr* als Eines, einige[3] sagen, es sei begrenzt, andere[4], es sei unbegrenzt). Deshalb müssen wir auch hauptsächlich und zuerst und sozusagen einzig betrachten, was das in diesem Sinne Seiende ist.

2. *Verschiedene Ansichten über das Wesen*

Es scheint nun das Wesen am offenkundigsten an den Körpern vorhanden zu sein. Daher sagen wir, daß Lebewesen, Pflanzen und ihre Teile Wesen seien [10] und ebenso die natürlichen Körper (wie etwa Feuer, Wasser, Erde und jedes dieser Art) und alles, was entweder ein Teil davon ist oder daraus besteht (entweder aus Teilen oder ganzen Körpern), wie der Himmel und seine Teile, die Sterne, der Mond und die Sonne. Ob aber diese allein Wesen sind oder auch andere, oder ob nur einige von diesen Körpern Wesen sind [15] oder auch von anderen, oder ob nichts davon Wesen ist und es nur von ihnen verschiedene Wesen gibt, das muß

untersucht werden. Einige[5] meinen, daß die Grenzen des Körpers – wie Fläche, Linie, Punkt und Eins – Wesen seien, und zwar mehr als der Körper und das Feste.
Weiter meinen einige[6], daß es neben den Sinnesdingen nichts von der Art gebe, andere nehmen ewige Dinge an, die zahlreicher und in höherem Grade Seiendes sind, wie Platon die Formen und das Mathematische [20] als zwei Arten von Wesen annimmt und als dritte das Wesen der sinnlich erfaßbaren Körper.[7] Speusippos[8] aber, der vom Einen ausgeht, nimmt noch mehr Wesen und Prinzipien für jedes einzelne Wesen an, eines für die Zahlen, eines für die Größen und noch eines für die Seele; und auf diese Art und Weise erweitert er den Umfang der Wesen.[9] Einige andere[10] behaupten, [25] daß die Formen und Zahlen über dieselbe Natur verfügten, alles andere sich aber anschließe – Linien und Flächen – bis zum Wesen des Himmels und den Sinnesdingen.
Welche Meinungen nun darüber richtig sind und welche falsch, welche Wesen es gibt und ob es gewisse Wesen neben den sinnlich erfaßbaren gibt oder nicht, [30] wie diese existieren und ob es ein abgetrenntes Wesen gibt (und warum und wie) oder ob es neben den sinnlich erfaßbaren Wesen das nicht gibt – das müssen wir untersuchen, indem wir zuerst in Umrissen feststellen, was das Wesen ist.

3. Das Wesen als Substrat

Von Wesen spricht man, wenn nicht in noch mehr Bedeutungen, so doch vorzugsweise in vierfachem Sinne: denn das Was-es-ist-dies-zu-sein, das Allgemeine und die Gattung gelten für das Wesen eines jeden Einzelnen, [35] und dazu kommt noch viertens das Substrat. Substrat aber ist dasjenige, von dem das übrige ausgesagt wird, während es selbst von keinem anderen ausgesagt wird; daher muß man

zuerst darüber Bestimmungen festsetzen; | denn am meisten Wesen scheint das erste Substrat zu sein.
In gewissem Sinne heißt nun Substrat der Stoff, in anderem Sinne die Gestalt und in drittem Sinne das aus beiden Verbundene. Unter Stoff verstehe ich beispielsweise das Erz, unter Gestalt die äußere Figur seiner Form [5] und unter dem aus beiden Verbundenen die Statue. Wenn also die Form früher ist und mehr seiend als der Stoff, so muß sie aus demselben Grunde auch früher sein als das aus beiden Verbundene.
Nun ist im großen Umriß gesagt worden, was wohl das Wesen ist; daß es nämlich das ist, was selbst nicht von einem Substrat, sondern von dem alles übrige ausgesagt wird. Doch darf man es damit nicht bewenden lassen, da es noch nicht genügt. [10] Denn diese Bestimmung selbst ist noch unklar, und es würde demnach auch der Stoff zum Wesen werden. Wenn nämlich dieser nicht Wesen ist, so entrinnt es uns zu sagen, was sonst Wesen sein sollte. Denn nimmt man alles übrige weg, so bleibt nichts übrig. Das Sonstige nämlich besteht einerseits in Affektionen, Bewirkungen und Vermögen der Körper, andererseits sind Länge, Breite und Tiefe in gewisser Hinsicht Quantitäten, aber keine Wesen (denn das Quantum ist kein Wesen); [15] viel eher ist das ein Wesen, an dem als dem Ersten diese Dinge vorhanden sind. Wenn man aber Länge, Breite und Tiefe wegnimmt, so sehen wir, daß nichts übrigbleibt, außer es gibt etwas, das von diesen begrenzt wird, so daß, betrachtet man die Lage so, der Stoff als einziges Wesen erscheinen muß. [20] Ich nenne aber Stoff dasjenige, das an sich weder als ein Was noch als Quantum, noch als etwas anderes ausgesagt wird, wodurch das Seiende bestimmt wird. Es gibt nämlich etwas, von dem all dies ausgesagt wird und dessen Sein verschieden ist von dem Sein jeder dieser Aussageweisen. Denn alles andere (soweit diese etwas anderes sind) wird vom Wesen ausgesagt, dieses aber von dem Stoff. Daher ist das Letzte an sich weder ein Was noch ein Quantum, [25] noch sonst irgend

etwas. Aber auch die Verneinungen davon sind es nicht, denn diese können nur in akzidentellem Sinne bestehen. Betrachtet man also die Sache so, so ergibt sich, daß Wesen der Stoff ist. Das ist aber unmöglich. Denn es kommt dem Wesen am meisten zu, abgetrennt und ein Das zu sein. Daher könnten wohl die Form und das aus beiden Verbundene eher Wesen sein als der Stoff. [30] Das aus beiden verbundene Wesen – ich meine das aus Stoff und Gestalt bestehende – müssen wir beiseite lassen, da es später und offenbar ist. Auch der Stoff ist in gewisser Hinsicht offenbar. Doch das dritte Wesen müssen wir untersuchen, denn dies ist das schwierigste. Man nimmt nun aber in allgemeiner Übereinstimmung an, daß es gewisse Wesen der Sinnesdinge gibt, so daß [3] man zuerst darauf die Untersuchung lenken muß. | Es ist nämlich zweckmäßig, zum Erkennbaren überzugehen.[11] Denn das Lernen geht bei allen so vor sich, daß sie durch das der Natur nach weniger Erkennbare zum mehr Erkennbaren fortschreiten. [5] Und wie es bei den Handlungen darauf ankommt, von dem für jeden einzelnen Guten ausgehend, das allgemein Gute für jeden einzelnen gut zu machen, so kommt es beim Lernen darauf an, von dem für den einzelnen mehr Erkennbaren ausgehend, das von Natur Erkennbare für den einzelnen erkennbar zu machen. Doch das, was für jeden einzelnen erkennbar und Erstes ist, ist oft recht wenig erkennbar und verfügt über wenig oder nichts [10] vom Seienden; und trotzdem muß man versuchen, von dem zwar wenig Erkennbaren, aber für den einzelnen Erkennbaren, das allgemein Erkennbare zu erkennen, indem man, wie gesagt, durch jenes selbst zu diesem übergeht.

4. *Das Was-es-ist-dies-zu-sein*

[1] Da wir anfangs[12] unterschieden haben, in wie vielen Bedeutungen wir das Wesen festsetzen, und da als eine dieser Bedeutungen das Was-es-ist-dies-zu-sein galt, so müssen wir nun das betrachten. [13] Und zuerst wollen wir darüber einiges begrifflich[13] sagen, nämlich daß das Was-es-ist-dies-zu-sein für jedes Einzelne das ist, als was es an sich ausgesagt wird. Denn das Du-sein ist nicht das Musisch-sein. [15] Denn du bist nicht musisch, insofern du bist; was du also bist, insofern du du bist, das ist dein Was-es-ist-dies-zu-sein. Aber nicht einmal all dies: denn das ist nicht das Was-es-ist-dies-zu-sein, was etwas auf diese Weise an sich ist, wie die Fläche ein Weißes ist, da das Fläche-sein ja nicht das Weiße-sein ist. Aber auch nicht das aus beiden Verbundene – das Weiße-Fläche-sein – ist das Was-es-ist-dies-zu-sein, weil das zu Bestimmende [Fläche] darin enthalten ist. Es ist also für jedes Einzelne [20] der Begriff des Was-es-ist-dies-zu-sein derjenige Begriff, in dem das Ding selbst nicht enthalten ist, während er es doch bezeichnet; so daß also, wäre das Weiße-Fläche-sein dasselbe wie das Ebene-Fläche-sein[14], das Weiße-Fläche-sein und das Ebene-Fläche-sein ein und dasselbe wäre.

Da es aber auch nach den anderen Aussageweisen Zusammengesetztes gibt (denn es gibt für jedes Einzelne ein Substrat, wie etwa für das Quale, für das Quantum, für das Wann, [25] für das Wo und für die Bewegung), muß man untersuchen, ob es für ein jedes auf diese Weise Zusammengesetzte einen Begriff des Was-es-ist-dies-zu-sein gibt und ob an ihm auch das Was-es-ist-dies-zu-sein vorhanden ist, wie etwa am »weißen Menschen«. Man setze dafür den Ausdruck »Kleid«. Was ist also das Kleid-sein? Doch dies gehört ja gar nicht zu dem, was an sich ausgesagt wird. Indessen das »nicht an sich« wird in zwei Bedeutungen ausgesagt, [30] einerseits aufgrund einer Hinzufügung, andererseits nicht. Denn einerseits wird etwas »nicht an sich« ausgesagt, weil es mit einem anderen, das definiert wird, verbunden ist, zum Beispiel, wenn jemand, der das Weiß-sein definiert, den Begriff des weißen Menschen aussagte; andererseits, weil ein anderes, das definiert wird, mit ihm verbunden ist, wie etwa wenn »Kleid« »weißer Mensch« bezeichnen sollte und man Kleid als »Weißes« definierte. | Ein weißer Mensch ist allerdings weiß, doch sein Was-es-ist-dies-zu-sein ist [in diesem Fall] nicht das Weiß-sein.

Aber ist das Kleid-sein überhaupt ein Was-es-ist-dies-zu-sein oder nicht? Denn das Was-es-ist-dies-zu-sein ist ein Was; wenn jedoch etwas von einem anderen ausgesagt wird, so ist es kein Das, wie etwa der »weiße Mensch« [5] kein Das ist, sofern ein Das nur dem Wesen zukommt. Es gibt also das Was-es-ist-dies-zu-sein nur von diesen Dingen, bei denen der Begriff eine Definition ist. Doch gibt es nicht überall da eine Definition, wo ein Ausdruck dasselbe bezeichnet wie ein Begriff (sonst wären ja alle Begriffe Definitionen; denn es gäbe wohl für jeden beliebigen Begriff einen betreffenden Ausdruck, so daß dann auch »Ilias« eine Definition wäre), [10] sondern dann, wenn Ausdruck und Definition von einem Ersten ausgehen; derartig ist aber alles, das nicht dadurch ausgesagt wird, daß das eine vom anderen ausgesagt wird. Es gibt also das Was-es-ist-dies-zu-sein für nichts, das nicht Art einer Gattung ist, sondern nur für diese Arten allein (denn diese scheinen nicht nur einer Teilhabe, einer Affektion[15] oder einem Akzidens nach ausgesagt zu werden). Allerdings wird es von allen anderen Dingen, [15] die einen Ausdruck haben, einen Begriff geben, der etwas bezeichnet, daß nämlich Das Dem zukommt, oder an Stelle des einfachen Begriffes einen genaueren; doch wird es dafür weder eine Definition noch ein Was-es-ist-dies-zu-sein geben.

Wird indessen auch die Definition wie das Was in vielfachen Bedeutungen ausgesagt? Denn das Was gibt in der einen Bedeutung das Wesen und ein Das, in einer anderen jede Art des Ausgesagten an, [20] das Quantum, Quale und was es sonst noch derartiges gibt. Wie nämlich das Ist allem zukommt, doch nicht in gleicher Weise – sondern dem einen in erster Linie, dem anderen in der Folge –, so kommt auch das Was dem Wesen schlechthin zu, anderem nur in gewisser Hinsicht. Denn auch beim Quale können wir fragen, was es ist, so daß auch das Quale ein Was ist, aber nicht ein Was schlechthin, [25] sondern wie einige[16], die begrifflich vom Nichtseienden sagen, daß das Nichtseiende sei – nicht schlechthin, aber nichtseiend –, so steht es auch mit dem Quale.

Man muß nun zwar darauf achten, wie man sich über jede Sache zu äußern hat, aber doch nicht so sehr, als wie sich die Sache verhält. Daher wird nun, da offenbar ist, was wir meinen, das Was-es-ist-dies-zu-sein gleich in erster Linie und schlechthin dem Wesen zukommen, [30] dann auch dem übrigen, wie das Was, nicht schlechthin als Was-es-ist-dies-zu-sein, sondern als Was-es-ist-dies-zu-sein des Quale oder Quantum. Denn sonst muß man entweder sagen, dies sei nur infolge gleicher Ausdrücke »seiend« oder infolge Hinzufügung oder Wegnahme, wie ja auch das Nicht-Wißbare wißbar ist. Das Richtige allerdings ist, es weder durch gleiche Ausdrücke noch im selben Sinn auszusagen, [35] sondern so, wie man etwas »ärztlich« nennt, weil es sich auf ein und dasselbe bezieht, | ohne aber ein und dasselbe zu sein, doch auch nicht infolge bloßer Ausdrucksgleichheit. Denn man nennt nicht »ärztlich« einen Körper, eine Tätigkeit und ein Werkzeug infolge gleicher Ausdrücke, auch nicht, weil man es nach Einem, sondern weil man es in bezug auf Eines aussagt.

Aber es macht keinen Unterschied, auf welche von beiden Weisen sich jemand darüber äußern will. Das aber ist klar, [5] daß die Definition in erster Linie und schlechthin und das Was-es-ist-dies-zu-sein zu den Wesen gehören. Nichtsdestoweniger gibt es dergleichen auch bei den übrigen Dingen, nur nicht in erster Linie. Denn es ist nicht notwendig, wenn wir das annehmen, daß es eine Definition davon gibt, was dasselbe wie ein Begriff bezeichnet, sondern nur davon, was dasselbe wie ein bestimmter Begriff bezeichnet. Das tritt aber dann ein, wenn es der Begriff von etwas ist, das Eines ist – nicht infolge einer bloßen Kontinuität wie die Ilias oder einer Verbindung, sondern in allen Bedeutungen, in denen das Eine ausgesagt wird. Das Eine aber wird ausgesagt wie das Seiende. Und das Seiende bezeichnet teils ein Das, teils ein Quantum, teils ein Quale. Daher wird es auch vom weißen Menschen einen Begriff und eine Definition geben, aber in anderem Sinne vom Weißen und vom Wesen.

5. Verfügen verbundene Dinge über eine Definition?

Wenn man den aus Hinzufügung entstehenden Begriff nicht als Definition ansehen will[17], so ergibt sich die Schwierigkeit, für welche unter den nicht einfachen, sondern verbundenen Dingen eine Definition vorliegt; denn notwendigerweise muß sie durch Hinzufügung erklärt werden. So meine ich beispielsweise, es gibt eine Nase, eine Hohlheit und eine Stülpnasigkeit als das von beiden Ausgesagte, indem eben »dieses an jenem« ist. Und zwar ist weder die Hohlheit noch die Stülpnasigkeit in akzidenteller Weise Affektion der Nase, sondern an sich. Aber auch nicht so, wie das Weiße am Kallias oder am Menschen, weil nämlich Kallias weiß ist, dem es akzidentell zukommt, ein Mensch zu sein, sondern wie »das Männliche« am Lebewesen und »das Gleiche« am Quantum und all das, wovon es heißt, es komme an sich[18] zu. Darunter aber versteht man all das, worin der Begriff oder der Ausdruck dessen vorhanden ist, an dem es eine Affektion ist, und was nicht davon getrennt erklärt werden kann, wie es zwar möglich ist, das Weiße ohne den Menschen zu erklären, nicht aber das Weibliche ohne das Lebewesen. All dies verfügt also entweder überhaupt nicht über ein Was-es-ist-dies-zu-sein und eine Definition, oder es verfügt darüber in anderer Weise, wie wir erörtert haben.[19]

Darüber gibt es aber noch eine weitere Schwierigkeit. Wenn nämlich Stülpnase und hohle Nase dasselbe wäre, so müßte auch das Stülpnasige und das Hohle dasselbe sein. Trifft dies jedoch nicht zu, weil es ja nicht möglich ist, vom Stülpigen zu sprechen ohne das Ding, an dem es eine Affektion an sich ist (denn das Stülpige ist eine Hohlheit an der Nase), so kann entweder nicht gesagt werden »stülpige Nase«, oder es ist damit zweimal dasselbe gesagt, nämlich »hohle Nase Nase« (denn stülpige Nase bedeutet soviel wie hohle Nase Nase). Daher ist es unsinnig, daß solchem ein Was-es-ist-dies-zu-sein zukommt. Sollte das aber nicht zutreffen, würde man ins Unbegrenzte fortschreiten; denn an der stülpigen Nase Nase würde noch etwas anderes bestehen.[20] |

Es ist also klar, daß es allein vom Wesen eine Definition gibt. Denn sollte es auch für die übrigen Aussageweisen eine Definition geben, müßte die Definition infolge einer Hinzufügung erfolgen, wie etwa beim Ungeraden. Denn Ungerades gibt es nicht ohne Zahl und das Weibliche nicht ohne Lebewesen. (Unter dem Ausdruck »infolge Hinzufügung« verstehe ich aber die Fälle, bei denen es sich ergibt, daß man zweimal dasselbe sagt – wie in den genannten.) Wenn dies aber wahr ist, wird es auch für die Verbindungen keine Definition geben, wie etwa »ungerade Zahl«. Doch man merkt dies nicht, da die Begriffe nicht genau ausgesagt werden. Gibt es aber auch davon Begriffe, so sind sie es entweder in anderer Weise oder man muß – wie bereits gesagt[21] – behaupten, daß es Definition und Was-es-ist-dies-zu-sein in vielfacher Bedeutung gibt, so daß es also in der einen Bedeutung nur von Wesen eine Definition und das Was-es-ist-dies-zu-sein gibt, in der anderen aber auch von anderen Aussageweisen.

Daraus folgt also klar, daß die Definition der Begriff des Was-es-ist-dies-zu-sein ist und daß es das Was-es-ist-dies-zu-sein entweder allein oder doch vorzugsweise, in erster Linie und schlechthin bei den Wesen gibt.

6. Ist das einzelne Ding und das Was-es-ist-dies-zu-sein dasselbe?

[15] Man muß nun untersuchen, ob das Was-es-ist-dies-zu-sein und jedes Einzelne dasselbe sind oder verschieden. Dies ist nämlich der Erforschung des Wesens förderlich. Denn jedes Einzelne scheint nichts anderes zu sein als sein Wesen, und das Was-es-ist-dies-zu-sein wird als das Wesen jedes Einzelnen bezeichnet.

Bei dem nun freilich, das akzidentell ausgesagt wird, dürfte man jedes Einzelne und das Was-es-ist-dies-zu-sein für verschieden ansehen, [20] wie etwa weißer Mensch verschieden ist von weißer-Mensch-sein. Denn wenn beides dasselbe wäre, so würde das Mensch-sein und das Weißer-Mensch-sein dasselbe sein; dasselbe ist ja, wie man sagt, Mensch und weißer Mensch, so daß demnach das Weißer-Mensch-sein und das Mensch-sein dasselbe wäre. Indessen ist es nicht notwendig, daß Dinge, die akzidentell existieren, dasselbe sind wie ihr Was-es-ist-dies-zu-sein, [25] denn nicht auf dieselbe Weise werden die den Dingen anhängenden Eigenschaften dasselbe. Vielleicht aber könnte man meinen, es ergäbe sich, daß sich diese Eigenschaften in akzidentellem Sinne als dasselbe erweisen, wie etwa das Weiß-sein und das Musisch-sein. Doch auch das scheint nicht der Fall zu sein.[22]

Ist aber bei dem, was als an sich seiend ausgesagt wird, das Einzelne und das Was-es-ist-dies-zu-sein notwendigerweise dasselbe? Wie etwa, wenn es gewisse Wesen gibt, von denen [30] nicht von ihnen verschiedene Wesen und Naturen früher bestehen, wie dies einige von den Ideen sagen? Wenn das Gute selbst und das Gut-sein verschieden wäre und das Lebewesen und das Lebewesen-sein und das Seiend-sein und das Seiende, | so würde es andere Wesen, Naturen und Ideen außer den genannten geben, und diese wären frühere Wesen, sofern das Was-es-ist-dies-zu-sein Wesen ist. Und wenn diese nun voneinander abgelöst sind, so würde es von den einen [den Ideen] keine Wissenschaft geben und das andere [das Was-es-ist-dies-zu-sein] würde nichts Seiendes sein. (Unter »abgelöst sein« verstehe ich nämlich, [5] daß weder dem Guten selbst das Gut-sein zukommt noch diesem das »als Gutes existieren«.) Denn es gibt von jedem Einzelnen nur dann Wissenschaft, wenn wir sein Was-es-ist-dies-zu-sein erkannt haben. Und wie es sich mit dem Guten verhält, so auch bei allem anderen, so daß also, wenn das Gut-sein nicht gut ist, auch das Seiend-sein nicht seiend ist und das Eins-sein nicht Eines. Entweder gibt es in gleicher Weise jedes Was-es-ist-dies-zu-sein, oder es gibt überhaupt keines, [10] so daß, wenn das Seiend-sein kein Seiendes ist, es auch kein anderes Was-es-ist-dies-zu-sein gibt. Weiter ist das nicht gut, dem das Gut-sein nicht zukommt. Es muß also das Gute und das Gut-sein *Eines* sein, ebenso das Schöne und das Schön-sein und all das, was nicht in bezug auf ein anderes ausgesagt wird, sondern an sich und zuerst. Denn es ist hinreichend, wenn dies zutrifft, auch wenn es keine Formen gibt; [15] noch mehr jedoch, wenn es Formen gibt. (Zugleich aber ist es klar, daß, gibt es Ideen in der Weise, wie einige behaupten, das Substrat nicht Wesen ist; denn es wäre notwendig, daß diese Ideen Wesen seien, doch nicht in bezug auf ein Substrat; sonst nämlich würden sie nur durch Teilhabe an anderem existieren.)

Aus diesen Gründen ist es klar, daß jedes Einzelne und sein Was-es-ist-dies-zu-sein ein und dasselbe sind – und nicht nur in akzidenteller Weise – [20] und daß das Verstehen jedes Einzelnen dasselbe ist wie das Verstehen des Was-es-ist-dies-zu-sein, so daß sich beides auch bei einer »Heraushebung« als Eines erweist. (Bei dem aber, was als Akzidens ausgesagt wird, wie etwa »musisch« oder »weiß«, ist es nicht wahr zu behaupten, das Was-es-ist-dies-zu-sein und das Ding selbst seien dasselbe deshalb, weil das Akzidens zweierlei bezeichnet; [25] denn »weiß« heißt sowohl das, dem es als Akzidens zukommt, als auch das Akzidens selbst, so daß also das Was-es-ist-dies-zu-sein und das Ding selbst

einerseits dasselbe sind, andererseits nicht. Denn dem Was-es-ist-dies-zu-sein nach sind »Mensch« und »weißer Mensch« nicht dasselbe; wohl aber sind sie es der Affektion nach.)
Es dürfte aber auch unsinnig erscheinen, sollte jemand jedem Was-es-ist-dies-zu-sein einen Ausdruck zuteilen; denn dann würde es neben diesem noch ein anderes geben, so etwa neben dem Was-es-ist-dies-zu-sein des Pferdes wieder ein von ihm verschiedenes Was-es-ist-dies-zu-sein. Was hindert nun, daß nicht manche Dinge sogleich ein Was-es-ist-dies-zu-sein sind, wenn das Was-es-ist-dies-zu-sein Wesen ist? Sie sind nicht nur Eines, sondern auch ihr Begriff | ist derselbe, wie es klar aus dem Erörterten hervorgeht. Denn das Eins-sein und das Eine sind nicht in akzidentellem Sinne Eines. Weiter, wäre es anders, so würde man ins Unbegrenzte fortschreiten. Denn das eine wäre dann das Was-es-ist-dies-zu-sein des Einen, das andere das Eine, so daß davon wieder dasselbe Argument gelten würde.
Daß bei demjenigen nun, das als Erstes und an sich Seiendes ausgesagt wird, das Einzeln-sein und jedes Einzelne ein und dasselbe ist, ist klar. Die sophistischen Widerlegungen aber dieser Auffassung klären sich durch dieselbe Lösung; so auch die Frage, ob Sokrates und das Sokrates-sein dasselbe ist. Denn es macht keinen Unterschied, von wo jemand mit seiner Frage ausgeht oder von wo aus er seine Lösung findet. Es ist somit gesagt, inwiefern das Was-es-ist-dies-zu-sein und jedes Einzelne dasselbe sind und inwiefern nicht.

7. *Das Entstehen und seine Arten*

Das Entstehen geschieht teils von Natur, teils durch Kunst, teils spontan.[23] Alles Entstehende aber wird *durch* etwas und *aus* etwas ein Was. »Was« meine ich aber im Sinne einer jeden Aussageweise; entweder nämlich als ein Das oder ein Quantum oder ein Quale oder ein Wo.

Die natürlichen Entstehungen sind nun diejenigen, deren Entstehung aus der Natur erfolgt. Dasjenige, woraus etwas entsteht, nennen wir Stoff; dasjenige, wodurch etwas wird, gehört zu dem von Natur aus Seienden; dasjenige, was es wird, ist Mensch, Pflanze oder sonst etwas von den Dingen, die wir am ehesten als Wesen bezeichnen – alles aber, was entsteht, sei es durch Natur, sei es durch Kunst, verfügt über Stoff; denn daß jedes Einzelne vermag sowohl zu sein wie nicht zu sein, das ist an jedem Einzelnen der Stoff. Allgemein aber ist sowohl das, »woraus« etwas wird, als auch das, »wonach« etwas wird, Natur (denn das Entstehende verfügt über Natur, wie etwa Pflanze oder Lebewesen), als auch das, »wodurch« etwas wird, nämlich die sogenannte »Natur der Form nach«, die mit dem Entstehenden gleichartig ist, wenn sie sich auch in einem anderen befindet. Denn ein Mensch zeugt einen Menschen.[24]

So entsteht nun das, was durch die Natur entsteht; die anderen Arten der Entstehungen werden als Bewirkungen bezeichnet. Alle Bewirkungen aber entspringen entweder einer Kunst, einem Vermögen oder einer Überlegung.[25] Manche davon entstehen in ähnlicher Weise sowohl spontan als auch durch Zufall, so wie das auch bei dem durch Natur Entstehenden vorkommt. Denn auch dort gibt es einiges, das sowohl aus Samen als auch ohne Samen entsteht. Doch darüber muß man später[26] Untersuchungen anstellen. Durch Kunst aber entsteht das, dessen Form in der Seele ist | (unter Form verstehe ich das Was-es-ist-dies-zu-sein jedes Einzelnen und das erste Wesen). Auch Gegenteile verfügen in gewisser Hinsicht über dieselbe Form; denn das Wesen der Privation ist das entgegengesetzte Wesen, wie etwa Gesundheit Wesen der Krankheit ist, denn Krankheit ist Abwesenheit der Gesundheit; Gesundheit aber ist der Begriff in der Seele und die Wissenschaft. Das Gesunde aber entsteht, wenn man folgendermaßen denkt: weil dieses-da Gesundheit ist, muß demjenigen, das gesund sein soll, dieses-da zukommen, zum Beispiel Gleichmäßigkeit; wenn aber dies zukommen soll, muß Wärme vorhanden sein. Und auf diese Weise denkt man immer fort, bis man schließlich zu einem Letzten gelangt, das man selbst zu bewirken vermag. Dann nennt man die von hier ausgehende Bewegung, die auf das Gesunden ausgerichtet ist, Bewirkung. So folgt also daraus, daß in gewisser Hinsicht die Gesundheit aus Gesundheit entsteht und das Haus aus dem Haus, nämlich etwas, das über Stoff verfügt, aus etwas, das ohne Stoff ist; denn die Heilkunst und die Baukunst sind Form der Gesundheit beziehungsweise des Hauses. »Wesen ohne Stoff« aber nenne ich das Was-es-ist-dies-zu-sein.

Von den Entstehungen und den Bewegungen heißt ein Teil Denken und ein Teil Bewirkung. Der Teil nämlich, der vom Anfang und der Form ausgeht, heißt Denken, und der Teil, der von dem ausgeht, was den Endpunkt des Denkens darstellt, heißt Bewirkung. Auf die gleiche Weise entsteht auch jedes, das dazwischen liegt. Ich meine das etwa so: wenn jemand gesund werden will, wird er ins Gleichmaß kommen müssen. Was aber heißt das: ins Gleichmaß kommen? Dieses-da. Das wird aber erst dann eintreten, wenn er warm wird. Was heißt das nun aber wieder? Dieses-da. Dies jedoch ist dem Vermögen nach vorhanden, und »das« steht bereits in unserer [des Arztes] Macht.

Das Bewirkende nun und das, wovon die Bewegung des Gesundmachens ihren Anfang nimmt, ist, sofern es durch Kunst geschieht, die Form in der Seele; geschieht es aber spontan, so nimmt die Bewegung von dem ihren Anfang, was bei dem durch Kunst Bewirkenden den Anfang des Bewirkens darstellt, wie man etwa beim Heilen den Anfang mit Erwärmen setzt (das jedoch bewirkt man durch Reibung). Die Wärme im Körper ist entweder ein Teil der Gesundheit, oder es folgt ihr etwas Derartiges, das ein Teil der Gesundheit ist, entweder unmittelbar oder durch mehrere Mittelglieder. Das aber ist das Letzte, das einen Teil der Gesundheit bewirkt – auch einen Teil des Hauses (wie die Steine) und einen Teil von anderen Dingen.

Es ist also, wie man zu sagen pflegt, nicht möglich, daß etwas entsteht, wenn es nicht schon vorher vorhanden war. Es ist demnach klar, daß notwendig ein Teil vorhanden sein wird; denn der Stoff ist Teil (er ist ja im Entstehenden vorhanden und entsteht selbst). | Trifft das aber auch für das zu, was im Begriff vorhanden ist? Auf beide Weisen sagen wir bei ehernen Kreisen aus, was sie sind: indem wir vom Stoff sagen, daß er Erz ist, und indem wir von der Form sagen, daß sie eben diese Gestalt ist. Und dies [die Gestalt] ist die Gattung, in welche als erste es [der eherne Kreis] gesetzt wird. Der eherne Kreis verfügt also in seinem Begriff über den Stoff.

Einiges aber, das aus etwas als aus seinem Stoff entsteht, nennt man, sowie es entstanden ist, nicht mehr mit dem Namen jenes Stoffes, aus dem es ist, sondern nur mit dem von jenem Stoff herrührenden Namen, wie etwa die Statue nicht mehr Stein, sondern steinern heißt; und ebenso wird auch der gesundende Mensch nicht nach jenem benannt, woraus er gesund wird. Ursache dafür aber ist, daß er sowohl aus der Privation heraus gesund wird als auch aus dem Substrat, das wir Stoff nennen (wie etwa sowohl der Mensch als auch der Kranke gesund wird). Indessen sagt man doch eher, daß ein Entstehen aus der Privation erfolgt – zum Beispiel eher, daß ein Gesunder aus einem Kranken als aus einem Menschen entstehe. Deshalb wird der Kranke nicht Gesunder genannt, wohl aber der Mensch, und zwar der gesunde Mensch. Wo aber die Privation undeutlich und unbenannt ist, wie etwa beim Erz die Privation einer bestimmten Figur oder bei Backsteinen und Holz die Privation der Form des Hauses, da scheint daraus das Entstehen zu erfolgen, wie dort das Gesunde beim Kranken. Wie also dort das Entstandene nicht danach bezeichnet wird, woraus es entstanden ist, so wird nun auch hier die Statue nicht als Holz, sondern (unter Umbildung des Wortes) als hölzern und ehern, aber nicht als Erz, und steinern, aber nicht als Stein, und das Haus als backsteinern, aber nicht als Backsteine bezeichnet. Wenn man nämlich die Sache genauer betrachtet, würde man nicht einmal schlechthin behaupten können, daß die Statue aus Holz entstehe oder das Haus aus Backsteinen; denn das Entstehende muß aus etwas entstehen, das sich verändert, aber nicht aus etwas, das bestehenbleibt. Deshalb also wird dies so benannt.

8. Der Ablauf des Entstehens

Da nun das Entstehende durch etwas entsteht (darunter verstehe ich das, woher der Anfang der Entstehung stammt) und aus etwas (das sei aber nicht die Privation, sondern der Stoff; es ist ja bereits bestimmt worden[27], in welchem Sinne wir das meinen) und als ein Was entsteht (also entweder eine Kugel, ein Kreis oder sonst etwas anderes Beliebiges), so bewirkt jemand das Substrat, das heißt das Erz, genausowenig wie die Kugel, es sei denn, in akzidentellem Sinne, weil die eherne Kugel eine Kugel ist, er aber jene bewirkt. Denn ein Das bewirken heißt aus dem allgemeinen Substrat ein Das bewirken. (Ich meine aber, daß das Erz rund zu bewirken nicht das Runde oder die Kugel bewirken heißt, sondern etwas davon Verschiedenes, nämlich diese Form in einem anderen zu bewirken. Denn wenn man diese Form bewirkt, | so muß man sie wohl aus etwas anderem bewirken, denn dies war zugrunde gelegt.[28] So bewirkt man zum Beispiel eine eherne Kugel, aber so, daß man aus diesem-da, das Erz ist, dieses-da bewirkt, das Kugel ist.) Wenn man nun auch das Substrat bewirkte, ist es klar, daß man es auf dieselbe Weise bewirken würde, und die Entstehungen würden ins Unbegrenzte fortschreiten. Offenbar also entsteht weder die Form, oder wie man sonst die Gestalt im sinnlich Erfaßbaren nennen soll, noch gibt es eine Entstehung der Form, noch entsteht das Was-es-ist-dies-zu-sein (denn dies ist dasjenige, das in einem anderen entsteht, entweder durch Kunst oder durch Natur oder durch ein Vermögen).

Man bewirkt aber, daß eine eherne Kugel ist; man bewirkt sie nämlich aus Erz und Kugel. Denn in dieses-da bewirkt man die Form hinein, und das, was daraus entsteht, ist eine eherne Kugel. Wenn es von dem Kugel-sein schlechthin eine Entstehung gäbe, so müßte es etwas aus etwas sein. Denn das Entstehende muß immer zerlegbar sein, und das eine muß dies, das andere das sein; ich meine, das eine Stoff, das andere Form. Wenn nun die Kugel die Figur ist, die vom Mittelpunkt gleich weit entfernt ist, dann ist eines dasjenige, an dem das wird, was man bewirkt, ein anderes dasjenige, das an jenem wird; das Ganze jedoch ist das Entstandene, wie etwa die eherne Kugel. Aus dem Erörterten geht demnach klar hervor, daß dasjenige, das wir als Form oder Wesen bezeichnen, nicht entsteht, wohl aber das nach ihm benannte Konkrete, und daß in jedem Entstehenden ein Stoff vorhanden ist und das eine dies [Stoff], das andere das [Form] ist.

Gibt es nun eine Kugel außer »diesen« Kugeln oder ein Haus außer den Backsteinen? Und wenn es sich so verhielte, so würde wohl nicht einmal ein Das entstehen. Die Form bezeichnet vielmehr ein Derartiges, sie ist kein Das und ein genau Bestimmtes, sondern man bewirkt und erzeugt aus Diesem ein Derartiges, und sobald es erzeugt ist, ist es ein »derartiges Das«. Das ganze Das aber, Kallias oder Sokrates, ist nun wie »diese« [bestimmte] eherne Kugel, der Mensch aber und das Lebewesen ist wie eine eherne Kugel allgemein. Also ist es klar, daß die Ursache der Formen (wie manche gewohnt sind die »Formen« zu nennen, sofern es überhaupt welche an sich neben den einzelnen Dingen gibt) für die Entstehungen und die Wesen keinerlei Nutzen bringt. Daher wenigstens dürften die Formen keine Wesen an sich sein.

Bei einigen Dingen ist es nun klar, daß das Erzeugende so beschaffen ist wie das Erzeugte, aber nicht identisch, und nicht eines der Zahl nach, aber doch der Form nach, wie etwa bei den natürlichen Dingen – denn der Mensch erzeugt den Menschen –, sofern nicht etwas wider die Natur entsteht, wie wenn etwa ein Pferd einen Maulesel erzeugt. Aber auch da verhält es sich ähnlich. Denn das, was für Pferd und Esel das Gemeinsame wäre, | diese nächst höhere Gattung, verfügt über keinen eigenen Ausdruck, würde aber wohl beides sein müssen, wie eben der Maulesel.

Es ist also klar, daß man keine Form als eine Art Urbild aufzubauen braucht (zu allermeist nämlich könnte man dies für diese Dinge verlangen; denn sie sind vorzugsweise Wesen), sondern daß es hinreicht, daß das Erzeugende bewirkt und Ursache der Form im Stoff ist. [5] Das Ganze erst, die »derartige« Form in »diesem« Fleisch und »diesen« Knochen, ist Kallias und Sokrates; und verschieden ist das Ganze durch den Stoff (denn dieser ist verschieden), dasselbe aber ist es durch die Form (denn die Form ist unteilbar).

9. Die spontane Entstehung und die nach den verschiedenen Aussageweisen

Man könnte unschlüssig sein, weshalb einiges sowohl durch die Kunst als auch spontan entsteht, wie etwa Gesundheit, einiges aber nicht, wie etwa ein Haus. [10] Die Ursache aber davon ist, daß der Stoff, der beim Bewirken und Entstehen dessen, was durch Kunst entsteht, in der ein Teil der Sache selbst enthalten ist, den Anfang der Entstehung darstellt; dieser ist nun einerseits so beschaffen, daß er sich von selbst bewegen kann, andererseits aber nicht, und der erstere ist teils vermögend, sich auf diese bestimmte Weise zu bewegen, teils nicht. Denn vieles ist zwar vermögend, [15] sich selbst zu bewegen, aber nicht auf diese bestimmte Weise, wie etwa in der Art des Tanzens. Wovon nun der Stoff derartig ist, wie etwa die Steine, da ist es unmöglich, daß er sich in dieser bestimmten Weise bewege, außer unter Einwirkung eines anderen; in anderer Weise ist es allerdings möglich; und so verhält es sich auch beim Feuer. Daher kann einiges nicht ohne jemanden, der über die Kunst verfügt, existieren, einiges aber doch. Denn es wird von dem bewegt werden, das zwar über keine Kunst verfügt, aber doch bewegt zu werden vermögend ist, oder von anderem, das nicht über Kunst verfügt, oder durch einen Teil.

Aus dem Gesagten geht klar hervor, daß in gewisser Hinsicht alles aus Ausdrucksgleichem entsteht, wie das, was von Natur aus entsteht, oder aus einem ausdrucksgleichen Teil (wie das Haus aus einem Hause, insofern es durch Vernunft entsteht; denn die Kunst ist die Form) oder von etwas, das über einen Teil verfügt – falls es nicht akzidentell entsteht. Denn die Ursache des ersten Bewirkens an sich ist der Teil. Wärme nämlich, die in der Bewegung enthalten ist, bewirkt Wärme im Körper. Diese aber ist entweder Gesundheit oder ein Teil von ihr, oder ihr folgt ein Teil der Gesundheit oder die Gesundheit selbst. Daher heißt es auch von der Wärme, die in der Bewegung enthalten ist, sie bewirke Gesundheit, denn sie bewirkt jenes, dem die Wärme folgt und akzidentell zukommt. Also, wie bei den Schlußfolgerungen, ist das Prinzip von allem das Wesen; denn vom Was leiten sich die Schlußfolgerungen ab, und hier eben die Entstehungen.

In gleicher Weise aber verhält es sich mit dem durch die Natur Zusammengesetzten. Denn der Same bewirkt wie das, das durch Kunst bewirkt. Denn er verfügt dem Vermögen nach über die Form, | und das, wovon der Same ausgeht, ist in gewisser Beziehung ein Ausdrucksgleiches. Man darf freilich nicht fordern, daß alles so entstehe, wie der Mensch aus dem Menschen. Denn auch die Frau stammt vom Manne ab. Deshalb stammt der Maulesel nicht vom Maulesel[29], wenn nicht eine Abnormität vorliegt.

Was aber spontan entsteht, das verhält sich wie dort, wo der Stoff von selbst diese Bewegung ausführen kann, die der Same hervorruft. Wo das aber nicht der Fall ist, ist es nicht imstande, anders als aus seinesgleichen zu entstehen. Aber nicht nur in bezug auf das Wesen erweist diese Begründung, daß die Form nicht entsteht, sondern sie gilt ebenso von allem, das in gleicher Weise Erstes ist, wie vom Quantum, Quale und den anderen Aussageweisen. Wie nämlich die eherne Kugel entsteht, aber weder die Kugel noch das Erz, und wie dies ebenso beim Erz zutrifft, wenn es entsteht (denn Stoff und Form müssen immer schon vorher vorhanden sein), so ist das auch beim Was, Quale, Quantum und in gleicher Weise bei den anderen Aussageweisen der Fall. Denn es entsteht ja nicht das Quale, sondern das Holz von solcher Qualität, und nicht das Quantum, sondern Holz oder Lebewesen von solchem Quantum. Doch man muß als Eigentümlichkeit des Wesens aus diesen herausnehmen, daß ein anderes Wesen der Vollendung nach vorher vorhanden sein muß, das es bewirkt, wie etwa ein Lebewesen, wenn ein Lebewesen entsteht. Daß aber ein Quale oder ein Quantum vorher anders als dem Vermögen nach existiert, ist nicht notwendig.

10. Die Definition des Teiles und die des Ganzen

Da aber die Definition ein Begriff ist und jeder Begriff über Teile verfügt und der Teil des Begriffes sich zum Teil der Sache gleich verhält wie der Begriff zur Sache, so stellt sich bereits die Frage, ob der Begriff der Teile im Begriff des Ganzen enthalten sein muß oder nicht. Bei manchen nämlich scheint er enthalten zu sein, bei manchen nicht. Denn der Begriff des Kreises verfügt nicht über den Begriff der einzelnen Segmente, doch der Begriff der Silbe über den der Buchstaben. Und doch zerlegt man den Kreis ebenso in Segmente wie die Silbe in Buchstaben. Wenn aber weiter die Teile früher sind als das Ganze, der spitze Winkel jedoch ein Teil des rechten und der Finger ein Teil des Lebewesens ist, so würde der spitze Winkel früher sein als der rechte und der Finger früher als der Mensch. Doch es scheint gerade jenes früher zu sein. Denn dem Begriff nach werden spitzer Winkel und Finger aus dem rechten Winkel und dem Lebewesen ausgesagt, und auch deshalb sind rechter Winkel und Lebewesen früher, weil sie ohne jene existieren können.

Es wird indes wohl der Teil in vielfacher Bedeutung ausgesagt, wovon eine die ist, daß der Teil das Messen nach dem Quantum ist. Doch dies soll nun übergangen werden. Vielmehr muß untersucht werden, woraus als aus seinen Teilen das Wesen besteht. | Wenn es nun einerseits den Stoff, andererseits die Form und weiter das daraus Vereinigte ist, so kann einerseits der Stoff als Teil von etwas ausgesagt werden, andererseits nicht, sondern nur dasjenige, woraus der Begriff der Form besteht. So ist beispielsweise das Fleisch nicht Teil der Hohlheit (denn dies ist der Stoff, an dem die Hohlheit entsteht), wohl aber ist es Teil der Stülpnasigkeit. Und ebenso ist das Erz ein Teil der konkreten Statue, nicht aber ein Teil der Statue, insofern unter ihr die Form verstanden wird (denn man muß die Form und jedes Einzelne, insofern es über Form verfügt, an sich aussagen, niemals aber darf man das Stoffliche an sich aussagen). Deshalb verfügt auch der Begriff des Kreises nicht über den seiner Segmente, wohl aber der Begriff der Silbe über den der Buchstaben. Denn die Buchstaben sind Teile des Begriffes der Form, nicht Stoff, aber die Segmente sind Teile in dem Sinn, daß sie der Stoff sind, an dem die Form entsteht. Doch stehen auch sie der Form näher, als etwa das Erz, wenn die Rundheit am Erz entstanden ist.

In gewisser Hinsicht werden auch nicht alle Buchstaben der Silbe im Begriff der Silbe enthalten sein, wie etwa diese Buchstaben in Wachs oder die in der Luft [gesprochene Buchstaben]; denn diese sind bereits im Sinne des sinnlich erfaßbaren Stoffes Teil der Silbe. Auch wenn die Linie durch Zerlegung in zwei Hälften und der Mensch durch Zerlegung in Knochen, Sehnen und Fleisch zugrunde geht, folgt daraus nicht, daß Linie und Mensch aus diesen Teilen als aus Teilen ihres Wesens bestehen, [20] sondern nur als aus dem Stoff; sie sind zwar Teile des Konkreten[30], aber nicht auch der Form und dessen, worauf der Begriff gerichtet ist; und deshalb finden sie sich auch nicht in den Begriffen.

In manchen Begriffen findet sich nun der Begriff derartiger Teile, in manchen müssen sie nicht vorhanden sein, wenn es sich nicht um einen Begriff des Zusammengefaßten handelt.[31] Deshalb nämlich bestehen einige Dinge aus diesen Teilen als aus ihren Prinzipien, in die zerlegt sie zugrunde gehen, [25] einige aber nicht. Die zusammengefaßten Dinge aus Form und Stoff, wie etwa das Stülpnasige und der eherne Kreis, gehen zugrunde in diese Teile, und der Stoff bildet einen Teil davon. Doch das, was nicht mit Stoff zusammengefaßt ist, sondern ohne Stoff ist, dessen Begriff nur Begriff der Form ist, das geht nicht zugrunde, entweder überhaupt nicht oder doch nicht auf diese Weise. [30] Also sind für das Zusammengefaßte diese Dinge Prinzipien und Teile, für die Form aber sind sie weder Teile noch Prinzipien. Und deshalb geht die tönerne Statue in Ton zugrunde und die Kugel in Erz und Kallias in Fleisch und Knochen und weiter ähnlich der Kreis in seine Segmente; denn es gibt einen Kreis, der mit Stoff zusammengefaßt ist. | Denn ausdrucksgleich wird der Kreis benannt – der allgemein und der im Sinne des einzelnen Dinges bezeichnete –, da es hier für das einzelne Ding keinen eigenen Ausdruck gibt.

Wiewohl auch jetzt schon die Wahrheit ausgesprochen wurde, so wollen wir dennoch die Sache wieder aufnehmen und noch deutlicher darüber sprechen. Diese Teile nämlich, die Teile des Begriffes sind [5] und in die der Begriff zerlegt wird, sind früher, entweder alle oder einige. Der Begriff des rechten Winkels aber wird nicht in den des spitzen zerlegt, sondern der des spitzen in den des rechten. Denn wer den spitzen Winkel definiert, gebraucht den rechten: der spitze Winkel nämlich ist kleiner als der rechte. In gleicher Weise aber verhalten sich Kreis und Halbkreis; denn der Halbkreis [10] wird durch den Kreis definiert und der Finger durch das Ganze des Körpers; der Finger nämlich ist der so und so beschaffene Teil des menschlichen Körpers. Demnach sind also die Teile, die Stoff sind und in die etwas als in seinen Stoff zerlegt wird, später [als das Ganze]. Die Teile aber, die Teile des Begriffes sind und des begrifflichen Wesens, sind früher, entweder alle oder einige. Da aber die Seele der Lebewesen (denn sie ist das Wesen des Beseelten) [15] das begriffliche Wesen und die Form und das Was-es-ist-dies-zu-sein für den so und so beschaffenen Körper darstellt (will man nämlich einen einzelnen Teil richtig definieren, wird er nicht ohne Beziehung auf sein Werk, das nicht ohne Sinneswahrnehmung vorhanden sein kann, definiert), so werden die Teile derselben – entweder alle oder einige – früher sein als das konkrete Lebewesen. Und dasselbe gilt gleich für jedes einzelne Lebewesen. [20] Der Körper aber und seine Teile sind später als dieses Wesen; und in die Teile des Körpers als in seinen Stoff wird nicht das Wesen zerlegt, sondern das Konkrete. In gewisser Hinsicht sind also diese Teile früher als das Konkrete, in anderer aber nicht; denn sie können nicht abgetrennt sein. Denn ein wie auch immer beschaffener Finger ist nicht Finger eines Lebewesens, sondern der tote Finger ist es nur der Ausdrucksgleichheit nach. [25] Einige Teile aber bestehen zugleich mit dem Konkreten, die bedeutsamen Teile nämlich, worin zuerst der Begriff und das Wesen besteht, wie etwa Herz und Gehirn; es macht dabei keinen Unterschied, welches von beiden so geartet ist. »Der Mensch« aber, »das Pferd« und alles dieser Art, das zwar von den einzelnen Dingen, aber allgemein ausgesagt wird, ist nicht Wesen, sondern ein Konkretes aus diesem Begriff da und diesem Stoff da [30] im Sinne eines Allgemeinen. Als einzelnes Ding aber besteht das Konkrete aus dem letzten Stoff; so verhält es sich bei Sokrates und in gleicher Weise beim anderen.

Einen Teil gibt es nun sowohl von der Form (mit Form meine ich das Was-es-ist-dies-zu-sein) als auch vom Konkreten, das aus Form und Stoff zusammengesetzt ist, als auch vom Stoff selbst. Aber Teile des Begriffes sind nur Teile der Form, doch der Begriff gehört zum Allgemeinen. | Denn das Kreis-sein und der Kreis sind dasselbe, ebenso das Seele-sein und die Seele. Vom Konkreten aber gibt es keine Definition, wie etwa von diesem Kreis da und von irgendeinem einzelnen Ding – sei es von einem sinnlich erfaßbaren oder gedachten Kreis (unter den gedachten verstehe ich solche wie die mathematischen, unter den sinnlich erfaßbaren solche wie die ehernen und hölzernen). Das Konkrete wird vielmehr durch Denken oder Sinneswahrnehmung erkannt. Ob aber das Konkrete, tritt es aus der Vollendung aus, noch ist oder nicht ist, ist nicht klar; es wird aber immer nach dem allgemeinen Begriff ausgesagt und erkannt. Der Stoff aber ist an sich unerkennbar. Stoff aber ist einerseits sinnlich erfaßbar, andererseits gedacht. Sinnlich erfaßbar beispielsweise ist Erz und Holz und alles, was beweglicher Stoff ist, gedacht dagegen der in den Sinnesdingen vorhandene, doch nicht insofern sie Sinnesdinge sind, wie etwa das Mathematische.[32]

Somit ist erörtert, wie es sich mit Ganzem und Teil, Früherem und Späterem verhält. Auf die Frage aber, ob der rechte Winkel und der Kreis und das Lebewesen früher sind als die Teile, in die sie sich zerlegen und aus denen sie bestehen, müßte man entgegnen, daß sie nicht *ein*fach zu beantworten ist. Wenn nämlich die Seele schon Lebewesen ist oder Beseeltes und das Einzelwesen die Seele des Einzelwesens und schon ein Kreis das Kreis-sein ist und wenn schon das Rechter-Winkel-sein und das Wesen des rechten Winkels ein rechter Winkel ist, dann muß man allerdings sagen, daß ein bestimmtes Ganzes im Vergleich zu bestimmten Teilen später ist, nämlich im Vergleich zu den Teilen, die im Begriff enthalten sind, und den Teilen eines bestimmten rechten Winkels (denn sowohl der mit dem Stoff verbundene rechte Winkel, der eherne rechte Winkel, als auch der rechte Winkel, der in den einzelnen Linien vorkommt, ist später); hingegen der rechte Winkel ohne Stoff ist gegenüber den Teilen, die im einzelnen Ding vorhanden sind, früher. Einfach läßt sich also die Frage nicht beantworten. Wenn aber die Seele vom Lebewesen verschieden und nicht dasselbe ist, so muß man ebenfalls – wie bereits erörtert – die einen Teile als früher, [25] die anderen als später annehmen.

11. Die Teile der Form und die des Zusammengefaßten

Man ist aber mit Recht im Zweifel darüber, welche Teile Teile der Form sind und welche nicht, sondern des Zusammengefaßten. Solange das nämlich nicht klar ist, kann jedes Einzelne nicht definiert werden; denn nur vom Allgemeinen und der Form gibt es eine Definition. Wenn es also nicht offenkundig ist, wie beschaffen Teile als Teile im Sinne von Stoff sind und wie nicht, [30] so wird der Begriff der Sache nicht klar sein. Von all dem nun, was an der Form nach Verschiedenem zu entstehen scheint, wie etwa ein Kreis am Erz, am Stein und am Holz, ist doch klar, daß weder Erz noch Stein Teile des Wesens des Kreises sind, weil ja der Kreis von diesen abgetrennt wird. All das aber, was nicht abgetrennt wahrgenommen wird, [35] hindert nicht, daß es sich ebenso verhalte, | wie etwa wenn man alle Kreise nur als eherne wahrnehmen würde; denn nichtsdestoweniger wäre auch dann das Erz nicht Teil der Form; doch es ist schwer, in der Überlegung davon zu abstrahieren. So erscheint etwa die Form des Menschen immer im Fleisch, den Knochen und derartigen Teilen; [5] sind diese nun Teile der Form und des Begriffes? Doch wohl nicht, sondern Stoff; wir sind nur nicht in der Lage, die Form des Menschen abzutrennen, weil sie nicht auch an anderen Stoffen vorkommt.

Da dies nun möglich zu sein scheint, und es nur unklar ist, wann dies stattfindet, so sind manche[33] bereits hinsichtlich des Kreises und des Dreieckes unschlüssig, als sei es nicht statthaft, diese durch Linien und durch das Kontinuum zu definieren, sondern als verhalte sich all dies in gleicher Weise wie mit dem Fleisch und den Knochen des Menschen, dem Erz und dem Stein der Statue; sie führen alles auf die Zahlen zurück und behaupten, der Begriff der Linie sei der Begriff der Zwei. Und es erklären auch einige von den Anhängern der Ideenlehre die Zwei als die Linie an sich, andere die Form der Linie. Bei manchem nämlich sei die Form und das, dessen Form es sei, dasselbe (wie etwa die Zwei und die Form der Zwei), bei der Linie aber verhalte sich das nicht mehr so. Daraus folgt nun, daß eines die Form von vielen Dingen ist, deren Form offenkundig verschieden ist (eine Folge, die für die Pythagoreer zutraf); es ist demnach möglich, das Eine zur Form selbst von allem zu machen, das Übrige aber nicht zu Formen. Dann freilich wäre alles auf diese Weise Eines.

Daß die Definitionen eine gewisse Schwierigkeit bieten und aus welchem Grunde dem so ist, wurde erörtert. Daher ist es auch eine vergebliche Mühe, alles auf diese Weise auf die Form zurückzuführen und den Stoff abzuschreiben. Denn manches ist wohl »dieses da an jenem« oder »jenes, das sich in dieser Weise verhält«. Auch der Vergleich, den der jüngere[34] Sokrates hinsichtlich des Lebewesens vorzubringen pflegte, ist nicht richtig; er führt nämlich vom Wahren ab und bewirkt, daß man der Annahme ist, es gäbe die Möglichkeit, ein Mensch sei ohne seine Teile, wie etwa der Kreis ohne das Erz. Doch die Sache ist nicht gleich. Denn das Lebewesen ist ein sinnlich Erfaßbares und kann nicht ohne Bewegung definiert werden, deshalb auch nicht ohne Teile, die sich in bestimmter Weise verhalten. Es ist nämlich die Hand nicht in jeder Hinsicht ein Teil des Menschen, sondern nur die, die ihr Werk zu vollenden vermag, also nur als beseelte; als unbeseelte ist sie kein Teil.

Doch wie verhält es sich mit den mathematischen Dingen? Weshalb sind hier nicht die Begriffe der Teile Teile der Begriffe, zum Beispiel die Halbkreise Begriffe des Kreises? Weil dies nichts sinnlich Erfaßbares ist. Oder macht das hier keinen Unterschied? Denn von manchen Dingen, die nicht sinnlich erfaßbar sind, kann es einen Stoff geben. | Denn es gibt von allem einen Stoff, das nicht ein Was-es-ist-dies-zu-sein und eine Form an sich, sondern ein Dieses-da ist. Vom Kreise nun als einem Allgemeinen werden diese nicht Teile sein, wohl aber vom Kreis als einzelnem Ding, wie bereits oben erwähnt.[35] Denn der Stoff ist einerseits sinnlich erfaßbar, andererseits gedacht.

Es ist aber auch klar, daß die Seele das erste Wesen ist und der Körper Stoff; der Mensch aber oder das Lebewesen ist das aus beiden im Sinne des Allgemeinen Vereinigte. »Sokrates« jedoch und »Koriskos« sind ein zweifaches, wenn bereits die Seele »Sokrates«[36] ist (die einen nämlich verstehen darunter die Seele, die anderen das Konkrete). Meint man aber einfach diese Seele da und diesen Körper da, so verhält sich jedes Einzelne wie das Allgemeine.

Ob es nun neben dem Stoff derartiger Wesen einen anderen gibt und ob man ein von diesen verschiedenes Wesen suchen muß, wie etwa Zahlen und derartiges, ist später zu untersuchen.[37] Denn gerade deshalb versuchen wir hinsichtlich der Wesen der Sinnesdinge Definitionen zu liefern, da in gewisser Beziehung die Betrachtung der sinnlich erfaßbaren Wesen Aufgabe der Physik und der zweiten Philosophie ist. Denn es ist nicht nur Sache des Naturwissenschaftlers, den Stoff zu erkennen, sondern auch den begrifflich bestimmten Stoff – und dies in noch höherem Grade. Im Hinblick aber auf die Definitionen ist später zu untersuchen, inwiefern das im Begriff Enthaltene Teil [der Definition] ist und weshalb die Definition *ein* Begriff ist (denn es ist klar, daß die Sache dann *eine* ist; jedoch, wodurch ist die Sache *eine*, da sie doch über Teile verfügt?).[38]

Was nun das Was-es-ist-dies-zu-sein ist und in welcher

Hinsicht es an sich ist, ist allgemein bei allen Dingen[39] erklärt worden; auch weshalb bei einigen der Begriff des Was-es-ist-dies-zu-sein Teile der Definition enthält, bei anderen aber nicht; weiter auch, daß im Begriff des Wesens keine Teile, die Teile im Sinne von Stoff wären, enthalten sind – sie sind nämlich nicht Teile jenes Wesens, sondern des Konkreten. Davon aber gibt es in gewisser Hinsicht einen Begriff, in anderer wieder nicht. Denn insofern es mit dem Stoff verbunden ist, gibt es keinen Begriff (da der Stoff unbestimmt ist), doch dem ersten Wesen nach gibt es einen Begriff, wie etwa beim Menschen den Begriff der Seele. Denn Wesen ist die [einem Dinge] innewohnende Form, aus der, im Verein mit dem Stoff bestehend, das konkrete Wesen ausgesagt wird[40], wie etwa die Hohlheit (aus dieser nämlich und der Nase besteht sowohl die Stülpnase als auch die Stülpnasigkeit, worin Nase zweimal gesetzt ist). Jedoch im konkreten Wesen, wie etwa in der Stülpnase oder im Kallias, ist wohl auch der Stoff enthalten.[41] Es ist aber auch erklärt worden, daß das Was-es-ist-dies-zu-sein und das einzelne Ding | in gewissen Fällen dasselbe sind, wie bei den ersten Wesen, zum Beispiel die Krümmung und das Krümmung-sein, wenn Krümmung ein erstes Wesen ist. (Ich nenne aber erstes Wesen das, von dem nicht gesagt wird, es sei »eines an einem anderen« als an einem Substrat im Sinne von Stoff.) Wird aber etwas als Stoff oder als mit dem Stoff Zusammengefaßtes bezeichnet, dann ist es nicht dasselbe [wie das Was-es-ist-dies-zu-sein], auch nicht, wenn etwas in akzidentellem Sinne Eines ist, wie Sokrates und das Musische; denn dies ist als Akzidens dasselbe.[42]

12. Die Einheit der Definition

Nun aber mögen wir, soweit das noch nicht in der Analytik[43] geschehen ist, über die Definition sprechen. Die Schwierigkeit nämlich, die dort[44] aufgetreten war, ist auch für die Untersuchung über das Wesen von Nutzen. Ich meine die Schwierigkeit, wodurch wohl dasjenige Eines sei, dessen Begriff wir eine Definition nennen, wie etwa als Begriff des Menschen »zweifüßiges Lebewesen«; das möge nämlich als sein Begriff gelten. Wodurch also ist dies Eines, nicht aber vieles – Lebewesen nämlich und Zweifüßiges? In dem Falle nämlich »Mensch« und »weiß« ist es vieles, insofern nicht eines dem anderen zukommt, Eines aber dann, insofern das eine [nämlich weiß] dem anderen zukommt und das Substrat [nämlich Mensch] eine bestimmte Affektion erfährt (denn dann entsteht Eines, und das ist »der weiße Mensch«). In diesem Fall aber [zweifüßiges Lebewesen] hat das eine nicht Anteil am anderen. Denn die Gattung scheint nicht an ihren Unterschieden Anteil zu haben (sonst nämlich hätte dasselbe Anteil an Gegenteilen, da die Unterschiede, durch welche sich die Gattung unterscheidet, Gegenteile sind). Doch selbst wenn die Gattung an den Unterschieden Anteil hätte, läge derselbe Fall vor, sofern es mehrere Unterschiede gibt, wie etwa befußt, zweifüßig, ungeflügelt. Denn wodurch stellen diese Eines dar, nicht aber vieles? Doch nicht deshalb, weil sie darin vorhanden sind; auf diese Weise nämlich würde aus allem Eines werden. Es muß aber das, was in der Definition enthalten ist, Eines sein. Denn die Definition ist *ein* bestimmter Begriff und Begriff eines Wesens, so daß sie also der Begriff eines bestimmten Einen sein muß. Denn auch »Wesen« bezeichnet – wie wir sagten – ein bestimmtes Eines und ein Das.

Wir müssen aber zuerst unser Augenmerk auf die Definition nach ihren Zerlegungen richten. In der Definition findet sich nämlich nichts anderes als die sogenannte erste Gattung und die Unterschiede. Die anderen Gattungen bestehen aus der ersten Gattung und den Unterschieden, die mit ihr zusammengenommen sind, wie etwa die erste Gattung Lebewesen ist, die folgende zweifüßiges Lebewesen und wieder eine weitere zweifüßiges, ungeflügeltes Lebewesen. Und auf gleiche Weise verhält es sich, wenn der Ausdruck noch mehr Unterscheidungen enthält. | Überhaupt macht es keinen Unterschied, ob der Ausdruck viele oder wenige Unterscheidungen enthält, also auch nicht, ob wenige oder zwei; von zweien aber ist das eine der Unterschied, das andere die Gattung, wie etwa vom zweifüßigen Lebewesen »Lebewesen« die Gattung darstellt und das andere den Unterschied.

Wenn nun die Gattung schlechthin nicht neben den Arten (im Sinne von Arten der Gattung) existiert oder wenn sie zwar existiert, dann nur im Sinne von Stoff (denn der Laut ist Gattung und Stoff, die Unterschiede machen aus ihm die Arten und Buchstaben), so ist es klar, daß die Definition der Begriff ist, der aus den Unterschieden hervorgeht. Doch man muß auch tatsächlich den Unterschied in seine Unterschiede zerlegen, wie etwa vom Lebewesen »befußt« der Unterschied ist. Im weiteren muß man den Unterschied des befußten Lebewesens, insofern es befußt ist, ausfindig machen, so daß man also nicht, will man korrekt sprechen, sagen kann, das Befußte ist einerseits beflügelt, andererseits unbeflügelt (das würde man nur aus Unfähigkeit tun), sondern, das eine ist spaltfüßig, das andere nicht spaltfüßig; das nämlich sind die Unterschiede des Fußes, und Spaltfüßigkeit ist eine bestimmte Art Befußtheit. Und auf diese Weise wird man immer weiter fortschreiten, bis man dorthin gelangt, wo es keinen Unterschied mehr gibt. Dann wird es ebenso viele Arten des Fußes geben, wie es Unterschiede gibt, und ebenso viele befußte Lebewesen wie Unterschiede.

Wenn sich das nun so verhält, ist es klar, daß der letzte Unterschied das Wesen der Sache und ihre Definition sein wird, wofern man nicht in den Bestimmungen öfters dasselbe sagen soll; das wäre nämlich überflüssig. Doch diese Oftmaligkeit würde eintreten, wenn man nämlich sagte: befußtes, zweifüßiges Lebewesen; dies hieße aber nichts weiter als: ein Lebewesen, das Füße hat, und zwar zwei Füße. Wenn man hier mit Hilfe des eigentümlichen Unterschiedes weiter zerlegt, so wird man noch öfters dasselbe sagen, so oft nämlich, als Unterschiede vorhanden sind.

[25] Wenn nun aber ein Unterschied des Unterschiedes entsteht, so wird der letzte Unterschied die Form und das Wesen sein; wenn man jedoch nach dem Akzidens zerlegt, wie wenn man etwa Befußtes in »schwarz« und »weiß« zerlegt, so werden sich ebenso viele Unterschiede ergeben, als man Schnitte vornimmt. Es ist also offenbar die Definition der aus den Unterschieden gebildete Begriff, und zwar, geht man richtig vor, der aus dem letzten Unterschied gebildete Begriff. [30] Dies aber würde klar ersichtlich werden, wenn jemand derartige Definitionen umordnete, wie etwa die des Menschen, indem man sagte: »zweifüßiges befußtes Lebewesen«; denn »befußt« ist überflüssig, wenn man schon zweifüßig gesagt hat. Im Wesen aber gibt es keine Ordnung. Wie nämlich sollte man denken, daß in ihm das eine früher, das andere später sei?

Soviel sei über die Definitionen gesagt, die nach den Zerlegungen gebildet werden [35] – und zwar als erster Versuch darüber, wie beschaffen sie sind. |

13. Das Allgemeine kann nicht Wesen sein

Da sich aber die Überlegung um das Wesen dreht, wollen wir wieder darauf zurückkommen. Wie das Substrat, das Was-es-ist-dies-zu-sein und das aus beiden Vereinigte als Wesen bezeichnet werden, so auch das Allgemeine. Über die beiden ersten ist bereits gesprochen worden (nämlich über das Was-es-ist-dies-zu-sein[45] und das Substrat[46], [5] daß dies auf zweifache Art Substrat ist, entweder als ein Das – wie etwa das Lebewesen für seine Affektionen – oder als Stoff für die Vollendung). Manche meinen aber auch, daß das Allgemeine zuvorderst Ursache sei, ebenso auch Prinzip. Daher wollen wir auf das Allgemeine zu sprechen kommen.

Es scheint nämlich unmöglich zu sein, daß irgend etwas von dem, was als Allgemeines ausgesagt wird, Wesen sei. Denn zuerst ist das Wesen jedes Einzelnen jedem Einzelnen eigentümlich und findet sich an keinem anderen, das Allgemeine aber ist gemeinsam; denn das wird als Allgemeines ausgesagt, das sich an mehreren Dingen von Natur aus findet. Wovon denn sollte dies Wesen sein? Entweder nämlich von allem oder von nichts. Daß es aber Wesen von allem ist, ist unmöglich; ist es aber das Wesen von einem, so wird auch das andere dies sein. Das nämlich, dessen Wesen Eines ist und dessen Was-es-ist-dies-zu-sein Eines ist, ist auch selbst Eines. Weiter spricht man von Wesen als dem, das nicht von einem Substrat ausgesagt wird, während doch das Allgemeine stets von einem Substrat ausgesagt wird.

Doch vielleicht kann das Allgemeine nicht so wie das Was-es-ist-dies-zu-sein ein Wesen sein, sondern diesem zukommen, wie etwa das Lebewesen dem »Menschen« und dem »Pferd«? Folglich ist es klar, daß es vom Allgemeinen einen Begriff gibt. Es macht auch keinen Unterschied, wenn es von allem, was im Wesen vorkommt, keinen Begriff gibt; denn nichtsdestoweniger wird es Wesen von etwas sein, wie der Mensch vom »Menschen«, in welchem es sich findet. Daraus aber würde wieder dasselbe folgen. Denn das Allgemeine – zum Beispiel das Lebewesen – würde Wesen dessen sein, welchem es als ein ihm Eigentümliches zukommt. Weiter aber ist es auch unmöglich und unsinnig, daß Das und das Wesen, wenn es aus etwas besteht, nicht aus Wesen oder dem, was ein Das ist, sondern aus einem Quale bestehe; denn dann würde ja das Nicht-Wesen und das Quale früher sein als das Wesen und das Das. Das aber ist gerade unmöglich. Denn weder dem Begriffe noch der Zeit, noch der Entstehung nach ist es möglich, daß die Affektionen früher sind als das Wesen; sie würden ja sonst abgetrennt sein. Weiter würde in dem Wesen Sokrates noch ein Wesen enthalten sein, so daß also ein Wesen aus zweien bestünde. Überhaupt aber folgt: wenn der Mensch Wesen ist und alles, was in dieser Weise ausgesagt wird, kann nichts von dem, das im Begriff enthalten ist, Wesen von irgend etwas sein, noch abgetrennt, noch in anderem existieren; ich meine, daß es kein Lebewesen geben kann neben den einzelnen Lebewesen, noch sonst etwas von dem, was sich im Begriff findet.

Stellt man nun von da aus seine Betrachtungen an, so ist es klar, daß nichts von dem, das allgemein besteht, ein Wesen ist und | daß nichts von dem, das gemeinsam ausgesagt wird, ein Das bezeichnet, sondern ein Derartiges. Wäre dem nicht so, würde vieles andere und auch der »dritte Mensch« die Folge sein.[47] Weiter ist das aber auch in folgender Weise klar: es ist nämlich unmöglich, daß ein Wesen aus Wesen besteht, die der Vollendung nach in ihm enthalten sind. Denn das, was der Vollendung nach zwei ist, wird niemals der Vollendung nach Eines, sondern nur, was dem Vermögen nach zwei ist, kann Eines werden (wie etwa das Doppelte nur dem Vermögen nach aus zwei Hälften besteht, denn erst die Vollendung trennt sie ab). Wenn also das Wesen Eines ist, so kann es nicht aus Wesen bestehen, die in ihm enthalten sind, auch nicht in dieser Weise, die Demokrit richtig angibt. Es ist nämlich, sagt er, unmöglich, daß aus zwei eins oder aus eins zwei wird[48]; denn er macht die unteilbaren Größen zu Wesen. Gleich wird es sich nun offenbar bei der Zahl verhalten, sofern – nach der Behauptung einiger – die Zahl eine Zusammensetzung von Einsen ist; denn entweder ist die Zwei nicht Eines, oder die Eins befindet sich nicht der Vollendung nach in ihr.

Doch das Ergebnis birgt eine Schwierigkeit. Wenn es nämlich nicht möglich ist, daß ein Wesen aus Allgemeinem besteht, deshalb, weil es [das Allgemeine] ein Derartiges und kein Das bezeichnet und auch kein Wesen aus Wesen der

Vollendung nach zusammengesetzt werden kann, so müßte jedes Wesen etwas Unzusammengesetztes sein, so daß es demnach keinen Begriff eines Wesens gäbe. Und doch ist es die Ansicht aller und schon von alters her[49] ausgesprochen, daß es vom Wesen allein oder doch zumeist eine Bestimmung gibt. Nun aber gelte dies auch hier nicht. So würde es also von nichts eine Definition geben. Oder es würde in dem einen Sinn eine Definition geben, im anderen nicht. Dies wird aus den späteren Darlegungen noch klarer werden.[50]

14. Die Ideen können keine Wesen sein

Aus alledem wird die Folge klar, die sich für diejenigen ergibt, die sowohl die Ideen als Wesen und als getrennt annehmen als auch gleichzeitig die Art sich aus Gattung und Unterschieden entwickeln lassen. Denn wenn es Formen gibt und »das Lebewesen« im »Menschen« und im »Pferd« enthalten ist, dann muß es entweder ein und dasselbe der Zahl nach sein oder [der Zahl nach] verschieden. Dem Begriff nach ist es nämlich offenbar Eines; denn wer den Begriff angibt, gibt denselben Begriff in jedem der beiden Fälle an. Wenn es nun einen Menschen an und für sich gibt als ein Das und Abgetrenntes, so muß auch das, woraus er besteht – wie etwa »Lebewesen« und »Zweifüßiges« –, ein Das bezeichnen und getrennt und Wesen sein: also gilt dies auch vom »Lebewesen«. Wenn nun das »Lebewesen« ein und dasselbe im »Pferd« und im »Menschen« ist – wie du dir selbst ein und dasselbe bist –, wie soll das Eine im getrennt Seienden Eines sein, | und weshalb soll nicht dieses »Lebewesen« auch getrennt von sich selbst existieren? Weiter, wenn das Lebewesen am Zweifüßigen oder Vielfüßigen Anteil haben soll, so ergibt sich als Folge eine Unmöglichkeit; Gegenteile nämlich müßten ihm, das Eines und ein Das ist, zukommen. Wenn dem aber nicht so ist, in welchem Sinne ist es dann gemeint, [5] wenn man sagt, das Lebewesen sei zweifüßig oder befußt? Oder ist vielleicht beides zusammengesetzt und berührt sich nur oder ist vermengt? Doch all das ist unsinnig.

Gesetzt den Fall jedoch, das Lebewesen sei in jedem einzelnen Fall verschieden: dann würde es sozusagen unbegrenzt vieles geben, dessen Wesen »Lebewesen« wäre; denn »Mensch« enthält »Lebewesen« nicht im akzidentellen Sinne. Weiter würde das Lebewesen an sich vieles sein; denn das Lebewesen in jedem Einzelnen wäre Wesen [10] (es wird nämlich nicht nach anderem ausgesagt; würde es aber nach etwas anderem ausgesagt werden, fände sich jenes andere im Menschen und stellte seine Gattung dar). Weiter müßte alles, woraus der Mensch besteht, Ideen sein. Nun aber ist es unmöglich, daß jedes davon Idee des einen und Wesen des anderen ist. Es muß also das »Lebewesen«, das in allen einzelnen Lebewesen enthalten ist, das *eine* Lebewesen an sich sein. Weiter, woraus soll dies bestehen, und [15] wie soll es aus dem Lebewesen an sich stammen? Oder wie ist es möglich, daß es ein Lebewesen, für das dieses [Lebewesen] allein Wesen ist, neben dem Lebewesen an sich gibt?

Ferner ergeben sich bei den Sinnesdingen noch unsinnigere Folgen als diese. Wenn es sich aber unmöglich auf diese Weise verhalten kann, so ist es klar, daß es keine Formen der Sinnesdinge in dem Sinne geben kann, wie einige behaupten.

15. Die einzelnen Dinge und die Ideen sind nicht definierbar

[20] Da das Wesen verschieden ist, als Konkretes auf der einen Seite und als Begriff auf der anderen (ich verstehe nämlich das eine Wesen als den mit dem Stoff zusammengefaßten Begriff, das andere als den Begriff überhaupt), so gibt es bei den Wesen in der ersten Bedeutung ein Vergehen

(da ja auch eine Entstehung), beim Begriff jedoch kann es kein Vergehen geben (da es ja auch keine Entstehung gibt; denn es entsteht nicht das Haus-sein, vielmehr das »dieses-Haus-sein«), sondern die Begriffe »sind« und »sind nicht« – ohne Entstehung und Vergehen; denn es ist erwiesen worden[51], daß sie niemand erzeugt oder bewirkt. Deshalb gibt es auch von den einzelnen sinnlich erfaßbaren Wesen weder Definition noch Beweis, weil sie über Stoff verfügen, dessen Natur derart ist, daß sie sein und auch nicht sein können. Deshalb sind auch alle einzelnen sinnlich erfaßbaren Wesen vergänglich. Wenn nun der Beweis auf das Notwendige geht und die Definition Sache der Wissenschaft ist und so wenig wie die Wissenschaft bald Wissen, bald Unwissen sein kann, sondern nur die Meinung derartig ist; wenn weder der Beweis noch die Definition, sondern nur die Meinung auf das geht, | das auch anders sein kann, so ist es klar, daß es bei Sinnesdingen weder Definition noch Beweis geben kann. Das Vergängliche nämlich ist für die, die über Wissenschaft verfügen, unklar, sobald es aus der Sinneswahrnehmung entschwunden ist; und wenn auch die Begriffe des Vergänglichen in der Seele erhalten bleiben, so kann es davon doch weder Definition geben noch Beweis. Deshalb darf man bei dem, was sich auf Bestimmungen bezieht, sobald man ein einzelnes Ding definiert, nicht außer acht lassen, daß es immer möglich ist, die Definitionen auszuheben; denn eine eigentliche Definition davon zu liefern ist unmöglich.

Ebensowenig kann man auch eine Idee definieren. Denn die Idee ist, wie ihre Anhänger behaupten, ein einzelnes Ding und abgetrennt. Aber der Begriff muß aus Ausdrücken bestehen; der jedoch, der eine Definition liefert, wird nicht nur einen Ausdruck bilden (denn er würde ja unbekannt sein); die vorhandenen Ausdrücke aber sind allen gemeinsam; sie müssen also auch einem anderen als dem Definierten zukommen. Wie etwa jemand, der dich definieren wollte, dich ein mageres oder weißes Lebewesen nennen wird oder sonst etwas davon Verschiedenes, das auch einem anderen zukommen wird. Wenn aber nun jemand sagte, es hindere doch nichts, daß diese Ausdrücke zwar, alle getrennt, vielem, zugleich aber nur »diesem« zukämen, so muß er vorerst einmal erklären, daß sie sich an zwei Dingen finden, wie etwa »das zweifüßige Lebewesen« sowohl am Lebewesen als auch am Zweifüßigen. (Und dies muß bei den ewigen Dingen ebenso der Fall sein, da sie früher sind und Teile des Zusammengesetzten. Sie müssen aber auch abgetrennt sein, wenn der Mensch abgetrennt ist; denn entweder muß beides oder keines von beiden abgetrennt sein. Kann nun keines abgetrennt sein, so wird es auch keine Gattung neben den Arten geben; gäbe es sie aber, so wird das auch für den Unterschied gelten.) Weiter muß gesagt werden, daß »Lebewesen« und »Zweifüßiges« dem Sein nach früher sind als zweifüßiges Lebewesen. Das [was dem Sein nach früher ist] wird nicht [zugleich mit dem Späteren] aufgehoben.

Wenn weiter die Ideen aus Ideen bestehen (das nämlich, woraus sie bestehen, ist weniger zusammengesetzt), so wird das, woraus die Idee ist, von vielem ausgesagt werden müssen, zum Beispiel »Lebewesen« und »Zweifüßiges«. Wenn dem nicht so ist, wie sollten die Ideen erkannt werden? Denn dann würde es ja eine Idee geben, die nicht von mehr als einem Dinge ausgesagt werden könnte. Das aber soll ja nicht sein, sondern jede Idee soll die Teilhabe zulassen.

Wie also gesagt[52], es bleibt ihnen verborgen, daß man bei den ewigen Dingen keine Definition liefern kann, besonders bei denen, die einzig sind, wie Sonne und Mond. Denn ihre Definition würde nicht nur darin irren, daß man etwas hinzufügt, bei dessen Wegnahme die Sonne noch bestehen würde, wie zum Beispiel, daß sie um die Erde kreist oder in der Nacht nicht sichtbar ist (denn wenn sie stillstünde oder stets schiene, dürfte sie hiernach nicht mehr die Sonne sein; es ist aber unsinnig, wenn sie dies nicht mehr wäre; die

Sonne bezeichnet doch ein Wesen); doch die Definition würde auch durch Angabe von Derartigem irren, das auch bei einem anderen vorkommen kann; wie etwa, wenn etwas von der Sonne Verschiedenes entstünde, das derartig wäre, würde es offenbar ebenfalls eine Sonne sein. Der Begriff ist also gemeinsam. | Die Sonne jedoch gehört zu den einzelnen Dingen, wie Kleon und Sokrates. Warum bringt keiner von den Verfechtern der Ideenlehre die Definition einer Idee hervor? Es würde nämlich klar werden, versuchten sie es, daß das eben Gesagte wahr ist.

16. Auch das Eine und das Seiende können nicht Wesen sein

[5] Es ist klar, daß das meiste von dem, was ein Wesen zu sein scheint, Vermögen ist. So etwa die Teile der Lebewesen (denn keiner von ihnen existiert abgetrennt; sollten sie aber abgetrennt existieren, dann alle nur als Stoff), ebenso Erde, Feuer und Luft. Keiner von ihnen nämlich ist Eines, sondern wie die Molken, bevor sie gekocht sind und ein Eines aus ihnen entstanden ist. [10] Am ehesten könnte man noch von den Teilen des Beseelten und denen der Seele annehmen, daß sie beides zugleich sind, da sie sowohl der Vollendung als auch dem Vermögen nach existieren, weil sie die Prinzipien ihrer Bewegung durch etwas in den Gelenken haben. Daher leben noch einige Lebewesen, wiewohl man sie zerschnitten hat.[53] Aber trotzdem wird all das nur dem Vermögen nach existieren, wenn es von Natur aus Eines und zusammenhängend ist [15] – nicht aber durch Gewalt oder durch Zusammenwachsen; denn derartiges bedeutete eine Abnormität.

Da nun aber das Eine in derselben Weise ausgesagt wird wie das Seiende und das Wesen des Einen *eines* ist und auch dasjenige, dessen Wesen der Zahl nach *eines* ist, selbst der Zahl nach Eines ist, ist es klar, daß weder das Eine noch das Seiende das Wesen der Dinge sein kann – ebensowenig wie das Element-sein oder das Prinzip-sein. Aber [20] wir suchen nun, was das Prinzip ist, um zu Erkennbarem zu gelangen. Darunter ist allerdings das Seiende und das Eine in höherem Grade Wesen als Prinzip, Element und Ursache; und doch sind diese keine Wesen, sofern auch nicht anderes, das ein Gemeinsames ist, Wesen ist. Denn das Wesen kommt keinem anderen zu als ihm selbst und dem, das über Wesen verfügt und dessen Wesen es ist. [25] Weiter könnte das Eine nicht zugleich vielerorts sein, während doch das Gemeinsame zugleich vielerorts vorhanden ist. Es ist demnach klar, daß nichts Allgemeines neben den einzelnen Dingen getrennt vorhanden ist.

Die Verfechter der Ideenlehre haben zwar insofern recht, wenn sie diese abgetrennt annehmen, sofern sie Wesen sind, sie haben aber insofern nicht recht, daß sie »das Eine für vieles« als Form annehmen. [30] Ursache dafür aber ist, daß sie nicht in der Lage sind anzugeben, was denn derartige unvergängliche Wesen seien, die neben den einzelnen sinnlich erfaßbaren Dingen existieren. Sie machen also die unvergänglichen Wesen der Art nach zu denselben wie die vergänglichen (diese nämlich kennen wir): zum »Menschen an sich« und zum »Pferd an sich«, indem sie den Sinnesdingen die Worte »an sich« beifügen. Und doch, wenn wir auch | die Gestirne nie gesehen hätten, würden sie, meiner Meinung nach, nichtsdestoweniger ewige Wesen sein neben den anderen Wesen, von denen wir wissen; so daß es, wenn wir auch nicht sagen können, was diese Wesen sind, wohl notwendig ist, daß es welche gibt.

Daß also nichts von dem, was wir als Allgemeines bezeichnen, ein Wesen ist und kein Wesen aus Wesen besteht, [5] ist klar geworden.

17. Wesen ist Form

Indem wir nun wieder einen anderen Ausgangspunkt nehmen, wollen wir erörtern, als was und als wie beschaffen das Wesen bezeichnet werden muß. Vielleicht nämlich wird man daraus über jedes Wesen, das abgetrennt von sinnlich erfaßbaren Wesen vorhanden ist, Klarheit erlangen. Da nun das Wesen ein Prinzip und eine Ursache ist, muß man von hier aus der Sache nachgehen.

Das Weshalb aber wird immer untersucht, indem man fragt, weshalb etwas einem anderen zukommt. Wenn man nämlich untersucht, weshalb der musische Mensch ein musischer Mensch ist, so wird entweder das, was eben erörtert wurde, untersucht, das heißt, weshalb der Mensch musisch ist, oder etwas anderes. Das Untersuchen nun, weshalb etwas es selbst sei, bedeutet soviel wie nichts untersuchen (denn das Das und das Sein muß dabei als vorhanden offenbar sein – ich meine etwa, daß sich der Mond verfinstert; daß aber etwas es selbst ist, dafür gibt es in allen Fällen *einen* Grund und *eine* Ursache, zum Beispiel, weshalb der Mensch Mensch oder der Musische musisch ist; es müßte denn jemand behaupten, daß jedes Einzelne in Beziehung auf sich selbst unzerlegbar sei, und das wäre eben das Eins-sein; doch dies ist allen Dingen gemeinsam und schnell gesagt). Man könnte aber auch untersuchen, weshalb ein Mensch ein derartiges Lebewesen ist. Dann ist es allerdings klar, daß man nicht untersucht, weshalb der, der ein Mensch ist, Mensch ist; man untersucht also etwas daraufhin, weshalb es zukomme. Daß es aber zukommt, muß klar sein; wäre das nicht klar, untersuchte man gar nichts. Zum Beispiel: Weshalb donnert es? Das heißt: Weshalb entsteht ein Schall in den Wolken? Es wird also untersucht, weshalb das eine einem anderen zukommt. Aber auch, weshalb sind diese Dinge da, wie etwa Backsteine und Steine, ein Haus? Es ist klar, daß man die Ursache sucht; das heißt aber – begrifflich gesprochen – das Was-es-ist-dies-zu-sein, das bei manchem das Weswegen ist (wie etwa beim Haus oder Bett), bei manchem das erste Bewegende; auch dies nämlich ist Ursache. Doch eine derartige Ursache wird beim Entstehen und Vergehen gesucht, die andere aber auch beim Sein.

Das, was untersucht wird, ist dann am dunkelsten, wenn man nicht das eine von einem anderen her aussagt, | wie etwa, wenn man untersucht, was der Mensch sei; weil wir uns dann zu einfach ausdrücken und nicht genau bestimmen, ob »das und das« »jenes« sei. Man muß aber im Wege der Aufgliederung die Untersuchung führen; tut man das aber nicht, so entsteht die Gemeinsamkeit einer Untersuchung nach nichts und einer Untersuchung nach etwas. Da aber das Sein gegeben sein und vorhanden sein muß, so wird offenbar untersucht, weshalb der Stoff ein Was ist. Wie etwa, weshalb sind diese Dinge da ein Haus? Weil ihm das zukommt, was das Haus-sein ist. Oder man untersucht, weshalb dieses da oder der Körper, der über dieses da verfügt, ein Mensch ist. Man sucht also die Ursache des Stoffes (das ist aber die Form), durch die er ein Was ist; doch das ist das Wesen. Es ist also klar, daß es bei dem Einfachen keine Untersuchung und keine Lehre gibt, sondern eine verschiedene Art der Untersuchung derartiger Dinge.

Das, was in der Weise zusammengesetzt ist, daß das Ganze Eines ist, ist nicht wie ein Haufen, sondern wie ein Silbe. Die Silbe aber ist nicht dasselbe wie ihre Buchstaben, BA ist nicht dasselbe wie B und A, ebenso Fleisch nicht dasselbe wie Feuer und Erde (nach der Auflösung nämlich gibt es das eine nicht mehr, wie etwa das Fleisch und die Silbe; wohl aber gibt es die Buchstaben, ebenso das Feuer und die Erde). Es ist also die Silbe etwas, nicht nur Buchstaben, Vokale und Konsonanten, sondern noch etwas davon Verschiedenes, und ebenso ist das Fleisch nicht nur Feuer und Erde oder Warmes und Kaltes, sondern auch noch etwas davon Verschiedenes. Wenn es nun notwendig ist, daß jenes andere entweder Element sei oder aus Elementen bestehe, so würde, nimmt man an, es sei Element, wieder dasselbe Argument auftreten (denn aus diesem Element, aus Feuer und Erde, würde das Fleisch bestehen und noch aus etwas anderem, so daß das ins Unbegrenzte fortschreiten würde). Besteht es aber aus einem Element, so ist es klar, nicht aus einem, sondern aus mehreren, oder es selbst wäre ein Element; also würden wir wieder dasselbe sagen wie beim Fleisch oder der Silbe. [25] Demnach scheint es also, daß dies ein Was ist, und nicht Element, und Ursache davon, daß dies da Fleisch, dies da Silbe ist. (In gleicher Weise verhält es sich aber auch bei anderen Dingen.) Dies aber ist für jedes das Wesen (denn es ist die erste Ursache des Seins). Da nun manche Sachen nicht Wesen sind, sondern nur die Wesen sind, die der Natur nach und von Natur aus bestehen, [30] so würde sich diese Natur als Wesen zeigen, die nicht Element ist, sondern Prinzip. Element aber ist das, in was etwas als in seinen stofflichen Bestandteil zerlegt wird, wie etwa Element der Silbe das A ist und das B. |

VIII. BUCH (H)

1. Der Stoff als Wesen

[3] Man muß nun aus dem Gesagten die Schlußfolgerungen ableiten und nach Zusammenfassung der Hauptergebnisse das Endziel der Untersuchung anschließen. Wie gesagt, es werden die Ursachen, [5] Prinzipien und Elemente der Wesen untersucht.[1] Einige Wesen werden nun von allen übereinstimmend anerkannt, über andere haben manche ihnen eigentümliche Ansichten ausgesprochen. Übereinstimmend anerkannt sind die natürlichen Wesen, wie etwa Feuer, Erde, Wasser, Luft und die anderen einfachen Körper, weiter die Pflanzen und ihre Teile, [10] die Lebewesen und die Teile der Lebewesen und schließlich der Himmel und die Teile des Himmels. Manchen eigentümlich ist die Ansicht, daß die Formen und die mathematischen Dinge Wesen seien.[2] Es ergibt sich aber aus unseren Darlegungen, daß es andere Wesen gibt, nämlich das Was-es-ist-dies-zu-sein und das Substrat. Anders besehen ergab es sich, daß die Gattung in höherem Grade Wesen ist als die Arten und das Allgemeine in höherem Grade als die einzelnen Dinge.[3] [15] Mit dem Allgemeinen aber und der Gattung stehen auch die Ideen in enger Berührung (denn infolge derselben Begründung scheinen sie Wesen zu sein). Da aber das Was-es-ist-dies-zu-sein ein Wesen ist und sein Begriff die Definition, so ist auch über die Definition und das »an sich« eine nähere Bestimmung gegeben.[4] Da nun die Definition ein Begriff ist, der Begriff aber über Teile verfügt, so mußte man auch über den Teil Betrachtungen anstellen: [20] wie beschaffen die Teile des Wesens sind und wie nicht, und ob dieselben Teile auch Teile der Definition sind.[5] Weiter ist weder das Allgemeine noch die Gattung Wesen.[6] Über die Ideen aber und die mathematischen Dinge[7] müssen wir später Betrachtungen anstellen, denn manche behaupten, diese seien Wesen neben den sinnlich erfaßbaren Wesen.

Nun aber wollen wir auf die übereinstimmend anerkannten Wesen eingehen. [25] Dies aber sind die sinnlich erfaßbaren; die sinnlich erfaßbaren Wesen aber verfügen alle über Stoff. Wesen aber ist das Substrat, und zwar in der einen Weise als Stoff (unter Stoff jedoch verstehe ich das, was nicht der Verwirklichung nach, doch dem Vermögen nach ein Das ist), in einer anderen Weise als der Begriff und die Gestalt (ein Das, das dem Begriff nach abgetrennt ist); in der dritten Weise das daraus Vereinigte, [30] von dem allein es Entstehung und Vergehen gibt und das schlechthin abgetrennt ist; denn von den begrifflichen Wesen sind einige abgetrennt, einige aber nicht.

Daß aber auch der Stoff Wesen ist, ist klar; denn bei allen entgegengesetzten Veränderungen ist etwas als Substrat für diese Veränderungen vorhanden, wie etwa bei den Ortsveränderungen dasjenige, das jetzt hier und dann woanders ist, [35] bei quantitativen Veränderungen das, was jetzt so groß ist und dann wieder kleiner oder größer, und bei qualitativen Umwandlungen das, was jetzt gesund ist | und dann wieder krank; in gleicher Weise aber auch bei den Wesensveränderungen dasjenige, was jetzt in der Entstehung, dann aber wieder im Vergehen begriffen ist, und was jetzt Substrat als ein Das ist und dann wieder Substrat einer Privation nach. Und dieser Veränderung des Wesens folgen die anderen Veränderungen; diese Veränderung aber folgt den anderen [5] – einer oder zweien – nicht. Es ist nämlich nicht notwendig, wenn etwas über Stoff für eine Ortsveränderung verfügt, daß dies auch über Stoff für Entstehen oder Vergehen verfüge. Welchen Unterschied es nun zwischen dem einfachen Entstehen und dem nicht einfachen Entstehen gibt, das ist in den Abhandlungen über die Natur erörtert worden.[8]

2. Das Wesen der Sinnesdinge als Verwirklichung

Da aber das Wesen als Substrat und als Stoff übereinstimmend anerkannt wird, [10] dies aber das Wesen dem Vermögen nach ist, so bleibt noch zu erörtern, was das der Verwirklichung nach bestehende Wesen der Sinnesdinge ist. Demokrit nun scheint drei Unterschiede anzunehmen. Er meint nämlich, das körperliche Substrat, der Stoff, sei ein und dasselbe, es unterscheide sich aber entweder dem Rhythmus, das heißt der Gestalt nach, oder der Wendung, das heißt der Lage nach, oder der Berührung, das heißt der Ordnung nach.[9] [15] Offenbar gibt es aber viele Unterschiede, wie etwa manches nach der Zusammensetzung des Stoffes als verschieden bezeichnet wird (z. B. all das, was durch Mischung entsteht, wie das Honigwasser, oder durch Binden, wie das Bündel, oder durch Leim, wie das Buch, oder durch Nägel, wie die Kiste, oder durch mehrere dieser Dinge); manches der Lage nach, wie etwa Unter- und Oberschwelle (denn diese unterscheiden sich dadurch, wie sie liegen); [20] manches der Zeit nach, wie Abendmahlzeit und Frühstück; manches dem Ort nach, wie die Winde; manches den Affektionen der Sinnesdinge nach, wie etwa nach Härte und Weichheit, Dichte und Dünnheit, Trockenheit und Nässe; manches unterscheidet sich nur nach einigen dieser Unterschiede, manches nach all diesen; und allgemein unterscheiden sich diese Dinge einerseits nach Übermaß [25] und andererseits nach dem Zuwenig. Es ist also klar, daß auch das Ist in ebenso vielen Bedeutungen ausgesagt wird. Denn Unterschwelle »ist« etwas, weil es »so« liegt, und jenes Sein bezeichnet »so und so liegen«, so wie das Eis-sein ein So-und-so-verdichtet-sein bezeichnet. Bei manchen Dingen wird das Sein auch durch all das bestimmt, teils also durch Gemischtsein, teils durch Vermengt-sein, [30] teils durch Gebundensein, teils durch Verdichtet-sein und teils dadurch, daß es von den anderen Unterschieden Gebrauch macht, wie etwa Hand oder Fuß. Man muß also die Gattungen der Unterschiede herausnehmen, denn diese werden die Prinzipien des Seins sein; wie etwa dasjenige, das durch das Mehr und Weniger oder durch das Dichte und Dünne und anderes dieser Art unterschieden ist; all das nämlich bedeutet Übermaß und ein Zuwenig. Wenn aber etwas durch Gestalt oder Glätte und Rauheit unterschieden ist, so ist alles durch das Gerade und durch das Krumme unterschieden. Bei manchem wird | das Sein als Vermischt-sein bestehen, und entgegengesetzt das Nichtsein.

Daraus ergibt sich also klar, daß, sofern das Wesen Ursache für das Sein jedes Einzelnen ist, man in diesen Unterschieden das suchen muß, was die Ursache für das Sein dieser einzelnen Dinge ist. Wesen ist nun zwar nichts davon, auch nicht als Zusammengesetztes, doch gibt es in jedem ein dem Wesen Analoges; und wie bei den Wesen dasjenige, was vom Stoff ausgesagt wird, die Verwirklichung selbst ist, so ist auch bei den anderen Definitionen darauf besonderes Gewicht zu legen. Wenn man etwa die Schwelle definieren müßte, so würde man ein Holz oder einen Stein, der so oder so liegt, nennen, und ebenso ein Haus definieren als Backsteine oder Hölzer, die so oder so liegen (bei manchem kommt wohl auch noch das Weswegen dazu); und sollte man Eis definieren, dann ebenso als Wasser, das gefroren oder so und so verdichtet ist; und bei der Konsonanz als eben diese bestimmte Mischung von hohen und tiefen Tönen; und auf dieselbe Art und Weise bei allem übrigen.

Daraus ist nun klargeworden, daß bei einem anderen Stoff auch die Verwirklichung und der Begriff anders sind; bei einigen Dingen nämlich besteht die Verwirklichung in der Zusammensetzung, bei anderen in der Mischung und wieder bei anderen in einem anderen von den oben genannten Unterschieden. Wenn daher einige bei der Definition des Was eines Hauses sagen, es sei Steine, Backsteine und Hölzer, so meinen sie das Haus dem Vermögen nach, denn jene Dinge sind sein Stoff; wenn aber andere es einen Behälter nennen, der Sachen und Körper behütet, oder noch etwas anderes derartiges hinzufügen, meinen sie die Verwirklichung; die aber, die beides verbinden, die meinen das dritte, das aus diesen beiden vereinigte Wesen. (Es scheint nämlich der Begriff, der durch die Unterschiede gebildet ist, [20] mehr der Begriff der Form und der Verwirklichung zu sein, der aber, der aus den Bestandteilen gebildet ist, mehr der Begriff des Stoffes.) Gleich steht es auch mit den Definitionen, die Archytas[10] als richtig anerkannte; denn sie enthalten das aus beiden Vereinigte. Zum Beispiel: Was ist die Windstille? Ruhe in einer Menge von Luft. Luft ist hier nämlich der Stoff, Verwirklichung aber und Wesen ist die Ruhe. Oder: Was ist die Meeresruhe? Eine Ebenheit des Meeres. [25] Substrat als Stoff ist hier das Meer, Verwirklichung aber und Gestalt ist die Ebenheit.

Aus dem Gesagten geht klar hervor, was das sinnlich erfaßbare Wesen ist und auf welche Weise es existiert: einerseits nämlich als Stoff, andererseits als Gestalt und Verwirklichung und drittens als das daraus Vereinigte.

3. Bezeichnet ein Ausdruck das zusammengesetzte Wesen oder die Verwirklichung und die Gestalt?

Man darf aber nicht darüber in Unkenntnis sein, daß es bisweilen verborgen bleibt, ob ein Ausdruck [30] das zusammengesetzte Wesen bezeichnet oder die Verwirklichung und Gestalt; ob etwa »Haus« eine Bezeichnung für das Gemeinsame ist, nämlich für eine Bedeckung aus Backsteinen und Steinen, die so und so liegen, oder für die Verwirklichung und Form, nämlich für eine Bedeckung; und ob »Linie« die Zwei in der Länge oder nur die Zwei und ob »Lebewesen« die Seele im Körper oder nur die Seele bezeichnet; [35] sie nämlich ist Wesen und Verwirklichung eines Körpers. Für beides dürfte wohl der Ausdruck »Lebewesen« zutreffen, nicht allerdings indem er beidemal durch *einen* Begriff ausgesagt wird, sondern indem er beidemal im Hinblick auf Eines ausgesagt wird. Doch dies bedeutet im Hinblick auf anderes einen Unterschied, nicht aber für die Untersuchung des sinnlich erfaßbaren Wesens; | denn das Was-es-ist-dies-zu-sein kommt der Form und der Verwirklichung zu. Die Seele nämlich und das Seele-sein sind dasselbe, doch das Mensch-sein und der Mensch sind nicht dasselbe, es sei denn, man bezeichnete die Seele als Mensch; auf diese Weise wäre beides in gewisser Hinsicht dasselbe, in gewisser Hinsicht nicht dasselbe.

Es zeigt sich aber bei weiterer Untersuchung nicht, daß die Silbe aus den Buchstaben und der Zusammensetzung und ebenso das Haus aus Backsteinen und der Zusammensetzung besteht. Und das ist ganz richtig; denn die Zusammensetzung oder Mischung besteht nicht aus dem, dessen Zusammensetzung oder Mischung sie ist. In gleicher Weise verhält es sich auch bei allem übrigen: wenn zum Beispiel die Schwelle durch ihre Lage Schwelle ist, so stammt die Lage nicht aus der Schwelle, sondern vielmehr die Schwelle aus der Lage. So ist auch der Mensch nicht Lebewesen *und* Zweifüßiges, sondern, wenn dies der Stoff ist, müßte es noch neben diesem etwas geben, das aber weder Element ist noch aus einem Element besteht, sondern das Wesen ist; was aber die wegnehmen, die nur vom Stoff reden. Wenn dies aber die Ursache des Seins und des Wesens ist, so könnte man es wohl das Wesen selbst nennen. Notwendig muß nun dieses ewig sein oder vergänglich, ohne zu vergehen, und entstanden sein, ohne zu entstehen. Es ist aber an anderer Stelle erwiesen und geklärt worden[11], daß niemand die Form bewirkt oder erzeugt, sondern daß ein Das bewirkt wird und das entsteht, was aus beiden [Stoff und Form] vereinigt ist.

Ob aber die Wesen der vergänglichen Dinge abgetrennt bestehen, ist noch nicht klar; klar ist lediglich, daß dies bei einigen Wesen nicht möglich ist, bei all denen nämlich, die nicht neben einzelnen Dingen existieren können, so etwa

Haus oder Gerät. Vielleicht aber sind eben diese keine Wesen – und ebensowenig irgend etwas anderes, das nicht von Natur aus besteht; denn man dürfte wohl die Natur als einziges Wesen für die vergänglichen Dinge annehmen.

So verfügt also die Unschlüssigkeit, die die Anhänger des Antisthenes und die in dieser Weise ungebildeten Leute vorgebracht haben, über eine gewisse Berechtigung, daß es nämlich nicht möglich ist, das Was zu definieren (Definition nämlich wäre eine lange Rede)[12], sondern man könne nur definieren und lehren, wie beschaffen etwas sei; so lasse sich etwa beim Silber nicht angeben, was es sei, sondern lediglich, daß es wie Zinn beschaffen sei. Demnach kann es für ein gewisses Wesen Definition und Begriff geben – zum Beispiel für ein zusammengesetztes Wesen, mag es sinnlich erfaßbar oder gedacht sein; das kann es aber nicht für die ersten Teile, aus denen das Wesen besteht, geben, sofern der definierende Begriff etwas nach etwas aussagt und das eine als Stoff und das andere als Gestalt gelten muß.

Es ist aber auch klar, sollten die Wesen in gewisser Hinsicht Zahlen sein, sind sie dies in diesem Sinne und nicht – wie einige sagen[13] – als aus Einsen bestehend. Denn die Definition ist eine Art Zahl; sie ist nämlich zerlegbar, und zwar in Unzerlegbares (denn die Begriffe sind nicht unbegrenzt); und von solcher Art ist die Zahl. Und wie eine Zahl, wenn man von ihren Bestandteilen etwas wegnimmt oder hinzufügt, nicht mehr dieselbe Zahl ist, sondern eine verschiedene ist – wenn man auch noch so wenig wegnimmt oder hinzufügt –, | so werden auch die Definition und das Was-es-ist-dies-zu-sein nicht dieselben sein, nimmt man etwas weg oder setzt man etwas hinzu. Und die Zahl muß etwas sein, wodurch sie eines ist; jene Philosophen aber können das nicht sagen, wodurch sie *eines* ist, wenn sie *eines* ist. (Denn entweder ist sie nicht *eines*, sondern wie ein Haufen, oder man muß, wenn sie *eines* ist, das aussagen, was aus den Vielen Eines bewirkt.) Ebenso ist die Definition *eines*; doch auch hier können jene Philosophen nicht sagen, wodurch sie

eines ist. Und das folgt ganz natürlich; denn beides hat denselben Grund; auch das Wesen ist auf diese Weise *eines*, aber nicht, wie einige sagen, weil es eine Eins oder ein Punkt ist, sondern weil jedes einzelne Wesen Verwirklichung und Natur ist. Und wie die Zahl über kein Mehr und Minder verfügt, so auch nicht das Wesen der Form nach, sondern, sofern überhaupt ein Wesen über ein Mehr und Minder verfügen kann, dann das mit Stoff verbundene Wesen.
Soweit also die Bestimmungen über Entstehung und Vergehen der erörterten Wesen, inwiefern es möglich ist und inwiefern nicht, und über ihre Zurückführung auf die Zahl.

4. Verschiedener Stoff und verschiedene Ursachen in der Natur

In bezug auf das stoffliche Wesen aber darf man sich darüber nicht im unklaren sein, wenn auch alles aus demselben ersten Bestandteil oder aus denselben Dingen als den ersten Bestandteilen hervorgeht und wenn auch derselbe Stoff dem Entstehenden als Prinzip zukommt, gibt es dennoch einen eigentümlichen Stoff für jedes Einzelne, wie etwa für den Schleim[14] das Süße und das Fettige, für die Galle das Bittere oder sonst etwas anderes; vielleicht aber geht all das aus demselben hervor. Mehrere Stoffe desselben Dinges ergeben sich dann, wenn der eine Stoff Stoff des anderen ist, wie etwa der Schleim aus dem Fettigen und Süßen hervorgeht, wenn das Fettige aus dem Süßen hervorgeht; aber aus Galle geht Schleim hervor, wenn die Galle in ihren ersten Stoff aufgelöst wird. Denn auf zweierlei Art geht Dieses aus Jenem hervor: entweder indem »Jenes« einen Weg zu »Diesem« darstellt, oder indem »Dieses« in seinen Anfang aufgelöst wird.
Es ist aber möglich, daß durch die bewegende Ursache aus *einem* Stoff Verschiedenes entsteht, wie etwa aus Holz

sowohl eine Kiste als auch ein Bett. Doch wird es von verschiedenen Dingen auch einen verschiedenen Stoff geben müssen; so kann etwa eine Säge nicht aus Holz entstehen, auch nicht infolge der bewegenden Ursache; denn diese wird nie aus Wolle oder Holz eine Säge bewirken. Wo aber dasselbe aus verschiedenem Stoff bewirkt werden kann, da ist es klar, daß die Kunst und das bewegende Prinzip dasselbe sind; wenn nämlich sowohl der Stoff als auch das Bewegende verschieden wären, wäre es auch das daraus Entstandene.

Wenn man nun nach der Ursache sucht, so muß man, da die Ursachen in mehrfacher Bedeutung ausgesagt werden, alle möglichen Ursachen angeben. So zum Beispiel beim Menschen: Was ist die Ursache im Sinne von Stoff? Etwa die Menstruation?[15] Was ist die Ursache im Sinne des Bewegenden? Etwa der Same? Was ist die Ursache im Sinne von Form? Das Was-es-ist-dies-zu-sein. Was ist die Ursache im Sinne des Weswegen? Das Ziel. | Vielleicht ist aber dies beides dasselbe. Man muß jedoch dabei die nächsten Ursachen angeben. Also bei der Frage nach dem Stoff nicht Feuer oder Erde, sondern den eigentümlichen Stoff.

Man muß hinsichtlich der natürlichen und entstehungsfähigen Wesen, will man die Untersuchung richtig führen, auf diese Weise vorgehen, sofern der Art und Anzahl nach die Ursachen vorhanden sind und die Ursachen erkannt werden sollen; anders verläuft die Überlegung aber bei den natürlichen, doch ewigen Wesen. Vielleicht nämlich verfügen manche von ihnen überhaupt nicht über Stoff, oder doch nicht über einen solchen, sondern nur über einen Stoff für eine örtliche Bewegung. Und ebensowenig gibt es für all das einen Stoff, das zwar durch die Natur existiert, aber nicht als Wesen; hier ist lediglich das Substrat Wesen. Zum Beispiel: Was ist die Ursache der Mondesfinsternis? Was ihr Stoff? Es gibt da nämlich keinen; der Mond vielmehr wird affiziert. Was ist aber die bewegende Ursache und die, die das Licht zerstört? Die Erde. Das Weswegen gibt es hier wohl nicht. Die Ursache aber im Sinne der Form ist der Begriff, doch bleibt er unklar, wenn er die Ursache nicht mit enthält. Zum Beispiel: Was ist die Mondesfinsternis? Eine Privation des Lichtes. Wenn man aber hinzufügt, »durch das Dazwischentreten der Erde«, [15] so ist dies der Begriff, der die Ursache miteinschließt. Beim Schlaf ist nicht klar, was als Erstes affiziert wird. Etwa das Lebewesen? Ja, aber woran, und was ist das Erste? Das Herz oder etwas anderes. Weiter, wodurch wird affiziert? Ferner, was ist diese Affektion, die eines Teiles nämlich und nicht des Ganzen? Etwa diese Bewegungslosigkeit da? Gut, aber aus welcher Affektion des zuerst Affizierten geht sie hervor?

5. Stoff und Gegenteil

[20] Da aber einige Dinge ohne Entstehung und Vergehen »sind« und »nicht sind«, wie etwa die Punkte (falls sie überhaupt sind) und allgemein die Formen (denn nicht das Weiße entsteht, sondern das weiße Holz, da ja alles Entstehende aus etwas und zu etwas als etwas entsteht), [25] so dürften wohl nicht alle Gegenteile aus einander entstehen, sondern in einem anderen Sinn entsteht ein weißer Mensch aus einem schwarzen Menschen und weiß aus schwarz; auch gibt es nicht von allem einen Stoff, sondern nur von dem, wovon es Entstehung und Veränderung in einander gibt. Von all dem aber, das ohne Veränderung »ist« und »nicht ist«, gibt es keinen Stoff.

Es besteht da die schwierige Frage, wie sich der Stoff jedes Einzelnen zu den Gegenteilen verhält. [30] Zum Beispiel, wenn der Körper dem Vermögen nach gesund ist, die Krankheit aber der Gesundheit entgegengesetzt ist, ist dann der Körper beides dem Vermögen nach? Und ist das Wasser dem Vermögen nach Wein und Essig? Oder ist der Stoff nicht Stoff für das eine infolge eines Zustandes und einer

Form, für das andere infolge einer Privation und eines widernatürlichen Vergehens? Da gibt es aber auch die Schwierigkeit, weshalb der Wein nicht Stoff des Essigs ist und dem Vermögen nach Essig (wiewohl doch Essig aus ihm entsteht) und der Lebende nicht dem Vermögen nach tot ist. Das ist indes nicht der Fall, sondern das Vergehen ist etwas Akzidentelles, | der Stoff des Lebenden aber ist infolge des Vergehens Vermögen und Stoff des Toten, und das Wasser ist Vermögen und Stoff des Essigs; denn daraus entstehen sie, wie aus dem Tag die Nacht. All das aber, was sich auf diese Weise ineinander verändert, muß erst zum Stoff zurückkehren, wie wenn aus einem Toten ein Lebender entstehen soll, so muß er zuerst zum Stoff zurückkehren, und auf diese Weise kann er ein Lebender werden; und ebenso muß der Essig zum Wasser zurückkehren, und auf diese Weise kann er wieder Wein werden.

6. Die Einheit der Definition

Doch um auf die besprochene[16] Schwierigkeit hinsichtlich der Definitionen und der Zahlen zu kommen, was ist die Ursache, daß sie Eines sind? Bei allem nämlich, das über mehrere Teile verfügt und das Ganze nicht wie ein Haufen ist, sondern wo das Ganze neben den Teilen ist, gibt es eine Ursache; wie ja auch bei den Körpern die Ursache dafür, daß sie Eines sind, bald Berührung, bald Klebrigkeit oder irgendeine andere derartige Affektion ist. Die Definition aber ist *ein* Begriff, nicht durch Verbindung, wie die Ilias, sondern dadurch, daß sie Begriff von Einem ist. Was ist es nun also, das den Menschen als *einen* bewirkt, und wodurch ist er Eines und nicht vieles, wie etwa Lebewesen und Zweifüßiges, vor allem dann, wenn es – nach der Behauptung einiger – ein Lebewesen an sich und ein Zweifüßiges an sich gibt? Warum nämlich ist der Mensch nicht jenes beides selbst, wonach dann die Menschen nicht infolge der Teilhabe am Menschen und an Einem existieren würden, sondern infolge der Teilhabe an *zweien* – Lebewesen und Zweifüßiges –, und der Mensch dann überhaupt nicht Eines wäre, sondern mehreres, nämlich Lebewesen und Zweifüßiges? Es ist also klar, daß, geht man in den Definitionen und Aussagen so vor, wie jene es gewohnt sind, die Schwierigkeit nicht dargelegt und erörtert werden kann. Gibt es aber – wie wir meinen – einerseits Stoff, andererseits Gestalt, und gibt es das eine dem Vermögen, das andere der Verwirklichung nach, so scheint der Gegenstand unserer Untersuchung keine Schwierigkeit mehr zu bieten. Es ist nämlich diese Schwierigkeit dieselbe, wie wenn die Definition von »Kleid« rundes Erz wäre; denn dieser Ausdruck würde Zeichen des Begriffes sein, so daß also Gegenstand der Untersuchung wäre, was die Ursache davon ist, daß Rundes und Erz *eines* sind. Die Schwierigkeit zeigt sich aber nicht mehr, da das eine Stoff, das andere Gestalt ist. Was ist aber nun die Ursache dafür, daß das dem Vermögen nach Seiende auch der Verwirklichung nach »ist« – neben dem Bewirkenden, bei den Dingen nämlich, bei denen es eine Entstehung gibt? Denn dafür gibt es keine verschiedene Ursache, daß eine Kugel dem Vermögen nach auch Kugel der Verwirklichung nach »ist«, sondern dies war eben das Was-es-ist-dies-zu-sein für ein jedes von beiden. Der Stoff aber ist einerseits gedacht, andererseits sinnlich erfaßbar, und immer gibt es beim Begriff einerseits Stoff, andererseits Verwirklichung (wie der Kreis eine ebene Figur ist). All das aber, das über keinen Stoff verfügt – weder über einen gedachten, noch über einen sinnlich erfaßbaren –, das ist unmittelbar | ein Eines wie auch ein Seiendes, nämlich Das, Quale oder Quantum (deshalb findet sich in den Definitionen weder das Seiende noch das Eine, und das Was-es-ist-dies-zu-sein ist unmittelbar ein Eines wie auch ein Seiendes). Daher gibt es auch für keines unter diesen eine von ihnen verschiedene Ursache, weshalb sie ein Eines und weshalb sie ein Seiendes sind; denn unmittelbar ist jedes Einzelne ein Seiendes und ein Eines, nicht aber in dem Sinne, daß es im Seienden und Einen als Gattung enthalten wäre, noch in dem Sinne, daß das Seiende und das Eine abgetrennt von den einzelnen Dingen existierten.

Und aufgrund dieser Schwierigkeit sprechen manche von Teilhabe, doch darüber, was die Ursache der Teilhabe sei und was »teilhaben« bedeutet, sind sie unschlüssig. Manche sprechen von einem »Zusammen-sein«, wie Lykophron[17] behauptet, die Wissenschaft sei ein Zusammen-sein von Wissen und Seele; andere nennen das Leben eine Zusammensetzung oder Verbindung der Seele mit dem Körper. Und doch müßte die Begründung für alle Fälle dieselbe sein. Es müßte nämlich das Gesund-sein ein Zusammen-sein oder eine Verbindung oder eine Zusammensetzung von Seele und Gesundheit sein, und daß das Erz dreieckig ist, müßte eine Zusammensetzung von Erz und Dreieck sein, und das Weiß-sein müßte eine Zusammensetzung von Fläche und Weißheit sein. Die Ursache für eine derartige Ansicht aber liegt darin begründet, daß man für Vermögen und Vollendung nach einem einigenden Begriff und einem Unterschied sucht. Es ist aber, wie wir erörtert haben[18], der letzte Stoff und die Gestalt ein und dasselbe, das eine dem Vermögen, das andere der Verwirklichung nach, so daß es gleich wäre, nach der Ursache des Einen zu suchen und nach der Ursache des Eins-seins; denn jedes Einzelne ist ein Eines, und irgendwie ist das dem Vermögen nach Seiende mit dem der Verwirklichung nach Seienden *Eines*. Es gibt also keine andere Ursache als die, die vom Vermögen zur Verwirklichung bewegt. All das aber, das über keinen Stoff verfügt, ist einfach ein Eines.

IX. BUCH (Θ)

1. Vermögen als Bewegung

Darüber also, was in erster Linie »seiend« genannt wird und worauf alle anderen Aussagen des Seienden zurückgeführt werden, ist gesprochen worden[1], nämlich vom Wesen. Denn nach dem Begriff des Wesens wird alles übrige als »seiend« ausgesagt: das Quantum, das Quale und alles übrige, das auf diese Weise ausgesagt wird; all dies nämlich wird, wie wir in den ersten Erörterungen dargelegt haben[2], über den Begriff des Wesens verfügen müssen. Da aber das Seiende einerseits durch ein Was oder ein Quale oder ein Quantum ausgesagt wird, andererseits einem Vermögen, einer Vollendung und dem Werk nach, so mögen wir Vermögen und Vollendung näher bestimmen; und zwar zuerst Vermögen in dem Sinne, der zwar der bedeutsamste ist, doch dafür, was wir nun untersuchen wollen, nicht der zweckdienlichste. | Denn das Vermögen und die Verwirklichung reichen weiter als das, was man lediglich der Bewegung nach aussagt. Aber nachdem wir über das Vermögen in diesem Sinne gesprochen haben, werden wir in den näheren Bestimmungen über die Verwirklichung auch über die anderen [Arten des Vermögens] Klarheit bringen.[3]

Daß also das Vermögen und das Vermögend-sein in vielfachen Bedeutungen ausgesagt wird, ist schon an anderen Stellen bestimmt worden.[4] Von diesen Bedeutungen aber mögen alle die außer acht gelassen werden, in denen nur nach einer Ausdrucksgleichheit von Vermögen gesprochen wird (denn manche werden nur aufgrund einer Ähnlichkeit Vermögen genannt, so wie wir etwas in der Geometrie als vermögend und unvermögend bezeichnen, weil es in gewisser Hinsicht »ist« und »nicht ist«); diejenigen Vermögen aber, die derselben Art angehören, sind alle in gewisser Hinsicht Prinzipien und werden in bezug auf ein erstes

Vermögen, das Prinzip einer Veränderung in einem anderen ist, oder, insofern es ein anderes ist, ausgesagt. Denn es gibt ein Vermögen des Affiziertwerdens als ein im Affizierten selbst enthaltenes Prinzip der affektiven Veränderung durch ein anderes oder, insofern es ein anderes ist; es gibt aber auch den Zustand einer Unaffizierbarkeit zu einem Schlechteren oder einem Vergehen durch ein anderes oder, insofern es ein anderes ist, infolge eines Prinzips der Veränderung. [15] In all diesen Bestimmungen nämlich ist der Begriff des ersten Vermögens enthalten. Und diese Vermögen wiederum werden entweder als Vermögen des Nur-Bewirkens oder des Affiziert-werdens oder des Richtig-Bewirkens oder Affiziert-werdens ausgesagt, so daß auch in den Begriffen dieser Vermögen in gewisser Hinsicht die Begriffe der früheren Vermögen enthalten sind.

Es ist also klar, daß es einerseits für das Bewirken und Affiziert-werden nur *ein* Vermögen gibt [20] (denn etwas ist vermögend, weil es selbst über das Vermögen des Affiziert-werdens verfügt oder weil es über das Vermögen verfügt, durch sich selbst anderes zu affizieren), andererseits auch ein anderes Vermögen findet sich im Affizierten; weil es nämlich über ein bestimmtes Prinzip verfügt und weil auch der Stoff ein bestimmtes Prinzip ist, wird das Affizierte affiziert und das eine durch das andere; das Fettige nämlich ist brennbar, [25] das auf bestimmte Weise Nachgebende zerbrechlich, und gleich verhält es sich auch bei den übrigen Fällen. Das andere Vermögen findet sich im Bewirkenden, wie etwa das Warme und die Baukunst – das eine im Wärmenden, das andere im Baukünstler. Inwiefern daher etwas zusammengewachsen ist, wird es nicht durch sich selbst affiziert; denn es ist dann nur eines und nicht etwas anderes.

Das Unvermögen und das Unvermögende bedeuten die einem derartigen Vermögen entgegengesetzte Privation, [30] so daß also jedes Vermögen desselben Dinges und auf dieselbe Weise einem Unvermögen entspricht. Von Privation aber spricht man in vielfacher Bedeutung: einmal versteht man darunter das Nicht-Verfügen über etwas, dann das Nicht-Verfügen über etwas, wenngleich es von Natur aus dazu befähigt sein soll – entweder ein Nicht-Verfügen allgemein oder ein Nicht-Verfügen zu einer Zeit, wo es zu verfügen befähigt sein müßte, und entweder wenn es über etwas auf eine bestimmte Weise nicht verfügt (z. B.: nicht ganz und gar), oder wenn es über etwas auf irgendeine beliebige Art und Weise nicht verfügt. In manchen Fällen sprechen wir da von Privationen, wo ein Etwas über etwas, worüber es der Natur nach verfügen müßte, durch Gewalt nicht verfügt.

2. *Begriffliche und nichtbegriffliche Vermögen*

Da aber einige derartige Prinzipien im Unbeseelten enthalten sind, andere im Beseelten und in der Seele, und zwar in dem Teil der Seele, | der über den Begriff verfügt, ist es offenbar, daß einige von den Vermögen ohne Begriff, andere aber mit dem Begriff verbunden sein werden. Demnach sind alle Künste und auch die bewirkenden Wissenschaften Vermögen; denn sie sind Prinzipien der Veränderung in einem anderen, oder sofern es ein anderes ist. Und zwar sind alle mit dem Begriff verbundene Vermögen immer zugleich auch Vermögen für das Gegenteil, die aber ohne Begriff je eines nur für Eines; wie etwa das Warme nur Vermögen des Wärmens ist, doch die Heilkunst zugleich Vermögen der Krankheit und der Gesundheit. Die Ursache davon aber liegt darin, daß die Wissenschaft Begriff ist; doch derselbe Begriff erklärt die Sache und ihre Privation, nur nicht auf dieselbe Art und Weise; so daß er in gewisser Hinsicht beiden zukommt, in gewisser Hinsicht aber mehr dem wirklich Bestehenden. Demnach ergibt sich die Notwendigkeit, daß derartige Wissenschaften Wissenschaften von Gegenteilen sind, aber doch Wissenschaften des einen Gegenteiles an sich und Wissenschaften des anderen Gegenteiles nicht an sich; denn auch der Begriff ist Begriff des einen an sich, Begriff des anderen aber gewissermaßen in akzidentellem Sinne. Nur durch Verneinung und Wegnahme erklärt der Begriff das Gegenteil. Die erste Privation nämlich ist das Gegenteil, [15] diese aber ist eine Wegnahme dessen, dessen Gegenteil sie ist. Da nun Gegenteile einem Identischen nicht zukommen, die Wissenschaft aber insofern Vermögen ist, als sie über den Begriff verfügt, und da die Seele über das Prinzip der Bewegung verfügt, ergibt sich: während Gesundes nur Gesundheit bewirkt, Wärmendes nur Wärme, Kühlendes nur Kälte, bewirkt der, der über die Wissenschaft verfügt, beides. [20] Denn der Begriff geht auf beides, wenn auch nicht auf gleiche Weise, und befindet sich in der Seele, die über das Prinzip der Bewegung verfügt. Die Seele wird also von demselben Prinzip aus und, an dasselbe anknüpfend, beides in Bewegung bringen. Daher bewirkt das nach Begriffen Vermögende etwas, das das Gegenteil dessen ist, das das ohne Begriffe Vermögende bewirkt. Denn in *einem* Prinzip, dem Begriff, wird das Gegenteil umfaßt.

Es ist aber auch offenbar, [25] daß dem Vermögen des guten Bewirkens und Affiziert-werdens das Vermögen des Bewirkens und Affiziert-werdens überhaupt folgt, aber nicht immer diesem auch jenes; denn wer etwas gut bewirkt, muß es überhaupt bewirken; derjenige aber, der überhaupt bewirkt, muß es nicht gut bewirken.

3. Vermögen und Wirklichkeit

Es gibt aber einige, wie etwa die Megariker[5], die behaupten, daß nur dann ein Ding vermögend sei, wenn es verwirklicht, daß aber ein Ding nicht vermögend sei, [30] wenn es nicht verwirklicht; so sei etwa der, der nicht baut, auch nicht vermögend zu bauen, sondern nur der Bauende, solange er baut – und in gleicher Weise auch in anderen Fällen. Man sieht unschwer, in welch unsinnige Konsequenzen ihre Ansicht gerät. Denn es ist klar, daß hiernach keiner Baumeister sein wird, solange er nicht baut (das Baumeister-sein nämlich bedeutet doch das Vermögend-sein zu bauen) – und in gleicher Weise auch bei den anderen Künsten. Wenn es nun möglich ist, über derartige Künste zu verfügen, ohne sie einmal gelernt und erfaßt zu haben, und über sie nicht zu verfügen, | ohne sie vorher einmal verloren zu haben (entweder nämlich durch Vergessen oder durch eine Affektion oder durch die Zeit; sicherlich nicht dadurch, daß die Sache vergeht, denn diese ist ewig), so wird etwa jemand, sobald er aufhört [zu bauen], über die Kunst nicht mehr verfügen? Wenn er aber sogleich wieder baut, auf welche Weise hat er die Kunst wieder erworben? Das gleiche würde auch bei unbeseelten Dingen zutreffen. Denn es könnte nichts kalt oder warm oder süß oder sonst überhaupt sinnlich erfaßbar sein, wenn man es nicht sinnlich erfaßt; demnach kämen sie auf die Lehre des Protagoras hinaus. Nichts könnte hiernach über Wahrnehmung verfügen, sofern es nicht gerade sinnlich wahrnimmt und verwirklicht. Wenn nun blind soviel bedeutet wie nicht über das Sehvermögen verfügen, obgleich es von Natur aus dazu geeignet ist und gerade auch zu diesem Zeitpunkt und in dieser Weise, so müßten dieselben an einem Tage mehrmals blind werden – und taub.

Wenn weiter dasjenige, dessen Vermögen einer Privation unterliegt, unvermögend wäre, so würde das, was nicht entstanden ist, unvermögend sein zu entstehen. Wer aber von dem, was unvermögend ist zu entstehen, sagte, daß es »sei« oder »sein werde«, der täuscht sich (denn das bezeichnete ja eben das Wort »unvermögend«); es heben also diese Lehren sowohl Bewegung als auch Entstehung auf. Denn das Stehende wird [ihrer Ansicht nach] immer stehen und das Sitzende immer sitzen; denn nicht wird aufstehen, was sitzt; es wird nämlich unvermögend sein aufzustehen, was nicht aufzustehen vermögend ist. Wenn man aber nun das nicht behaupten kann, so ist es offenbar, daß Vermögen und Verwirklichung voneinander verschieden sind. Jene Lehren aber machen Vermögen und Verwirklichung zu ein und demselben und suchen daher eine nicht geringe Verschiedenheit zu beseitigen. Also kann es sein: was einerseits vermögend ist zu sein, ist auch vermögend, dies nicht zu sein, andererseits, was vermögend ist, nicht zu sein, ist auch vermögend, dies zu sein. In gleicher Art steht es mit den anderen Aussageweisen; so kann etwas nicht gehen, das vermögend ist zu gehen, und kann etwas gehen, das vermögend ist, nicht zu gehen. Vermögend aber ist das, für das nichts Unvermögendes eintreten wird, wenn die Verwirklichung dessen, wovon man sagt, daß es über Vermögen verfüge, eintritt. Ich meine das so: wenn etwas vermögend ist zu sitzen und in der Lage zu sitzen, so wird, wenn bei ihm das Sitzen wirklich zutrifft, nichts Unvermögendes eintreten; und dasselbe ist der Fall, wenn etwas vermögend ist, bewegt zu werden oder zu bewegen, zu stehen oder zu stellen, zu sein oder zu entstehen, oder nicht zu sein oder nicht zu entstehen.

Der Ausdruck »Verwirklichung« aber, der mit der »Vollendung« in Beziehung steht, ist von den Bewegungen vornehmlich auch auf anderes übergegangen. Es scheint nämlich Verwirklichung vornehmlich Bewegung zu sein. Darum teilt man auch dem Nichtseienden das Bewegt-werden nicht zu, sondern verwendet dafür andere Aussageweisen; so sagt man etwa, das Nichtseiende sei überlegbar oder erstrebbar, doch nicht, es sei bewegt. Dies aber deshalb, weil ein Bewegtes, das zwar nicht der Verwirklichung nach existiert, doch einmal der Verwirklichung nach existieren wird. | Denn von dem Nichtseienden »ist« einiges dem Vermögen nach; doch es »ist« insofern nicht, weil es nicht der Vollendung nach »ist«.

4. *Vermögendes und Unvermögendes*

Wenn aber das Vermögende, das erörtert wurde[6], etwas insofern ist, als ihm die Verwirklichung folgt[7], so kann es offenbar nicht wahr sein, wenn man behauptet, dies da sei zwar vermögend zu sein, werde aber nicht sein; auf diese Weise würde uns das Unvermögende entgehen. Ich meine das etwa so: wenn jemand, der das Unvermögende nicht bedenkt, sagt, die Diagonale sei vermögend, gemessen zu werden, werde aber niemals gemessen werden, weil ja nichts hindere, daß etwas, das vermögend ist, etwas zu sein oder zu werden, auch wohl in der Lage sei, dieses Etwas nicht zu sein und auch nicht zu werden. Doch aus dem Festgestellten ergibt sich mit Notwendigkeit folgendes: wenn wir auch annehmen sollten, daß etwas sei oder entstanden sei, das zwar nicht [tatsächlich] ist, wohl aber vermögend ist zu sein, so findet sich dabei nichts Unmögliches[8]; wohl aber ergäbe sich das in jenem Beispiel; denn daß die Diagonale gemessen werde, ist unmöglich. »Falsch« nämlich und »unmöglich« sind keineswegs dasselbe; daß du jetzt stehst, ist zwar falsch, doch nicht unmöglich.

Zugleich aber ist auch klar, wenn B sein muß, vorausgesetzt A ist, muß auch B möglich sein, vorausgesetzt A ist möglich. Denn müßte B nicht möglich sein, so hinderte nichts, daß sein Sein nicht möglich sei. Nun sei also A möglich. Also, wenn A möglich ist, würde die Annahme, daß A sei, nichts Unmögliches zur Folge haben. Dann müßte aber auch B sein. Aber es war unmöglich. Also angenommen, es sei unmöglich. Wenn es nun unmöglich ist, daß B ist, so muß auch A unmöglich sein. Das erste aber war unmöglich, füglich auch das zweite. Wenn also A möglich ist, so muß auch B möglich sein, wenn sich A und B so verhalten, daß B sein muß, vorausgesetzt A ist. Sollte aber, falls sich A und B so verhalten, B nicht in dieser Weise möglich sein, so werden sich auch A und B nicht so verhalten, wie vorausgesetzt wurde. Und wenn B möglich sein muß, vorausgesetzt

A ist möglich, so muß B sein, vorausgesetzt A ist. Denn wenn man sagt, B müsse mit Notwendigkeit möglich sein, falls A möglich ist, so weist das darauf hin, daß, wenn A ist – wann und wie es möglich ist – auch B [30] dann und in dieser Weise sein muß.

5. Vermögen und Verwirklichung

Da nun die gesamten Vermögen entweder angeboren sind, wie die der Sinne, oder durch Übung erworben werden, wie etwa das Vermögen, Flöte zu spielen, oder durch Lernen erworben werden, wie das Vermögen der Künste, so kann man notwendigerweise über diejenigen, die durch Übung und Begriff erworben werden, nur mit Hilfe vorausgegangener Verwirklichung verfügen, bei denen aber, die nicht derartig sind, [35] und bei den Vermögen des Affiziertwerdens ist dies nicht notwendig.

Da aber das Vermögende | zu etwas vermögend ist – und zwar zu bestimmter Zeit und auf bestimmte Weise (und was sonst noch zur Definition hinzukommen muß) – und da einiges dem Begriff nach zu bewegen vermag und seine Vermögen mit dem Begriff verbunden sind, anderes dagegen ohne Begriff ist und seine Vermögen ohne Begriff sind, und da jene Vermögen sich nun im Beseelten notwendigerweise finden, diese aber sowohl im Beseelten wie auch im Unbeseelten, [5] ist es notwendig, daß die begriffslosen Vermögen immer dann, wenn das Bewirkende und das Affizierbare ihren Vermögen nach sich nähern, einerseits bewirken, andererseits affiziert werden; bei den anderen Vermögen ist dies aber nicht notwendig. Denn die begriffslosen Vermögen sind jedes *ein* bewirkendes Vermögen zu *einer* Sache, die mit dem Begriff verbundenen Vermögen aber sind Vermögen von Gegenteilen, so daß sie also zugleich Gegenteiliges bewirkten; doch das ist unmöglich. [10] Es muß also hier etwas anderes ausschlaggebend sein; ich meine damit das Begehren oder die Entscheidung. Denn welches auch von zwei Dingen das mit dem Begriff verbundene Vermögen eigentlich begehrt, das wird es bewirken, sofern dies dem Vermögen gemäß vorhanden ist und sich dem Affizierbaren nähert. Das begriffsmäßig Vermögende muß also, falls es etwas begehrt, wozu es über das Vermögen verfügt, und so begehrt, wie es über das Vermögen verfügt, das Begehrte auch bewirken. Es verfügt aber über dieses Vermögen, wenn das Affizierbare anwesend ist und sich so und so verhält. Wo dies aber nicht zutrifft, wird es nichts zu bewirken vermögen. Man muß nämlich nicht noch hinzufügen, daß kein äußeres Hindernis dazutreten dürfe; denn es verfügt über das Vermögen zu bewirken nur insofern, als es Vermögen ist, und ein derartiges ist es nicht schlechthin, sondern nur unter bestimmten Verhältnissen, wovon auch schon die äußeren Hindernisse ausgeschlossen sein werden; denn diese schließen einiges, das zur Definition dazugehört, aus. Daher kann man auch nicht, wenn man zwei Dinge zugleich oder zwei Gegenteile bewirken wollte oder zu bewirken begehrte, sie wirklich bewirken; denn man verfügt nicht in diesem Sinne über das Vermögen dazu, und es gibt kein Vermögen, Gegenteile zugleich zu bewirken. Denn wozu man über ein Vermögen verfügt, das wird man bewirken.

6. Verwirklichung im Unterschied zu Vermögen und Bewegung

Nachdem nun von dem Vermögen gesprochen worden ist, das der Bewegung nach ausgesagt wird, wollen wir hinsichtlich der Verwirklichung näher bestimmen, was sie ist und wie beschaffen sie ist. Bei dieser Untersuchung nämlich wird es sich zugleich herausstellen, daß wir nicht nur dasjenige »vermögend« nennen, das von Natur aus in der Lage ist, etwas anderes zu bewegen oder von einem anderen bewegt zu werden (entweder schlechthin oder auf eine bestimmte Weise), sondern daß man »vermögend« noch in einem anderen Sinn gebraucht. Daher haben wir in unserer Untersuchung auch die anderen Bedeutungen durchgenommen.

Verwirklichung ist das Bestehen einer Sache, doch nicht in dem Sinne, wie wir sagen, sie bestehe dem Vermögen nach. Wir sagen, daß etwas dem Vermögen nach bestehe, etwa wenn wir sagen, es sei im Holz ein Hermes und im Ganzen die Hälfte – weil diese ja abgezogen werden kann –, und wir etwa den als einen Wissenschaftler bezeichnen, der zwar nicht eben Betrachtungen anstellt, sofern er aber vermögend ist, sie anzustellen. Anders aber sprechen wir vom Bestehen der Verwirklichung nach. Was wir sagen wollen, wird aber beim Einzelnen durch Herausführung klarwerden. Es ist nämlich nicht nötig, für alles eine Bestimmung zu suchen, sondern man kann auch das Analoge in einem Blick vereinen, weil es sich um eine Beziehung der Art handelt, wie sich das Bauende | zum Baukundigen verhält, wie sich das Wachende zum Schlafenden, wie sich das Sehende zu dem, was die Augen schließt, und doch über den Gesichtssinn verfügt, verhält, wie sich das aus dem Stoff Abgesonderte zum Stoff selbst und wie sich das Bearbeitete zum Unbearbeiteten verhält. Das eine Glied dieser Unterscheidung sei jeweils die Verwirklichung, das andere das Vermögende. Doch man spricht nicht von allem in gleichem Sinne, daß es der Verwirklichung nach sei, sondern bei manchem auch der Analogie nach, wie etwa »dieses in diesem« ist oder »zu diesem in Beziehung« steht, so ist auch »jenes in jenem« oder steht »zu jenem in Beziehung«; manches nämlich verhält sich wie die Bewegung zum Vermögen, manches aber wie das Wesen zu einem Stoff.

In einem ganz anderen Sinn aber spricht man auch beim Unbegrenzten, Leeren und allem Derartigen von Vermögen und Verwirklichung als bei vielen anderen Dingen, wie etwa beim Sehenden, Gehenden und Gesehenen. Denn diese Dinge können zu einer bestimmten Zeit auch schlechthin der Wahrheit nach ausgesagt werden (denn einerseits nennt man das Gesehene, insofern als es gesehen wird, andererseits, insofern es vermögend ist, gesehen zu werden). Das Unbegrenzte aber ist nicht in der Weise dem Vermögen nach, daß es einmal der Verwirklichung nach abgetrennt sein könnte, sondern nur für die Erkenntnis. Denn der Umstand, daß die Zerlegung nie aufhört, zeigt nur, daß diese Verwirklichung dem Vermögen nach existiert, nicht aber, daß das Unbegrenzte der Verwirklichung nach abgetrennt werden kann.

Von den Handlungen, die über eine Grenze verfügen, ist keine Ziel, sondern ist nur auf ein Ziel gerichtet, wie etwa das Abmagern auf die Magerkeit; doch das Abmagernde, wenn es abmagert, ist in einer derartigen Bewegung, ohne daß das vorhanden ist, weswegen die Bewegung erfolgt; so ist also dies keine Handlung, oder doch keine beendete, denn sie enthält kein Ziel; doch jene, in der das Ziel vorhanden ist, ist Handlung. So sieht man also und hat damit schon gesehen, so überlegt man und hat damit schon gedacht, nicht aber lernt man und hätte damit schon gelernt, noch gesundet man und wäre damit schon gesund geworden; dagegen aber lebt man gut und hat damit schon gut gelebt, und man lebt glücklich und hat damit schon glücklich gelebt. Wenn dem nicht so wäre, so hätte man einmal damit aufhören müssen, wie man dies mit der Abmagerung machen kann; dem ist jedoch nicht so, sondern man lebt und hat gelebt. Man muß also von diesen Dingen die einen Bewegungen nennen, die anderen Verwirklichungen. Jede Bewegung nämlich ist unvollendet, wie etwa Abmagern, Lernen, Gehen und Bauen: dies sind Bewegungen, und zwar unvollendete. Denn man geht nicht und wäre damit schon gegangen, man baut nicht und hätte damit schon gebaut, man entsteht nicht und wäre damit schon entstanden, oder man wird bewegt und wäre damit schon bewegt worden, sondern »man bewegt« und »man hat bewegt« ist etwas Verschiedenes. Hingegen ist das, was gesehen hat, und das, was sieht, dasselbe, ebenso das, was denkt, und das, was gedacht hat. Bei einem derartigen Vorgang spreche ich von Verwirklichung, bei einem von jener Art von Bewegung.[9] [35] Was nun das der Verwirklichung nach Seiende ist und wie beschaffen es ist, mag aus diesen und derartigen Überlegungen uns klargeworden sein.

7. Über das dem Vermögen nach Seiende

Wann nun jedes Einzelne dem Vermögen nach existiert und wann nicht, das muß bestimmt werden; | denn dies findet nicht zu jeder Zeit statt. Wie etwa: Ist die Erde dem Vermögen nach ein Mensch? Doch wohl nicht; vielmehr erst, wenn sie Same geworden ist – aber auch dann vielleicht noch nicht. Wie ja auch nicht durch die Heilkunst alles gesund werden kann oder durch einen Zufall, sondern es eben etwas gibt, das dazu vermögend ist, und dies ist das dem Vermögen nach Gesunde. [5] Die Bestimmung eines Dinges aber, das durch eine Überlegung aus einem dem Vermögen nach Seienden der Vollendung nach entsteht, liegt darin, daß es aus dem Willen der Überlegung – ohne ein Hindernis von außen – entsteht, bei dem, was gesund wird, aber darin, daß kein Hindernis in ihm selbst auftritt. Gleich steht es auch bei dem, das dem Vermögen nach ein Haus ist: wenn in ihm und im Stoff kein Hindernis auftritt, daß ein Haus entstehe, [10] und nichts ist, das noch hinzugefügt, weggenommen oder verändert werden muß, dann ist das ein Haus dem Vermögen nach. Und ebenso steht es bei allem anderen, bei dem das Prinzip der Entstehung von außen her kommt. Und all das, was in sich selbst über das Prinzip der Entstehung verfügt, ist dem Vermögen nach dasjenige, was es – ohne daß ein Hindernis von außen dazukommt – durch sich selbst sein wird. Wie ja auch [15] der Same noch nicht dem Vermögen nach ein Mensch ist (denn er muß erst noch in ein anderes kommen und sich verändern). Wenn aber etwas schon durch das sich in ihm vorfindende Prinzip eine derartige Beschaffenheit hat, dann ist dies bereits dem Vermögen nach; der Same aber bedarf noch eines von ihm verschiedenen Prinzips; so ist die Erde etwa noch nicht dem Vermögen nach eine Statue (denn sie muß zuerst verändert werden, um Erz zu sein).

Es scheint aber das, was wir besprechen, nicht »das« zu sein, sondern »von diesem herrührend« – zum Beispiel: der Kasten nicht Holz, sondern hölzern, [20] das Holz nicht Erde, sondern irden; und ebenso, wenn wiederum die Erde in dieser Weise nicht ein anderes ist, sondern von jenem anderen herrührend, so ist immer jenes andere schlechthin dem Vermögen nach das Spätere. So ist etwa der Kasten nicht irden noch Erde, sondern hölzern; denn dies – das Holz – ist dem Vermögen nach ein Kasten, das heißt Stoff des Kastens, und zwar Holz schlechthin der Stoff des Kastens schlechthin und dieses Holz da der Stoff dieses Kastens da. Wenn es aber ein Erstes gibt, [25] das nicht mehr nach einem anderen als »von diesem herrührend« ausgesagt wird, dann ist dies der erste Stoff; wie wenn etwa die Erde »luftig« ist, die Luft aber nicht Feuer, sondern »feurig«, so ist das Feuer erster Stoff, der erste Stoff aber ist kein Das. Denn dadurch unterscheiden sich das Worüber und das Substrat, daß es ein Das ist oder kein Das. So ist etwa für die Affektionen das Substrat Mensch, Körper [30] und Seele, Affektion aber ist musisch und weiß. Wenn aber Musik in etwas entstanden ist, so heißt das nicht Musik, sondern musisch, und der Mensch heißt nicht die Weißheit, sondern weiß, und nicht Gang oder Bewegung, sondern gehend oder bewegt, so wie vorher das »von jenem Herrührende«. Wo es sich nun so verhält, dort ist das Letzte [Worüber] Wesen; wo es sich aber nicht so verhält, [35] sondern wo eine Form und ein Das ausgesagt wird, da ist das Letzte [Worüber] Stoff und stoffliches Wesen. Und es ist ganz folgerichtig, daß man ein »von jenem Herrührendes« | sowohl dem Stoff nach als auch den Affektionen nach aussagt, denn beides ist unbestimmt. Wann man also sagen muß, daß etwas dem Vermögen nach sei, und wann nicht, ist damit besprochen worden.

8. Verwirklichung ist früher als Vermögen

Da aber schon bestimmt wurde, in wie vielen Bedeutungen »früher«[10] ausgesagt wird, ist es offenbar, daß Verwirklichung früher ist als Vermögen. Ich meine hier nicht nur das vorher definierte Vermögen, das als Prinzip der Veränderung in einem anderen, oder insofern es ein anderes ist, bezeichnet wird, sondern überhaupt als jedes Prinzip der Bewegung oder Ruhe. Denn auch die Natur gehört in dieselbe Gattung wie das Vermögen; denn sie ist ein Prinzip der Bewegung, aber nicht in einem anderen, sondern in einem Ding selbst, insofern es selbst ist. Jedem derartigen Vermögen gegenüber ist nun die Verwirklichung sowohl dem Begriff als auch dem Wesen nach früher; der Zeit nach ist sie in gewisser Hinsicht früher, in gewisser Hinsicht nicht.

Daß sie nun dem Begriff nach früher ist, ist klar. Denn das in erster Linie Vermögende ist deshalb vermögend, weil es verwirklichen kann; so nenne ich etwa baukundig das, was zu bauen vermögend ist, sehfähig das, was zu sehen vermögend ist, und sichtbar das, was gesehen zu werden vermögend ist. Derselbe Gedankengang liegt auch für alles übrige vor, so daß der Begriff und das Erkennen der Verwirklichung früher vorhanden sein muß als der Begriff und das Erkennen des Vermögens.

Die Verwirklichung ist aber der Zeit nach in folgender Hinsicht früher: das der Art nach Identische ist der Verwirklichung nach früher, doch nicht das der Zahl nach Identische. Ich verstehe dies etwa so: im Verhältnis zu »dem« Menschen, der schon [20] der Verwirklichung nach existiert, und zu »dem« Getreide und zu »dem« Sehenden ist der Zeit nach früher der Stoff und der Same und das Sehfähige, die zwar dem Vermögen nach Mensch, Getreide und sehend sind, noch nicht aber der Verwirklichung nach. Aber der Zeit nach noch früher als diese Dinge sind der Verwirklichung nach existierende Dinge, aus denen diese entstanden; immer nämlich entsteht das der Verwirklichung nach Seiende [25] aus dem dem Vermögen nach Seienden infolge eines der Verwirklichung nach Seienden, wie etwa der Mensch durch einen Menschen, der Musische durch den Musischen, indem immer etwas als Erstes bewegt; das Bewegende aber existiert bereits der Verwirklichung nach. Es ist aber in den Abhandlungen über das Wesen gesagt worden[11], das jedes Entstehende aus etwas und durch etwas ein Was wird und dieses der Art nach dasselbe ist. Daher wird es auch für unmöglich angesehen, [30] daß jemand ein Baukünstler sei, der noch kein Haus gebaut hat, oder ein Leierspieler, der noch nicht auf der Leier gespielt hat; denn derjenige, der das Leierspiel lernt, lernt leierspielen, indem er auf der Leier spielt, und ebenso in den anderen Fällen. Daher leitete sich auch die sophistische Widerlegung, daß jemand, der nicht über die Wissenschaft verfügt, dennoch das bewirken würde, wovon die Wissenschaft Gegenstand ist; denn derjenige, der etwas lerne, verfüge noch nicht darüber. [35] Weil aber von dem, was entsteht, schon immer etwas entstanden sein muß, und von dem, was ganz und gar bewegt wird, schon etwas bewegt worden sein muß (dies ist in den Abhandlungen über die Bewegung klargeworden)[12], | so muß wohl auch derjenige, der lernt, über etwas von der Wissenschaft verfügen. Also leuchtet es nun auch dadurch ein, daß die Verwirklichung auch so der Entstehung und der Zeit nach früher ist als das Vermögen.

Aber sie ist auch dem Wesen nach früher. Erstens, weil das,

was der Entstehung nach später ist, der Form und dem Wesen nach früher ist (wie etwa der Mann früher ist als der Knabe und der Mensch früher als der Same; denn das eine verfügt schon über die Form, das andere nicht). Weiter, weil alles, was entsteht, auf ein Prinzip und damit auf ein Ziel hingeht (Prinzip nämlich ist das Weswegen, doch um des Zieles willen erfolgt die Entstehung); Ziel aber ist die Verwirklichung, und ihretwegen erlangt man das Vermögen. Denn nicht, um über den Gesichtssinn zu verfügen, sehen die Lebewesen, sondern sie verfügen über den Gesichtssinn, um zu sehen. In gleicher Weise verfügt man über die Baukunst, um zu bauen, und über die Fähigkeit der Betrachtung, um zu betrachten; aber man betrachtet nicht, um über die Fähigkeit der Betrachtung zu verfügen, es sei denn diejenigen, die sich erst einüben, doch diese stellen Betrachtungen in einem ganz bestimmten Maße an (oder weil sie der Betrachtung nicht mehr bedürfen). Weiter existiert der Stoff dem Vermögen nach, weil er zur Form gelangen kann; sobald er aber der Verwirklichung nach existiert, ist er in der Form. Gleich steht es auch bei den übrigen Fällen, auch bei dem, dessen Ziel eine Bewegung ist. Wie daher die Lehrer glauben, das Ziel erreicht zu haben, wenn sie den Schüler als einen Verwirklichenden zeigen, so ist es auch in der Natur. Denn wäre dem nicht so, so stünde es wie beim Hermes des Pauson[13]; denn es wäre dann bei der Wissenschaft ebenso unklar wie bei jenem Hermes, ob sie »drinnen« oder »draußen« ist. Denn Ziel ist das Werk, das Werk aber ist die Verwirklichung. Daher ist auch der Ausdruck »Verwirklichung« von »Werk« gebildet und zielt auf die Vollendung. Da aber in manchen Fällen das Letzte der Gebrauch ist (wie etwa vom Gesichtssinn das Sehen, und außerdem kein von dem Sehen verschiedenes Werk aus dem Gesichtssinn hervorgeht), in anderen Fällen aber ein solches Werk entsteht (wie etwa von der Baukunst außer dem Bauen das Haus), so ist nichtdestoweniger im einen Fall der Gebrauch Ziel, im anderen noch immer mehr Ziel als Vermögen. Denn das Bauen in dem, was gebaut wird, entsteht und »ist« zugleich mit dem Haus. [30] Bei dem also, wovon das Entstandene neben dem Gebrauch ein davon verschiedenes Werk ist, da ist die Verwirklichung in dem, was bewirkt wird (so etwa das Bauen in dem, was gebaut wird, und das Weben in dem, was gewebt wird, und ebenso in den übrigen Fällen; überhaupt die Bewegung in dem, was bewegt wird); bei dem aber, wovon es neben der Verwirklichung kein verschiedenes Werk gibt, ist die Verwirklichung in ihm selbst enthalten (wie etwa das Sehen [35] im Sehenden und das Betrachten im Betrachtenden und das Leben in der Seele, | und deshalb auch die Glückseligkeit; denn sie ist ein bestimmt geartetes Leben). Daraus also ist offenbar, daß das Wesen und damit die Form Verwirklichung ist. Aus dieser Überlegung geht nun klar hervor, daß die Verwirklichung dem Wesen nach früher ist als das Vermögen, und, wie wir schon dargelegt haben[14], der Zeit nach geht immer [5] eine Verwirklichung der anderen voraus bis zur Verwirklichung des immerfort in erster Linie Bewegenden.

Aber Verwirklichung ist in einem noch ausschlaggebenderen Sinne früher als das Vermögen. Die ewigen Dinge nämlich sind dem Wesen nach früher als die vergänglichen Dinge, nichts Ewiges aber existiert dem Vermögen nach. Der Grund ist folgender. Jedes Vermögen ist zugleich Vermögen von einander Widersprechendem. Denn das, was nicht vermögend ist zu bestehen, das kann an gar nichts bestehen, [10] doch jedes, das vermögend ist zu bestehen, kann nicht verwirklicht sein. Das also vermögend ist zu sein, kann sowohl sein als auch nicht sein; dasselbe also ist vermögend, zu sein und nicht zu sein. Das aber vermögend ist, nicht zu sein, kann auch nicht sein. Das aber, das imstande ist, nicht zu sein, das ist vergänglich, entweder schlechthin oder eben in dem Sinn, in dem man von ihm sagt, [15] es könne auch nicht sein, entweder dem Ort, dem Quantum oder dem Quale nach; schlechthin vergänglich ist, was dem Wesen nach auch nicht sein kann. Nichts also von dem, was schlechthin unvergänglich ist, existiert schlechthin nur dem Vermögen nach (in gewisser Hinsicht aber hindert nichts dies, etwa als Quale oder Ort zu sein); all dies also existiert der Verwirklichung nach. Ebensowenig gibt es von dem notwendig Seienden etwas nur dem Vermögen nach (wiewohl dies das Erste ist; denn wäre das nicht, gäbe es überhaupt nichts). [20] Und ebensowenig gibt es die ewige Bewegung, wenn es sie gibt, nur dem Vermögen nach; und wenn es ein ewig Bewegtes gibt, so ist dies nicht nur dem Vermögen nach bewegt – es sei denn im Hinblick auf das Woher oder Wohin (denn davon kann sehr wohl ein Stoff vorhanden sein). Daher sind die Sonne, die Gestirne und der ganze Himmel stets in Verwirklichung, und man braucht keine Angst zu haben, daß sie einmal stillstehen, wie dies die Naturphilosophen befürchten.[15] Es macht ihnen auch keine Mühe, dies zu tun; denn bei ihnen ist die Bewegung nicht, [25] wie bei vergänglichen Dingen, mit dem Vermögen des Widerspruchs verbunden, so daß etwa deshalb die Kontinuität der Bewegung mühevoll wäre; denn die Ursache solcher Mühe ist das Wesen, das nur Stoff und Vermögen ist, nicht Verwirklichung. Die unvergänglichen Dinge aber ahmen auch die sich in Veränderung befindenden Dinge nach, wie etwa Erde und Feuer. Denn auch diese verwirklichen stets; sie verfügen nämlich [30] an sich und in sich über Bewegung. Die anderen Vermögen aber sind, wie es bestimmt worden ist, alle Vermögen des Widerspruchs (denn was »so« zu bewegen vermögend ist, das vermag auch »nicht so« zu bewegen), und zwar gilt dies von den mit dem Begriff verbundenen Vermögen. Die begrifflosen Vermögen aber werden – je nachdem, was vorhanden und nicht vorhanden ist – ebenso Vermögen des Widerspruchs sein. Wenn es also derartige Naturen oder [35] Wesen gäbe, wie sie diejenigen, die sich mit Begriffen befassen[16], den Ideen zuerkennen, so gäbe es etwas viel Wissenderes als die Wissenschaft an sich | und etwas viel Bewegteres als die Bewegung an sich. Denn Wis-

sendes und Bewegung sind mehr Verwirklichungen als Vermögen, die Ideen aber sind Vermögen zu Verwirklichungen.
Daß also die Verwirklichung früher ist als das Vermögen und jedes Prinzip der Veränderung, ist somit offenbar.

9. Zusätzliches zu Verwirklichung und Vermögen

Daß aber die Verwirklichung sowohl besser als auch wertvoller ist als selbst ein tüchtiges Vermögen, [5] geht aus folgendem klar hervor. All das nämlich, was nach einem Vermögend-sein ausgesagt wird, dasselbe ist auch vermögend zu Gegenteiligem, wie etwa das, wovon man sagt, es sei vermögend, gesund zu sein, dasselbe ist wie das, wovon man sagt, es sei vermögend, krank zu sein – und zwar zugleich. Denn es ist ein und dasselbe Vermögen: das Vermögen des Gesundseins und des Krankseins, das Vermögen des Ruhens und Bewegt-werdens, das Vermögen des Bauens und des Einreißens und das Vermögen [10] des Gebaut-werdens und Einstürzens. Es ist also das Vermögend-sein zu den Gegenteilen zur selben Zeit vorhanden. Daß aber Gegenteile zugleich vorkommen, ist unmöglich, und somit ist es auch unmöglich, daß die gegenteiligen Verwirklichungen zugleich vorkommen (wie etwa Gesundsein und Kranksein). Also muß eines von diesen beiden Gegenteilen das Gute sein, während das Vermögend-sein das Gute in gleicher Weise für beides oder für keines von beiden ist; [15] so ist füglich die Verwirklichung besser. Doch beim Schlechten muß das Ziel und die Verwirklichung schlechter sein als das Vermögen; denn dasselbe Vermögende ist zu beiden Gegenteilen vermögend. Es ist also offenbar, daß es kein Schlechtes neben den Sachen gibt; denn der Natur nach ist das Schlechte später als das Vermögen. Demnach gibt es auch bei dem, was vom Anfang her besteht, und bei den ewigen Dingen [20] nichts

Schlechtes, keinen Fehler, kein Verdorbenes (denn auch das Verderben gehört zum Schlechten).
Auch die geometrischen Figuren findet man durch Verwirklichung; denn man findet sie nur, indem man zerlegt. Wenn aber die Figuren bereits zerlegt wären, wären sie offenbar. Nun aber ist die Zerlegung in ihnen nur dem Vermögen nach vorhanden. Weshalb ist die Summe der Winkel eines Dreiecks gleich zwei rechten Winkeln? Weil die Winkel [25] um einen Punkt zwei rechten Winkeln gleichen. Wenn nun die mit der einen Seite parallel verlaufende Linie gezogen wäre, so wäre die Sache auf den ersten Blick sogleich klar. Weshalb ist im Halbkreis allgemein ein Winkel ein rechter? Wenn die drei Linien gleich sind, und zwar die Grundlinie das Zweifache und die in der Mitte errichtete Senkrechte das Einfache, so ist die Sache jedem auf den ersten Blick klar, der den ersten Satz eingesehen hat. So ist es also offenbar, daß das dem Vermögen nach Seiende dadurch gefunden wird, [30] daß man es der Verwirklichung zuführt. Ursache dafür ist, daß das Denken hier Verwirklichung ist. Also geht das Vermögen aus der Verwirklichung hervor, und man erkennt dadurch, daß man bewirkt. Denn später der Entstehung nach ist die Verwirklichung der Zahl nach.

10. Das Wahre und das Falsche

Da aber das Seiende und das Nichtseiende teils nach den Formen [35] der Aussageweisen ausgesagt wird, teils nach deren Vermögen oder Verwirklichung oder deren Gegenteil, | teils aber das Seiende im eigentlichsten Sinne das Wahre oder Falsche ist, dies aber bei den Sachen durch Zusammengesetzt-sein oder durch Getrennt-sein besteht, so daß derjenige die Wahrheit sagt, der vom Getrennten meint, es sei getrennt, und vom Zusammengesetzten, es sei zusammengesetzt, derjenige sich aber täuscht, der entgegengesetzt denkt, als sich die Dinge verhalten, so ergibt sich die Frage: Wann existiert das, was man das Wahre oder das Falsche nennt, und wann nicht? Es muß nämlich das untersucht werden, was wir darunter verstehen. Denn du bist nicht deshalb weiß, weil wir der Wahrheit gemäß meinen, du seist weiß, sondern weil du weiß bist, deshalb sprechen wir mit unserer Behauptung die Wahrheit. Wenn nun einige Dinge immer zusammengesetzt sind und nicht vermögend, getrennt zu werden, andere Dinge aber immer getrennt sind und nicht vermögend, zusammengesetzt zu werden, andere Dinge wieder sowohl zusammengesetzt als auch getrennt werden können, so ist einerseits das Sein das Zusammengesetzt-sein und das Eines-sein, andererseits das Nichtsein das Nicht-zusammengesetzt-sein und das Mehreres-sein. So kann aber bei den Dingen, die sowohl das eine als auch das andere sein können, dieselbe Meinung und dieselbe Behauptung wahr und falsch sein, und man kann damit bald die Wahrheit, bald die Unwahrheit sagen; von den Dingen aber, die nicht vermögend sind, sich auch anders zu verhalten, wird eine Meinung nicht bald wahr und bald falsch sein, sondern dieselben sind immer wahr oder immer falsch.

Was aber ist nun bei den zusammengesetzten Dingen Sein und Nichtsein, wahr und falsch? Denn diese sind ja nicht so zusammengesetzt, daß sie »sind«, sofern sie zusammengesetzt sind, aber »nicht sind«, sofern sie getrennt sind, wie dies beim »weißen Holz« oder der unmeßbaren Diagonale der Fall ist; so wird hier auch nicht in gleicher Weise das Wahre und Falsche vorhanden sein wie in jenen Fällen. Oder hier ist eben auch das Sein, ebenso wie das Wahre, nicht dasselbe wie beim Zusammengesetzten, sondern Wahres und Falsches bedeutet: Erfassen und Nennen sind wahr (denn Bejahen und Behaupten sind nicht dasselbe), Nicht-Erfassen aber ist Nicht-Wissen. Denn eine Täuschung über das Was ist nicht möglich, außer in akzidentellem Sinne; gleich steht es bei den nicht zusammengesetzten Wesen, denn auch über sie ist keine Täuschung möglich; und sie alle existieren der Verwirklichung nach, nicht bloß dem Vermögen nach; denn sonst würden sie entstehen und vergehen; nun kann aber das Seiende selbst weder entstehen noch vergehen, denn sonst würde es aus etwas entstehen. Bei dem nun, das ein Was-sein und der Verwirklichung nach ist, kann es keine Täuschung geben, sondern nur Denken oder Nicht-Denken; aber man forscht dabei nach dem Was, ob es so beschaffen ist oder nicht.

Das Sein aber im Sinne des Wahren und das Nichtsein im Sinne des Falschen gibt es einerseits in der Bedeutung, daß etwas wahr ist, wenn es zusammengesetzt ist, und falsch, wenn es nicht zusammengesetzt ist; andererseits in der Bedeutung, daß etwas, wenn es ist, »so ist«, und wenn es nicht so ist, nicht »ist«. | Wahrheit aber ist hier, die Dinge zu denken. Falsches aber oder Täuschung gibt es da nicht, sondern nur Unwissenheit – aber nicht eine Unwissenheit, die der Blindheit entspräche; denn es entspräche der Blindheit, wenn jemand überhaupt nicht über die Denkfähigkeit verfügte.

Es ist also klar, daß es bei unbeweglichen Dingen, sofern man annimmt, daß es unbewegliche Dinge gibt, keine Täuschung im Hinblick auf das Wann geben kann. Wenn man etwa vom Dreieck meint, daß es sich nicht verändert, wird man nicht meinen, daß es bald über zwei rechte Winkel verfüge, bald nicht (denn dann würde es sich ja verändern). Sondern man kann nur meinen, daß das eine dieses Was sei, das andere aber dieses Was nicht sei; so etwa, daß keine gerade Zahl erste Zahl sei oder daß einige dies seien, andere nicht. Bei dem aber, was der Zahl nach Eines ist, kann man nicht einmal in dieser Weise denken; denn hier kann man nicht meinen, daß »einiges« dieses Was ist, »anderes« aber nicht, sondern man wird entweder die Wahrheit sagen oder die Unwahrheit, da die Sache sich immer so verhält.

X. BUCH (I)

1. Die vier Hauptbedeutungen des Einen

[15] Daß man das Eine in vielfachen Bedeutungen aussagt, ist früher in den Abhandlungen über die mehrfache Bedeutung der Wörter erörtert worden.[1] Wiewohl es noch mehr Bedeutungen gibt, kann man auf vier hauptsächliche Bedeutungen zurückkommen, nach denen etwas in erster Linie und an sich, doch nicht im akzidentellen Sinne Eines genannt wird. Einerseits nämlich heißt Eines das Zusammenhängende, entweder das einfach oder insbesondere das von Natur aus [20] und nicht durch Berührung oder Bindung Zusammenhängende. Davon ist wieder das in höherem Grade und früher Eines, dessen Bewegung unzerlegbarer und einfacher ist. Weiter heißt in höherem Grade Eines dasjenige, das ein Ganzes ist und über eine bestimmte Gestalt und Form verfügt, besonders wenn es von Natur aus derartig ist und nicht durch Gewalt – wie etwa bei all dem, was durch Leim oder Nägel oder Bänder zusammengefügt ist –, sondern in sich selbst über die Ursache [25] des Zusammenhängens verfügt. Derartig aber ist es dadurch, daß seine Bewegung nur *eine* ist und dem Ort und der Zeit nach unzerlegbar. Also ist es klar, wenn etwas von Natur aus über das erste Prinzip der ersten Bewegung verfügt – ich meine etwa die Kreisbewegung –, so ist dies als erste Größe Eines. Das also, was in diesem Sinne Eines ist, ist es, insofern es ein Zusammenhängendes oder Ganzes ist; anderes aber ist Eines, wenn sein Begriff *einer* ist. [30] Derartig jedoch ist das, dessen Denken *eines* ist, das heißt unzerlegbar; unzerlegbar aber ist das Denken bei dem, was der Art oder Zahl nach unzerlegbar ist. Der Zahl nach unzerlegbar ist also das einzelne Ding, der Art nach das, was für Erkenntnis und Wissenschaft unzerlegbar ist, so daß das das erste Eine sein dürfte, was für die Wesen Ursache ist, daß sie ein Eines sind.

In diesen Bedeutungen also spricht man vom Einen: als dem von Natur aus Zusammenhängenden, [35] als dem Ganzen, als dem einzelnen Ding und als dem Allgemeinen. All das aber ist Eines, weil etwas unzerlegbar ist, beim einen die Bewegung, | beim anderen das Denken oder der Begriff.

Man muß aber bedenken, daß man die Frage, welche Dinge man als Eines aussagt, und die Frage, was das Eines-sein und was der Begriff des Einen ist, nicht als gleichbedeutend auffassen darf. Das Eine wird zwar in den oben genannten Bedeutungen ausgesagt, und ebenso ist jedes Einzelne, dem eine [5] dieser Bedeutungen zukommt, Eines. Das Eines-sein jedoch wird bald einer unter diesen zukommen, bald einer anderen, die dem Ausdruck Eines nähersteht, während jene Dinge nur dem Vermögen nach Eines sind. Ebenso steht es beim »Element« und der »Ursache«, wenn man einmal die Sachen definieren, ein andermal die Bestimmung des Ausdrucks angeben sollte. In gewisser Hinsicht nämlich ist das Feuer Element [10] (vielleicht auch das Unbegrenzte an sich oder etwas anderes derartiges), in gewisser Hinsicht aber wieder nicht. Denn das Feuer-sein und das Element-sein sind nicht dasselbe, sondern als bestimmte Sache und als Natur ist das Feuer Element, der Ausdruck aber bezeichnet, es sei ein Akzidens desselben: daß nämlich etwas existiert, das aus ihm [dem Feuer] als seinem ersten Innewohnenden stammt. Ebenso steht es mit der »Ursache«, [15] dem Einen und allem derartigen. Also ist das Eines-sein das Unzerlegbar-sein als ein unmittelbares Das und als ein für sich Abgetrenntes – entweder dem Ort oder der Art oder der Überlegung nach –, oder es ist das Ganz-sein oder das Unzerlegbar-sein. Insbesondere aber bedeutet es das erste Maß-sein jeder Gattung und eigentlich des Quantums; denn von daher ist der Ausdruck auf das andere übergegangen. [20] Maß nämlich ist das, wodurch ein Quantum erkannt wird; das Quantum aber wird, sofern es Quantum ist, entweder durch das Eine oder durch eine Zahl erkannt; jede Zahl aber wird durch das Eine erkannt. Es wird also jedes Quantum, insofern es

Quantum ist, durch das Eine erkannt, und dasjenige, wodurch als Erstes alle Quanta erkannt werden, ist das Eine selbst; daher ist das Eine Prinzip der Zahl, insofern sie Zahl ist. Von daher ist auch der Ausdruck »Maß« auf andere Fälle übergegangen, wodurch als dem Ersten jedes Einzelne erkannt wird; und das Maß jedes Einzelnen ist ein Eines: bei der Länge, der Breite, der Tiefe, der Schwere und der Schnelligkeit (Schwere nämlich und Schnelligkeit sind gemeinsame Benennungen für Gegenteile, denn jedes von ihnen verfügt über zwei Bedeutungen: »schwer« ist sowohl das, was über ein beliebiges, als auch das, was über ein übermäßiges Gewicht verfügt, und »schnell« ist sowohl das, was über eine beliebige, als auch das, was über eine übermäßige Bewegung verfügt; denn auch vom Langsamen gibt es eine Schnelligkeit und auch vom Leichten eine Schwere).

In allen diesen Fällen ist Maß und Prinzip ein Eines und Unzerlegbares, da man ja auch bei den Linien die einen Fuß langen als unzerlegbar verwendet. Überall nämlich sucht man nach einem Einen und Unzerlegbaren als Maß; das aber ist das Einfache – entweder dem Quale oder dem Quantum nach. Wo immer es nun den Anschein hat, daß nichts weggenommen oder hinzugefügt werden kann, da ist das Maß genau; daher ist das Maß | der Zahl das genaueste; denn man setzt die Eins als durchaus unzerlegbar an. In allen anderen Fällen sucht man ein derartiges Maß nachzuahmen. Beim Stadion nämlich und beim Talent und so immer beim Größeren dürfte ein Hinzugefügtes oder Weggenommenes eher verborgen bleiben als beim Kleineren; also machten alle dasjenige zum Maß, bei dem als Ersten ein derartiges Hinzufügen oder Wegnehmen nach der Sinneswahrnehmung nicht möglich ist, so beim Flüssigen und Festen, Schweren und Großen; und dann meinen sie das Quantum zu kennen, wenn sie es durch dieses Maß kennen. Und ebenso mißt man die Bewegung an der einfachen und schnellsten (denn diese verfügt über die geringste Zeitdauer);

[10] daher ist in der Astronomie ein derartiges Eines Prinzip und Maß (man setzt nämlich als gleichmäßige und schnellste Bewegung die des Himmels an und beurteilt nach ihr die übrigen); und so ist es auch in der Musik der Viertelton, weil er der kleinste ist, und in der Sprache der Buchstabe. Und all dies ist Eines nicht in dem Sinne, als wäre das Eine ein ihm Gemeinsames, sondern in dem bereits dargelegten Sinn.

Nicht immer aber ist das Maß [15] ein Eines der Zahl nach, sondern bisweilen mehreres; wie es etwa zweierlei Vierteltöne gibt, die zwar nicht dem Gehör nach, aber in den Zahlenverhältnissen unterschieden werden, und mehrere Laute, mit denen wir messen; auch die Diagonale und die Seite [eines Quadrates] werden mit zweierlei Maß gemessen – ebenso alle Größen.

In diesem Sinne nun ist das Eine Maß für alle Dinge, weil wir erkennen, woraus das Wesen besteht, indem wir die Dinge entweder [20] dem Quantum oder der Art nach zerlegen. Und deshalb ist auch das Eine unzerlegbar, weil das Erste jedes Einzelnen unzerlegbar ist. Doch nicht in gleicher Weise ist jedes Eine unzerlegbar, wie etwa die Fußlänge oder die Eins; sondern das eine ist eben schlechthin unzerlegbar, das andere ist nur der Sinneswahrnehmung nach unzerlegbar, wie bereits erörtert wurde; denn eigentlich ist wohl alles Zusammenhängende teilbar.

Immer aber ist das Maß [25] mit dem Gemessenen gattungsgleich. Für Größen ist das Maß eine Größe und im einzelnen für Länge eine Länge, für Breite eine Breite, für einen Laut ein Laut, für Schwere eine Schwere und für Einsen eine Eins. So muß man nämlich die Sache auffassen, nicht aber meinen, daß das Maß für Zahlen eine Zahl sei; und doch müßte es so der Fall sein, wollte man die Sache hier in gleicher Weise auffassen. Aber man dürfte den Fall nicht in gleicher Weise auffassen, sondern in dem Sinn, daß für Einsen wiederum Einsen das Maß wären, [30] nicht aber die Eins; die Zahl aber ist eine Menge von Einsen.

Auch die Wissenschaft und die Sinneswahrnehmung nennen wir aus demselben Grunde ein Maß der Sachen, weil wir durch sie etwas erkennen, wiewohl sie eher gemessen werden als selbst messen. Doch uns ergeht es dabei so, als wenn wir dadurch unsere Größe erkennen, daß uns ein anderer durch so und so oftmaliges Anlegen der Elle mißt. Protagoras aber sagt, der Mensch sei das Maß aller Dinge[2], als verstünde er darunter den wissenden Menschen | oder den sinnlich erfaßbaren Menschen und als ob er diese darum bezeichnete, weil sie teils über Sinneswahrnehmung, teils über Wissenschaft verfügen, was wir als Maße der Substrate ansehen. Der Ausspruch besagt also nichts, wiewohl er Besonderes zu künden scheint.

Es ist also klar, daß das Eines-sein, wenn man die Definition des Ausdruckes am genauesten nimmt, ein Maß bezeichnet, und zwar im eigentlichsten Sinne für das Quantum, und dann auch für das Quale. Maß aber wird etwas sein, wenn es unzerlegbar ist, in dem einen Fall dem Quantum, in dem anderen dem Quale nach; deshalb ist das Eine unzerlegbar, entweder schlechthin oder, insofern es Eines ist.

2. Das Eine ist kein Wesen

Hinsichtlich des Wesens aber und der Natur des Einen muß untersucht werden, auf welche von beiden Weisen es sich damit verhalte, wie wir das schon in den Besprechungen der Schwierigkeiten[3] durchgegangen sind, was das Eine sei und wie man es auffassen müsse: ob nämlich das Eine selbst ein Wesen ist, wie dies die Pythagoreer zuerst sagten und später Platon, oder ob vielmehr eine Natur das Substrat darstelle, und wie man sich darüber verständlicher äußern soll, etwa mehr in der Art, wie die Naturphilosophen; von diesen nämlich behauptet der eine, die Liebe sei das Eine, der andere, die Luft sei es, und ein dritter, das Unbegrenzte.[4] Wenn nun aber nichts Allgemeines Wesen zu sein vermag, so wie dies in den Abhandlungen über das Wesen und über das Seiende dargelegt worden ist[5], und wenn auch das Seiende selbst nicht Wesen als ein Eines neben den Vielen zu sein vermag (denn es ist ein den Vielen Gemeinsames), sondern nur ein Aussageinhalt ist, so geht daraus klar hervor, [20] daß auch das Eine kein Wesen zu sein vermag; denn das Seiende und das Eine werden von allem am allgemeinsten ausgesagt. So sind weder die Gattungen irgendwelche Naturen und Wesen, die abgetrennt von den übrigen Dingen existieren, noch kann das Eine eine Gattung sein, aus denselben Gründen, weswegen auch das Seiende und das Wesen keine Gattungen sind.

Weiter muß sich das Eine bei allem in gleicher Weise verhalten; [25] das Eine aber wird in ebenso vielen Bedeutungen ausgesagt wie das Seiende. Da nun aber bei den Qualia das Eine ein Etwas und eine bestimmte Natur ist, und in gleicher Weise auch bei den Quanta, so ist es klar, daß man überhaupt erst untersuchen muß, was das Eine sei, so wie man auch untersucht, was das Seiende sei, da es eben nicht ausreicht, wenn man sagt, daß eben dies seine Natur sei. Nun ist aber bei den Farben das Eine eine Farbe, so etwa die weiße: wenn sich nämlich zeigt, [30] daß die anderen Farben aus der weißen und der schwarzen entstanden sind, die schwarze aber die Privation der weißen ist – wie ja auch die Finsternis Privation des Lichtes ist. Wenn also die Dinge Farben wären, wären die Dinge eine Zahl. Doch wovon? Offenbar eine Zahl von Farben. Und das Eine wäre ein bestimmtes Eines, etwa die weiße Farbe. In gleicher Weise aber, [35] wenn die Dinge Töne wären, wären sie eine Zahl, nämlich eine Zahl von Vierteltönen; doch die Zahl wäre nicht ihr Wesen; und das Eine wäre etwas, dessen Wesen nicht | das Eine, sondern der Viertelton ist. Ebenso wären auch bei den Lauten die Dinge eine Zahl von Buchstaben, und das Eine wäre ein Vokal. Und wären die Dinge geradlinige Figuren, so wären sie eine Zahl von Figuren und das

Eine ein Dreieck. Dieselbe Begründung trifft aber auch bei allen anderen Gattungen zu. Da es nun also Zahlen und das Eine in den Affektionen, in den Qualia, in den Quanta und in der Bewegung gibt und hier überall die Zahlen Zahlen bestimmter Dinge sind und das Eine ein bestimmtes Eines, doch das Eine selbst nicht sein Wesen ist, muß es sich auch mit den Wesen so verhalten, da es sich ja mit allem auf die gleiche Weise verhält.

Daß nun das Eine in jeder Gattung eine bestimmte Natur ist und daß in keinem Fall eben dieses Eine selbst seine Natur ist, ist offenbar; aber wie man bei den Farben nach *einer* Farbe als dem Einen selbst zu suchen hat, so auch beim Wesen nach *einem* Wesen als dem Einen selbst. Daß aber das Eine und das Seiende in gewisser Hinsicht dasselbe bezeichnen, wird daraus offenbar, daß es die Aussageweisen in ebenso vielen Bedeutungen begleitet und doch in keiner enthalten ist (so etwa weder in der des Was noch in der des Quale), sondern sich hierin in gleicher Weise verhält wie das Seiende, und ferner daraus, daß nichts weiter hinzu ausgesagt wird, wenn man »*ein* Mensch« sagt statt Mensch (wie ja auch das Sein nichts neben dem Was, dem Quale oder dem Quantum ist). Das Eines-sein ist eben das jedes Einzelne-sein.

3. Das Eine und die Menge

Das Eine und das Viele bilden in mehrfachen Bedeutungen einen Gegensatz. Einer davon ist der Gegensatz des Einen zur Menge im Sinne des Unzerlegbaren zum Zerlegbaren; denn das Zerlegte oder Zerlegbare heißt eine Menge, das Unzerlegbare oder Nicht-Zerlegte Eines. Weil es aber nun vier Arten der Entgegensetzung gibt und je ein Glied davon als Privation des anderen ausgesagt wird, so müssen das Eine und die Menge Gegenteile sein und werden weder als Widersprüche noch als Bezügliches ausgesagt.[6] Es wird aber das Eine von dem Gegenteil her ausgesagt und verdeutlicht, das Unzerlegbare vom Zerlegbaren, weil die Menge und das Zerlegbare in höherem Grade sinnlich erfaßbar sind als das Unzerlegbare; es ist also infolge der Sinneswahrnehmung die Menge dem Begriff nach früher als das Unzerlegbare.

Zum Einen aber gehören, [30] wie wir in der Zerlegung der Gegenteile umrissen haben[7], das Identische, das Ähnliche und das Gleiche, zur Menge das Verschiedene, das Unähnliche und das Ungleiche.

Da das Identische in vielfacher Bedeutung ausgesagt wird, bezeichnen wir in der einen Bedeutung damit Dinge, die der Zahl nach dasselbe sind, dann welche, die sowohl dem Begriff als auch der Zahl nach Eines sind, wie etwa du mit dir selbst [35] sowohl der Form als auch dem Stoff nach Eines bist; weiter bezeichnen wir Dinge als identisch, wenn der Begriff | ihres ersten Wesens *einer* ist, wie etwa gleiche gerade Linien identisch sind und ebenso gleiche gleichwinkelige Vierecke, wiewohl es ihrer mehrere sind; doch bedeutet bei ihnen Gleichheit Einheit.

Als ähnlich aber bezeichnet man Dinge, wenn sie, ohne schlechthin dieselben und ihrem zusammengesetzten Wesen nach unterschiedslos zu sein, [5] der Form nach dieselben sind, wie etwa das größere Viereck dem kleineren ähnlich ist und auch die ungleichen Geraden einander ähnlich sind; denn sie sind eben nur ähnlich, nicht aber schlechthin dieselben. Weiter bezeichnet man solche Dinge als ähnlich, die über dieselbe Form verfügen und in denen ein Mehr und ein Weniger entstehen kann, in denen aber weder ein Mehr noch ein Weniger entsteht. Andere Dinge bezeichnet man als ähnlich, wenn sie dieselbe Affektion haben, die der Art nach *eine* ist, [10] wie etwa das Weiße, doch beim einen bald in höherem Grade, beim anderen bald in niedrigerem Grade, weil eben ihre Art *eine* ist. Andere wieder bezeichnet man so, weil sie über mehr identische als verschiedene Affektionen verfügen, sei es über Affektionen überhaupt oder über solche, die offen hervortreten, wie etwa Zinn dem Silber ähnlich ist oder Feuer dem Gold, insofern es gelb und rot ist.

Also ist es offenbar, daß auch das Verschiedene und Unähnliche in vielfacher Bedeutung ausgesagt wird. [15] Das Andere stellt einerseits den Gegensatz zum Identischen dar, daher ist jedes Ding in bezug zu jedem Ding entweder identisch oder ein anderes; andererseits spricht man vom Anderen, wenn weder der Stoff *einer* ist noch der Begriff, daher bist auch du von dem Nachbarn verschieden; über eine dritte Bedeutung verfügt es in der Mathematik. Das Verschiedene also oder das Identische wird deshalb von jedem Ding in bezug auf jedes Ding ausgesagt, sofern die Dinge jeweils als Eines oder »als seiend« ausgesagt werden; denn das Verschiedene stellt keinen Widerspruch [20] zum Identischen dar. Daher wird es auch nicht vom Nichtseienden ausgesagt (doch das Nicht-Identische wird ausgesagt), wohl aber von allem Seienden; denn das Seiende und Eine ist von Natur aus entweder Eines oder Nicht-Eines.

So ist das Verschiedene und das Identische auf diese Weise einander entgegengesetzt. Unterschied aber und Verschiedenheit sind etwas anderes. Denn das Verschiedene muß nicht dem gegenüber, wovon es verschieden ist, durch etwas verschieden sein; [25] denn alles, was seiend ist, ist entweder verschieden oder identisch. Dasjenige aber, das sich von etwas unterscheidet, unterscheidet sich durch etwas Bestimmtes, so daß es etwas Identisches geben muß, wodurch sich die Dinge unterscheiden. Dieses Identische aber ist entweder die Gattung oder die Art. Alles nämlich unterscheidet sich der Gattung oder der Art nach; der Gattung nach nämlich, wenn es über keinen gemeinsamen Stoff verfügt und keine Entstehung ineinander aufweist, so etwa all das, was zu einer anderen Figur des Ausgesagten gehört; [30] der Art nach, was über dieselbe Gattung verfügt (Gattung aber heißt hier das Identische, das von beiden Unterschieden ihrem Wesen nach ausgesagt wird).

Gegenteile unterscheiden sich voneinander, und der Gegensatz ist eine Art von Unterschied. Daß wir das richtig annehmen, zeigt sich klar durch Heranführung. Es zeigt sich nämlich all das als unterschieden; es ist aber nicht nur verschieden, sondern manches ist der Gattung nach verschieden, manches ist innerhalb derselben Reihe der Aussageweisen, | also in derselben Gattung und als dasselbe in der Gattung.[8] Es ist andernorts[9] dargelegt worden, welche Dinge der Gattung nach identisch sind und welche Dinge verschieden.

4. Der Gegensatz

Da sich aber die sich unterscheidenden Dinge mehr oder weniger voneinander unterscheiden können, so gibt es auch einen größten Unterschied, und diesen bezeichne ich als Gegensatz. Daß der Gegensatz der größte Unterschied ist, wird durch Heranführung klar. Die Dinge nämlich, die sich der Gattung nach unterscheiden, verfügen über keinen Übergang ineinander, sondern sind weiter voneinander entfernt und unvergleichbar. Für die Dinge aber, die sich der Art nach unterscheiden, gibt es Entstehungen aus den Gegenteilen als dem Äußersten; das Äußerste aber hat voneinander den größten Abstand, also trifft dies auch bei den Gegenteilen zu. Doch das Größte in jeder Gattung ist vollendet. Das Größte nämlich ist das, was nicht mehr übertroffen werden kann, und vollendet ist das, außerhalb dessen man nichts mehr zu fassen vermag; denn der vollendete Unterschied verfügt über das Ziel (wie ja auch alles übrige vollendet heißt, weil es über ein Ziel verfügt). Außerhalb aber des Ziels gibt es nichts; denn dies ist das Äußerste in allem und umfaßt alles.

Daher gibt es auch nichts außerhalb des Zieles, und das Vollendete bedarf auch sonst nichts. Daß nun der Gegensatz ein vollendeter Unterschied ist, geht daraus klar hervor. Da aber Gegenteile in vielfachen Bedeutungen ausgesagt werden, so wird jeder Bedeutung, in der das Gegenteil-sein Gegenteilen zukommt, eine Bedeutung von »vollendet« entsprechen.

Wenn dem aber so ist, ist es offenbar, daß es zu einem nicht mehrere Gegenteile geben kann [20] (denn nichts kann noch »äußerster« sein als das Äußerste, und *ein* Abstand kann nicht mehr als zwei Endpunkte haben). Und überhaupt, wenn der Gegensatz ein Unterschied ist, es aber den Unterschied von zwei Dingen gibt, so kann es auch nur den Gegensatz als vollendeten Unterschied zwischen zwei Dingen geben.

Es müssen also auch die anderen Bestimmungen der Gegenteile wahr sein. Der vollendete Unterschied nämlich ist der größte. [25] (Denn von den Dingen, die sich der Gattung nach unterscheiden, und von denen, die sich der Art nach unterscheiden, kann man außerhalb nichts mehr fassen; es ist ja gezeigt worden, daß es zu den Dingen, die außerhalb der Gattung sind, keinen Unterschied gibt, doch von denen, die zur selben Gattung gehören, ist der vollendete Unterschied der größte.) Auch die in derselben Gattung sich am meisten unterscheidenden Dinge sind Gegenteile. (Denn der größte Unterschied von diesen ist der vollendete.) Auch die in demselben aufnahmefähigen Material sich unterscheidenden Dinge [30] sind Gegenteile. (Denn der Stoff für die Gegenteile ist derselbe.) Schließlich sind auch die sich am meisten unterscheidenden Dinge unter denjenigen, die zum selben Vermögen gehören, Gegenteile. (Denn auch die Wissenschaft, die von *einer* Gattung handelt, ist *eine*; und bei den Dingen dieser Gattung ist der vollendete Unterschied der größte.)

Der erste Gegensatz aber ist Innehaben und Privation; und doch nicht jede Privation (in vielfachen Bedeutungen nämlich wird die Privation ausgesagt), sondern nur eine Privation, insofern sie vollendet ist. [35] Alle übrigen Gegenteile werden nur nach diesem ersten Gegensatz ausgesagt, entweder weil sie über diese Gegenteile verfügen oder sie bewirken oder zu bewirken fähig sind, oder weil sie Aufnahme und Aufgabe von diesen Gegenteilen oder anderen sind. Wenn nun Widerspruch, Privation, Gegensatz und Bezügliches | Entgegengesetztes bilden, von ihnen aber der Widerspruch das Erste ist, und wenn es weiter beim Widerspruch kein Mittleres gibt, es wohl aber bei den Gegenteilen ein solches geben kann, ist es klar, daß Widerspruch und Gegenteil nicht dasselbe sind. Die Privation aber ist eine Art Widerspruch; denn entweder bei dem, was überhaupt unvermögend ist, etwas zu haben, oder bei dem, was etwas nicht hat, wiewohl es das von Natur aus haben müßte, spricht man von Privation – entweder schlechthin oder irgendwie näher bestimmt. In mehrfacher Bedeutung nämlich sprechen wir bereits von Privation, wie wir dies bereits an anderer Stelle[10] dargelegt haben. Also ist Privation eine Art Widerspruch oder ein Unvermögen, das entweder durch das aufnahmefähige Material bestimmt oder mit ihm zusammengefaßt ist. Daher gibt es für den Widerspruch kein Mittleres, wohl aber für manche Privation; denn gleich oder nicht gleich muß jedes sein, gleich aber oder ungleich nicht jedes, und wenn, dann nur bei einem für das Gleiche aufnahmefähigen Material. Wenn aber nun bei dem Stoff die Entstehungen aus den Gegenteilen hervorgehen und wenn sie weiter entweder aus der Form und dem Innehaben der Form oder aus einer Privation der Form und der Gestalt hervorgehen, so ist es klar, daß jeder Gegensatz eine Privation darstellt, wohl aber nicht jede Privation einen Gegensatz. (Die Ursache davon aber ist, daß Privation in vielfacher Weise bei dem vorliegen kann, was einer Privation unterworfen ist.) Die Dinge nämlich sind Gegenteile, von denen als den äußersten die Veränderungen ausgehen.

Das wird aber auch mit Hilfe der Heranführung klar. Jeder Gegensatz nämlich verfügt über eine Privation als eines von beiden Gegenteilen, doch nicht überall in gleicher Weise. Ungleichheit nämlich ist Privation der Gleichheit, Unähnlichkeit Privation der Ähnlichkeit, Schlechtigkeit jedoch Privation der Tugend. Es tritt hier jedoch, wie schon besprochen[11], ein Unterschied auf: manchmal gibt es einfach eben nur eine Privation, manchmal eine Privation zu einer bestimmten Zeit oder an einem bestimmten Teil (wie etwa in einem bestimmten Lebensalter oder an einer bedeutsamen Stelle) oder in jeder Beziehung. Daher gibt es in einigen Fällen ein Mittleres (so etwa einen Menschen, der weder gut noch schlecht ist), bei anderen aber nicht (so muß beispielsweise eine Zahl gerade oder ungerade sein). Weiter verfügt das eine über ein bestimmtes Substrat, das andere aber nicht.

Es ist also klar, daß immer eines von zwei Gegenteilen einer Privation nach ausgesagt wird; es genügt aber bereits, wenn dies von den ersten Gegenteilen und deren Gattungen gilt, wie etwa vom Einen und vom Vielen; denn alle anderen werden auf sie zurückgeführt.

5. Das Gleiche, Große und Kleine

Da es zu Einem nur *ein* Gegenteil gibt, könnte man unschlüssig darüber sein, wie das Eine den Vielen und wie das Gleiche dem Großen und dem Kleinen entgegengesetzt ist. Die Form »ob – oder« verwenden wir immer nur bei einer Entgegensetzung; so etwa »ob etwas weiß ist oder schwarz« und »ob etwas weiß ist oder nicht weiß«; wir sagen aber nicht, »ob ein Mensch oder weiß«, außer, wenn wir von einer bestimmten Voraussetzung ausgehen und zum Beispiel fragen, »ob Kleon oder Sokrates gekommen sei«. Aber mit Notwendigkeit liegt dies in keiner Gattung vor, sondern auch dies ist nur vom Entgegengesetzten her abgeleitet; denn nur beim Entgegengesetzten ist es unmöglich, daß es sich zugleich vorfinde, und dies verwendet man auch da, wo man fragt, »ob der eine oder der andere gekommen sei«. | Denn wenn beides zugleich möglich wäre, wäre die Frage lächerlich. Doch auch dieser Fall fällt gleichsam unter eine Entgegensetzung, nämlich unter die Entgegensetzung von Einem und Vielen, zum Beispiel, wenn man fragt, »ob beide zusammen gekommen seien oder einer«. Wenn sich also die Untersuchung nach dem »ob – oder« immer nur bei Entgegengesetztem findet, man aber doch sagt, »ob etwas größer oder kleiner oder gleich sei«, so fragt sich: Welche Art Entgegensetzung gibt es zwischen »gleich« und diesen beiden? Denn »gleich« ist weder zu einem von beiden allein noch zu beiden zusammen ein Gegenteil; denn weshalb sollte es für »größer« eher Gegenteil sein als für »kleiner«? Ferner ist »gleich« das Gegenteil zu »ungleich«, so daß es das Gegenteil zu mehr als einem sein müßte. Wenn aber »ungleich« dasselbe bezeichnete wie beides zusammen, so wäre doch »gleich« beidem zusammen entgegengesetzt (und diese Schwierigkeit unterstützt nun jene, die behaupten, das Ungleiche sei eine Zwei)[12]; doch daraus würde folgen, daß eines Gegenteil zu zweien wäre; das ist aber unmöglich. Weiter zeigt sich, daß »gleich« ein Mittleres zwischen »groß« und »klein« ist; dagegen zeigt sich, daß der Gegensatz weder ein Mittleres ist noch, daß er dies seiner Definition nach sein kann. Denn er wäre nicht vollendet, wenn er ein Mittleres von etwas wäre, vielmehr hat der Gegensatz immer anderes als Mittleres zwischen sich.

Es bleibt also nur übrig, daß das Gleiche entweder als Verneinung oder als Privation entgegengesetzt ist. Einem von beiden aber kann es nicht entgegengesetzt sein (denn weshalb sollte es mehr dem »größer« als dem »kleiner« entgegengesetzt sein?). Es ist also eine privative Verneinung von beidem. Daher sagt man auch das »ob – oder« nur in Beziehung zu beidem, doch nicht zu einem von beiden (so fragt man etwa nicht, »ob etwas größer oder gleich sei«, oder »ob etwas gleich oder kleiner sei«), vielmehr fragt man nach allen dreien. Es ist aber keine notwendige Privation; denn nicht jedes, das weder größer noch kleiner ist, ist

gleich, sondern das gilt nur bei diesen Dingen, die all das von Natur aus sein können.
Es ist also das Gleiche dasjenige, das weder groß noch klein ist, wiewohl es von Natur aus groß oder klein sein könnte. Es ist beiden als privative Verneinung entgegengesetzt und ist daher auch zwischen beiden ein Mittleres. Auch das, was weder gut noch [25] schlecht ist, ist beiden entgegengesetzt, ohne aber einen besonderen Ausdruck zu haben. Denn in vielfacher Bedeutung wird beides [gut und schlecht] ausgesagt, und das aufnahmefähige Material für jedes von beidem ist nicht in allen Bedeutungen Eines. Eher findet sich das bei dem, was weder weiß noch schwarz ist. Aber auch dafür gibt es keine eigene Benennung, sondern man gibt hier irgendwie bestimmte Farben an, von denen die Verneinung im privativen Sinne ausgesagt wird; denn die Farbe muß [30] jeweils grau oder gelb oder etwas anderes derartiges sein. Es ist also der Tadel derer nicht gerechtfertigt, die meinen, alles werde auf die gleiche Weise ausgesagt, so daß demnach zwischen Schuh und Hand das ein Mittleres wäre, das weder Schuh noch Hand ist, wenn nämlich das, was weder gut noch schlecht ist, ein Mittleres zwischen gut und schlecht wäre; als müßte es dann bei allem ein Mittleres geben. Aber das folgt nicht [35] notwendig. Die gleichzeitige Verneinung nämlich von Entgegengesetztem gibt es nur dort, wo es der Natur nach ein Mittleres und einen bestimmten Abstand gibt. | In jenem Falle aber [Schuh und Hand] gibt es keinen Unterschied; dort gehört das, bei dem eine gleichzeitige Verneinung stattfindet, einer anderen Gattung an; also ist das Substrat nicht Eines.

6. *Das Eine und die Vielen*

In gleicher Weise könnte man aber auch hinsichtlich des Einen und der Vielen unschlüssig sein. Wenn nämlich die Vielen dem Einen schlechthin entgegengesetzt sind, [5] so ergeben sich einige unmögliche Folgerungen. Denn das Eine müßte dann Weniges oder Wenige sein, da ja auch die Vielen den Wenigen entgegengesetzt sind. Weiter müßte dann die Zwei Viele sein, wenn das Zweifache als Vielfaches – eben nach der Zwei – ausgesagt wird. Demnach wäre das Eine Weniges; denn in bezug auf was sollte die Zwei Viele sein, wenn nicht in bezug auf das Eine oder Wenige? Denn es gibt doch nichts Kleineres als das Eine. [10] Wenn sich weiter bei der Länge das Lange und das Kurze finden, ebenso wie bei der Menge das Viele und das Wenige, und wenn das, was viel ist, auch Viele sind, und das, was Viele sind, auch viel ist (also wenn es nicht bei einem leicht begrenzbaren Kontinuum einen Unterschied gibt), so muß das Wenige eine Menge sein. Also ist das Eine eine Menge, sofern es ja Weniges ist; das folgt aber notwendig, wenn die Zwei Viele sind.

Doch vielleicht [15] nennt man die Vielen auch in gewisser Hinsicht »viel«, aber mit einem Unterschied, wie etwa Wasser »viel« ist, aber nicht »Viele«. Bei allem aber, was zerlegbar ist, sagt man »Viele«, in der einen Bedeutung, wenn es eine Menge ist, die über ein Übermaß verfügt, entweder schlechthin oder in bezug auf etwas Bestimmtes (auch das Wenige ist ebenso eine Menge, die über ein Zuwenig verfügt), in der anderen Bedeutung als eine Zahl, und nur in dieser ist es dem Einen entgegengesetzt. [20] Denn wir sagen »Eines oder Viele« ebenso, wie wenn man sagte, »das Eine und die Einen« oder »das Weiße und die Weißen«, oder man vergleicht das Gemessene mit dem Maß. In dieser Bedeutung spricht man auch vom Vielfachen. Jede einzelne Zahl nämlich ist Viele, weil sie aus Einen besteht und am Einen meßbar ist – und zwar als dem Einen entgegengesetzt, nicht dem Wenigen. [25] So aber ist auch die Zwei Viele, nicht als eine Menge, die in bezug auf ein Bestimmtes oder schlechthin über ein Übermaß verfügte, sondern als erste Menge. Schlechthin aber sind die Zwei Wenige; denn sie sind die erste Menge, die über Zuwenig verfügt. (Daher machte Anaxagoras mit seiner Behauptung nicht richtig halt, wenn er sagt: »Alle Dinge waren zusammen und unbegrenzt der Menge und der Kleinheit nach«[13]; [30] er hätte anstelle »und der Kleinheit« sagen müssen »und der Wenigkeit«; der Wenigkeit nach nämlich sind sie nicht unbegrenzt.) Das Wenige aber rührt ja nicht vom Einen her, wie einige behaupten, sondern von der Zwei.

Das Eine und die Vielen in den Zahlen sind einander entgegengesetzt, wie das Maß dem Meßbaren; diese aber sind einander entgegengesetzt wie das Bezügliche, das nicht an sich zum Bezüglichen gehört. Wir haben bereits an anderer Stelle erörtert[14], [35] daß das Bezügliche in zwei Bedeutungen ausgesagt wird, einerseits im Sinne von Gegenteilen, andererseits im Sinne von Wissenschaft zu Wißbarem, in dem etwas anderes in bezug auf dasselbe ausgesagt wird. | Daß das Eine kleiner ist als irgend etwas, wie etwa als zwei, macht hier nichts aus; denn wenn es auch kleiner ist, ist es darum doch nicht Weniges. Die Menge aber ist gleichsam die Gattung der Zahl; denn die Zahl ist eine am Einen gemessene Menge. So sind das Eine und die Zahl einander in gewisser Hinsicht entgegengesetzt, nicht aber als Gegenteil, [5] sondern, wie bereits dargelegt, wie manches Bezügliche; insofern nämlich sind sie einander entgegengesetzt, als das eine Maß und das andere meßbar ist. Daher ist auch nicht alles, was Eines ist, eine Zahl; zum Beispiel nicht etwas, was unzerlegbar ist. Es wird zwar das Verhältnis von Wissenschaft zum Wißbaren in gleicher Weise ausgesagt, doch ist es nicht gleich. Denn es dürfte wohl scheinen, als sei die Wissenschaft das Maß, doch das Wißbare das Gemessene, [10] es ergibt sich aber, daß zwar jede Wissenschaft wißbar sei, aber nicht jedes Wißbare Wissenschaft, weil in gewisser Hinsicht die

Wissenschaft durch das Wißbare gemessen wird. Die Menge aber ist zum Wenigen kein Gegenteil – vielmehr ist diesem als der übertroffenen Menge das Viele als übertreffende Menge entgegengesetzt – aber auch nicht zum Einen in jeder Hinsicht. Einmal allerdings, wie gesagt, [15] als Zerlegbares zu dem Unzerlegbaren, ein andermal in der Weise des Bezüglichen, wie die Wissenschaft gegenüber dem Wißbaren, insofern nämlich die Menge Zahl ist und das Eine Maß.

7. Das Mittlere

Da es aber bei Gegenteilen ein Mittleres geben kann und in manchen Fällen auch gibt, muß das Mittlere aus den Gegenteilen bestehen. Denn alles Mittlere [20] gehört zu derselben Gattung wie dasjenige, dessen Mittleres es ist. Mittleres nämlich nennen wir dasjenige, in das sich das Verändernde vorerst verändern muß (z. B., wenn man von der untersten Saite in ganz geringen Abständen zur höchsten fortschreitet, so wird man vorerst zu den mittleren Tönen gelangen; und wenn man bei den Farben vom Weißen zum Schwarzen gelangen will, [25] so wird man früher zum Roten und Grauen gelangen als zum Schwarzen; und gleich steht es in anderen Fällen). Eine Veränderung aber von einer Gattung in die andere, so etwa von einer Farbe in eine Gestalt, ist nicht möglich, es sei denn im akzidentellen Sinne. Also muß das Mittlere sowohl untereinander als auch mit dem, dessen Mittleres es ist, zu derselben Gattung gehören.

[30] Nun ist aber alles Mittlere ein Mittleres von Entgegengesetztem; denn aus solchem allein gibt es Veränderungen an sich. Daher ist es unmöglich, daß es ein Mittleres von einander Nicht-Entgegengesetztem gibt; sonst nämlich müßte es eine Veränderung geben auch von einander Nicht-Entgegengesetztem. Unter dem Entgegengesetzten aber hat der Widerspruch kein Mittleres; denn Widerspruch ist ja eben eine

Entgegensetzung, von deren beiden Gliedern eines jedem beliebigen Ding zukommt, ohne daß es zwischen ihnen ein Mittleres gibt. Unter den übrigen Entgegensetzungen gibt es einerseits das Bezügliche, andererseits die Privation, und weiter noch die Gegenteile. Unter dem Bezüglichen aber verfügt das, was kein Gegenteil ist, über kein Mittleres; Ursache dafür ist, daß es nicht zur selben Gattung gehört. Denn was sollte auch | das Mittlere zwischen Wissenschaft und Wißbarem sein? Wohl aber gibt es ein Mittleres zwischen »groß« und »klein«.

Wenn aber das Mittlere zur selben Gattung gehört, wie gezeigt worden ist, und wenn es zwischen Gegenteilen vorkommt, so muß das Mittlere selbst aus diesen Gegenteilen zusammengesetzt sein. Denn entweder gibt es davon eine Gattung [der Gegenteile], oder es gibt keine. Und wenn es nun eine Gattung in der Weise gibt, daß es etwas Früheres gibt als die Gegenteile, dann würden diese Unterschiede die früheren Gegenteile sein, die die Gegenteile als Arten der Gattung bewirken; denn die Arten bestehen aus der Gattung und den Unterschieden. (Wenn etwa das Weiße und das Schwarze Gegenteile sind und das eine eine trennende Farbe ist[15], das andere aber eine vereinigende Farbe, so sind diese Unterschiede – trennend und vereinigend – früher; also sind auch diese Gegenteile füreinander früher.) Nun ist aber das, was sich nach der Art von Gegenteilen unterscheidet, in höherem Grade Gegenteil; das Übrige und das Mittlere wird aus der Gattung und den Unterschieden bestehen. Wie man etwa alle Farben, die ein Mittleres zwischen weiß und schwarz sind, als etwas benennen muß, das aus der Gattung – und Gattung ist hier Farbe – und gewissen Unterschieden besteht. Diese Unterschiede aber werden nicht die ersten Gegenteile sein, sonst wäre jede Farbe entweder weiß oder schwarz; sie sind also von den ersten Gegenteilen verschieden; somit werden sie ein Mittleres zwischen den ersten Gegenteilen sein. Die ersten Unterschiede aber sind das Trennende und Vereinigende.

Man muß also bei diesen Gegenteilen, die nicht in eine Gattung gehören, zuerst danach suchen, woraus ihr Mittleres besteht (denn das, was zur selben Gattung gehört, muß aus dem, was mit der Gattung nicht zusammengesetzt ist, zusammengesetzt sein, oder es muß selbst unzusammengesetzt sein). Die Gegenteile sind nun nicht aus einander zusammengesetzt, also sind sie Prinzipien; das Mittlere aber ist entweder alles nicht zusammengesetzt oder nichts von ihm. Aus den Gegenteilen aber entsteht etwas so, daß es eine Veränderung in dasselbe eher gibt als in die Gegenteile selbst; denn es wird ein Weniger als das eine und ein Mehr als das andere sein. Also wird dies ein Mittleres zu den Gegenteilen sein. Dann aber ist auch alles andere Mittlere zusammengesetzt; denn was mehr ist als das eine, weniger aber als das andere, das ist irgendwie aus dem zusammengesetzt, im Vergleich zu dem ihm ein Mehr oder Weniger zugeschrieben wird. Da es aber nichts anderes gibt, das dem Mittleren gattungsgleich wäre und früher als die Gegenteile, so muß wohl alles Mittlere aus den Gegenteilen bestehen; also muß auch alles Untergeordnete – sowohl Gegenteile als auch Mittleres – aus den ersten Gegenteilen bestehen.
Daß nun alles Mittlere zur selben Gattung gehört und ein Mittleres ist von Gegenteilen und aus den Gegenteilen zusammengesetzt ist, ist klar.

8. Das Verschiedene der Art nach

Dasjenige, das der Art nach verschieden ist, ist von etwas in etwas verschieden, und dieses muß beiden zukommen. Wenn etwa ein Lebewesen der Art nach [von einem anderen] verschieden ist, so sind beide Lebewesen. Es muß demnach das, das der Art nach verschieden ist, zur selben Gattung gehören; unter Gattung nämlich verstehe ich dasjenige, das von beiden als ein und dasselbe ausgesagt wird und das nicht über einen Unterschied | in akzidenteller Weise verfügt, mag es nun als Stoff existieren oder anderswie. Es muß sich nämlich nicht nur an beiden das Gemeinsame finden, daß beide beispielsweise Lebewesen sind, sondern eben dieses Lebewesen muß bei beiden verschieden sein, wie etwa beim einen »Pferd«, beim anderen »Mensch«; daher ist dieses Gemeinsame der Art nach voneinander verschieden. [5] Es muß also an sich das eine ein derartiges Lebewesen sein, das andere ein solches, wie etwa das eine Pferd, das andere Mensch. Es muß also dieser Unterschied eine Verschiedenheit der Gattung sein. Ich verstehe nämlich unter »Unterschied der Gattung« eine Verschiedenheit, die die Gattung selbst verschieden macht.

Dies wird also ein Gegensatz sein (das ist auch aus der Heranführung klar). Denn alle Dinge [10] werden durch Entgegengesetztes zerlegt, und daß die Gegenteile zur selben Gattung gehören, wurde bereits dargelegt.[16] Der Gegensatz nämlich war vollendeter Unterschied[17], der Unterschied aber der Art nach ist immer Unterschied von etwas in etwas; dieses also ist für beides dasselbe und seine Gattung (daher stehen auch alle Gegenteile, die sich der Art und nicht der Gattung nach unterscheiden, in derselben Reihe der Aussageweisen[18], [15] sind voneinander im höchsten Grade verschieden – denn ihr Unterschied ist vollendet – und können nicht zugleich miteinander entstehen). Der Unterschied ist also ein Gegensatz.

Dies ist also das »der Art nach Verschieden-sein«: daß die Dinge, die zur selben Gattung gehören und unteilbar sind, über einen Gegensatz verfügen (»der Art nach identisch« heißt aber, daß Dinge, die unteilbar sind, über keinen Gegensatz verfügen). Denn bei der Zerlegung treten auch [20] im Mittleren Gegensätze auf, bevor man zum Unteilbaren kommt. Also ist es klar, daß in bezug auf das, was man Gattung nennt, weder das der Art nach Identische noch das der Art nach Verschiedene wie bei Arten, die zu einer Gattung gehören, besteht. Und das ist recht so. Denn der Stoff wird durch Verneinung offenbar, die Gattung aber ist Stoff für das, dessen Gattung es genannt wird – nicht in dem Sinne, wie man vom Geschlecht [Gattung] der Herakliden, sondern wie man von Gattung in der Natur spricht. Auch steht das der Art nach Identische und das der Art nach Verschiedene in keinem Bezug zu dem, das nicht zur selben Gattung gehört, sondern es unterscheidet sich von jenem der Gattung nach, der Art nach von dem, was zur selben Gattung gehört. Denn der Unterschied muß nämlich ein Gegensatz sein, wovon sich etwas der Art nach unterscheidet; dieser aber kommt nur bei dem vor, das zur selben Gattung gehört.

9. Welcher Gegensatz bewirkt das der Art nach Verschiedene?

Man könnte nun unschlüssig sein, weshalb sich die Frau vom Manne nicht der Art nach unterscheide, wiewohl doch Weiblich und Männlich Gegenteile sind, der Unterschied aber ein Gegensatz ist; und weshalb das weibliche Lebewesen der Art nach nicht vom männlichen Lebewesen verschieden ist, obgleich das ein Unterschied des Lebewesens an sich ist – und nicht wie Weißheit und Schwarzheit –, sondern »weiblich« und »männlich« dem Lebewesen zukommt, insofern es Lebewesen ist. Diese Schwierigkeit aber ist nahezu dieselbe wie die: weshalb der eine Gegensatz etwas bewirkt, das der Art nach verschieden ist, der andere aber nicht; der Art nach Verschiedenes, etwa »befußt« und »beflügelt«, nicht Verschiedenes aber »Weißheit« und »Schwarzheit«. Wohl deshalb, weil das eine eine der Gattung eigentümliche Affektion ist, das andere aber weniger. Und da es einerseits den Begriff gibt | und andererseits den Stoff, so bewirken die im Begriff enthaltenen Gegensätze einen Unterschied der Art nach, die aber in dem mit dem Stoff

Zusammengefaßten nicht. Daher bewirkt Weißheit und Schwarzheit beim Menschen keinen Unterschied der Art nach, und es gibt beim weißen Menschen gegenüber dem schwarzen Menschen keinen Unterschied der Art nach, auch dann nicht, wenn man jeden mit einem besonderen Ausdruck bezeichnete. Denn der Mensch ist hier im Sinne von Stoff genommen, der Stoff aber bewirkt keinen Unterschied; deshalb sind ja auch die einzelnen Menschen nicht Arten des Menschen, wiewohl Fleisch und Knochen, aus denen dieser Mensch besteht, verschieden sind von denjenigen, aus denen jener Mensch besteht. Das Konkrete ist zwar je verschieden, doch nicht verschieden der Art nach, weil in seinem Begriff kein Gegensatz enthalten ist; dies aber ist das letzte Unteilbare. »Kallias« aber ist der Begriff *mit* dem Stoff; also ist auch der »weiße Mensch« ein solcher, weil Kallias weiß ist; also ist der »Mensch« nur in akzidentellem Sinne weiß. Auch ein eherner und ein hölzerner Kreis sind nicht der Art nach verschieden; und nicht sind ehernes Dreieck und hölzerner Kreis der Art nach verschieden, nicht wegen ihres Stoffes, sondern weil sich in ihren Begriffen ein Gegensatz findet.

Bewirkt aber der Stoff nicht etwas, das der Art nach verschieden ist, oder bringt er es »in gewisser Hinsicht« hervor? Denn weshalb ist dieses Pferd da von diesem Menschen da der Art nach verschieden? Es sind doch bei beiden die Begriffe mit dem Stoff verbunden. Wohl deshalb, weil im Begriff ein Gegensatz enthalten ist. Denn auch zwischen dem weißen Menschen und dem schwarzen Pferd gibt es einen Gegensatz, und zwar einen der Art nach, doch nicht, insofern der Mensch weiß, das Pferd aber schwarz ist, da sie, wenn sie auch beide weiß wären, dennoch der Art nach verschieden wären. Das Männliche und das Weibliche sind zwar dem Lebewesen eigentümliche Affektionen, aber nicht dem Wesen nach, sondern Affektionen am Stoff und am Körper; deshalb wird aus demselben Samen, je nachdem er affiziert wird, etwas Männliches oder etwas Weibliches.

Was also das ist, »das der Art nach verschieden Sein«, [25] und weshalb sich einiges der Art nach unterscheidet, einiges aber nicht, ist nun dargelegt worden.

10. Das Vergängliche und Unvergängliche ist der Gattung nach verschieden

Da die Gegenteile der Art nach verschieden sind, das Vergängliche aber und das Unvergängliche Gegenteile sind (denn Privation ist ein fest bestimmtes Unvermögen), muß das Vergängliche und das Unvergängliche der Gattung[19] nach verschieden sein.

Nun aber haben wir bis jetzt nur über die allgemeinen Ausdrücke gesprochen, [30] vielleicht aber könnte es scheinen, daß nicht jedes beliebige Unvergängliche und Vergängliche der Art nach verschieden sein müsse, wie ja auch das Weiße und das Schwarze der Art nach nicht verschieden zu sein braucht. Denn ein und dasselbe kann weiß und schwarz sein, und zwar zugleich, sofern es ein Allgemeines ist, wie etwa auch der Mensch weiß und schwarz sein kann; dasselbe kann aber auch weiß und schwarz sein, wenn es ein Einzelnes ist; derselbe nämlich kann weiß und schwarz sein, nur nicht zugleich. [35] Und dennoch ist weiß das Gegenteil zu schwarz. Aber von den Gegenteilen kommt einiges manchem nur in akzidenteller Weise zu, wie das eben Genannte und vieles andere, beim anderen hingegen ist dies unmöglich, | und zu diesem gehört auch das Vergängliche und das Unvergängliche; denn nichts ist in akzidenteller Weise vergänglich. Beim Akzidens nämlich ist es auch möglich, daß es nicht vorhanden sei; das Vergängliche aber kommt mit Notwendigkeit dem zu, dem es zukommt. Sonst müßte ja ein und dasselbe vergänglich und unvergänglich sein, [5] wenn es möglich wäre, daß ihm das Vergängliche auch nicht zukomme. Es muß also das Vergängliche bei jedem Vergänglichen entweder dessen Wesen sein oder in dessen Wesen enthalten sein. Dieselbe Begründung trifft auch beim Unvergänglichen zu; beides nämlich gehört zu dem, was mit Notwendigkeit besteht. Das also, wodurch und wonach als Erstes das eine vergänglich und das andere unvergänglich ist, verfügt über eine Entgegensetzung, [10] so daß sie der Gattung [Art] nach verschieden sein müssen.

Daraus geht klar hervor, daß die Formen nicht derartig sein können, wie einige behaupten; denn dann würde der eine[20] Mensch vergänglich sein, der andere[21] Mensch aber unvergänglich. Und doch sollen die Formen der Art nach dasselbe sein wie die einzelnen Dinge und nicht nur ausdrucksgleich mit ihnen. Das aber, was der Gattung nach verschieden ist, ist voneinander weiter entfernt als das, was der Art nach verschieden ist.

XI. BUCH (K)

1. Die Weisheit (Wiederholung von B 2, 3)

[18] Daß die Weisheit [Philosophie] eine Wissenschaft von den Prinzipien ist, ergibt sich klar aus den ersten Darlegungen[1], in denen nach dem von den anderen Philosophen über die Prinzipien Gesagten gefragt wurde. [20] Dabei könnte jemand unschlüssig sein, ob man die Weisheit als *eine* Wissenschaft auffassen muß oder als mehrere. Wenn die Weisheit aber *eine* Wissenschaft ist, so muß man bedenken, daß *eine* Wissenschaft Gegenteile betrifft, die Prinzipien jedoch nicht Gegenteile sind. Ist sie aber nicht *eine* Wissenschaft, so ist zu überlegen, welcherart Wissenschaften man für die Weisheit anzunehmen hat.[2]

Weiter ist zu überlegen, ob es Sache einer oder mehrerer Wissenschaften ist, beweisende Prinzipien zu betrachten. Wenn es nämlich Sache *einer* Wissenschaft ist, [25] weshalb ist es in höherem Grade Sache der vorliegenden Wissenschaft und nicht irgendeiner beliebigen? Wenn aber mehrerer: was für Wissenschaften hat man dafür anzunehmen?[3]

Weiter ist zu überlegen, ob die Weisheit Wissenschaft von allen Wesen ist oder nicht. Ist sie nämlich nicht Wissenschaft von allen Wesen, dann ist es wohl schwer auszumachen, von welchen. Wenn sie aber als *eine* Wissenschaft von allen Wesen handelt, so ist es nicht klar, wie ein und dieselbe Wissenschaft von mehreren handeln soll.[4]

Weiter ist zu überlegen, ob die Weisheit nur von Wesen handelt oder auch von Akzidenzen. [30] Wenn es nämlich einen Beweis bei den Akzidenzen gibt, gibt es ihn nicht bei den Wesen.[5] Wenn aber davon [vom Wesen und vom Akzidenz] je eine verschiedene Wissenschaft handelt, so fragt sich, was wohl jede von beiden Wissenschaften ist und welche von beiden die Weisheit ist. Wenn nämlich die Weisheit eine beweisende Wissenschaft ist, so handelt sie von den Akzidenzen; ist sie aber eine Wissenschaft von den ersten Dingen, so handelt sie von den Wesen.[6]

Man darf aber auch nicht der Auffassung sein, daß die gesuchte Wissenschaft von den in den Abhandlungen über die Natur besprochenen Ursachen handle.[7] Denn sie handelt nicht vom Weswegen. Solcher Art nämlich ist das Gute; dieses Gute aber kommt dem, was getan werden muß, zu und dem, was in Bewegung ist; es bewegt als Erstes – denn derartig ist das Ziel; das erste Bewegende aber gibt es bei den unbeweglichen Dingen nicht.[8]

Es ergibt sich überhaupt die Schwierigkeit, ob die nun gesuchte Wissenschaft von den sinnlich erfaßbaren Wesen handelt oder nicht, | sondern von irgendwelchen von ihnen verschiedenen Wesen. Wenn nämlich von anderen, so entweder von den Formen oder den mathematischen Dingen. Daß es Formen nicht gibt, ist nun offenbar.[9] Es ergibt sich aber die Schwierigkeit, wenn man auch ihre Existenz annehmen sollte, weshalb es sich nicht ebenso wie bei den mathematischen Dingen bei den übrigen, von denen es Formen gibt, verhält. Ich meine, daß man die mathematischen Dinge als Mittleres zwischen die Formen und die Sinnesdinge setzt – als etwas Drittes außer den Formen und den Dingen hier bei uns. Aber es existiert doch kein dritter Mensch[10] und kein drittes Pferd außer dem Menschen an sich und dem Pferd an sich einerseits, den einzelnen Menschen und Pferden andererseits. Wenn es sich aber nicht so verhält, wie man sagt, womit, muß man dann annehmen, beschäftigt sich der Mathematiker? Nicht wohl mit den Dingen hier bei uns; denn keines von diesen ist so, wie es die mathematischen Wissenschaften untersuchen. Doch auch von den mathematischen Dingen handelt die jetzt gesuchte Wissenschaft nicht (da keines von ihnen abgetrennt existiert). Aber auch nicht von den sinnlich erfaßbaren Wesen, denn diese sind vergänglich.[11]

Überhaupt könnte man unschlüssig sein, die Aufgabe welcher Wissenschaft es ist, Untersuchungen über den Stoff der mathematischen Dinge anzustellen. Jedenfalls nicht Aufgabe der Naturwissenschaft (weil die ganze Arbeit des Naturwissenschaftlers auf das gerichtet ist, was in sich selbst über das Prinzip der Bewegung und der Ruhe verfügt); aber auch nicht Aufgabe der Wissenschaft, die den Beweis und die Wissenschaft selbst untersucht (denn sie stellt eben nur über diese Gattung ihre Untersuchung an). So bleibt also nur noch, daß eben die Philosophie, die uns nun vorliegt, die Untersuchung hierüber aufnimmt.

Man könnte aber auch im Zweifel sein, ob es nötig ist anzunehmen, daß die gesuchte Wissenschaft von diesen Prinzipien handelt, die von einigen[12] »Elemente« genannt werden; es nehmen doch alle an, daß diese Elemente in den zusammengesetzten Dingen enthalten sind. Es dürfte aber doch eher scheinen, daß die gesuchte Wissenschaft vom Allgemeinen handeln müsse. Denn jeder Begriff und jede Wissenschaft geht auf das Allgemeine und nicht auf das Letzte[13], so daß die gesuchte Wissenschaft von den ersten Gattungen handeln dürfte. Diese aber wären das Seiende und das Eine. Denn davon könnte man noch am ehesten annehmen, daß sie alle Dinge umfassen und am meisten Prinzipien gleichen, weil sie das der Natur nach Erste sind; denn gehen sie zugrunde, wird auch das Übrige mit aufgehoben; denn alles ist ein Seiendes und ein Eines. Insofern aber, wenn man sie als Gattungen annehmen sollte, an ihnen Unterschiede teilhaben müßten, während doch kein Unterschied an einer Gattung teilhat, insofern scheint es wohl nicht notwendig, sie als Gattungen oder als Prinzipien anzunehmen. Weiter aber, wenn das Einfachere in höherem Grade Prinzip ist als das weniger Einfache und wenn das Letzte, das aus einer Gattung stammt, einfacher ist als die Gattungen (denn es ist unteilbar, die Gattungen aber teilen sich in mehrere und verschiedene Arten), dann scheinen die Arten in höherem Grade Prinzip zu sein als die Gattungen. Insofern aber die Arten zusammen mit den Gattungen aufgehoben werden, gleichen die Gattungen eher den Prinzipien; | denn

Prinzip ist dasjenige, was das Übrige zugleich mit sich selbst aufhebt.[14]
Dies also und anderes dergleichen ist es, das Schwierigkeiten bringt.

2. *Die Weisheit (Wiederholung von B 4–6)*

Weiter ist zu überlegen, ob man etwas neben den einzelnen Dingen anzunehmen hat oder nicht, oder handelt vielmehr die gesuchte Wissenschaft von diesen? Doch diese sind ja unbegrenzt. Allein die Dinge, die neben den einzelnen Dingen existieren, sind Gattungen oder Arten; und mit keinem von diesen beschäftigt sich die Wissenschaft, die jetzt gesucht wird. Weshalb nämlich dies unmöglich ist, wurde bereits erörtert.[15] Und es ergibt sich überhaupt die Schwierigkeit, ob man neben den sinnlich erfaßbaren Wesen und den Wesen hier bei uns noch ein abgetrenntes Wesen anzunehmen hat oder nicht; daß vielmehr diese sinnlich erfaßbaren Wesen das Seiende sind und über diese die Weisheit zu handeln hat. Wir suchen nämlich, wie es scheint, ein anderes Wesen, und eben das ist unsere vorliegende Aufgabe; ich meine damit: zu sehen, ob etwas Abgetrenntes an sich existiert, etwas, das sich an keinem Sinnesding findet. Weiter aber, wenn es neben den sinnlich erfaßbaren Wesen noch ein verschiedenes Wesen gibt, ist zu überlegen, neben welchen sinnlich erfaßbaren Wesen man dieses annehmen soll. Weshalb nämlich soll man dieses Wesen eher neben Menschen oder Pferden annehmen als neben den übrigen Lebewesen oder überhaupt neben den unbeseelten Dingen? Doch mit den sinnlich erfaßbaren und vergänglichen Wesen eine gleiche Zahl von ewigen Wesen aufzustellen, scheint doch wohl außerhalb aller Wahrscheinlichkeit zu fallen. Wenn dagegen das jetzt gesuchte Prinzip nicht abgetrennt von den Körpern existiert, welches könnte man dann wohl eher ansetzen als den Stoff? Doch diesen gibt es nicht der Verwirklichung nach, sondern nur dem Vermögen nach. Also scheinen wohl Form und Gestalt ein eigentlicheres Prinzip als der Stoff zu sein. Doch dies [Form und Gestalt] ist vergänglich, so daß es überhaupt kein abgetrenntes ewiges Wesen an sich gäbe. Allein das wäre unsinnig; es scheint nämlich doch ein derartiges Prinzip und Wesen zu geben, [25] und es wird beinahe von allen feinsinnigen Denkern als ein Seiendes gesucht. Denn wie sollte Ordnung herrschen, wenn es nicht etwas Ewiges, Abgetrenntes und Bleibendes gäbe?[16]

Weiter, wenn es ein Wesen und ein Prinzip von derartiger Natur, wie wir sie jetzt suchen, gibt und wenn dies für alle Dinge *eines* und für ewige und vergängliche Dinge ein und dasselbe ist, dann stellt sich die Schwierigkeit, warum wohl, [30] obgleich ein und dasselbe Prinzip vorliegt, die einen Dinge, die sich von diesem Prinzip herleiten, ewig sind, andere Dinge aber nicht.[17] Das wäre doch sinnlos. Wenn es aber das eine Prinzip für die vergänglichen Dinge gäbe, das andere für die ewigen Dinge, so werden wir gleichfalls, wenn auch das Prinzip der vergänglichen Dinge ewig sein soll, unschlüssig sein. Denn weshalb sollen denn nicht, wenn das Prinzip ewig ist, auch die Dinge ewig sein, die sich von dem Prinzip herleiten? Wäre das Prinzip aber vergänglich, [35] so gäbe es noch ein anderes Prinzip für dieses vergängliche und von diesem wieder ein anderes – und so würde es weiter ins Unbegrenzte fortgehen.

Wenn man aber wiederum das Seiende und das Eine, die am meisten unbewegte Prinzipien zu sein scheinen, als Prinzipien annehmen will, so tritt zuerst die Frage auf, wie sie, | wenn nicht jedes von ihnen ein Das und ein Wesen bezeichnet, abgetrennt und an sich bestehen sollen. Derartige ewige und erste Prinzipien sind es doch, die wir suchen. Doch wenn jedes von ihnen ein Das und ein Wesen bezeichnet, dann würden alle Dinge Wesen sein; denn von allen Dingen [5] wird das Seiende ausgesagt (von einigen auch das Eine).[18] Es ist aber ein Irrtum, daß alle Dinge Wesen seien.

Weiter, wie kann die Meinung derer[19] wahr sein, die behaupten, daß das erste Prinzip das Eine und dies das Wesen sei, die aus dem Einen und dem Stoff die Zahl als erstes hervorgehen lassen und diese als Wesen ansprechen? [10] Denn wie soll man die Zwei und jede der zusammengesetzten Zahlen als Eines denken? Denn darüber sagen sie nichts, und es ist auch nicht leicht, etwas darüber zu sagen. Wenn man die Linien oder das, was damit zusammenhängt (ich meine die ersten Flächen), als Prinzipien ansetzt, so sind das doch keine abgetrennten Wesen, sondern Schnitte und Zerlegungen – die einen von Flächen, [15] die anderen von Körpern (die Punkte von Linien) – und ferner auch Grenzen von eben diesen. All dies aber findet sich an anderen Dingen, und nichts ist abgetrennt. Weiter, wie soll man annehmen, daß es vom Einen und vom Punkt ein Wesen gebe? Denn bei jedem Wesen gibt es eine Entstehung, beim Punkt aber nicht; der Punkt ist nämlich nur eine Zerlegung.[20]

Es bietet sich aber [20] auch die Schwierigkeit, daß jede Wissenschaft vom Allgemeinen und vom Sobeschaffenen handelt, das Wesen aber nicht zum Allgemeinen gehört, sondern eher ein Das und ein Abgetrenntes darstellt, so daß man zu überlegen hat, wie man denn, falls die Wissenschaft von den Prinzipien handelt, annehmen kann, daß das Prinzip Wesen sei.[21]

Weiter, gibt es etwas neben dem Konkreten oder nicht? (Ich meine [mit Konkretem] den Stoff und das, [25] was mit ihm verbunden ist.) Gibt es nichts, so ist zu beachten, daß alles, was am Stoff ist, vergänglich ist. Gibt es aber etwas, so dürfte dies wohl die Form und die Gestalt sein. Es würde aber schwer zu bestimmen sein, bei welchen Fällen dies stattfindet und bei welchen nicht; denn bei manchen gibt es offenkundig keine abgetrennte Form, wie etwa beim Haus.[22]

Weiter, sind die Prinzipien der Art oder der Zahl nach dieselben? Wenn sie es der Zahl nach sind, [30] so wären alle Dinge dieselben.[23]

3. Das Objekt der Ersten Philosophie (Abwandlung von Γ 1, 2)

Da die Wissenschaft des Philosophen vom Seienden, insofern es ist, handelt – allgemein und nicht von einem bestimmten Teil – und da das Seiende in vielfacher Bedeutung und nicht in einer ausgesagt wird, so ergibt sich, wenn die Dinge bloß ausdrucksgleich und nicht in bezug auf ein Gemeinsames genannt werden, daß das Seiende nicht *einer* Wissenschaft angehört (denn es gehört dann nicht nur zu *einer* Gattung). [35] Wenn aber die Dinge im Hinblick auf etwas Gemeinsames genannt werden, dann gehören sie nur *einer* Wissenschaft an.

Das Seiende scheint nun in der Art und Weise gebraucht zu werden, wie das »Ärztliche« und »Gesunde«. Denn jedes von diesen beiden gebrauchen wir in vielfacher Bedeutung. | Man spricht also davon in jeder dieser Bedeutungen, indem man sich einerseits auf die Wissenschaft des Arztes irgendwie bezieht, andererseits auf die Gesundheit oder im weiteren auf etwas in anderer Weise, jeweils aber auf etwas Identisches. Ärztlich nämlich nennt man einen Begriff und ein Messer, jenen, weil er sich von der Wissenschaft des Arztes herleitet, [5] dieses, weil es dieser Wissenschaft dienlich ist. Ähnlich steht es mit »gesund«. Das eine nämlich heißt so, weil es ein Zeichen der Gesundheit ist, das andere, weil es Gesundheit bewirkt. Dasselbe trifft bei den übrigen Fällen zu.

Auf dieselbe Art und Weise wird auch alles Seiende ausgesagt: dadurch nämlich wird ein jedes »seiend« genannt, weil es vom Seienden, insofern es ist, eine Affektion oder ein Zustand oder eine Anlage oder eine Bewegung oder etwas anderes derartiges ist. [10] Da aber von jedem Seienden eine Zurückführung auf ein Eines und ein Gemeinsames stattfindet, so wird auch jeder von den Gegensätzen auf die ersten Unterschiede und Gegensätze des Seienden zurückgeführt werden können, sei es, daß »Menge und Eines« oder »Ähnlichkeit und Unähnlichkeit« oder irgendwelche anderen

Dinge die ersten Unterschiede des Seienden sind. [15] Doch das sei als bereits hinreichend erörtert beiseite gelassen.[24] Es macht keinen Unterschied, ob eine Zurückführung des Seienden zum Seienden erfolgt oder zum Einen. Denn wenn auch das Seiende nicht dasselbe ist wie das Eine, sondern etwas anderes, so kann doch das eine für das andere eintreten. Das Eine ist ja in gewisser Hinsicht auch seiend und das Seiende Eines.

Da es aber Aufgabe ein und derselben Wissenschaft ist, in jedem Falle Gegenteile zu beachten, und jedes [20] von diesen der Privation [des anderen] nach ausgesagt wird – wiewohl man unschlüssig sein könnte, wie einige von ihnen, bei denen es eine Mitte gibt, etwa »ungerecht« oder »gerecht«, der Privation nach ausgesagt werden –, so darf man bei allen derartigen Fällen die Privation nicht als eine des ganzen Begriffes, sondern muß sie als eine der letzten Art ansetzen. Wenn etwa der Gerechte[25] infolge eines bestimmten Zustandes den Gesetzen gehorcht, [25] so wird beim Ungerechten nicht überall eine Privation des ganzen Begriffes stattfinden, sondern er unterläßt nur in gewisser Hinsicht seinen Gehorsam gegenüber den Gesetzen, und nur insofern kann sich bei ihm eine Privation vorfinden. Ebenso steht es bei den übrigen Fällen.

Wie der Mathematiker seine Betrachtungen über das anstellt, was sich durch Wegnahme ergibt – indem er nämlich alles [30] sinnlich Erfaßbare, wie Schwere und Leichtigkeit, Härte und das Gegenteil davon, weiter Wärme und Kälte und die anderen sinnlich erfaßbaren Gegensätze, wegnimmt, läßt er nur noch das Quantum und das Kontinuum übrig, das manchmal in einer Richtung, manchmal in zwei und manchmal in drei Richtungen zusammenhängt, betrachtet die Affektion derselben, insofern sie Quanta sind und [35] ein Kontinuum und nicht in einer davon verschiedenen Beziehung, und untersucht bei einigen Dingen die gegenseitigen Lagen und das, was sich an ihnen findet, | bei weiteren Dingen die Meß- und Unmeßbarkeit, bei anderen die Proportionen; und doch nehmen wir für all das dieselbe Wissenschaft, nämlich die Geometrie, an –, so verhält es sich auch hinsichtlich des Seienden. Denn die Akzidenzen desselben, insofern es seiend ist, und die Gegensätze desselben, [5] insofern es seiend ist, zu betrachten, ist die Aufgabe keiner anderen Wissenschaft als der Philosophie. Denn der Naturwissenschaft kann man die Betrachtung des Seienden, insofern es seiend ist, nicht zuteilen, vielmehr nur des Seienden, insofern es teilhat an Bewegung. Die Dialektik und Sophistik handeln zwar von den Akzidenzen des Seienden, jedoch nicht, insofern es seiend ist, aber auch nicht vom Seienden selbst, insofern es seiend ist. [10] Es bleibt also nur noch übrig, daß der Philosoph die genannten Dinge betrachtet, insofern sie seiend sind. Da aber alles Seiende trotz der vielfachen Bedeutungen in Beziehung auf ein Eines und Gemeinsames ausgesagt wird und in gleicher Weise auch die Gegenteile (denn sie werden auf die ersten Gegensätze und Unterschiede des Seienden zurückgeführt) und da alles derartige [15] unter *eine* Wissenschaft fallen kann, so dürfte sich die zu Anfang[26] aufgetauchte Schwierigkeit lösen, nämlich die, wie *eine* Wissenschaft von vielen und der Gattung nach verschiedenen Dingen handeln könne.

4. Erste Philosophie im Unterschied zu Mathematik und Naturwissenschaft (Γ 3)

Da aber auch der Mathematiker das, was gemeinsam ist [die allgemeinen Axiome], in der ihm eigentümlichen Weise gebraucht, so dürfte es wohl Aufgabe der Ersten Philosophie sein, die Prinzipien dieses Gemeinsamen zu betrachten. Daß nämlich, [20] nimmt man von Gleichem Gleiches weg, Gleiches übrigbleibt, ist ein Gemeinsames für alle Quanta; jedoch die Mathematik stellt nur über einen bestimmten Teil des ihr eigentümlichen Stoffes, den sie herausgegriffen hat, Betrachtungen an, so etwa über Linien, Winkel, Zahlen oder die übrigen Quanta – nicht insofern sie sind, sondern insofern sie jeweils nach einer, zwei oder drei Richtungen ein Kontinuum sind. Die Philosophie dagegen untersucht nicht nur die Teildinge, insofern jedem von diesen etwas als Akzidenz zukommt, sondern sie betrachtet das Seiende, insofern jedes von dergleichen Dingen ein Seiendes ist. In derselben Art und Weise wie mit der Mathematik verhält es sich mit der Naturwissenschaft. Die Naturwissenschaft nämlich betrachtet die Akzidenzen und die Prinzipien des Seienden, insofern es bewegt ist, nicht insofern es seiend ist; (doch von der ersten Wissenschaft haben wir gesagt, daß sie von diesem Seienden handle, insofern sein Substrat Seiendes, nicht aber insofern es irgend etwas davon Verschiedenes ist). Also muß man sowohl die Naturwissenschaft als auch die Mathematik als Teile der Weisheit ansehen.[27]

5. Der Satz vom Widerspruch (Γ 3, 4, 8)

Es gibt in den Dingen ein Prinzip, worüber man sich nicht täuschen kann, sondern wobei man immer das Gegenteil tun muß, ich meine damit: die Wahrheit sagen; das heißt nämlich, daß dasselbe nicht zu ein und derselben Zeit | »sein« und »nicht sein« kann, und alle übrigen Dinge, die auf diese Art und Weise einander entgegengesetzt sind.[28] Für Prinzipien solcher Art gibt es keinen Beweis schlechthin, wohl aber einen Beweis gegenüber einem bestimmten Gegner. Es ist nämlich nicht möglich, aus einem noch sichereren Prinzip als eben diesem Satz eine Schlußfolgerung zu ziehen, und doch müßte das der Fall sein, sollte ein Beweis schlechthin möglich sein.[29] Derjenige aber, der einem, der einander entgegengesetzte Behauptungen ausspricht, beweisen will, daß er sich täuscht, muß etwas dieser Art annehmen, was zwar mit dem Satze, daß es unmöglich ist, daß dasselbe zu ein und derselben Zeit »sei« und »nicht sei«, dasselbe ist, das aber nicht dasselbe zu sein *scheint*. Auf diese Weise nämlich kann man einen Beweis gegen den erbringen, [10] der sagt, es sei möglich, daß entgegengesetzte Behauptungen über ein und dasselbe wahr seien.

Es ist allerdings notwendig, daß diejenigen, die miteinander ins Gespräch kommen wollen, sich in irgendeiner Hinsicht verstehen; denn sollte es dazu nicht kommen, wie könnte es da wohl eine Gemeinsamkeit des Gespräches untereinander geben? Es muß daher jeder Ausdruck bekannt sein und ein Etwas bezeichnen, und zwar nicht vieles, [15] sondern Eines; wenn er aber über mehrere Bedeutungen verfügt, muß man klären, in welcher von diesen man den Ausdruck verwendet. Wer nun sagt, daß dies sei und nicht sei, der behauptet nicht das, was er behauptet, so daß er also verneint, daß der Ausdruck das bezeichnet, was er bezeichnet. Das ist aber nicht möglich. Wenn also Das-sein ein Etwas bezeichnet, so ist es unmöglich, daß eine entgegengesetzte Behauptung im Hinblick auf dasselbe wahr sei.[30]

[20] Wenn weiter ein Ausdruck etwas bezeichnet und dies mit Wahrheit ausgesagt wird, so muß dies notwendig so sein. Das aber, was notwendig »ist«, kann nicht zuweilen »nicht sein«. Füglich ist es nicht möglich, daß entgegengesetzte Bejahungen und Verneinungen im Hinblick auf dasselbe wahr sind.[31]

Weiter, wenn die Bejahung ebenso wahr ist wie die Verneinung, dann wird der, der »Mensch« sagt, ebenso die Wahrheit reden wie der, der »Nicht-Mensch« sagt. [25] Es dürfte aber wohl der, der behauptet, der Mensch sei ein Nicht-Pferd, entweder mehr oder doch nicht weniger die Wahrheit sagen als der, der behauptet, der Mensch sei ein Nicht-Mensch; demnach würde auch der die Wahrheit sagen, der die Behauptung aufstellt, der Mensch sei ein Pferd (denn entgegengesetzte Behauptungen sollten doch gleich wahr sein). Daraus folgt also, daß ein und derselbe ein Mensch, ein Pferd [30] oder irgendein anderes Lebewesen ist.[32]

Es gibt also hierfür keinen Beweis schlechthin, wohl aber einen Beweis gegen den, der diese Behauptungen aufstellt. Rasch dürfte man wohl auch den Heraklit selbst, hätte man ihn auf dieselbe Art gefragt, zum Zugeständnis gezwungen haben, daß es niemals möglich sei, daß entgegengesetzte Behauptungen im Hinblick auf dasselbe wahr seien. So ist er, ohne sich selbst recht bewußt zu sein, was er wohl damit meine, zu dieser Ansicht gekommen.[33] Überhaupt aber, wenn auch das von ihm Behauptete wahr wäre, wäre doch eben diese seine Behauptung nicht wahr, | ich meine den Satz, daß dasselbe zu ein und derselben Zeit »sein« und auch »nicht sein« könne. Denn wie die Bejahung, zerlegt man beide Glieder des Gegensatzes, genauso wahr ist wie die Verneinung, so wird auf dieselbe Art und Weise, vereinigt man beide und verknüpft sie gleichsam zu *einer* Bejahung, die Verneinung genauso wahr sein wie das Ganze, das im Sinne einer Bejahung aufgefaßt wird.[34] Weiter, wenn es nicht möglich ist, etwas mit Wahrheit zu bejahen, so dürfte auch diese Behauptung selbst falsch sein, die besagt, daß es keine wahre Bejahung gibt.[35] Gibt es sie aber, so ist die Behauptung derer, die für derartige Sätze eintreten und damit jedem Gespräch die Grundlage nehmen, aufgehoben.

6. Der Satz vom Widerspruch (Γ 5–8)

Ganz ähnlich wie die eben genannten Behauptungen klingt auch der Satz des Protagoras. Denn auch er behauptete, der Mensch sei das Maß aller Dinge[36], womit er nichts anderes sagt, als daß es das, was jedem Einzelnen zu existieren scheint, auch fest und sicher gibt. Wenn dem aber so ist, so folgt daraus, daß dasselbe sowohl »ist« als auch »nicht ist«, sowohl schlecht als auch gut ist, und daß auch alles andere, das nach einander entgegengesetzten Behauptungen ausgesagt wird, existiert, weil es eben oft eintritt, daß ein

Das dem einen schön, dem anderen entgegengesetzt erscheint, und das, was jedem Einzelnen erscheint, Maß ist. [20] Diese Schwierigkeit aber dürfte gelöst werden, wenn man betrachtet, woher sich der Ursprung dieser Auffassung herleitet. Einige nämlich scheinen von der Meinung der Naturphilosophen zu dieser Auffassung gelangt zu sein, andere von der Tatsache, daß nicht alle im Hinblick auf dasselbe dasselbe erkennen, sondern ein Das den einen angenehm, den anderen entgegengesetzt erscheint.[37]

[25] Daß nämlich nichts aus Nichtseiendem entstehe, hingegen alles aus Seiendem, das ist die Lehrmeinung nahezu aller Naturphilosophen. Da nun Weißes nicht entsteht aus etwas, das schon vollkommen weiß ist und nirgendwo mehr nicht weiß ist, so dürfte wohl das, was weiß wird, aus etwas entstehen, das nicht weiß ist. Demnach entstünde es ihrer Auffassung nach aus Nichtseiendem, sofern nicht ein und dasselbe [30] sowohl weiß als auch nicht weiß war. Diese Schwierigkeit aber zu beheben ist nicht schwer. Es ist nämlich bereits in den Abhandlungen über die Natur[38] erörtert worden, in welchem Sinne das Entstehende aus dem Nichtseienden und in welchem Sinne es aus dem Seienden entsteht.[39]

Es ist allerdings töricht, den Meinungen und Vorstellungen derer, die miteinander hadern, in gleicher Weise Gewicht beizulegen; denn es ist doch klar, [35] daß sich die einen von ihnen im Irrtum befinden müssen. Das geht schon deutlich aus dem hervor, was nach der Sinneswahrnehmung entsteht. Niemals nämlich scheint ein und dasselbe | den einen süß und den anderen entgegengesetzt, wenn nicht bei den einen das Sinnesorgan, das über die in Frage kommenden Flüssigkeiten entscheidet, verdorben und schadhaft ist. Wenn dem aber so ist, so muß man die einen als Maß annehmen, die anderen aber nicht. [5] In gleicher Weise meine ich das aber auch bei gut und schlecht, schön und häßlich und allem anderen derartigen. Denn zu behaupten, die entgegengesetzten Meinungen gelten gleich viel, heißt nichts anderes als sagen, daß dasjenige, was denen erscheint, die den Finger unter das Auge drücken und auf diese Art bewirken, daß sich ihnen die Dinge doppelt zeigen[40], auch doppelt sein müsse (weil es ihnen eben so erscheine), und doch wieder eines (weil denen, die ihr Auge nicht irritieren, das Eine als Eines erscheine).[41]

Es ist überhaupt nicht sehr sinnvoll, daraus, daß die Dinge hier bei uns sich zu verändern und niemals im selben Zustand zu verharren scheinen, eine Entscheidung über die Wahrheit zu treffen. Es ist vielmehr notwendig, von dem ausgehend, was sich immer in derselben Art und Weise verhält und keine Veränderung bewirkt, der Wahrheit nachzujagen; solcher Art aber sind die Himmelskörper. Diese nämlich erscheinen nicht bald so und bald so, sondern sie sind stets dieselben und haben keinerlei Anteil an einer Veränderung.[42]

Weiter, wenn es eine Bewegung gibt, so gibt es auch etwas, das bewegt wird, und alles wird aus etwas und auf etwas hin bewegt. Es muß füglich das Bewegte in jenem sein, aus dem heraus es bewegt wird, und nicht in diesem, es muß zu einem Das-da hin bewegt werden und zugleich in diesem sein. Aber einander widersprechende Aussagen können nicht, wie jene meinen, zugleich wahr sein.

Und wenn auch die Dinge hier bei uns dem Quantum nach in zusammenhängendem Fluß sind und bewegt werden und man dies annehmen könnte, wiewohl es nicht wahr ist, weshalb sollten sie nicht dem Quale nach beharren? Die Ansicht nämlich, daß einander Widersprechendes von demselben ausgesagt werden könne, scheint in der Hauptsache darin gelegen zu sein, daß das Quantum an Körpern nicht beharre, daher sei auch ein und dasselbe vier Ellen lang und sei es auch nicht. Das Wesen aber beruht auf dem Quale, dies jedoch gehört der genau bestimmten Natur an, das Quantum hingegen der unbestimmten Natur.[43]

Weiter, weshalb nehmen, wenn der Arzt es ihnen verordnet, sie diese Speise da tatsächlich zu sich? Weshalb nämlich ist dieses Brot für sie eher Brot als Nicht-Brot? Es müßte also gleichgültig sein, dies zu essen oder nicht zu essen. Nun aber nehmen sie doch, als kennten sie in dieser Hinsicht die Wahrheit und als wäre dies die verordnete Speise, dieselbe zu sich. Und doch dürften sie das nicht, wenn tatsächlich bei den sinnlich erfaßbaren Dingen keine Natur fest beharrte, sondern stets alles in Bewegung und Fluß wäre.[44]

Weiter, wenn wir uns immer umwandeln und niemals dieselben bleiben, was ist es da verwunderlich, wenn uns, genauso wie den Kranken, die Dinge niemals als dieselben erscheinen? (Denn auch den Kranken | erscheinen, da sie sich ja nicht im gleichen Zustand befinden wie zu der Zeit, da sie gesund waren, die Dinge der Sinneswahrnehmung nicht mehr gleich wie vorher; deshalb aber haben die sinnlich erfaßbaren Dinge an keiner Veränderung Anteil, sondern sie bewirken in den Kranken verschiedene Sinneswahrnehmungen, eben nicht dieselben. Und ebenso muß es sich wohl verhalten, wenn die oben besprochene Veränderung eintritt.) Wenn wir uns aber nicht verändern, sondern letztlich dieselben bleiben, die wir sind, dann dürfte wohl etwas existieren, das bleibt.[45]

Denen nun gegenüber, die aus Gründen einer bloßen Begrifflichkeit die genannten Schwierigkeiten haben, ist es nicht leicht, zu einer Lösung zu verhelfen, wenn sie nicht etwas festsetzen, wofür sie keine weitere Begründung fordern. Denn nur auf diese Weise kommt jede Begründung und jeder Beweis zustande. Denn setzen sie nichts fest, beseitigen sie jedes Gespräch und überhaupt jede Begründung. Solchen gegenüber kann es also keine Begründung geben. Denen aber, die infolge der überkommenen Schwierigkeiten unschlüssig geworden sind, kann man leicht begegnen und das lösen, was die Schwierigkeit bewirkt. Das geht klar aus dem hervor, was schon besprochen worden ist.[46]

Daraus wird also deutlich, daß einander entgegengesetzte Aussagen über dasselbe zu gleicher Zeit unmöglich wahr sein können[47], aber auch nicht gegenteilige, da jeder

Gegensatz durch eine Privation ausgesagt wird. Das wird aber klar, wenn man die Begriffe der Gegenteile bis zu ihrem Ursprung auflöst.[48]

Ebenso ist es aber auch nicht möglich, ein Mittleres von ein und demselben auszusagen. Denn wenn das Substrat, von dem wir sprechen, weiß ist, so würden wir lügen, sagten wir, es sei weder schwarz noch weiß. Es folgte nämlich daraus, daß es weiß sei und auch nicht weiß. Denn es wird nur das eine Glied der miteinander verbundenen Behauptungen davon wahr sein, das aber ist der Widerspruch von weiß.[49]

Man kann also weder mit Heraklit[50] noch mit Anaxagoras die Wahrheit sagen. Wäre dem nicht so, ergäbe es sich, daß man von ein und demselben Gegenteile aussagte. Wenn nämlich Anaxagoras sagt, daß in allem ein Teil von allem sei, so sagt er doch, daß ein Ding nicht eher bitter als süß sei (und ebenso bei allen übrigen Gegensätzen), sofern sich ja alles in allem nicht nur dem Vermögen nach, sondern auch der Verwirklichung nach und ausgesondert finden soll. In gleicher Weise ist es unmöglich, daß alle Aussagen falsch oder daß alle wahr sein sollen, sowohl wegen der vielen anderen Schwierigkeiten, die man vorbringen könnte, als auch wegen folgender Auffassung: wenn einerseits alle Behauptungen falsch wären, so sagte auch der nicht die Wahrheit, der dies behauptet, andererseits, wenn alle Behauptungen wahr wären, so würde auch der nicht lügen, der sagt, alle Behauptungen seien falsch.[51]

7. Theologie, Mathematik und Naturwissenschaft (Abwandlung von E 1)

Jede Wissenschaft sucht gewisse Prinzipien und Ursachen für jedes wißbare Ding, das unter sie fällt; so etwa die Heilkunde, die Gymnastik | und jede einzelne der übrigen bewirkenden und mathematischen Wissenschaften. Jede dieser Wissenschaften nämlich umschreibt für sich eine bestimmte Gattung und behandelt sie als ein Bestehendes und Seiendes, nicht aber sofern es ein Seiendes ist; davon handelt vielmehr eine verschiedene Wissenschaft, die neben diesen Wissenschaften existiert. Jede von den genannten Wissenschaften [5] aber erfaßt in gewisser Hinsicht das Was in jeder Gattung und versucht, das Übrige mit größerer oder geringerer Genauigkeit zu erweisen. Doch einige dieser Wissenschaften erfassen das Was aufgrund der Sinneswahrnehmung, andere mittels Voraussetzungen. Also geht aus einer derartigen Heranführung klar hervor, daß es für das Wesen und das Was keinen Beweis gibt.

[10] Da es aber eine Wissenschaft von der Natur gibt, ist es klar, daß sie von einer handelnden und bewirkenden Wissenschaft verschieden sein wird. Bei einer bewirkenden Wissenschaft nämlich befindet sich das Prinzip der Bewegung im Bewirkenden und nicht im Bewirkten, und dies ist eine Kunst oder ein anderes Vermögen. In gleicher Weise befindet sich bei der handelnden Wissenschaft das Prinzip der Bewegung nicht in dem, was behandelt wird, sondern vielmehr im Handelnden. [15] Die Wissenschaft des Naturwissenschaftlers aber handelt von dem, was in sich selbst über das Prinzip der Bewegung verfügt. Daraus geht also deutlich hervor, daß die Naturwissenschaft weder eine handelnde noch eine bewirkende, sondern eine betrachtende Wissenschaft sein muß (denn sie muß unter eine dieser Gattungen fallen). Da aber jede Wissenschaft [20] das Was irgendwie erkennen und als Prinzip gebrauchen muß, darf nicht verborgen bleiben, in welcher Weise der Naturwissenschaftler zu definieren und den Begriff des Wesens zu fassen hat: ob nach der Art wie das Stülpnasige oder wie das Hohle. Davon nämlich wird der Begriff des Stülpnasigen in Verbindung mit dem Stoff der Sache ausgesagt, der des Hohlen aber getrennt vom Stoff. [25] Denn die Stülpnasigkeit entsteht an der Nase, weshalb auch ihr Begriff zusam-

men mit dieser betrachtet wird; das Stülpnasige ist nämlich eine hohle Nase. Es ist also offenbar, daß der Begriff des Fleisches, des Auges und der übrigen Teile [des Körpers] stets in Verbindung mit dem Stoff angegeben werden muß.

Da es aber eine Wissenschaft vom Seienden, insofern es ist und abgetrennt ist, gibt, muß überlegt werden, ob diese Wissenschaft als mit der Naturwissenschaft identisch oder doch eher als eine davon verschiedene anzusetzen ist. Die Naturwissenschaft nun befaßt sich mit den Dingen, die in sich über das Prinzip der Bewegung verfügen; die Mathematik aber ist eine betrachtende Wissenschaft und befaßt sich zwar mit bleibenden Dingen, aber nicht mit abgetrennten. Vom abgetrennten und unbewegten Seienden also handelt eine von diesen beiden Wissenschaften verschiedene Wissenschaft – sofern es nämlich ein derartiges Wesen gibt, ich meine ein abgetrenntes und unbewegtes Wesen, was zu beweisen wir noch versuchen werden.[52] Und wofern es in den Dingen eine derartige Natur gibt, da dürfte es wohl auch das Göttliche geben, und sie dürfte dann wohl | das erste und eigentlichste Prinzip sein. Es ist also klar, daß es drei Gattungen von betrachtenden Wissenschaften gibt: die Naturwissenschaft, die Mathematik und die Theologie. Demnach ist die Gattung der betrachtenden Wissenschaften die beste, von diesen aber ist die zuletzt genannte die beste; sie befaßt sich nämlich mit dem Ehrwürdigsten aller Dinge. Besser aber oder schlechter nennt man eine Wissenschaft je nach dem ihr eigentümlichen Wißbaren.

Man könnte nun unschlüssig sein, ob man die Wissenschaft vom Seienden, insofern es ist, als allgemeine anzusetzen hat oder nicht. Von den mathematischen Wissenschaften nämlich befaßt sich jede einzelne mit *einer* genau bestimmten Gattung, die allgemeine Mathematik aber gemeinsam mit allen. Wenn nun die natürlichen Wesen die ersten unter den Dingen wären, so wäre die Naturwissenschaft die erste der Wissenschaften. Falls es aber noch eine davon verschiedene Natur gibt und ein abgetrenntes und unbewegtes Wesen, muß die Wissenschaft davon eine von der Naturwissenschaft verschiedene sein und früher als die Naturwissenschaft und, weil sie früher ist, auch allgemein.[53]

8. Das akzidentell Seiende und das Seiende als Wahres (Abwandlung von E 2–4; Phys. II 5, 6)

Da das schlechthin Seiende auf mehrfache Weise ausgesagt wird und eine davon das akzidentelle Sein bezeichnet, muß man zuerst über das in diesem Sinne Seiende Betrachtungen anstellen. Daß nun keine von den überkommenen Wissenschaften sich mit dem Akzidens beschäftigt, ist klar; denn weder die Baukunst betrachtet das, was für diejenigen, die das Haus benützen werden, ein Akzidens sein wird – so etwa, ob sie es in Trauer oder im Gegensatz dazu bewohnen werden –, noch die Webe-, Schuster- oder Kochkunst. Jede dieser Wissenschaften betrachtet nur das, was ihr eigentümlich ist, das bedeutet aber, das ihr zugehörige Ziel. Auch würde keine der Wissenschaften, die als solche zugestandenermaßen anerkannt sind – es sei denn die Sophistik –, Untersuchungen anstellen, ob jemand, der musisch ist, weil er sprachkundig geworden ist, zugleich beides sein wird, während er es früher nicht war (was aber nicht immer seiend ist, das ist geworden, so daß er also zugleich musisch und sprachkundig geworden ist). Mit dem Akzidens befaßt sich nämlich allein die Sophistik; weshalb also Platon sich treffend äußerte, wenn er sagte[54], daß der Sophist seine Zeit mit dem Nichtseienden vertreibe.

Daß es aber vom Akzidens gar keine Wissenschaft geben kann, wird sich klar zeigen, wenn wir zu sehen versuchen, was eigentlich das Akzidens ist. Alles, sagen wir, sei einerseits immer und mit Notwendigkeit (allerdings ist hier nicht die gewaltsame Notwendigkeit gemeint, sondern diejenige, die wir bei den Beweisen gebrauchen), andererseits

seits zumeist, und wieder andererseits weder zumeist noch immer und mit Notwendigkeit, sondern es sei, wenn es sich gerade so getroffen hat. So kann es wohl an den Hundstagen Kälte geben, doch das trifft weder immer und mit Notwendigkeit zu noch auch zumeist, | wohl aber kann es einmal vorkommen. Es ist also das Akzidens etwas, das zwar geschieht, nicht aber immer und mit Notwendigkeit, auch nicht zumeist. Was nun das Akzidens ist, ist gesagt; und es ist offenbar, weshalb es von etwas derartigem keine Wissenschaft geben kann. Denn jede Wissenschaft ist von dem Wissenschaft, was immer ist [5] oder was zumeist ist. Das Akzidens aber gehört zu keinem von beiden.

Daß aber die Ursachen und Prinzipien des akzidentell Seienden nicht so beschaffen sind wie die des an sich Seienden, ist offenbar. Denn sonst müßten alle Dinge mit Notwendigkeit sein. Wenn nämlich dieses ist, sofern dies Zweite ist, dies Zweite, sofern dies Dritte – und dies nicht zufällig stattfindet, sondern mit Notwendigkeit –, [10] so muß auch das mit Notwendigkeit sein, dessen Ursache dies Dritte war, hin bis zum letzten sogenannten Verursachten (dies aber war ja ein Akzidentelles). Demnach müßten alle Dinge mit Notwendigkeit sein; und dasjenige, das irgendwie zugetroffen ist, und das, was sowohl entstehen als auch nicht entstehen kann, würde gänzlich aus dem Entstehen genommen werden. Auch wenn man die Ursache nicht als Seiendes, sondern als Entstehendes ansetzte, [15] würde sich dasselbe ergeben; alles nämlich würde mit Notwendigkeit entstehen. Denn die morgige Finsternis wird eintreten, wenn dies Zweite geschieht, dies Zweite, wenn jenes Dritte, jenes Dritte, wenn ein Viertes entstehen wird. Wenn man also auf diese Art von der begrenzten Zeit zwischen jetzt und morgen immer etwas Zeit wegnimmt, wird man bis zum Gegenwärtigen gelangen. Wenn es dieses Gegenwärtige also gibt, [20] wird alles nach ihm mit Notwendigkeit entstehen, so daß alles mit Notwendigkeit entstehen würde.

Von dem aber, was wahrhaft und was akzidentell seiend ist,

beruht das eine auf der Verbindung der Überlegung und ist eine Affektion an ihr (deshalb werden die Prinzipien nicht für das in diesem Sinne Seiende untersucht, sondern für das außerhalb Seiende und das Abgetrennte); das andere aber – ich meine das akzidentell Seiende – ist nicht notwendig, [25] sondern unbestimmt, und seine Ursachen sind ungeordnet und unbegrenzt.

Das Dessentwegen aber findet sich in Dingen, die von der Natur aus oder durch Überlegung entstehen. Zufall jedoch gibt es dann, wenn etwas hiervon in akzidenteller Weise entsteht. Denn wie das Seiende einerseits an sich, andererseits akzidentell ist, so ist dies auch bei der Ursache der Fall.[55] [30] Der Zufall ist eine akzidentelle Ursache bei dem, das nach Entscheidung des Dessentwegen halber entsteht; daher handeln Zufall und Überlegung vom selben. Denn es gibt keine Entscheidung getrennt von der Überlegung. Die Ursachen dafür, was durch Zufall entstehen kann, sind unbestimmt; deshalb ist der Zufall für menschliche Überlegung unerklärbar und eine akzidentelle Ursache, doch ist er von nichts eine Ursache schlechthin.[56] [35] Der Zufall ist gut oder schlecht, je nachdem, ob Gutes oder Schlechtes daraus hervorgeht. | Von Glück und Unglück spricht man nur im Hinblick auf die Größe dieser Folgen.[57] Da aber das Akzidentelle nicht früher ist als das »an-sich«, so trifft dies auch bei der Ursache zu. Wenn also der Zufall oder die Spontaneität Ursache des Himmels sein sollten, so würden doch Vernunft und Natur früher Ursache sein.[58]

9. Die Bewegung (Auszug aus Phys. III 1–3)

[5] Einiges ist nur der Verwirklichung nach, anderes dem Vermögen nach, wieder anderes dem Vermögen und der Verwirklichung nach ein Seiendes oder ein Quantum oder eine von den übrigen Aussageweisen.[59] Es gibt aber keine

Bewegung neben den Dingen, denn Veränderung gibt es immer nach den Aussageweisen des Seienden; es gibt über diesen Aussageweisen nichts Gemeinsames, das nicht in eine Aussageweise fiele. Jede von den Aussageweisen kommt aber in zweifacher Art allem zu. [10] (So etwa das Das – es ist nämlich einerseits Gestalt des Das, andererseits Privation; dem Quale nach ist das eine weiß, das andere schwarz, dem Quantum nach das eine vollendet, das andere unvollendet, der Ortsbewegung nach das eine oben, das andere unten, oder leicht und schwer.) Es gibt demnach von der Bewegung und Veränderung ebenso viele Arten wie vom Seienden. Sofern man in jeder Gattung [15] zwischen dem dem Vermögen nach Seienden und dem der Verwirklichung nach Seienden unterscheidet, nenne ich die Verwirklichung des dem Vermögen nach Seienden, insoweit es ein solches ist, Bewegung.

Daß wir aber die Wahrheit sprechen, ist aus folgendem klar ersichtlich: wenn nämlich das Erbaubare, insofern wir sagen, daß es ein solches sei, der Verwirklichung nach ist, so wird erbaut, und das ist der Hausbau. Gleiches gilt beim Lernen, Heilen, [20] Gehen, Springen, Altern, Reifen.[60] Das Bewegtwerden tritt dann ein, wenn die Vollendung selbst vorhanden ist: weder früher noch später.[61] Die Vollendung des dem Vermögen nach Seienden, wenn es der Vollendung nach verwirklicht – nicht insofern es dies, sondern insofern es bewegbar ist –, ist Bewegung.[62] Das »insofern« verstehe ich so: das Erz ist nämlich dem Vermögen nach Statue; und doch ist [25] die Vollendung des Erzes, insofern es Erz ist, nicht Bewegung. Denn das Erz-sein und das Ein-bestimmtes-Vermögen-sein sind nicht dasselbe; denn wären sie dem Begriffe nach schlechthin dasselbe, so wäre die Vollendung des Erzes eine Art Bewegung; sie sind aber nicht dasselbe. (Das wird klar an den Gegenteilen: denn das Vermögen, gesund zu sein, und das Vermögen, krank zu sein, sind nicht dasselbe, sonst müßte nämlich Gesundsein und Kranksein dasselbe sein; [30] aber das Substrat, das sowohl gesund als auch krank ist, sei es die Feuchtigkeit oder das Blut, ist ein

und dasselbe.) Da aber beides nicht dasselbe ist, so wie Farbe und das Sichtbare nicht dasselbe sind, ist die Vollendung des Möglichen, insofern es möglich ist, Bewegung. Daß nun dies Bewegung ist und daß es dann zum Bewegt-werden kommt, wenn die Vollendung selbst auftritt, und zwar nicht früher und nicht später, das ist offenkundig. | (Es kann nämlich jedes Einzelne einmal in Verwirklichung sein, ein andermal nicht, wie etwa das Erbaubare, insofern es erbaubar ist, und die Verwirklichung des Erbaubaren, insofern es erbaubar ist, ist der Hausbau. Denn entweder ist die Verwirklichung dies oder das Haus. Aber sobald das Haus existiert, ist es nicht mehr erbaubar; erbaut aber wird nur das Erbaubare. Es muß also der Hausbau die Verwirklichung sein, der Hausbau aber ist eine Bewegung. Derselbe Gedankengang gilt auch für die anderen Bewegungen.)
Daß darüber richtig gesprochen wurde, geht klar aus dem hervor, was andere über die Bewegung sagen, aber auch aus der Tatsache, daß es nicht leicht ist, sie anders zu definieren. Denn man vermag sie nicht in eine andere Gattung zu setzen. Das ergibt sich klar daraus, daß einige sie als Verschiedenheit, Ungleichheit und Nichtseiendes[63] ansprechen, wovon sich aber nichts bewegen muß; ebensowenig aber erfolgt eine Veränderung zu diesen hin oder aus diesen her in höherem Grade als vom Entgegengesetzten her. Die Ursache dafür aber, daß man sie [die Bewegung] zu diesen Gattungen gerechnet hat, liegt darin, daß die Bewegung etwas Unbestimmtes zu sein scheint; die Prinzipien der anderen Reihe sind aber unbestimmt, weil sie privativ sind. Denn sie sind weder ein Das noch ein Solches, noch sonst eine der übrigen Aussageweisen. Daß es aber scheint, die Bewegung sei unbestimmt, hat seine Ursache darin, daß man sie weder zum Vermögen der Dinge noch zur Verwirklichung rechnen kann. Denn weder das, was ein Quantum zu sein vermag, noch das, was der Verwirklichung nach ein Quantum ist, bewegt sich mit Notwendigkeit. Bewegung scheint zwar eine Art Verwirklichung zu sein, doch

eine unvollendete. Ursache dafür ist, daß das Vermögende unvollendet ist, dessen Verwirklichung sie [die Bewegung] ist. Und deshalb ist es schwer zu fassen, was Bewegung ist. Man müßte sie nämlich entweder zur Privation rechnen oder zum Vermögen oder zu einer Verwirklichung schlechthin, aber nichts davon scheint zulässig. Demnach [25] bleibt nur, daß sie das ist, was schon besprochen wurde: Verwirklichung und Nicht-Verwirklichung, wie bereits abgehandelt; etwas, das schwer zu erkennen ist, aber doch imstande zu existieren.[64]

Es ist klar, daß sich die Bewegung im Bewegten befindet. Sie ist nämlich die Vollendung des Bewegten durch das, was zum Bewegen fähig ist. Und die Verwirklichung des zum Bewegen Fähigen ist keine andere. Denn die Bewegung muß die Vollendung für beides sein. Fähig zu bewegen [30] nämlich ist etwas dadurch, daß es ein Vermögen dazu hat, bewegend ist etwas dadurch, daß es verwirklicht, aber fähig zu verwirklichen ist es am Bewegbaren. Es gibt also in gleicher Weise für beides nur *eine* Verwirklichung – so wie etwa der Abstand von eins zu zwei derselbe ist wie von zwei zu eins und wie das Ansteigende zugleich das Absteigende ist, ohne daß aber das Sein nur eines wäre. Gleich verhält es sich mit Bewegendem und Bewegtem.

10. Das Unbegrenzte (Auszug aus Phys. III 4, 5, 7)

[35] Unbegrenzt ist entweder dasjenige, was nicht in der Lage ist, durchschritten zu werden, weil es zum Durchschreiten von Natur aus nicht befähigt ist (so wie etwa die Stimme unsichtbar ist), oder dasjenige, was über ein unvollendbares Durchschreiten verfügt oder bei dem doch kaum eines stattfindet, oder es ist dasjenige, was, obwohl von Natur aus dazu befähigt, über kein Durchschreiten oder eine Grenze

verfügt. | Weiter gibt es noch ein Unbegrenztes der Hinzufügung oder Wegnahme nach oder in beiderlei Hinsichten. Allerdings kann es das Unbegrenzte an sich, abgetrennt von den Sinnesdingen[65], nicht geben. Denn wenn das Unbegrenzte weder Größe noch Menge wäre, selbst aber Wesen und nicht Akzidens, dann wäre es unzerlegbar (denn das Zerlegbare ist Größe oder Menge); wenn es aber unzerlegbar wäre, könnte es nicht unbegrenzt sein – es sei denn so, wie die Stimme unsichtbar ist. Aber man spricht nicht in diesem Sinne vom Unbegrenzten, und auch wir untersuchen es nicht in diesem Sinne, sondern in dem Sinn, als es undurchschreitbar ist.[66] Weiter, wie sollte das Unbegrenzte an sich existieren, wenn es nicht sowohl Zahl als auch Größe ist, deren Affektion doch das Unbegrenzte ist? Weiter, wenn das Unbegrenzte akzidentell existiert, so kann es wohl nicht Element der Dinge sein, insofern es unbegrenzt ist – wie ja auch das Unsichtbare nicht Element des Sprechens ist, obwohl die Stimme unsichtbar ist.[67] Und daß das Unbegrenzte nicht der Verwirklichung nach existieren kann, ist auch klar. Denn es müßte dann jeder davon beliebig herausgenommene Teil unbegrenzt sein. (Denn das Unbegrenztsein und das Unbegrenzte wären dasselbe, wenn das Unbegrenzte ein Wesen ist und nicht von einem Substrat ausgesagt wird.) Demnach ist es entweder unzerlegbar oder bis ins Unbegrenzte zerlegbar, falls es teilbar ist. Daß aber ein identisches Unbegrenztes eine Vielheit von Unbegrenztem sei, ist unmöglich. (Denn wie von Luft Luft ein Teil ist, so müßte vom Unbegrenzten Unbegrenztes ein Teil sein, sofern es Wesen und Prinzip wäre.) Also wäre es unteilbar und unzerlegbar. Doch ein der Verwirklichung nach Unbegrenztes kann das nicht sein (denn es muß ein Quantum sein). Also besteht es nur im Sinne eines Akzidens. Aber wenn dies der Fall ist, so ist schon erörtert worden, daß das Unbegrenzte kein Prinzip sein kann, sondern nur dasjenige, dessen Akzidens es ist; die Luft etwa oder das Gerade.[68]

Die vorausgegangene Untersuchung befaßte sich mit dem Allgemeinen. Daß sich aber das Unbegrenzte in den Sinnesdingen nicht befindet, geht aus folgendem klar hervor. Denn wenn der Begriff des Körpers »das von Flächen Begrenzte« ist, so kann wohl kein Körper – weder ein sinnlich erfaßbarer noch ein gedachter – unbegrenzt sein, aber auch keine Zahl kann es [25] abgetrennt und unbegrenzt geben. Denn eine Zahl oder das, was über eine Zahl verfügt, ist zählbar.[69] Nach Art der Naturwissenschaft überlegt, geht das aus folgendem klar hervor. Es wäre nämlich unmöglich, daß das Unbegrenzte zusammengesetzt oder einfach sei. Ein zusammengesetzter Körper nämlich könnte es nicht sein, weil die Elemente ihrer Menge nach begrenzt sind. (Denn es müssen die Gegenteile einander gleichkommen, und es darf nicht eines von ihnen unbegrenzt sein; wenn nämlich [30] das Vermögen des anderen Körpers irgendwie zurückbliebe, so würde das Begrenzte infolge des Unbegrenzten zugrunde gehen. Daß aber jedes unbegrenzt sei, ist auch unmöglich; denn Körper ist das, was nach allen Richtungen hin einen Abstand hat, doch unbegrenzt ist das, was einen unbegrenzt weiten Abstand hat. Also müßte ein unbegrenzter Körper nach allen Richtungen hin unbegrenzt sein.) Es kann aber auch nicht ein unbegrenzter Körper *einer* und einfach sein, [35] auch nicht so, wie einige behaupten[70], neben den Elementen, woraus sie dieselben entstehen lassen.[71] Denn es gibt keinen derartigen Körper neben den Elementen; denn alles löst sich dahin wieder auf, woraus es stammt; und dies zeigt sich ja nicht | neben den einfachen Körpern. Ein unbegrenzter Körper kann aber auch nicht Feuer sein oder irgendein anderes Element. Denn abgesehen davon, daß eines unter den Elementen unbegrenzt wäre, ist es unmöglich, daß das All – wenn dies auch begrenzt sei – *ein* Element sei oder zu *einem* würde, wie etwa Heraklit sagt[72], daß alles einmal zu Feuer werde. [5] Derselbe Gedankengang aber trifft auch für das Eine zu, das einige Naturphilosophen neben den Elementen annehmen; denn alles verändert sich aus einem Gegenteil, wie etwa aus Warmem Kaltes.[73]

Weiter ist der sinnlich erfaßbare Körper irgendwo, und das Ganze und sein Teil verfügen über denselben Ort, wie etwa die Erde. Wenn also das Ganze gleichartig ist, so müßte es unbewegt sein oder stets bewegt werden. Doch das ist unmöglich. (Denn weshalb sollte es eher sich nach unten oder oben oder sonstwohin bewegen? Es wäre beispielsweise eine Scholle: Wo soll diese sich bewegen oder bleiben? Denn der Ort des ihr gattungsgleichen Körpers ist doch unbegrenzt. Soll sie also den gesamten Ort einnehmen? Und wie? Wie ist also ihr Bleiben und ihre Bewegung? Oder soll sie überall bleiben? Demnach wird sie sich also nicht bewegen. Oder soll sie sich überall bewegen? Also wird sie nicht stillstehen.) Wenn aber das All ungleichartig ist, so sind auch die Orte seiner Teile ungleichartig; und erstens ist dann der Körper des Alls nicht *einer*, außer im Sinne der Berührung, zweitens sind die Teile der Art nach entweder begrenzt oder unbegrenzt. Nun können sie aber nicht begrenzt sein. (Denn dann müßten, wenn das All unbegrenzt ist, die einen Teile unbegrenzt sein, die anderen nicht, wie etwa Feuer oder Wasser; ein derartiges bedeutete aber den Untergang für die Gegenteile.)[74] Wenn aber Teile unbegrenzt und einfach sind, so sind auch die Orte unbegrenzt und ebenso die Elemente. Ist dies aber unmöglich und sind die Orte begrenzt, so muß auch das All begrenzt sein.[75]

Es ist überhaupt unmöglich, daß es einen unbegrenzten Körper und einen Ort für die Körper gäbe, wenn jeder sinnlich erfaßbare Körper entweder über Schwere oder Leichtigkeit verfügt. Denn er [der unbegrenzte Körper] müßte sich demnach entweder zur Mitte hin oder aufwärts bewegen. Es ist aber unmöglich, daß das Unbegrenzte – entweder als Ganzes oder zur Hälfte – eine solche Bewegung erfahre. Denn wie sollte man es teilen? Oder wie sollte es von einem Unbegrenzten ein Unten oder ein Oben geben, wie ein Äußerstes und ein Mittleres? Weiter ist jeder sinnlich er-

faßbare Körper an einem Ort, es gibt aber sechs Arten des Ortes[76]; unmöglich kann es aber diese an einem [30] unbegrenzten Körper geben. Überhaupt, wenn es unmöglich ist, daß ein Ort unbegrenzt sei, so ist es auch unmöglich, daß ein unbegrenzter Körper sei. Denn was an einem Ort ist, das ist irgendwo; dies Irgendwo aber bezeichnet entweder ein Oben oder ein Unten oder eine der sonstigen Richtungen; jede derselben aber ist eine Grenze.[77]
Aber das Unbegrenzte der Größe und Bewegung und Zeit nach ist nicht dasselbe, als wäre es *eine* Natur, sondern das Spätere [35] wird im Hinblick auf das Frühere als unbegrenzt bezeichnet; wie etwa die Bewegung im Hinblick auf die Größe, zu der hin Bewegung, Veränderung oder Anwachsen erfolgt, die Zeit aber der Bewegung halber.[78] |

11. Veränderung und Bewegung (Auszug aus Phys. V 1)

Es verändert sich das, was sich verändert, teils im akzidentellen Sinne, wie etwa ein Musischer geht; teils sagt man, es verändere sich etwas schlechthin, weil sich etwas an ihm verändert, wie etwa all das, was sich seinen Teilen nach verändert (denn der Körper wird gesund, weil das Auge gesund wird). Es gibt aber auch etwas, [5] das an sich zuerst bewegt wird, und das ist das an sich Bewegbare. Ebenso verhält es sich aber auch beim Bewegenden: es bewegt nämlich einerseits im akzidentellen Sinne, andererseits dem Teile nach, oder an sich. Es gibt aber etwas, das als Erstes bewegt; es gibt dann etwas, das bewegt wird, weiter eine Zeit, in der es bewegt wird, und etwas, von dem aus und zu dem hin es bewegt wird.[79] Die Formen, die Affektionen und [10] der Ort, worauf hin sich das, was bewegt wird, bewegt, sind unbewegbar, wie etwa Wissenschaft und Wärme; nicht die Wärme ist Bewegung, sondern die Erwärmung.[80] Die Veränderung, die nicht akzidentell ist, besteht nicht bei allem, sondern bei Gegenteilen und ihrem Mittleren und bei Widersprüchen. Überzeugung davon liefert die Heranführung.[81]

Es verändert sich das, was sich verändert, entweder aus einem Substrat in ein Substrat oder aus einem Nicht-Substrat in ein Nicht-Substrat oder aus einem Substrat in ein Nicht-Substrat oder aus einem Nicht-Substrat in ein Substrat (mit Substrat aber meine ich dasjenige, was durch Bejahung bezeichnet wird), so daß sich notwendigerweise drei Veränderungen ergeben: die Veränderung nämlich aus einem Nicht-Substrat in ein Nicht-Substrat ist gar keine Veränderung, weil es hier weder Gegenteil noch Widerspruch gibt, da ja keine Entgegensetzung vorliegt. Die Veränderung nun aus einem Nicht-Substrat in ein Substrat gemäß des Widerspruches ist Entstehung, und zwar die Veränderung schlechthin eine Entstehung schlechthin, die Veränderung an etwas Bestimmtem eine Entstehung an etwas Bestimmtem. Die Veränderung aber aus einem Substrat in ein Nicht-Substrat ist ein Vergehen, und zwar die Veränderung schlechthin ein Vergehen schlechthin, die Veränderung an etwas Bestimmtem ein Vergehen an etwas Bestimmtem. Wenn man nun vom Nichtseienden in vielfachen Bedeutungen[82] spricht und weder dasjenige, was auf Zusammensetzung oder Zerlegung beruht, bewegt werden kann noch dasjenige, was dem Vermögen nach besteht und das dem schlechthin Seienden entgegengesetzt ist (das Nicht-Weiße nämlich oder das Nicht-Gute kann sich dennoch im akzidentellen Sinne bewegen – so könnte etwa ein Mensch das Nicht-Weiße sein; was aber schlechthin kein Das ist, vermag dies in keiner Weise), so ist es unmöglich, daß sich das Nichtseiende bewege. (Wenn dem aber so ist, so ist es auch unmöglich, daß Entstehung Bewegung sei. Denn das Nichtseiende entsteht. Denn wenn es bei ihm das Entstehen immerhin nur im akzidentellen Sinne gibt, so trifft es doch die Wahrheit, wenn man sagt, daß das Nichtseiende beim schlechthin Entstehenden stattfindet.) Ebensowenig kann sich aber das Nichtseiende in Ruhe befinden. Zu diesen Schwierigkeiten gesellt sich noch, daß, wenn auch alles, was sich bewegt, an einem Ort ist, das Nichtseiende nicht an einem Ort sein kann; es müßte nämlich sonst irgendwo sein. Doch auch Vergehen ist nicht Bewegung. Denn das Gegenteil von Bewegung ist entweder eine andere Bewegung oder Ruhe. | Vergehen aber ist das Gegenteil von Entstehung. Da nun jede Bewegung eine Art Veränderung ist, es aber die drei erörterten Arten der Veränderung gibt, und da unter diesen die Veränderungen im Sinne von Entstehung und Vergehen – das sind die dem Widerspruch nach – keine Bewegungen sind, so kann notwendigerweise nur die Veränderung von einem Substrat in ein anderes Substrat Bewegung sein. Die Substrate aber sind entweder Gegenteile oder Mittleres (denn auch die Privation mag hier als Gegenteil gelten) und werden durch Bejahung bezeichnet, wie etwa das Nackte, Stumme und Schwarze.

12. Die Unmöglichkeit einer Veränderung der Veränderung (Auszug aus Phys. V 1, 3)

Wenn nun die Aussageweisen in Wesen, Qualität, Ort, Bewirken oder Affiziert-werden, Bezügliches und Quantum eingeteilt werden, so muß es drei Bewegungen geben: Bewegung des Quale, des Quantum und des Ortes. Dem Wesen nach gibt es keine Bewegung, weil es zum Wesen kein Gegenteil gibt. Aber auch vom Bezüglichen gibt es keine Bewegung (denn es kann sein, wenn sich das eine Glied des Bezüglichen verändert, daß man das andere nicht mehr der Wahrheit gemäß aussagen kann; obwohl sich dies nicht verändert; ihre Bewegung erfolgt also nur im akzidentellen Sinn). Schließlich gibt es auch keine Bewegung vom Bewirkenden und Affiziert-werden oder vom Bewegenden und Bewegten, weil es eben keine Bewegung der Bewegung und keine Entstehung der Entstehung, also überhaupt keine Veränderung der Veränderung geben kann. Man kann nämlich nur in zweifacher Weise von einer Bewegung der Bewegung sprechen. Entweder von einer Bewegung der Bewegung als Substrat (wie etwa der Mensch sich bewegt, weil er sich aus weiß in schwarz verändert, und so soll auch die Bewegung warm oder kalt werden, den Ort verändern oder sich vermehren. Das ist aber unmöglich, denn die Veränderung ist keine Art Substrat), oder es soll eine Bewegung der Bewegung dadurch geben, daß ein davon verschiedenes Substrat aus einer Veränderung sich in eine andere Art verändert, wie etwa der Mensch aus Krankheit in Gesundheit. Doch auch das ist nicht möglich, es sei denn in akzidentellem Sinne. Denn jede Bewegung ist Veränderung aus einem in ein anderes. Ebenso trifft das bei Entstehung und Vergehen zu, nur daß diese Veränderungen ein Entgegengesetztes in der einen Weise sind, während die Bewegung dies in einer anderen Weise ist.[83] Also verändert sich etwas zugleich aus Gesundheit in Krankheit und aus eben dieser Veränderung in eine andere. Es ist klar, daß, falls etwas krank geworden ist, es sich in irgendein anderes verändert haben muß (denn es kann ja auch in Ruhe bleiben), und weiter nicht immer in eine gerade zufällige Veränderung; und jene Veränderung müßte aus etwas Bestimmtem in etwas anderes Bestimmtes erfolgen. Also müßte sie die entgegengesetzte Veränderung sein, das Gesund-werden nämlich. Doch es gibt nur in akzidentellem Sinne eine solche Veränderung, wie sich zum Beispiel etwas aus der Erinnerung in das Vergessen verändert, indem sich das verändert, woran sich jenes findet – bald verändert es sich zum Wissen, bald zur Unwissenheit.

Weiter ergäbe sich ein Fortschreiten ins Unbegrenzte, wenn es eine Veränderung der Veränderung und eine Entstehung der Entstehung geben sollte. Es müßte dies auch bei der früheren Entstehung der Fall sein, wenn es das bei der späteren ist; zum Beispiel, wenn die Entstehung schlechthin |

einmal entstand, so entstand auch das [schlechthin] Entstehende. Also war noch nicht das Entstehende schlechthin, sondern ein Entstehendes war bereits ein Entstehendes. Und auch dies entstand einmal, so daß es damals noch nicht ein Entstehendes war. Da es aber vom Unbegrenzten kein Erstes gibt, so kann es auch hier kein Erstes geben, also auch das Folgende nicht. Es könnte demnach kein Entstehen, kein Bewegt-werden und keine Veränderung geben.

Weiter gibt es bei ein und demselben die gegenteilige Bewegung und Ruhe, Entstehung und Vergehen. Also, wenn das Entstehende entstanden ist, vergeht es; nicht aber sofort beim Entstehen, doch auch nicht später, denn das, was vergehen soll, muß existieren.

Weiter muß dem Entstehenden und dem sich Verändernden ein Stoff als Substrat zugrunde liegen. Was soll nun dasjenige Entstehende sein, das in derselben Weise Bewegung oder Entstehung wäre, wie Körper oder Seele ein sich Umwandelndes sind? Und weiter, was ist das, worauf sie sich zubewegen? Denn Bewegung oder Entstehung müssen ja Bewegung oder Entstehung eines bestimmten Etwas aus einem bestimmten Etwas in ein bestimmtes Etwas sein. Wie soll dies aber hier möglich sein? Denn es kann ja nicht das Erlernen des Erlernens Entstehung sein: also kann es auch nicht eine Entstehung der Entstehung geben.[84]

Da es demnach weder beim Wesen noch beim Bezüglichen, noch beim Bewirken und Affiziert-werden eine Bewegung gibt, bleibt nur noch, daß es in bezug auf das Quale, das Quantum und den Ort eine Bewegung gibt (denn bei jedem von diesen gibt es einen Gegensatz). Mit dem Quale aber meine ich hier nicht das dem Wesen zugehörige (denn auch der Unterschied ist ein Quale), sondern das affizierbare Quale, demgemäß man sagt, ein Ding werde affiziert oder sei unaffizierbar.[85]

Das Unbewegbare ist einerseits dasjenige, das überhaupt nicht vermögend ist, bewegt zu werden; andererseits dasjenige, das nur mit Mühe und in langer Zeit bewegt werden kann oder nur schwer damit beginnt; weiter dasjenige, das zwar seiner Natur nach fähig ist, bewegt zu werden, und auch dazu vermögend ist, doch nicht zu der Zeit und nicht da und dort und in der Weise bewegt wird, wie es seiner Natur entspricht. Von dieser letzteren Art des Unbewegbaren sage ich allein, daß es »ruhe«. Denn Ruhe ist das Gegenteil von Bewegung, demnach eine Privation an dem für Bewegung Aufnahmefähigen.[86]

Zusammen dem Ort nach sind all die Dinge, die sich an einem ersten Ort befinden, dem Ort nach getrennt all diejenigen, die sich an einem anderen Ort befinden. In Berührung stehen all die, deren Endpunkte beisammen sind. Mittleres aber ist das, in welches das sich Verändernde von Natur aus früher übergeht als in das Äußerste, sofern sich das kontinuierlich Verändernde der Natur gemäß verändert.[87] Dem Ort nach gegenteilig ist dasjenige, das in gerader Linie am meisten entfernt ist. Folgend heißt aber dasjenige, das nach dem Anfang kommt – der Lage nach oder der Art nach, oder wenn es sonst irgendwie bestimmt ist –, wenn es kein Mittleres von derselben Gattung gibt, zu der das Folgende gehört, wie etwa Linien das Folgende für eine Linie sind oder Einsen für eine Eins oder ein Haus für ein anderes Haus (etwas anderes darf wohl ein Mittleres sein). Denn das Folgende ist Folgendes für ein Bestimmtes und ist etwas Späteres; denn das Eine | ist nicht Folgendes für die Zwei; auch nicht der erste Tag des Monats Folgendes für den zweiten Tag. Dasjenige, das das berührt, was sein Folgendes ist, ist das Anschließende. Da aber jede Veränderung unter Entgegengesetztem stattfindet, dies Entgegengesetzte aber Gegenteil und Widerspruch ist und der Widerspruch über kein Mittleres verfügt, ist es klar, daß es nur unter Gegenteilen das Mittlere gibt.[88] Das Zusammenhängende ist eine Art von Anschließendem. Ich spreche aber von Zusammenhängendem dann, wenn es für zwei Dinge ein und dieselbe Grenze gibt, wodurch sie sich berühren und zusammenhängen, so daß es offenbar ist, daß das Zusammenhängende nur da vorkommen kann, woraus durch Berührung der Natur nach ein Eines entsteht. Und daß das Folgende dabei das Erste ist, geht klar hervor. (Denn das Folgende muß nicht berühren; [10] das, was aber berührt, ist das Folgende; und wenn etwas zusammenhängt, muß es sich berühren; wenn es sich aber berührt, muß es noch nicht zusammenhängen; wobei es aber keine Berührung gibt, da gibt es auch kein Zusammenwachsen.) Es ist also der Punkt und die Eins nicht identisch. Denn für Punkte gibt es Berührung, für Einsen aber nicht, sondern nur Aufeinanderfolge; bei Punkten gibt es ein Mittleres, bei Einsen aber nicht.[89]

XII. BUCH (Λ)

1. Das Wesen und seine Arten

[18] Unsere Betrachtung zielt auf das Wesen; denn es sind die Prinzipien und Ursachen der Wesen, die gesucht werden. Denn wenn das All eine Art Ganzes ist, [20] so ist das Wesen sein erster Teil; und faßt man es als eine Folge auf, so ist auch in diesem Falle das Wesen das Erste, dann kommt das Quale und weiter das Quantum. Zugleich aber sind auch Quale und Quantum – genau genommen – nicht schlechthin als Seiendes zu fassen, sondern als Qualitäten und Bewegungen, oder man faßt auch das Nicht-Weiße und Nicht-Gerade als Seiendes. Allerdings sagen wir auch davon, daß es »sei«, wie etwa das Nicht-Weiße »ist«. Weiter »ist« nichts von diesen anderen Dingen abgetrennt. Davon [25] legen in ihrem Werk auch die alten Philosophen Zeugnis ab; denn sie suchten nach den Prinzipien, Elementen und Ursachen des Wesens. Die heutigen Denker[1] allerdings fassen mehr das Allgemeine als Wesen auf (denn die Gattungen sind etwas Allgemeines, und diese stellen sie mehr als Prinzipien und Wesen auf, weil sie ihre Untersuchungen vom Begriff aus führen). Die frühen Philosophen aber faßten die einzelnen Dinge als Wesen, wie etwa Feuer und Erde, nicht aber das beiden Gemeinsame, [30] den Körper.

Es gibt drei Wesen. Einerseits das sinnlich erfaßbare Wesen, von dem das eine das ewige Wesen, das andere das vergängliche Wesen ist. Letzteres Wesen anerkennen alle übereinstimmend – zum Beispiel Pflanzen und Tiere. Davon muß man die Elemente zu erfassen suchen, sei es, daß es *eines* gibt, oder mehrere. Andererseits gibt es das unbewegliche Wesen.[2] Einige sagen, daß dieses Wesen abgetrennt existiere, andere scheiden es in zwei Arten; [35] teils setzen sie die Formen und die mathematischen Dinge als *eine* Natur, teils fassen sie unter dem unbeweglichen Wesen nur die mathematischen Dinge.[3] Jene ersten beiden Wesen gehören zur Naturwissenschaft, | denn sie sind mit Bewegung verbunden, dieses letzte Wesen aber gehört zu einer Wissenschaft, die davon verschieden ist, wenn sie nicht über ein mit diesen gemeinsames Prinzip verfügt.

Das sinnlich erfaßbare Wesen ist veränderlich. Wenn aber die Veränderung vom Entgegengesetzten oder vom Mittleren ausgeht, nicht aber von allem Entgegengesetzten (denn auch die Stimme ist »nicht weiß«), sondern nur vom Gegenteil, so muß es ein Substrat geben, das sich in den Gegensatz verändert; Gegenteile verändern sich nämlich nicht.

2. Stoff und Veränderung

Weiter[4] gibt es etwas, das bei der Veränderung bleibt, das Gegenteil aber bleibt nicht. Füglich gibt es neben den Gegenteilen ein Drittes, den Stoff. Wenn es also vier Arten von Veränderungen gibt, entweder Veränderung in bezug auf das Was oder auf das Quale oder auf das Quantum oder auf das Wo, und wenn die Veränderung in bezug auf ein Das schlechthin Entstehung und schlechthin Vergehen ist, die Veränderung aber in bezug auf das Quantum Vermehrung und Abnahme, die Veränderung in bezug auf die Affektion Umwandlung und die Veränderung in bezug auf den Ort örtliche Bewegung, müßte demnach Veränderung in jedem Fall in einen Gegensatz erfolgen. Also muß sich der Stoff verändern, indem er das Vermögen zu beiden Gegensätzen hat. Da man aber vom Seienden in zwei Bedeutungen spricht, verändert sich alles aus dem dem Vermögen nach Seienden in das der Verwirklichung nach Seiende (wie etwa aus einem dem Vermögen nach Weißen in das der Verwirklichung nach Weiße; in gleicher Weise verhält es sich bei der Vermehrung und der Abnahme). Also kann nicht nur in akzidentellem Sinne etwas aus Nichtseiendem entstehen, sondern alles entsteht auch aus Seiendem, nämlich aus einem dem Vermögen nach Seienden, [20] der Verwirklichung nach aber Nichtseienden. Und das ist das Eine des Anaxagoras. Denn man sollte besser als seinen Ausspruch »Alles war beisammen«[5] und als die »Mischung« des Empedokles und Anaximander[6] und die Äußerungen Demokrits sagen: »Alles war dem Vermögen nach beisammen, nicht aber der Verwirklichung nach.« Sie kamen also wohl dem Stoff recht nahe. Alle Dinge aber, die sich verändern, verfügen über einen Stoff, [25] nur über einen jeweils verschiedenen. Auch von den ewigen Dingen, die zwar nicht entstehungsfähig, wohl aber zur Ortsveränderung bewegungsfähig sind, verfügen alle über einen Stoff, allerdings nicht über einen für Entstehungen, sondern über einen für das Woher und Wohin.

Man könnte unschlüssig darüber sein, aus welcher Art des Nichtseienden die Entstehung hervorgehe, da das Nichtseiende in drei Bedeutungen gebraucht wird. Wenn etwas dem Vermögen nach schon existiert, so doch nicht aus dem ersten Beliebigen, sondern Verschiedenes entsteht nur aus Verschiedenem. Es reicht auch nicht der Satz aus, daß alle Dinge beisammen seien. [30] Denn sie unterscheiden sich dem Stoffe nach; denn weshalb entstanden sonst unbegrenzt viele Dinge und nicht nur *eines*? Vernunft nämlich ist nur *eine*[7], so daß, wenn auch der Stoff nur *einer* war, auch der Verwirklichung nach nur jenes Ding entstand, das der Stoff dem Vermögen nach war. Demnach gibt es drei Ursachen und drei Prinzipien: zwei macht der Gegensatz aus, dessen eines Glied der Begriff und die Form, dessen anderes Glied die Privation ist; das dritte ist der Stoff.

3. *Stoff und Form in der Entstehung*

Weiter[8] ist zu betonen, daß weder Stoff noch Form entsteht, ich meine nämlich nicht den letzten Stoff beziehungsweise die letzte Form. Denn alles verändert sich als etwas und durch etwas | und in etwas. Wodurch sich etwas verändert, das ist das erste Bewegende, was sich aber verändert, das ist der Stoff; und in was es sich verändert, das ist die Form. Man würde also ins Unbegrenzte fortschreiten, wenn nicht nur das Erz als rundes entstünde, sondern auch das Runde und das Erz. Es muß also hier ein Stillstand eintreten.

Weiter ist zu sagen, daß jedes einzelne Wesen aus einem ausdrucksgleichen Wesen entsteht (denn sowohl die natürlichen Dinge sind Wesen als auch die übrigen). Dinge entstehen nämlich entweder durch Kunst oder durch die Natur oder durch Zufall oder spontan. Die Kunst ist nun ein Prinzip in einem anderen Ding, die Natur in dem Ding selbst (der Mensch nämlich erzeugt den Menschen)[9]; die übrigen Ursachen aber sind Privationen dieser beiden.

Es gibt drei Arten von Wesen: erstens den Stoff, der dem Erscheinen nach ein Das ist (alles nämlich, was durch Berührung, nicht aber durch Zusammenwachsen existiert, ist Stoff und Substrat); zweitens die Natur, die ein Das ist und ein Zustand, zu dem etwas gelangt; und drittens noch das Einzelwesen, das aus den beiden anderen besteht, wie etwa Sokrates oder Kallias. In einigen Fällen nun gibt es das Das nicht neben dem zusammengesetzten Wesen, wie etwa die Form des Hauses, wenn nicht die Kunst diese Form des Hauses ist. (Auch gibt es dabei keine Entstehung und kein Vergehen, sondern in ganz anderer Bedeutung sagt man vom Haus ohne Stoff und der Gesundheit ohne Stoff und all dem, was zur Kunst gehört, daß sie »seien« und »nicht seien«.) Aber wenn etwas neben dem zusammengesetzten Wesen existiert, so ist das nur bei den natürlichen Dingen der Fall. Daher meinte Platon gar nicht so unrichtig, daß es ebenso viele Formen gebe wie natürliche Dinge – wenn es nämlich überhaupt Formen gibt, aber nicht von diesen Dingen wie Feuer, Fleisch und Kopf. [20] All diese Dinge sind nämlich Stoff, und der letzte Stoff gehört zum Wesen im eigentlichsten Sinne.

Die bewegenden Ursachen nun existieren als etwas, das vorher geworden ist, die begriffsmäßigen Ursachen existieren zugleich mit der Sache. Denn dann, wenn der Mensch gesund ist, existiert auch die Gesundheit, und die Gestalt der ehernen Kugel existiert zugleich mit der ehernen Kugel. (Man müßte aber untersuchen, ob auch später noch etwas verbleibt. [25] In manchen Fällen nämlich hindert daran nichts; so etwa, wenn die Seele von solcher Beschaffenheit sein sollte – allerdings nicht die gesamte, sondern nur die Vernunft; denn es ist wohl unmöglich, daß die gesamte Seele verbleibe.)

Es ist also klar, daß es nach all dem keine Ideen zu geben braucht. Denn der Mensch zeugt einen Menschen, der Einzelne den Einzelnen. In gleicher Weise verhält es sich auch bei den Künsten; denn die Arztkunst [30] ist der Begriff der Gesundheit.

4. Verschiedenheit und Identität von Ursachen und Prinzipien

Die Ursachen und Prinzipien sind in dem einen Sinne bei anderen Dingen andere, im anderen Sinne dagegen, wenn man allgemein und der Analogie nach spricht, bei allen dieselben. Es könnte nämlich jemand unschlüssig sein, ob es für Wesen oder für das Bezügliche verschiedene oder identische Prinzipien und Elemente gibt – und in gleicher Weise für jede [35] der übrigen Aussageweisen. Doch es wäre unsinnig, gäbe es für alle dieselben. Denn es bestünden dann Bezügliches und die Wesen aus denselben Elementen. |

Was sollte nun das aber sein? Denn neben dem Wesen und den anderen Aussageweisen gibt es ja nichts Gemeinsames, und das Element ist früher als das, dessen Element es ist. Nun ist aber weder das Wesen Element des Bezüglichen noch ein Bezügliches Element des Wesens. Weiter, wie könnte alles über dieselben Elemente verfügen? Denn es kann keines der Elemente mit dem identisch sein, das aus Elementen zusammengesetzt ist; so ist etwa mit BA weder B noch A identisch. (Auch nicht etwas nur Gedachtes kann daher Element sein, wie etwa das Seiende oder das Eine; denn beides kommt ja auch jedem Zusammengesetzten zu.) Demnach könnte keines der Elemente ein Wesen oder ein Bezügliches sein; notwendigerweise aber doch. Nicht alles also verfügt über dieselben Elemente.

Oder es verhält sich doch so, wie wir sagen: in gewissem Sinne verfügen alle Dinge über dieselben Elemente, in gewissem Sinne wieder nicht. So ist etwa bei den sinnlich erfaßbaren Körpern im Sinne der Form das Warme Element und in einem anderen Sinne das Kalte als dessen Privation – im Sinne des Stoffes aber dasjenige, das zuerst und an sich dem Vermögen nach beides ist; Wesen aber sind sowohl diese Elemente als auch diese Dinge, die aus diesen Elementen zusammengesetzt sind und wovon diese Elemente Prinzipien sind, oder wenn noch sonst etwas aus Warmem und Kaltem als Eines entsteht, wie etwa Fleisch oder Knochen; denn das Entstandene muß ja von ihnen verschieden sein. Diese Dinge also verfügen, obwohl das eine etwas anderes ist als das andere, über dieselben Elemente und Prinzipien; man kann das aber nicht von allen Dingen in diesem Sinne sagen, wohl aber der Analogie nach, wie wenn einer die Behauptung ausspräche, es gebe drei Prinzipien, nämlich die Form, die Privation und den Stoff. Aber jedes von diesen ist für jede einzelne Gattung verschieden, wie etwa bei der Farbe weiß, schwarz und Oberfläche; Licht, Dunkel und Luft – daraus bestehen Tag und Nacht.

Da nun nicht nur das den Dingen Innewohnende Ursache ist,

sondern auch von dem Äußeren etwas, wie nämlich das Bewegende, ist es klar, daß Prinzip und Element verschieden sind, beides aber Ursachen (und in diese zerlegt man auch das Prinzip)[10], [25] daß weiter auch das Bewegende oder der Stillstand eine Art Prinzip ist.[11] Demnach gibt es der Analogie nach drei Elemente, Ursachen und Prinzipien jedoch vier. Aber die Elemente sind in anderen Dingen andere, und auch die erste Ursache im Sinne eines Bewegenden ist in anderen Dingen eine andere. So etwa Gesundheit, Krankheit, Körper: die bewegende Ursache ist die Heilkunst; oder Form, diese bestimmte Unordnung da, Ziegel: die bewegende Ursache ist die Baukunst.

[30] Da aber das Bewegende bei den natürlichen Dingen wie etwa beim Menschen der Mensch ist, bei den Dingen aber, die von der Überlegung ausgehen, die Form oder deren Gegenteil, so gäbe es in gewisser Hinsicht drei Ursachen, in anderer vier. Denn die Heilkunst ist in gewissem Sinne Gesundheit und die Baukunst Form des Hauses, und der Mensch erzeugt den Menschen. Weiter gibt es neben alledem noch das, was als Erstes [35] von allem alles bewegt.

5. Vermögen und Verwirklichung als Prinzipien und Ursachen

Da es aber abgetrennte Dinge gibt und nicht abgetrennte Dinge, so sind die ersteren Wesen. | Und aus diesem Grund sind die Ursachen von allen Dingen dieselben[12], weil es ohne Wesen keine Affektionen und keine Bewegungen gibt. Diese Ursachen könnten dann vielleicht Seele sein und Körper, oder Vernunft, Begehren und Körper.

Weiter sind in einer anderen Weise der Analogie nach die Prinzipien dieselben, nämlich als Verwirklichung [5] und als Vermögen. Doch auch diese sind für andere Dinge andere Prinzipien und auch das in anderer Weise. In einigen Fällen nämlich gibt es dasselbe bald der Verwirklichung nach und bald dem Vermögen nach, wie etwa Wein, Fleisch oder Mensch. (Auch diese Fälle gehören unter die genannten Ursachen. Der Verwirklichung nach nämlich existiert die Form, sofern sie abgetrennt existiert, und das aus beiden Vereinigte und die Privation – zum Beispiel die Finsternis [10] oder das Kranke; dem Vermögen nach aber existiert der Stoff, denn er vermag beides zu werden.) In anderer Weise aber unterscheidet sich der Verwirklichung nach und dem Vermögen nach dasjenige, was nicht über denselben Stoff verfügt, von dem, was nicht über dieselbe, sondern über eine verschiedene Form verfügt. So sind etwa Ursachen des Menschen seine Elemente, Feuer und Erde als Stoff und die eigentümliche Form und weiter noch etwas anderes Äußeres [15] – der Vater nämlich – und neben alledem die Sonne und ihre schiefe Kreisbahn[13], die weder Stoff noch Form sind, noch Privation oder Gleichartiges, sondern bewegende Ursachen.

Man muß weiter noch beachten, daß man einige Ursachen als allgemeine ansprechen kann, einige aber nicht. Also sind die ersten Prinzipien von allen Dingen dasjenige, was der Verwirklichung nach ein erstes Dieses-da ist, und ein anderes, das es dem Vermögen nach ist. Jene allgemeinen Ursachen [20] existieren demnach nicht.[14] Denn das Prinzip des einzelnen Dinges ist das einzelne Ding. Denn der Mensch ist zwar allgemein Prinzip des Menschen, aber es gibt keinen allgemeinen Menschen; sondern Peleus ist Prinzip des Achill, dein Prinzip ist dein Vater, und dieses B da ist Prinzip dieses BA da – und überhaupt ist B Prinzip für ein BA schlechthin.

Es sind also die Ursachen und Elemente der Wesen, die nicht zur selben Gattung gehören – zum Beispiel Farben, Töne, Wesen, Quantität –, jeweils andere bei anderen, wie schon erörtert wurde[15]; [25] nur der Analogie nach sind sie dieselben. Auch bei denen, die zu ein und derselben Art gehören, sind sie verschieden, nicht der Art nach, sondern nur

als Ursache anderer einzelner Dinge. So sind dein Stoff, deine Form und dein Bewegendes andere als meine, und doch sind sie ihrem allgemeinen Begriff nach dieselben. Untersucht man nun, [30] welches die Prinzipien oder Elemente der Wesen, des Bezüglichen und der Qualia sind, ob sie identisch sind oder verschieden, so ist es klar, daß sie, wenn man die Mehrheit der Bedeutungen berücksichtigt, jeweils identisch sind. Wenn man aber die Bedeutungen unterscheidet, sind sie nicht identisch, sondern verschieden, außer auf die angegebene Weise. In bestimmtem Sinne sind sie allerdings der Analogie nach bei allem identisch, weil sich Stoff, Form, Privation und Bewegendes vorfinden. Und im bestimmten Sinne sind die Ursachen der Wesen [35] die Ursachen von allem, weil mit ihrer Aufhebung das Übrige aufgehoben wird. Weiter ist das der Vollendung nach Erste überall dasselbe. In bestimmtem Sinne wiederum sind die ersten Ursachen verschieden, nämlich die Gegenteile, die weder als Gattungen ausgesagt werden noch in mehreren Bedeutungen; | und weiter die Stoffe.
Welche und wieviele Prinzipien der Sinnesdinge es gibt und inwiefern sie identisch sind und inwiefern verschieden, ist nun erörtert worden.

6. Die Notwendigkeit eines ersten Bewegenden

Da sich nun drei Wesen ergeben haben[16], einerseits zwei natürliche Wesen und andererseits ein unbewegliches Wesen, so muß man hinsichtlich des letzteren sagen, daß es ein ewiges, unbewegliches Wesen geben muß. [5] Denn die Wesen sind die ersten von den Dingen[17]; und wenn alle Wesen vergänglich sind, so sind alle Dinge vergänglich. Doch unmöglich kann Bewegung entstanden sein oder vergehen[18] – denn sie war immer –, ebensowenig die Zeit. Es ist nämlich nicht möglich, daß es ein Früher oder Später gibt, wenn es keine Zeit gibt. Füglich ist Bewegung ebenso zusammenhängend wie die Zeit. [10] Denn Zeit ist entweder dasselbe wie Bewegung oder eine Affektion der Bewegung.[19] Es gibt aber keine zusammenhängende Bewegung außer der örtlichen, und von dieser die Kreisbewegung.[20]

Wenn es nun aber etwas gäbe, das fähig wäre, zu bewegen oder zu bewirken, das aber tatsächlich nicht verwirklicht, so müßte es keine Bewegung geben. Denn das, was über ein Vermögen verfügt, braucht nicht zu verwirklichen. Es bedeutete füglich keinen Nutzen, wenn wir ewige Wesen ansetzten, [15] wie es die tun, die die Formen annehmen[21], wenn nicht in ihnen ein Prinzip enthalten wäre, das zu verändern vermögend ist. Doch auch dies würde nicht hinreichen, aber auch nicht ein anderes Wesen neben den Formen; denn sofern es nicht verwirklicht, kann es auch keine Bewegung geben. Weiter kann es dies selbst dann nicht geben, wenn es zwar verwirklicht, sein Wesen aber Vermögen wäre; es gäbe nämlich auch dann keine ewige Bewegung. Denn das dem Vermögen nach Seiende kann auch nicht sein. Demnach muß es [20] ein derartiges Prinzip geben, dessen Wesen Verwirklichung ist. Weiter müssen diese Wesen ohne Stoff existieren; sie müssen nämlich ewig sein, wenn irgend etwas anderes ewig sein soll. Also müssen sie Verwirklichung sein.

Doch hier gibt es eine Schwierigkeit. Denn es hat den Anschein, daß das Verwirklichende zwar alles vermöge, das Vermögende aber nicht alles verwirkliche, so daß das Vermögen das Frühere wäre. [25] Doch wenn dem so wäre, müßte nichts vom Seienden existieren; denn was vermögend ist zu sein, kann auch nicht sein. Und wenn man den Theologen zustimmt, die alles aus der Nacht entstehen lassen[22], oder den Naturphilosophen, die behaupten, »alle Dinge waren beisammen«[23], so ergibt sich dieselbe Unmöglichkeit. Denn wie sollte sich etwas bewegen, wenn es keine Ursache der Verwirklichung nach geben sollte? Denn der Stoff kann sich nicht [30] selbst in Bewegung versetzen, sondern dies tut die Baukunst. Ebensowenig kann sich die Menstruation oder die Erde selbst in Bewegung versetzen, sondern dies tut der Samen und das Saatkorn.

Daher nehmen einige eine immerwährende Verwirklichung an, wie etwa Leukipp[24] und Platon[25]. Sie behaupten nämlich, es existiere immer Bewegung. Aber weshalb und welche Bewegung es ist, das sagen sie nicht, auch nicht die Ursache, weshalb sich dies so und jenes so bewege. Denn nichts bewegt sich doch, wie es sich gerade trifft, sondern es muß immer etwas vorhanden sein, wie sich etwas von Natur aus jetzt auf diese Weise, auf andere Weise aber durch Gewalt oder Vernunft oder etwas anderes bewegt. (Weiter, wie beschaffen soll die erste Bewegung sein? Das macht nämlich einen recht großen Unterschied aus.) Aber Platon kann da nicht das behaupten, | was er bisweilen für ein Prinzip hält, nämlich das sich selbst Bewegende.[26] Denn die Seele ist, wie er sagt, etwas Späteres und zugleich mit dem Himmel.[27]

Die Ansicht allerdings, das Vermögen sei früher als die Verwirklichung, ist einerseits richtig, andererseits nicht richtig (wie das gemeint ist, haben wir schon erörtert)[28]. Daß aber die Verwirklichung früher ist, davon legen Anaxagoras Zeugnis ab (die Vernunft nämlich ist Verwirklichung) und Empedokles, der Freundschaft annimmt und Haß, und diejenigen, die behaupten, es gäbe immer Bewegung, wie etwa Leukipp. Danach gab es nicht unbegrenzte Zeit hindurch Chaos oder Nacht, sondern immer dasselbe, entweder im Kreislauf oder sonst irgendwie, sofern allerdings die Verwirklichung früher ist als das Vermögen. Wenn sich also dasselbe immer im Kreislauf bewegt, so muß immer etwas beharren, das in gleicher Weise verwirklicht. Wenn es aber Entstehung und Vergehen geben soll, muß etwas anderes vorhanden sein, das bald auf die eine, bald auf die andere Weise verwirklicht. Es muß also in der einen Weise im Hinblick auf sich selbst und in der anderen Weise im Hinblick auf anderes verwirklichen; und dies also im Hinblick auf ein verschiedenes Drittes oder im Hinblick auf das

Erste. Notwendig ist aber die Verwirklichung im Hinblick auf das Erste. Dies nämlich ist wiederum Ursache [15] für sich selbst und jenes andere. Es ist also besser, im Hinblick auf das Erste zu sprechen. Denn das Erste war ja Ursache des ewigen Sichgleichbleibens, das Zweite aber Ursache des Anders-seins. Daß das Erste und das Zweite zusammen Ursachen sind des ewig gleichen Anders-seins, ist klar. Also verhalten sich auch die Bewegungen. Weshalb soll man nun noch nach anderen Prinzipien suchen?

7. Das erste Bewegende und seine Tätigkeit

Da es nun möglich ist, daß die Sache sich so verhalte, und da, wenn sie sich nicht so verhielte, alles aus der Nacht [20] und dem »Beisammensein aller Dinge«[29] und aus dem Nichtseienden hervorgehen müßte, so dürften diese Schwierigkeiten gelöst sein. Es gibt also etwas, das sich in unaufhörlicher Bewegung bewegt, diese Bewegung aber ist eine kreisförmige (und dies geht nicht nur aus dem Begriff, sondern auch aus der Tatsache klar hervor). Demnach ist wohl der erste Himmel[30] ewig. Es gibt also auch etwas, das bewegt. Da aber dasjenige, das bewegt wird und das selbst bewegt, ein Mittleres ist, gibt es also etwas, [25] das, wiewohl es nicht bewegt wird, anderes bewegt[31], also etwas, das ewig ist, ein Wesen und eine Verwirklichung. In dieser Weise aber bewegt das Begehrte und das Gedachte; es bewegt, wiewohl es nicht bewegt wird.[32] Von diesen ist das Erste identisch. Denn das, was begehrt wird, ist das schön Scheinende, das aber, was zuerst gewollt wird, ist das schön Seiende. Wir begehren aber etwas viel mehr, weil es schön erscheint, als daß es schön erscheint, weil wir es begehren. [30] Denn Prinzip ist das Denken. Die Vernunft aber wird vom Gedachten bewegt, doch gedacht an sich ist eine der beiden Reihen [der Gegensatzpaare]. In ihr ist das Wesen Erstes und unter diesem wiederum das einfache Wesen und das, was der Verwirklichung nach existiert. (Das Eine aber und das Einfache sind nicht dasselbe; das Eine nämlich bezeichnet ein Maß, das Einfache aber ein bestimmtes Verhalten.) Aber auch das Schöne und das um seiner selbst willen Erwählte gehören in dieselbe Reihe. Das Erste ist immer das Beste | oder dem Besten analog.[33]

Daß es das Weswegen bei den unbeweglichen Dingen gibt, das macht die Zerlegung [der Bedeutungen] offenbar. Denn es gibt das Weswegen *für* etwas und *von* etwas; letzteres kann in unbeweglichen Dingen sein, ersteres nicht. Das unbewegliche Weswegen bewegt wie etwas, das geliebt wird, alles andere bewegt, indem es selbst bewegt wird. Wenn nun etwas bewegt wird, so kann es sich auch anders verhalten. Also kann die erste Ortsbewegung, wenn sie auch der Verwirklichung nach existiert, insofern sie bewegt wird, sich auch anders verhalten: nämlich dem Ort nach, wenn auch nicht dem Wesen nach. Nun aber gibt es etwas, das, ohne selbst bewegt zu werden, anderes bewegt und der Verwirklichung nach existiert; dies kann sich in keiner Weise anders verhalten. Die Ortsbewegung nämlich ist die erste unter den Veränderungen, und unter dieser die Kreisbewegung; diese Kreisbewegung aber wird vom bewegenden Unbeweglichen ausgelöst. Füglich ist das bewegende Unbewegliche mit Notwendigkeit seiend; und insofern es mit Notwendigkeit existiert, existiert es auch schön; in diesem Sinne ist es auch Prinzip. Denn vom Notwendigen spricht man in folgenden Bedeutungen[34]: einmal im Sinne eines Gewaltsamen, so etwas gegen den Trieb gerichtet ist, ein andermal im Sinne von etwas, ohne das das Gute nicht existieren kann, und schließlich im Sinne von etwas, das nicht anders sein kann, sondern schlechthin so ist.

Von einem derartigen Prinzip also hängt der Himmel ab und die Natur. Sein Leben aber verläuft so, wie es in seiner besten Form uns nur kurze Zeit zuteil wird.[35] Bei ihm herrscht immerwährend dieser Zustand (bei uns nämlich wäre das unmöglich), da die Verwirklichung ihm Freude bedeutet (und deshalb ist Wachen, Sinneswahrnehmung und Denken das Angenehmste, und deshalb auch Hoffnung und Erinnerung). Das Denken an sich geht auf das, was an sich das Beste ist, und Denken im höchsten Sinne an sich auf das, was im höchsten Sinne das Beste an sich ist. Sich selbst denkt die Vernunft, indem sie am Gedachten Anteil hat. Gedacht nämlich wird sie selbst, indem sie Gedachtes berührt und denkt, so daß Vernunft und Gedachtes dasselbe sind. Denn die Vernunft ist das, was für das Gedachte und das Wesen aufnahmefähig ist, und sie verwirklicht, indem sie über das Gedachte verfügt. Also ist der Besitz des Gedachten in höherem Maße göttlich als das, was die Vernunft als Göttliches zu beinhalten scheint; und die Betrachtung ist das Angenehmste und Beste. Wenn sich aber der Gott immer so wohl befindet, wie wir uns nur zuweilen, so ist dies bewundernswert. Wenn er sich aber in noch höherem Maße wohlbefindet, so ist dies noch bewundernswerter. So aber befindet er sich. Und auch Leben kommt ihm zu; denn die Verwirklichung der Vernunft ist Leben, jener aber ist die Verwirklichung. Seine Verwirklichung aber an sich ist bestes und ewiges Leben. Wir sagen also, daß der Gott ein lebendes, ewiges und bestes Wesen sei. Dem Gott kommt demnach ununterbrochenes, fortdauerndes und ewiges Leben zu; denn das ist eben der Gott.

Alle diejenigen aber, die wie die Pythagoreer[36] und Speusippos[37] der Auffassung sind, daß das Schönste und Beste nicht im Prinzip enthalten sei, weil bei Pflanzen und Tieren die Prinzipien zwar Ursachen seien, das Schönste aber und das Vollendete in dem beinhaltet sei, was daraus hervorgeht, vertreten nicht die richtige Meinung. Denn der Same geht aus einem von ihm Verschiedenen, das früher und vollendet ist, hervor, und das Erste | ist nicht der Same, sondern das Vollendete; wie man etwa sagen darf, daß ein Mensch früher ist als der Same – nicht der Mensch, der aus

dem Samen hervorgeht, sondern ein von ihm verschiedener Mensch, aus dem der Same hervorgeht.[38]
Daß es nun ein ewiges, unbewegliches und von den Sinnesdingen abgetrenntes Wesen gibt, ist aus dem Gesagten klar ersichtlich. Es ist aber auch gezeigt worden, daß dieses Wesen über keine Größe verfügen kann, sondern ohne Teile und unzerlegbar ist. (Denn es bewegt unbegrenzte Zeit hindurch; nichts Begrenztes aber verfügt über ein unbegrenztes Vermögen.[39] Da aber jede Größe unbegrenzt oder begrenzt ist, kann das Wesen aus dem angeführten Grund wohl nicht über eine begrenzte Größe verfügen, aber auch nicht über eine unbegrenzte Größe, weil es überhaupt keine unbegrenzte Größe gibt.[40]) Es ist außerdem gezeigt worden, daß das Wesen unaffizierbar und unverwandelbar ist. Denn alle anderen Bewegungen sind später als die örtliche.[41] Es ist nun davon klar, warum es sich so verhält.

8. Die Anzahl bewegender Wesen

Ob man nur *ein* derartiges Wesen annehmen muß oder *mehrere*, und wenn, *wie viele*, das darf man nicht unerörtert lassen. Vielmehr muß man auch an die Äußerungen der anderen Philosophen erinnern, daß sie nämlich hinsichtlich der Menge dieser Wesen nichts aussagten, was eine deutliche Behauptung darstellte. Denn die Auffassung von den Ideen erweist dieser Sache keine eigene Untersuchung. (Denn die Vertreter der Ideenlehre nennen die Ideen Zahlen, über die Zahlen aber sprechen sie bald so, als seien sie unbegrenzt, bald so, als seien sie mit der Zehnzahl begrenzt[42]; infolge welcher Ursache die Menge der Zahlen aber gerade so groß ist, dafür liefert man keinen ernst zu nehmenden Beweis.) Wir aber müssen darüber handeln, indem wir von den bisher erreichten Grundlagen und Bestimmungen ausgehen.

Das Prinzip nämlich und das Erste der Dinge ist unbeweglich, sowohl an sich als auch in akzidenteller Weise, es bewegt aber die erste, ewige und eine Bewegung. Da aber das Bewegte von etwas bewegt werden muß und da das erste Bewegende an sich unbeweglich sein muß und die ewige Bewegung von einem Ewigen und die *eine* Bewegung von einem *Einen* bewegt werden muß und da wir ferner außer der einfachen Ortsbewegung des Alls, die, wie wir behaupten, vom ersten und unbeweglichen Wesen bewegt wird, noch andere ewige Ortsbewegungen, nämlich die der Planeten, sehen (denn ewig und ohne Stillstand ist der im Kreis bewegte Körper, wie dies in den Abhandlungen über die Natur[43] erwiesen worden ist), so muß jede dieser Ortsbewegungen von einem an sich unbeweglichen und ewigen Wesen bewegt werden. Denn die Natur der Gestirne ist als eine bestimmte Art Wesen ewig, und das Bewegende ist ewig und früher als das Bewegte, und das, was früher als ein Wesen ist, muß ebenso ein Wesen sein. Es ist also offenbar, daß es ebenso viele Wesen wie Ortsbewegungen der Gestirne geben muß, die ihrer Natur nach ewig und an sich unbeweglich und ohne Größe sind – | wie aus der vorher erörterten Ursache ersichtlich ist.[44]

Daß also diese Wesen existieren und unter ihnen eines das erste und ein anderes das zweite ist – nach derselben Ordnung wie die Ortsbewegungen der Gestirne –, ist offenbar. Die Menge dieser Ortsbewegungen aber muß man der mathematischen Wissenschaft entnehmen, die der Philosophie am nächsten steht, nämlich der Astronomie. Denn diese Wissenschaft stellt Betrachtungen zwar über das sinnlich erfaßbare, aber doch ewige Wesen an, während die anderen mathematischen Wissenschaften überhaupt nicht von einem Wesen handeln, wie etwa die Arithmetik oder die Geometrie. Daß nun die Zahl der Ortsbewegungen größer ist als die der bewegten Körper, ist auch denen klar, die sich nur mittelmäßig mit der Sache befaßt haben (denn jedes von den Planetengestirnen hat ja mehr als eine

Ortsbewegung). Wie viele solcher Ortsbewegungen aber wohl vorzufinden sind, davon führen wir nun der Übersicht halber die Ansichten einiger Mathematiker an, damit wir in unserer Überlegung eine bestimmte Zahl [von Ortsbewegungen] annehmen können. Im übrigen muß man teils selbst die Forschung vorantreiben, teils bei denen anfragen, die die Sache untersuchen, und wenn sich bei denen, die sich mit der Sache beschäftigt haben, etwas ergeben sollte, das von dem jetzt Erörterten abweicht, dann muß man zwar beide Meinungen schätzen, aber doch den Genauesten folgen.

Eudoxos nun nahm an, daß die Ortsbewegung der Sonne und des Mondes in drei Sphären vor sich gehe[45]; hiervon sei die erste die Sphäre der Fixsterne, die zweite habe ihre Richtung mitten durch den Tierkreis, die dritte verlaufe in geneigter Richtung durch die Breite des Tierkreises (geneigter aber durchlaufe den Tierkreis die Sphäre, in welcher sich der Mond, als die, in welcher sich die Sonne bewegt). Die Bewegung der Planetengestirne erfolge in je vier Sphären; und davon seien die erste und die zweite dieselben wie die ersten beiden Sphären von Sonne und Mond (denn die Sphäre der Fixsterne führe alle anderen herum, und die Sphäre, die unter ihr angeordnet ist und die in der Richtung der Mittellinie des Tierkreises bewegt wird, sei allen gemeinsam); die Pole der dritten Sphäre jedes Planeten befänden sich in der Mittellinie des Tierkreises; die Bewegung der vierten Sphäre verlaufe aber nach der Richtung eines gegen die Mitte der dritten Sphäre schrägen Kreises; es seien aber die Pole der dritten Sphäre für alle Planeten jeweils andere, nur Venus und Merkur hätten dieselben.

Kallippos[46] setzte dieselbe Lage der Sphären an wie Eudoxos; er schrieb auch dem Jupiter und Saturn dieselbe Menge von Sphären zu; er war aber der Meinung, daß man der Sonne und dem Mond zwei Sphären hinzufügen müsse, wenn man die Erscheinungen erklären wolle, und jedem der übrigen Planeten eine Sphäre.

Wenn aber die Sphären, alle zusammengenommen, | die Erscheinungen erklären sollen, so muß es für jeden Planeten noch weitere Sphären geben, deren Menge um eins hinter der bisher angenommenen Anzahl der Sphären zurückbleibt; diese Sphären müssen den anderen entgegenlaufen und die äußerste Sphäre des jeweils unteren Gestirnes in dieselbe Lage zurückbringen; denn nur auf diese Weise ist es möglich, daß die Ortsbewegung der Planeten alle Erscheinungen darstellt. Da nun die Anzahl der Sphären, in denen die Planeten bewegt werden, 8 und 25 ist, und von denen nur die nicht entgegenlaufen brauchen, in denen der unterste Planet sich bewegt, so ergeben sich 6 Sphären, die den ersten beiden Planeten entgegenlaufen, und 16 für die folgenden vier Planeten. Die Anzahl der gesamten Sphären – der vorwärtslaufenden und der entgegenlaufenden – beträgt 55. Wenn man aber der Sonne und dem Mond die Bewegungen, von denen wir sprachen[47], nicht hinzufügen sollte, dann ergäbe die Anzahl aller Sphären 47.

So groß mag die Anzahl der Sphären[48] sein; also kann man mit Wahrscheinlichkeit auch dieselbe Anzahl von unbeweglichen Wesen und Prinzipien annehmen (denn hier von einer Notwendigkeit zu sprechen mag Berufeneren überlassen sein).[49] Wenn es aber keine Ortsbewegung geben kann, die nicht auf die Ortsbewegung eines Gestirns abzielt, wenn es weiter notwendig ist, jede Natur und jedes Wesen, das unaffizierbar und an sich des Besten teilhaftig geworden ist, für ein Ziel zu halten, so kann es wohl außer diesen keine davon verschiedene Natur geben, sondern dies müßte die Zahl der Wesen sein. Denn falls es noch weitere gäbe, so würden diese als Ziel einer Ortsbewegung Bewegungen auslösen. Doch es ist unmöglich, daß es neben den erwähnten noch andere Ortsbewegungen gibt. Das ist aber auch als wahrscheinlich der Betrachtung der bewegten Körper zu entnehmen. Denn wenn jedes Bewegende von Natur aus eines Bewegten wegen da ist und jede Ortsbewegung Bewegung eines Bewegten ist, so kann es wohl keine

Ortsbewegung um ihrer selbst oder einer anderen Ortsbewegung willen geben, sondern nur der Bewegung der Gestirne willen. Denn wenn es eine Ortsbewegung einer anderen Ortsbewegung wegen gäbe, so müßte eben jene andere Ortsbewegung um einer weiteren Ortsbewegung willen da sein; da es aber keinen Fortschritt ins Unbegrenzte geben kann, so muß wohl das Ziel jeder Ortsbewegung von Bewegtem einer der göttlichen Körper am Himmel sein.

Daß es nur *einen* Himmel gibt, ist offenbar. Wenn es nämlich mehrere Himmel – wie Menschen – gäbe, so würde zwar das Prinzip eines jeden einzelnen Himmels der Form nach *eines* sein, der Zahl nach jedoch viele. Aber all das, was der Zahl nach viel ist, verfügt über Stoff. Denn ein und derselbe Begriff gilt für vieles – zum Beispiel »Mensch« –, Sokrates aber ist einer. Das erste Was-es-ist-dies-zu-sein verfügt über keinen Stoff, denn es ist Vollendung. Eines also ist sowohl dem Begriff als auch der Zahl nach das erste Bewegende, das unbeweglich ist; so auch dasjenige, das immer und ununterbrochen bewegt wird. Füglich gibt es auch nur *einen* Himmel. |

Von den Alten aber und den Urahnen ist in Gestalt des Mythos den Späteren überliefert worden, daß diese Himmelskörper Götter seien und das Göttliche die ganze Natur umfasse. Das Übrige ist dann in mythischer Weise zur Überredung der Volksmenge und zum gesetzlichen und allgemeinen Nutzen hinzugefügt worden. Sie meinen nämlich, diese Götter seien menschengestaltig und anderen Lebewesen ähnlich, und anderes, was dem entspricht und dem Gesagten nahekommt. Wenn man davon absieht und nur das Erste nimmt, daß sie nämlich die ersten Wesen für Götter hielten, so könnte man wohl glauben, dies sei göttlich gesprochen, und da wahrscheinlich jede Kunst und jede Philosophie nach Möglichkeit oftmals erfunden und wieder verloren wurde, so können diese Ansichten gleichsam deren Reste sein, die sich bis heute erhalten haben. Nur insoweit also ist uns die Ansicht der Väter und die der Urahnen klar.[50]

9. Die göttliche Vernunft

[15] Im Hinblick auf die Vernunft aber erheben sich einige Schwierigkeiten. Denn sie scheint unter den Erscheinungen das Göttlichste zu sein; wie sie sich aber als derartige verhalte, das bietet einige Schwierigkeiten. Wenn die Vernunft nämlich nichts denkt, sondern sich wie ein Schlafender verhält, was wäre dann wohl ihre Würde? Wenn sie aber denkt, etwas anderes aber dafür, was sie denkt, ausschlaggebend ist, so wäre sie, da das, was ihr Wesen ausmacht, nicht das Denken ist, [20] sondern ein Vermögen, nicht das beste Wesen. Denn durch das Denken kommt ihr die Würde zu. Weiter, mag nun die Vernunft oder das Denken ihr Wesen sein: was denkt sie? Entweder nämlich sich selbst oder etwas Verschiedenes; und wenn etwas Verschiedenes, so entweder stets dasselbe oder etwas anderes. Macht es nun einen Unterschied aus oder keinen, ob sie das Schöne denkt oder das gerade Zutreffende? [25] Oder ist es unsinnig, wenn sie einiges zum Gegenstande ihres Denkens macht? Es ist also offenbar, daß sie das Göttlichste und Würdigste denkt und daß sie sich nicht verändert. Veränderung nämlich ginge zum Schlechteren, und so etwas bedeutete schon eine Art Bewegung. Erstens nun, wenn die Vernunft nicht Denken ist, sondern Vermögen, so ist es wahrscheinlich, daß ihr das ununterbrochene Denken Mühe macht. Zweitens ist klar, [30] daß es etwas anderes Würdigeres gäbe als die Vernunft, nämlich das Gedachte. Denn das Denken und die Tätigkeit des Denkens wird auch dem zukommen, der das Schlechteste denkt. Wenn man aber das vermeiden muß (es ist nämlich besser, manches nicht zu sehen, als es zu sehen), so dürfte Denken nicht das Beste sein. Füglich denkt sich die Vernunft selbst, wenn sie das Vorzüglichste ist, und ihr Denken ist Denken des Denkens.[51]

[35] Es scheinen aber die Wissenschaft, die Sinneswahrnehmung, die Meinung und Überlegung immer auf ein anderes zu gehen, auf sich selbst nur nebenbei. Wenn ferner Denken

und Gedacht-werden etwas anderes sind, in bezug auf welches von beiden kommt der Vernunft das Gute zu? Denn das Denken-sein und das Gedacht-sein sind doch nicht dasselbe. Doch in manchen Fällen | ist die Wissenschaft die Sache selbst; bei den bewirkenden Wissenschaften ist die Sache – vom Stoff abgesehen – das Wesen und das Was-es-ist-dies-zu-sein, bei den betrachtenden Wissenschaften ist die Sache der Begriff und das Denken. Da das Gedachte und die Vernunft nicht verschieden sind bei alledem, was über keinen Stoff verfügt, so werden sie dasselbe sein und das Denken mit dem Gedachten *eines*.
[5] Es bleibt aber noch eine Schwierigkeit: ob das Gedachte zusammengesetzt ist. Denn es würde sich dann das Denken in den Teilen des Ganzen verändern. Doch alles, was über keinen Stoff verfügt, ist doch unzerlegbar – wie sich die menschliche Vernunft, also die Vernunft des Zusammengesetzten[52], in einer ganz bestimmten Zeit verhält (denn sie verfügt nicht in diesem oder jenem Zeitpunkt über das Gute, sondern erfaßt im Ganzen das Beste, das doch etwas anderes ist als sie), [10] so verhält sich selbst das Denken seiner selbst die ganze Ewigkeit hindurch.

10. Das Gute und Beste in der Natur des Ganzen

Man muß aber auch untersuchen, in welcher von beiden Weisen die Natur des Ganzen über das Gute und das Beste verfügt, ob als etwas Abgetrenntes, an sich Existierendes oder als Ordnung seiner Teile. Oder doch auf beide Arten zugleich, wie das beim Heer der Fall ist? Denn auch dort liegt das Gute sowohl in der Ordnung als auch im Feldherrn, in höherem Grade aber im Feldherrn. [15] Denn dieser existiert nicht durch die Ordnung, sondern die Ordnung durch ihn. In gewisser Hinsicht aber sind alle Dinge zusammengeordnet, doch nicht in gleicher Weise, etwa Fische,

Vögel und Pflanzen. Und es verhalten sich die Dinge nicht so, daß das eine zum anderen in keiner Beziehung stünde, sondern es gibt wohl eine. Denn es sind alle Dinge auf Eines hin zusammengeordnet; aber es ist so wie in einem Hauswesen, wo es den Freien am wenigsten gestattet ist, das zu tun, was sich gerade so trifft, vielmehr ist alles oder doch das meiste wohl geordnet; für die Sklaven hingegen und die Tiere gibt es nur weniges, das auf das Gemeinsame bezüglich ist, und sie leben meistenteils so, wie es sich gerade trifft. So nämlich ist die Natur Prinzip eines jeden von ihnen. Ich meine das so, daß alle Dinge zur Trennung voneinander kommen müssen; und so verhält es sich auch mit anderen Dingen, wo alle sich zum Ganzen hin vereinigen.

Welche Unmöglichkeiten aber und Unsinnigkeiten sich für diejenigen ergeben, die anderer Meinung sind, und welche Unmöglichkeiten diejenigen vertreten, die schon angemessenere Ansichten verfechten, und bei welchen Meinungen sich die wenigsten Schwierigkeiten ergeben, das darf man nicht übergehen. Alle nämlich lassen alle Dinge aus Gegenteilen hervorgehen. Doch sie behalten weder darin recht, daß sie alle Dinge, noch darin, daß sie diese aus Gegenteilen hervorgehen lassen; und sie sagen auch darüber nichts aus, wie diejenigen Dinge, bei denen sich die Gegenteile finden, aus den Gegenteilen entstehen sollen. Denn Gegenteile können nicht voneinander eine Affektion erfahren. Für uns aber löst sich dieses Problem recht einleuchtend durch die Annahme eines Dritten. Jene aber machen das eine von den Gegenteilen zum Stoff, wie etwa das Ungleiche zum Stoff für das Gleiche[53] oder die Vielen für das Eine[54]. Auch dies löst sich auf dieselbe Weise. Denn der Stoff bildet für uns zu nichts ein Gegenteil. Weiter würden danach alle Dinge am Schlechten teilhaben, ausgenommen das Eine; das Schlechte nämlich ist selbst das eine der beiden Elemente. Andere[55] nehmen nicht einmal das Gute und Schlechte als Prinzipien an; und doch ist in allen Dingen im höchsten Grade das Gute Prinzip. Jene behalten zwar darin recht, daß sie das Gute als Prinzip annehmen, doch inwiefern das Gute Prinzip ist, das sagen sie nicht; | ob nämlich als Ziel oder als Bewegendes oder als Form.

Auch Empedokles[56] vertritt eine unsinnige Ansicht. Er macht nämlich die Freundschaft zum »Guten«; sie ist aber Prinzip sowohl als Bewegendes (denn sie führt zusammen) als auch als Stoff; sie ist nämlich ein Teil der Mischung.[57] Wenn es nun auch ein Akzidens zu ein und demselben Ding sein kann, Prinzip sowohl im Sinne eines Stoffes als auch im Sinne eines Bewegenden zu sein, so ist doch das Sein [des Stoffes und des Bewegenden] nicht dasselbe. In welchem Sinn ist also die Freundschaft Prinzip? Unsinnig ist auch, daß der Streit unvergänglich sein soll; denn er ist ja selbst die Natur des Schlechten.

Anaxagoras aber nimmt das Gute als Prinzip im Sinne eines Bewegenden an. Denn die »Vernunft« bewegt bei ihm. Doch sie bewegt »wegen etwas«, also wegen eines von ihr Verschiedenen; es sei denn, daß er es so meine wie wir: denn in gewisser Hinsicht ist die Heilkunst Gesundheit. Unsinnig ist bei ihm auch, zum Guten und zur Vernunft kein Gegenteil anzunehmen. Alle aber, die Gegenteile annehmen, machen von den Gegenteilen gar keinen Gebrauch, wenn man sie nicht in den richtigen Rhythmus bringt.[58] Und weshalb einige Dinge vergänglich sind, einige aber unvergänglich, sagt keiner. Denn sie lassen alle Dinge aus denselben Prinzipien entstehen. Weiter lassen einige[59] die Dinge aus dem Nichtseienden entstehen; andere[60] setzen, um nicht hierzu gezwungen zu werden, alles als Eines.

Weiter, weshalb es immer Entstehung geben soll und was die Ursache der Entstehung sein soll, sagt niemand. Für diejenigen, die zwei Prinzipien annehmen[61], ergibt sich die Notwendigkeit noch eines anderen, bedeutsameren Prinzips. Und auch für die, die Formen annehmen, gibt es noch ein anderes, bedeutsameres Prinzip. Denn weshalb gab oder gibt es denn eine Teilhabe [an den Formen]? Und für die anderen[62] besteht die Notwendigkeit, daß es zur Weisheit und zur würdigsten Wissenschaft ein Gegenteil gibt, für uns jedoch nicht. Denn zu dem Ersten gibt es ja kein Gegenteil. Alle Gegenteile nämlich verfügen über Stoff, und der Stoff ist dem Vermögen nach Gegenteil. Die Unwissenheit aber als Gegenteil der Weisheit ginge dann auf das, was Gegenteil des Ersten ist; doch zum Ersten gibt es kein Gegenteil.

Wenn es aber neben den Sinnesdingen keine anderen gäbe, so gäbe es auch kein Prinzip, keine Ordnung, keine Entstehung und keine Himmelskörper, sondern für jedes Prinzip gäbe es immer ein weiteres Prinzip, wie man das bei allen Theologen und Naturphilosophen bemerkt. Wenn es aber neben den Sinnesdingen die Formen oder Zahlen gibt, so sind sie von nichts Ursache; wenn aber, so doch nicht von der Bewegung. Weiter, wie soll aus Größenlosem Größe und Zusammenhängendes hervorgehen? Denn die Zahl wird ja nicht Zusammenhängendes hervorbringen, weder als Bewegendes noch als Form. Aber es wird auch keines von den Gegenteilen geben, das Bewirkendes wäre oder Bewegendes. Denn es ist ja möglich, daß es auch nicht sei. Aber sein Bewirken wäre später als sein Vermögen. Füglich wären die Dinge nicht ewig. Es gibt aber ewige. Man muß demnach etwas von diesen Ansichten aufheben. Wie dies zu tun ist, ist bereits erörtert worden.[63] Ferner sagt niemand etwas darüber, wodurch die Zahlen Eines sind oder die Seele und der Körper und überhaupt die Form und die Sache; auch kann niemand sagen, es sei denn, er spricht wie wir, daß dies die bewegende Ursache bewirkt. Diejenigen[64] aber, die die mathematische Zahl als das Erste annehmen und so immer ein Wesen an das andere anschließen lassen und für jedes andere Wesen Prinzipien ansetzen, | die machen das Wesen des Alls zu etwas, das aus Episoden besteht (denn das eine Wesen hat auf das andere Wesen keinen Einfluß, gleich, ob es existiert oder nicht existiert), und nehmen viele Prinzipien an. Die Dinge aber wollen nicht schlecht beherrscht werden: »Vielherrschaft ist nicht gut; nur einer sei Herrscher.«[65]

XIII. BUCH (M)

1. Die mathematischen Dinge

[8] Was das Wesen der Sinnesdinge ist, das wurde nun erörtert, und zwar in der naturwissenschaftlichen Behandlung[1] über den Stoff, später[2] aber [10] im Hinblick auf das Wesen der Verwirklichung nach. Da aber die Überlegung dahin geht, ob es neben den sinnlich erfaßbaren Wesen ein unbewegliches und ewiges Wesen gibt oder nicht, und wenn es eines gibt, welches es ist, so muß man zuerst einmal all das ins Auge fassen, was von anderen diesbezüglich gesagt worden ist, damit wir uns, wenn sie etwas nicht richtig behandeln, nicht derselben Fehler schuldig machen, und wenn wir mit ihnen eine Lehrmeinung gemeinsam haben, [15] wir nicht diesbezüglich mit uns allein unzufrieden sind. Denn man muß schon zufrieden sein, wenn man einiges besser erklärt, anderes zumindest nicht schlechter.

Darüber gibt es aber zwei Ansichten. Einige behaupten nämlich, daß die mathematischen Dinge – Zahlen, Linien und alles, was damit verwandt ist – Wesen seien, andererseits halten sie die Ideen für Wesen. Da nun die einen dies beides für *zwei* Gattungen halten[3] [20] – die Ideen und die mathematischen Zahlen –, andere aus beiden *eine* Natur machen[4], und wieder andere behaupten, nur die mathematischen Dinge seien Wesen[5], so muß man zuerst sein Augenmerk auf die mathematischen Dinge richten[6], ohne ihnen irgendeine andere Natur zuzuschreiben, wie etwa, ob sie Ideen seien oder nicht und ob sie Prinzipien und Wesen der Dinge seien oder nicht, [25] sondern eben nur auf die mathematischen Dinge schauen, ob sie sind oder nicht sind, und wenn sie sind, in welcher Weise sie sind. Danach muß man davon getrennt die Ideen in Betracht ziehen[7] – schlechthin und nur insoweit es die übliche Abhandlung fordert. Denn das meiste darüber ist ja auch in den exoterischen Schriften[8] vielfach erörtert worden. Doch es muß weiterhin eine ausführlichere

Erörterung der Frage gewidmet werden, wenn wir untersuchen[9], ob die Wesen und die Prinzipien der Dinge Zahlen und Ideen sind; denn nach der Behandlung der Ideen bleibt uns diese dritte Überlegung.

Wenn die mathematischen Dinge existieren, so müssen sie entweder in den Sinnesdingen existieren, wie einige sagen[10], oder sie müssen getrennt von den Sinnesdingen existieren (auch so erklären sich einige)[11]; oder wenn keines von beiden der Fall ist, so existieren sie entweder gar nicht oder auf eine andere Weise. Also wird unsere Untersuchung im letzteren Falle nicht von ihrem Sein handeln, sondern von der Art ihres Seins.

2. Die mathematischen Dinge können nicht als abgetrennte Wesen existieren

Daß nun die mathematischen Dinge unmöglich in den Sinnesdingen existieren können und daß dies zugleich eine erdichtete Lehre ist, wurde bereits in den Erörterungen über die Schwierigkeiten[12] gesagt, | weil es nämlich unmöglich ist, daß zwei Körper an derselben Stelle seien; weiter, weil aus demselben Grund sonst auch die anderen Vermögen und Naturen in den Sinnesdingen existieren und es keine davon getrennt geben könnte. Das ist also früher besprochen worden. Außerdem aber ist es offenkundig, daß nach dieser Ansicht kein Körper zerlegt werden könnte. Denn er müßte nach Flächen zerlegt werden und diese nach Linien und diese nach Punkten, so daß, wenn es unmöglich ist, den Punkt zu zerlegen, dies auch für die Linie unmöglich ist, und wenn für die Linie, so auch für alles übrige. Welchen Unterschied nun bedeutet es, ob die Sinnesdinge derartige Naturen sind oder ob sie zwar nicht derartige Naturen sind, aber daß doch derartige Naturen in ihnen existieren? Denn es folgte doch dasselbe daraus. Mit der Zerlegung der Sinnesdinge nämlich würden auch die mathematischen Dinge zerlegt werden, oder umgekehrt, auch die Sinnesdinge dürften nicht zerlegt werden.

Doch andererseits ist es auch nicht möglich, daß derartige Naturen abgetrennt existieren. Sofern es nämlich neben den sinnlich erfaßbaren Körpern noch abgetrennte und von ihnen verschiedene und frühere Körper als die sinnlich erfaßbaren gäbe, so ist es wohl klar, daß es auch neben den sinnlich erfaßbaren Flächen [15] noch von ihnen verschiedene, abgetrennte Flächen geben muß, und ebenso auch Punkte und Linien (aus demselben Grund nämlich). Wenn dem aber so ist, so müßten wieder neben den Flächen, Linien und Punkten der mathematischen Körper noch andere Flächen, Linien und Punkte abgetrennt existieren. Denn das Nicht-Zusammengesetzte ist früher als das Zusammengesetzte; und wenn die nicht sinnlich erfaßbaren Körper früher sind als die sinnlich erfaßbaren, [20] so müssen aus demselben Grunde die Flächen an sich früher sein als die Flächen an den unbeweglichen Körpern.[13] Folglich sind diese Flächen und Linien verschieden von den Flächen, die zugleich mit den abgetrennten Körpern existieren sollen; denn die einen Körper sollen zugleich mit den mathematischen Körpern existieren, die anderen früher als die mathematischen Körper. Und an diesen Flächen wiederum [25] würden Linien existieren, denen gegenüber aus demselben Grund wieder von ihnen verschiedene Linien und Punkte früher existieren müßten. Und früher als diese Punkte in den früheren Linien müßten wieder frühere, davon verschiedene Punkte existieren, von denen es dann nicht mehr frühere, von diesen verschiedene Punkte gäbe. Also ergibt sich eine sinnlose Anhäufung. (Es folgt nämlich daraus, daß nur einerlei Körper existieren würden neben den sinnlich erfaßbaren, [30] darüber hinaus aber dreierlei Flächen neben den sinnlich erfaßbaren Flächen, die Flächen in den mathematischen Körpern und die Flächen neben denen, die in den mathematischen Körpern existieren – viererlei Linien und fünferlei Punkte. Also, von welchen dieser Arten werden die mathematischen Wissenschaften handeln? Doch wohl nicht von Flächen, Linien und Punkten am unbeweglichen Körper; immer nämlich handelt Wissenschaft vom Früheren.)

Dieselbe Begründung gilt auch bei den Zahlen; denn es würden neben jeder Art von Punkten von ihr verschiedene Einsen existieren und neben jeder Art von Dingen, den sinnlich erfaßbaren und weiter den gedachten, so daß es viele Gattungen von mathematischen Zahlen gäbe.

Wie kann man weiter die Fragen lösen, | auf die wir in den Erörterungen der Schwierigkeiten[14] gestoßen sind? Denn die Dinge, von denen die Astronomie handelt, müßten in gleicher Weise neben den Sinnesdingen existieren wie diejenigen, von denen die Geometrie handelt. Wie aber soll es möglich sein, daß es einen Himmel neben dem sinnlich erfaßbaren mit seinen Teilen gibt – und so auch bei irgend etwas anderem, das über Bewegung verfügt? In gleicher Weise verhält es sich mit den Gegenständen Optik und Harmonik: es müßten nämlich auch Stimme und Anblick neben den sinnlich erfaßbaren und den einzelnen Dingen existieren, so daß es klar ist, daß dasselbe auch für die anderen Sinneswahrnehmungen und Sinnesdinge gelten müßte. Weshalb nämlich sollte es für die einen mehr Geltung haben als für die anderen? Wenn dem aber so ist, dann müßten ja, sofern Sinneswahrnehmungen neben den Sinnesdingen existieren, auch Lebewesen neben ihnen existieren.

Weiter werden von den Mathematikern neben diesen Wesen noch einige allgemeine Sätze aufgestellt.[15] Also müßte es nun wohl ein anderes Wesen geben, das ein Mittleres wäre und abgetrennt von den Ideen und dem Mittleren[16], das weder Zahl wäre noch Punkt, noch Größe, noch Zeit. Ist dies aber unmöglich, so ist es offensichtlich auch unmöglich, daß jene Wesen abgetrennt von den Sinnesdingen existieren.

Überhaupt ergeben sich Folgerungen, die sowohl der Wahrheit widersprechen als auch den gewohnten Ansichten, wenn man annimmt, die mathematischen Dinge seien irgendwelche abgetrennte Naturen. Denn notwendigerweise existieren sie ja, wenn man annimmt, daß sie so existieren, früher als die sinnlich erfaßbaren Größen, während sie doch in Wahrheit später sind. Denn die unvollendete Größe ist der Entstehung nach früher, dem Wesen nach aber später, wie etwa das Unbeseelte gegenüber dem Beseelten.

Weiter, wodurch und wann sollen die mathematischen Größen Eines sein? Denn wahrscheinlich sind die Dinge hier Eines durch die Seele oder durch einen Seelenteil oder durch etwas anderes (wenn nicht, so sind sie viele und zerfallen). Was soll aber für jene mathematischen Größen, die zerlegbar und Quanta sind, die Ursache für das Eines-sein und das Zusammenbleiben bilden?

Weiter zeigen dasselbe klar ihre Entstehungen. Zuerst nämlich entsteht etwas der Länge nach, dann der Breite nach und schließlich der Tiefe nach, und so hat es das Ziel erreicht. Wenn nun dasjenige, was der Entstehung nach später ist, dem Wesen nach früher ist, so dürfte der Körper früher sein als Fläche und Länge und auch insofern in höherem Grade vollendet und ganz, als er beseelt wird. Wie aber sollte wohl eine Linie oder eine Fläche beseelt sein? Eine solche Behauptung ginge ja über unsere Sinneswahrnehmungen.

Weiter ist zwar der Körper eine Art von Wesen; denn er ist in gewisser Hinsicht bereits vollendet. Wie aber sollten die Linien Wesen sein? Weder nämlich im Sinne einer Form oder Gestalt, wie es etwa die Seele ist, noch im Sinne von Stoff, wie etwa der Körper. Nichts nämlich scheint aus Linien, Flächen oder Punkten bestehen zu können. Wenn diese jedoch ein stoffliches Wesen wären, so schienen sie das Vermögen zu haben, affiziert zu werden.

Dem Begriff nach | mögen die mathematischen Dinge früher sein, doch nicht alles, was dem Begriff nach früher ist, ist auch dem Wesen nach früher. Dem Wesen nach früher sind all die Dinge, die abgetrennt dem Sein nach andere übertreffen, dem Begriff nach aber sind all die früher, aus deren Begriffen die Begriffe von anderen zusammengesetzt sind. Beides aber besteht nicht zugleich. Wenn nämlich die Affektionen [5] nicht neben den Wesen existieren, wie etwa ein Bewegtes oder Weißes, so ist das Weiße dem Begriff nach früher als der weiße Mensch, nicht aber dem Wesen nach. Denn das Weiße kann nicht abgetrennt existieren, sondern immer nur zugleich mit dem Gesamten (unter »gesamt« verstehe ich den weißen Menschen). Daraus geht also klar hervor, daß weder das durch Wegnahme Entstandene früher ist, [10] noch das durch Hinzufügung Entstandene später; denn man spricht von einem weißen Menschen infolge einer Hinzufügung durch den Begriff »weiß«.

Daß also die mathematischen Dinge nicht in höherem Grade Wesen sind als die Körper, daß sie nicht dem Sein nach früher sind als die Sinnesdinge, sondern nur dem Begriff nach, daß sie auch nicht irgendwo abgetrennt existieren können, ist also hinreichend erörtert worden. Da sie nun aber auch nicht [15] in den Sinnesdingen existieren können, ist es offenbar, daß die mathematischen Dinge entweder überhaupt nicht existieren oder nur in gewisser Weise und deshalb nicht schlechthin existieren. Denn vom Sein sprechen wir in vielfachen Bedeutungen.

3. Die Mathematik und ihre Objekte

Wie nämlich das Allgemeine in der Mathematik nicht von Dingen handelt, die abgetrennt von den Größen und Zahlen existieren, sondern eben von diesen, doch nicht insofern [20] sie über Größe verfügen oder zerlegbar sind,[17] so ist es klar, daß es auch von sinnlich erfaßbaren Größen Begriffe und Beweise geben kann – nicht aber insofern sie sinnlich erfaßbar sind, sondern insofern sie eben solche Größen sind. Wie es nämlich viele Darlegungen von den bewegten Dingen gibt, nur insofern sie bewegt sind, abgesehen vom Was eines jeden davon und von dem, was ihm zukommt, und wie es deshalb nicht notwendig ist, [25] daß es entweder ein Bewegtes abgetrennt von den Sinnesdingen gebe oder daß darin eine abgetrennte, bestimmte Natur existiere, ebenso wird es auch von den bewegten Dingen Darlegungen und Wissenschaften geben, nicht insofern die Dinge bewegt, sondern insofern sie nur Körper sind, und ferner insofern sie nur Fläche oder nur Länge sind und insofern sie zerlegbar sind und insofern unzerlegbar, [30] doch in bestimmter Lage befindlich, und insofern sie nur unzerlegbar sind. Da man also die Wahrheit spricht, wenn man schlechthin aussagt, daß es nicht nur Abgetrenntes, sondern auch Unabgetrenntes gebe (wie etwa Bewegtes), so spricht man auch die Wahrheit, wenn man schlechthin aussagt, daß es die mathematischen Dinge gebe, und zwar so wie die Mathematiker von ihnen reden. Und wie man auch von den anderen Wissenschaften die Wahrheit spricht, [35] wenn man schlechthin aussagt, daß sie von etwas Bestimmtem handeln, nicht vom Akzidentellen (so etwa nicht vom Weißen, wenn das Gesunde weiß ist, die Wissenschaft aber vom Gesunden handelt), sondern von jenem, | wovon jeweils die Wissenschaft handelt (so vom Gesunden, insofern es gesund ist, wenn die Wissenschaft vom Gesunden handelt, so auch vom Menschen, insofern er Mensch ist, wenn die Wissenschaft vom Menschen handelt;) ebenso kann man auch von der Geometrie sprechen. Wenn nämlich dasjenige, wovon sie handelt, in akzidenteller Weise sinnlich erfaßbar ist, sie aber nicht davon handelt, insofern es sinnlich erfaßbar ist, so werden die mathematischen Wissenschaften nicht Wissenschaften der Sinnesdinge sein, aber auch nicht Wissenschaften von etwas anderem, das getrennt neben dem sinnlich Erfaßbaren existiert. [5] Viele Akzidenzen an sich aber finden sich an den Sachen, insofern jede einzelne besteht. So kommen auch dem Lebewesen eigentümliche Affektionen zu, insofern es weiblich oder insofern es männlich ist (und doch gibt es kein Weibliches und kein Männliches von den Lebewesen abgetrennt). Ebenso gilt das auch von den Längen und Flächen, insofern sie nur Längen und insofern sie nur Flächen sind. Je früher und einfacher dem Begriffe nach [10] etwas ist, desto mehr Genauigkeit besitzt es: dieses Genaue aber ist das Einfache. Daher ist die Wissenschaft, die von der Größe absieht, genauer als diejenige, die mit der Größe arbeitet, und am genauesten ist die Wissenschaft, die von Bewegung absieht. Wenn aber eine Wissenschaft mit Bewegung arbeitet, so ist sie am genauesten, wenn sie mit der ersten Bewegung arbeitet. Denn die erste Bewegung ist die einfachste, und unter den einfachen die gleichmäßige.

Dieselbe Begründung trifft auch bei der Harmonik und Optik zu. Keine von diesen Wissenschaften [15] nämlich betrachtet die Dinge, insofern sie Sehen oder insofern sie Stimme sind, sondern insofern sie Linien sind und Zahlen (letztere aber sind den ersteren zukommende Affektionen). Ebenso verhält es sich mit der Mechanik. Wenn also jemand etwas als vom Akzidentellen abgetrennt annimmt und ein solches Etwas, insofern es das ist, betrachtet, so wird er deshalb keinem Irrtum verfallen, ebensowenig als wenn er etwas im Sande zeichnet und sagt, es sei eine Linie von einem Fuß Länge, [20] wiewohl sie nicht einen Fuß lang ist. Denn in diesen Prämissen liegt wohl kein Irrtum.

Man dürfte jedes Einzelne wohl am besten betrachten, wenn man das, was nicht abgetrennt existiert, als abgetrennt annimmt, wie es der Arithmetiker und der Geometer tun. Der Mensch nämlich, insofern er Mensch ist, ist Eines und unzerlegbar. Der Arithmetiker aber nimmt *ein* Unzerlegbares an, und hierauf betrachtet er, ob dem Menschen etwas zukommt, [25] insofern er unzerlegbar ist. Doch der Geometer betrachtet den Menschen nicht, insofern er Mensch ist, auch nicht, insofern er unzerlegbar ist, sondern insofern er Körper ist. Denn was an ihm, auch wenn er nicht unzerlegbar wäre, bestünde, das kann an ihm auch ohne diese Dinge bestehen.

Daher äußern sich die Geometer richtig, sprechen von Seiendem, [30] und dies Seiende existiert. Denn Seiendes gibt es in zweierlei Sinn: einerseits in Vollendung, andererseits stofflich.

Da aber das Gute und das Schöne voneinander verschieden sind (denn das Gute findet sich stets in einer Handlung, das Schöne aber auch am Unbeweglichen), so befinden sich diejenigen im Irrtum, die behaupten, die mathematische Wissenschaft spräche nicht vom Schönen oder Guten.[18] Sie sprechen nämlich in höchstem Maße davon und liefern Beweise dafür. [35] Denn wenn sie auch das Schöne und Gute nicht nennen, doch deren Werke und Verhältnisse beweisen, so bedeutet das nicht, daß sie davon nicht sprächen. Die hauptsächlichsten Arten des Schönen sind | Ordnung, Gleichmaß und das Begrenzte; all das beweisen am meisten die mathematischen Wissenschaften. Und weil dies (ich meine die Ordnung und das Begrenzte) als Ursache von Vielem erscheint, so handeln offenbar die mathematischen Wissenschaften auch von einer derartigen Ursache, die als Schönes [5] gewissermaßen Ursache ist. Deutlicher werden wir darüber noch an einer anderen Stelle sprechen.[19]

4. Kritik an der Ideenlehre

Über die mathematischen Dinge also, daß sie Seiendes sind und in welcher Weise sie Seiendes sind[20] und inwiefern sie früher sind und inwiefern nicht früher[21], sei soviel gesagt. Im Hinblick auf die Ideen aber muß man zuerst die Ideenlehre selbst betrachten, [10] ohne damit die Natur der Zahlen zu berühren, sondern in dem Sinne, in dem diejenigen sie am Anfang faßten, die zuerst behaupteten[22], daß es Ideen gebe. Die Ideenlehre ergab sich aber für ihre Anhänger deshalb, weil sie von der Wahrheit durch die Worte Heraklits[23] überzeugt waren, daß alle Sinnesdinge in stetem Flusse seien;

sollte es also eine Wissenschaft und eine Einsicht von etwas geben, so müßte es neben den sinnlich erfaßbaren Naturen noch von diesen verschiedene, bleibende geben; denn vom Fließenden existiere keine Wissenschaft. Sokrates aber befaßte sich damals mit den ethischen Tugenden und suchte als erster über sie allgemeine Definitionen aufzustellen. (Denn unter den Naturphilosophen hatte nur – und da zum geringen Teil – Demokrit[24] diesen Gegenstand berührt und irgendwie von dem Warmen und dem Kalten eine Definition aufgestellt. Früher hatten die Pythagoreer einige wenige Gegenstände behandelt, deren Begriffe sie auf Zahlen zurückführten – wie etwa, was der rechte Augenblick oder das Gerechte oder die Ehe sei.[25] Sokrates aber suchte mit gutem Grund das Was; denn er suchte Schlüsse zustande zu bringen, doch das Prinzip der Schlußfolgerungen ist das Was. Denn die Kunst der Dialektik war damals noch nicht so fortgeschritten, daß man auch ohne Kenntnis des Was vermocht hätte, die Gegenteile zu untersuchen und das Problem zu klären, ob ein und dieselbe Wissenschaft von Gegenteilen handle. Zweierlei nämlich ist es, was man Sokrates mit Recht zuschreiben dürfte: die Begründungen durch Heranführung und das allgemeine Definieren; dies beides nämlich betrifft das Prinzip der Wissenschaft.) Doch Sokrates setzte das Allgemeine und die Definition nicht als Abgetrenntes an. Die Anhänger der Ideenlehre aber trennten es und nannten derartiges Ideen. Also ergab es sich aufgrund desselben Gedankens für sie, daß es von jedem allgemein Ausgesagten Ideen gibt, und es erging ihnen beinahe so, wie wenn jemand, der gewisse Dinge zählen will, glaubt, dazu nicht in der Lage zu sein, solange es wenige Dinge sind, hat er sie aber vermehrt, zählt er sie.[26] Denn die Formen sind sozusagen noch zahlreicher als die sinnlich erfaßbaren einzelnen Dinge, | deren Ursachen sie aufsuchten und dann von den Sinnesdingen zu den Formen fortschritten. Denn für jedes einzelne Ding gibt es ein Ausdrucksgleiches, und für andere Dinge, bei denen es das Eine für vieles gibt, auch neben den Wesen, sowohl bei diesen Dingen da als auch bei den ewigen.

Weiter ergibt sich aus keiner der Weisen, [5] nach denen man die Existenz der Formen zu zeigen sucht, einleuchtend eben diese Existenz. Aus einigen Beweisen ergibt sich keine zwingende Schlußfolgerung, aus anderen ergeben sich Formen von etwas, wofür es aber ihrer Meinung nach keine gibt. Denn nach den Begründungen, die man den Wissenschaften entnimmt, müßte es von allen Dingen, wovon es Wissenschaften gibt, Formen geben. Nach dem Beweis, daß es das Eine für vieles gibt, müßte es auch von Verneinungen Formen geben. [10] Und nach dem Beweis, daß man noch etwas denke, auch wenn etwas schon vergangen ist, müßte es auch vom Vergänglichen Formen geben; denn es gibt ja davon eine Vorstellung. Weiter ergeben die genauesten Begründungen einerseits Ideen des Bezüglichen, wovon es ihrer Behauptung nach ja gar keine Gattung an sich gibt, andererseits sprechen sie vom »dritten Menschen«.[27]

Überhaupt heben die Begründungen für die Formen gerade die Dinge auf, deren Existenz die Verfechter der Ideenlehre in höherem Maße haben wollen [15] als die Existenz der Ideen. Aus ihnen nämlich folgte, daß nicht die Zwei das Erste wäre, sondern die Zahl, und daß das Bezügliche früher wäre als die Zahl und dieses früher als das an sich Existierende – und all das, was diejenigen, die den Lehrmeinungen der Ideenlehre folgten, ihren Prinzipien entgegengestellt haben.

Weiter müßte es nach der Annahme, nach der [20] sie die Existenz der Ideen behaupten, nicht nur von den Wesen Formen geben, sondern auch von vielen anderen Dingen. (Denn der Gedanke ist *einer* nicht nur bei den Wesen, sondern auch bei Nicht-Wesen, und Wissenschaften gibt es nicht nur von dem Wesen; und derartige Folgerungen ergeben sich noch unzählige andere.) Aber nach der Notwendigkeit und der Ideenlehre selbst darf es, [25] wenn es Formen gibt, die der Teilhabe fähig sind, nur Ideen von Wesen geben. Denn die Dinge haben an ihnen nicht in akzidenteller Weise Anteil, sondern es darf nur insofern jedes Einzelne teilhaben, insofern die Formen nicht von einem Substrat ausgesagt werden. (Ich meine das etwa so: wenn etwas an dem Doppelten an sich teilhat, so hat es auch am Ewigen teil, doch nur in akzidenteller Weise; [30] denn dem Doppelten kommt es akzidentell zu, ewig zu sein.) Demnach wären die Formen Wesen. Dasselbe aber bezeichnet das Wesen hier und dort [beim Ewigen]. Oder was bedeutet sonst die Behauptung, es gebe noch etwas neben dem sinnlich erfaßbaren – das Eine für vieles? Und wenn die Ideen und die Dinge, die an ihnen teilhaben, über ein und dieselbe Form verfügen, so müßte es doch etwas ihnen Gemeinsames geben. (Denn weshalb soll bei den vergänglichen Zweien einerseits [35] und den zwar vielen, aber ewigen Zweien andererseits das Zwei-sein in höherem Grade ein und dasselbe sein als bei der Zwei an sich und der einzelnen Zwei?) Wenn sie aber nicht | über dieselbe Form verfügen, so wären sie nur ausdrucksgleich, und es wäre ähnlich, wie wenn jemand sowohl Kallias als auch das Holz Mensch nennte, ohne irgendeine Gemeinsamkeit zwischen beiden zu sehen.[28]

Wenn wir aber annehmen wollen, daß in anderer Beziehung die gemeinsamen Begriffe mit den Formen übereinstimmen, wie etwa mit dem Kreis [5] an sich eine Flächenfigur und die übrigen Teile des Begriffes übereinstimmen, daß man aber hinzufügen muß, was existiert, so muß man überlegen, ob dies nicht eine völlig leere Ansicht ist. Wozu nämlich soll man hinzufügen: zur Mitte, zur Fläche oder zu allem? Denn alles, was sich am Wesen findet, soll doch Idee sein, wie etwa das Lebewesen oder das Zweifüßige. Und weiter muß offenbar das, was existiert, selbst etwas sein – [10] so wie die Fläche –, eine gewisse Natur, die in allen Formen als Gattung enthalten ist.

5. Die Ideen sind nicht Ursachen der Veränderung der Sinnesdinge

Am meisten von allem aber dürfte man sich darüber eine Frage stellen, welchen Einfluß wohl die Formen entweder auf die ewigen unter den Sinnesdingen oder auf die entstehenden und vergehenden ausüben; denn sie sind ja für sie weder Ursache für irgendeine Bewegung noch für irgendeine Veränderung. Aber sie helfen auch nichts für die Wissenschaft der anderen Dinge (sie sind nämlich nicht deren Wesen; sonst wären sie in ihnen enthalten), auch nichts für ihr Sein, da sie nicht in den Dingen, die an ihnen teilhaben, enthalten sind; denn so könnten sie vielleicht in dem Sinne Ursachen sein, wie das einem Ding beigemischte Weiß Ursache dafür ist, daß es weiß ist. Doch dieser Gedankengang, den zuerst Anaxagoras und später Eudoxos in seiner Behandlung der Schwierigkeiten vorbrachte und einige andere, ist recht leicht ins Wanken zu bringen (denn es ist leicht, gegen eine derartige Auffassung vieles, das ihre Unmöglichkeit zeigt, zusammenzubringen).

Es ist aber auch unmöglich, daß auf irgendeine der Weisen, die angeführt zu werden pflegen, die anderen Dinge aus den Formen entstehen. Doch die Behauptung, die Formen seien Urbilder und die anderen Dinge hätten an ihnen Anteil, bedeutet nur leeres Gerede und poetische Metaphern. Denn was ist dieses Werkende, das im Hinblick auf die Formen werkt? Es kann doch auch etwas existieren und entstehen und nicht einem anderen nachgebildet sein, so daß, mag es nun einen Sokrates geben oder nicht, doch jemand wie Sokrates entstehen kann; in gleicher Weise wäre die Sache auch klar, wenn es einen ewigen Sokrates gäbe. Es müßte auch von ein und demselben Ding mehrere Urbilder geben, also auch Formen; wie etwa für den Menschen das Lebewesen, das Zweifüßige, zugleich aber auch den Menschen an sich. Weiter würden die Formen nicht nur Urbilder der Sinnesdinge sein, sondern auch der Formen selbst; wie etwa die Gattung Urbild der Formen im Sinne von Formen der Gattung, [35] so daß dasselbe Urbild und Abbild sein würde.

Weiter dürfte es wohl unmöglich scheinen, daß das Wesen von dem getrennt existiert, dessen Wesen es ist. | Wie könnten also die Ideen, wenn sie die Wesen der Dinge sind, getrennt von ihnen existieren? Im Phaidon[29] aber spricht man in diesem Sinne, daß nämlich die Formen Ursachen sowohl des Seins als auch des Entstehens sind. Doch selbst wenn es Formen gäbe, so entsteht dennoch nichts, wenn es nicht etwas geben sollte, das bewegt. Andererseits entstehen [5] viele verschiedene Dinge, wie etwa ein Haus oder ein Ring, wofür es ihrer Behauptung nach keine Formen gibt. Es ist demnach klar, daß auch jene Dinge, wofür es ihrer Behauptung nach Ideen gibt, infolge derartiger Ursachen, wie sie nun behandelt wurden, sowohl existieren als auch entstehen, nicht aber infolge der Formen.[30] Aber gegen die Ideen kann man sowohl in der aufgezeigten Weise als auch mit begrifflich strengeren [10] und genaueren Begründungen noch vieles vorbringen, das dem bereits Beobachteten gleich ist.

6. *Auffassungen über die Zahlen als abgetrennte Wesen*

Da nun über diese Dinge bestimmend gehandelt worden ist, trifft es sich richtig, das Augenmerk wieder auf die Zahlenlehre zu lenken und die Folgerungen zu bedenken, die sich für diejenigen ergeben, die behaupten, die Zahlen seien abgetrennte Wesen und die ersten Ursachen der Dinge. [15] Wenn aber die Zahl eine Natur ist und wenn ihr Wesen kein anderes ist als eben Zahl selbst – wie dies einige meinen –, so muß bei ihr einerseits etwas ein Erstes sein, andererseits ein darauf Folgendes, wobei jedes der Art nach vom anderen verschieden ist – und dies trifft entweder sogleich bei den Einsen zu, und es ist also jede Eins mit jeder Eins unvereinbar, [20] oder es bilden alle Einsen sogleich eine Reihenfolge und sind jede mit jeder vergleichbar, wie man das von der mathematischen Zahl behauptet (denn in der mathematischen Zahl unterscheidet sich in nichts die eine Eins von der anderen). Oder es sind die einen Einsen miteinander vergleichbar, die anderen aber nicht. (Wie etwa, wenn die Zwei das Erste nach dem Einen ist und dann die Drei kommt und so die übrigen Zahlen weiter, [25] und dann die Einsen in jeder Zahl vergleichbar sind, wie die Einsen in der ersten Zwei untereinander und die in der ersten Drei untereinander und ebenso bei den anderen Zahlen; die Einsen in der Zwei an sich aber sind mit den Einsen in der Drei an sich unvergleichbar, und ebenso bei den anderen Zahlen der Zahlenreihe. [30] Und deshalb wird auch die mathematische Zahl nach eins, zwei gezählt, indem man zum vorherigen Einen ein anderes Eines hinzufügt, und so auch drei, indem man zu dieser Zwei ein anderes Eines hinzufügt, und die übrigen Zahlen ebenso. Bei dieser Zahl aber zählt man nach dem Einen eine davon verschiedene Zwei ohne das Erste Eine, und eine Drei ohne die Zwei, und in gleicher Weise die übrigen Zahlen.) [35] Oder es muß die eine Art von Zahlen so sein, wie sie zuerst erwähnt wurde[31], die andere Art, wie die Mathematiker von ihr reden, und die dritte Art wie die, von der zuletzt gesprochen wurde.[32]

Weiter müssen diese Zahlen entweder von den Dingen abgetrennt sein | oder nicht abgetrennt und in den Sinnesdingen enthalten sein (doch nicht in der Weise, wie zuerst betrachtet[33], sondern auf die Weise, daß die Sinnesdinge aus Zahlen als aus ihren Bestandteilen existieren), oder es muß die eine Art von Zahlen geben, die andere aber nicht, oder alle beide Arten.

Es sind dies also notwendig die einzigen Weisen, [5] nach denen es Zahlen geben kann. Auch hat von denen, die behaupten, das Eine sei Prinzip, Wesen und Element aller Dinge und aus diesem und irgendeinem anderen bestehe die Zahl, nahezu jeder in einer dieser Weisen gesprochen – ausgenommen nur, daß keiner meinte, alle Einsen wären unvergleichbar. Und das ergab sich mit gutem Grund: denn außer den eben besprochenen kann es keine andere Weise mehr geben. Die einen[34] meinen nun, es existieren beide Arten von Zahlen, die eine Art, die über das Früher und Später verfügt, nämlich über die Ideen, und die andere Art, nämlich die mathematische Zahl, neben den Ideen und den Sinnesdingen. Andere[35] aber sagen, daß es allein die mathematische Zahl gebe als erstes unter den Dingen, abgetrennt vom sinnlich Erfaßbaren. Auch die Pythagoreer meinen, es gebe nur *eine* Zahl, nämlich die mathematische, nur existiere sie nicht abgetrennt, sondern aus ihr bestünden die sinnlich erfaßbaren Wesen. Denn sie bauen den ganzen Himmel aus Zahlen auf, doch nicht aus einheitlichen; sie nehmen vielmehr an, daß die Einsen über Größe verfügen; wie aber das erste Eine dazu gekommen sei, über Größe zu verfügen, darüber scheinen sie sich im unklaren zu sein.

Ein anderer[36] meint, daß die erste Zahl, nämlich die der Formen, als einzige existiere; einige andere[37] behaupten, daß eben diese Zahl die mathematische sei.

In gleicher Weise verhält es sich aber auch mit den Längen, den Flächen und den Körpern. Die einen[38] nämlich sagen, die mathematischen Dinge seien verschieden von dem, was nach den Ideen kommt. Von denen aber, die eine andere Meinung vertreten, sprechen die einen von den mathematischen Dingen auf mathematische Weise, all diejenigen nämlich, die die Ideen nicht zu Zahlen machen und auch nicht behaupten, es gebe Ideen.[39] Andere[40] aber sprechen von den mathematischen Dingen allerdings nicht in mathematischer Weise: ihrer Meinung nach nämlich werde nicht jede Größe in Größen geteilt, noch ergäben alle beliebigen Einsen eine Zwei. Alle aber, die das Eine als Element und Prinzip der Dinge annehmen, setzen die Zahlen als einheitliche an, ausgenommen die Pythagoreer. Diese behaupten, wie schon vorher erörtert[41], daß die Zahlen über Größen verfügen.

Wie vielfältig man also darüber sprechen kann, geht daraus klar hervor, ebenso, daß alle Arten erwähnt worden sind. Diese Ansichten sind zwar alle unmöglich, aber die eine vielleicht doch in einem höheren Grade als die andere.[42]

7. Auseinandersetzung mit Platons Ansichten

Zuerst muß man nun untersuchen, ob die Einsen vergleichbar oder unvergleichbar sind, | und wenn sie unvergleichbar sind, auf welche der beiden Weisen, die wir unterschieden haben.[43] Es kann nämlich einerseits sein, daß irgendeine Eins mit irgendeiner Eins unvergleichbar sei, andererseits aber auch, daß die Einsen in der Zwei an sich mit denen in der Drei an sich unvergleichbar seien – und in gleicher Weise die Einsen in jeder ersten Zahl miteinander unvergleichbar seien.

Wenn aber nun alle Einsen vergleichbar sind und ununterschieden, dann ergibt sich eine mathematische Zahl und nur *eine* Art von Zahl, und die Ideen können keine derartigen Zahlen sein. (Denn welche Zahl sollte »Mensch an sich« oder »Lebewesen an sich« oder irgendeine andere Form sein? Es gibt nämlich von jedem Einzelnen nur *eine* Idee, wie etwa vom Menschen an sich *eine* Idee und vom Lebewesen an sich *eine* andere. Zahlen aber, die gleich und ununterschieden sind, gibt es unbegrenzt viele, so daß »diese« Drei um nichts eher »Mensch an sich« sein könnte als irgendeine beliebig andere.) Wenn jedoch die Ideen nicht Zahlen sind, so ist es überhaupt unmöglich, daß sie existieren. (Denn aus welchen Prinzipien sollen die Ideen stammen? Es ist nämlich die Zahl, die aus dem Einen und der unbestimmten Zwei hervorgeht, und diese werden als Prinzipien und als die Elemente der Zahl ausgesagt; es ist aber nicht möglich, die Ideen als früher oder später als die Zahlen anzusehen.)

Wenn aber die Einsen unvergleichbar sind, und zwar in der

Weise unvergleichbar, daß keine mit irgendeiner vergleichbar ist, dann kann diese Zahl weder die mathematische sein (denn die mathematische Zahl besteht aus ununterschiedenen Einsen, [20] und was an ihr bewiesen wird, paßt zu dieser Beschaffenheit), noch die Zahl der Formen. Denn die Zwei würde nicht als Erstes aus dem Einen und der unbestimmten Zwei hervorgehen, und darauf würden ihr nicht der Reihe nach die Zahlen folgen – wie man sagt: Zwei, Drei, Vier. Denn die Einsen in der ersten Zwei läßt man zugleich hervorgehen, sei es, man sagt dies, wie der, der zuerst diese Ansicht vertrat[44], nämlich aus Ungleichem [25] (denn sie sind dann mit dem Gleichwerden entstanden), sei es auf eine andere Weise. Wenn nämlich die eine Eins früher ist als die andere, so würde sie auch früher sein als die Zwei, die aus ihnen hervorgeht. Wenn nämlich das eine früher ist und das andere später, so wird auch das, was aus ihnen hervorgeht, früher sein als das eine und später als das andere.
Da ferner das Eine an sich das Erste ist, [30] hierauf von den anderen wiederum etwas das Erste ist, das aber nach dem Einen an sich das zweite Eine ist, und dann wieder ein drittes Eines, das nach dem zweiten das zweite, aber nach dem ersten Einen das dritte ist, so müßten die Einsen früher sein als die Zahlen, nach denen sie benannt werden. So würde etwa in der Zwei eine dritte Eins enthalten sein, bevor es die Drei geben kann, und in der Drei eine vierte Eins [35] und weiter eine fünfte, bevor es diese Zahlen geben kann. Es hat zwar keiner von ihnen behauptet, die Einsen seien auf diese Weise unvergleichbar, es ergibt sich aber aus ihren Prinzipien folgerichtig, daß sich die Sache auf diese Weise verhalte – | und doch ist das in Wahrheit unmöglich. Es ist nur folgerichtig, daß es frühere und spätere Einsen gibt, wenn es eine erste Eins und ein erstes Eines gibt; und in gleicher Weise muß es sich mit den Zweien verhalten, wenn es auch eine erste Zwei gibt. Es ist nämlich folgerichtig und notwendig, daß es nach dem Ersten ein Zweites gibt, [5] und wenn ein Zweites, dann auch ein Drittes, und auf

diese Weise das Übrige der Reihe nach. (Beides aber zugleich zu behaupten – daß es nach dem Einen eine erste und zweite Eins gebe und daß eine Zwei das Erste sei – ist unmöglich.) Jene setzen zwar eine erste Eins und ein erstes Eines an, aber nicht mehr ein zweites und ein drittes; und sie setzen eine erste Zwei an, aber keine zweite und dritte mehr.

[10] Es ist aber offenbar, daß es keine Zwei an sich und keine Drei an sich und so die übrigen Zahlen geben kann, wenn alle Einsen unvergleichbar sind. Denn mögen nun die Einsen ununterschieden sein oder mögen sie sich jede einzelne von jeder einzelnen unterscheiden, es ist doch notwendig, die Zahl durch Hinzufügung zu zählen, wie etwa die Zwei, [15] indem man zum Einen noch ein anderes Eines hinzufügt, und die Drei, indem man zur Zwei noch ein anderes Eines hinzufügt, und die Vier auf eben diese Weise. Wenn dem aber so ist, so kann die Entstehung der Zahlen unmöglich so vor sich gehen, wie jene sie aus der Zwei und dem Einen entstehen lassen. Denn die Zwei wird ja ein Teil der Drei und diese ein Teil der Vier sein – [20] und dasselbe trifft bei den folgenden Zahlen zu. Sie aber ließen aus der ersten Zwei und der unbestimmten Zwei die Vier entstehen, also zwei Zweien neben der Zwei an sich; so aber nicht, würde die Zwei an sich ein Teil der Vier sein, und eine davon verschiedene Zwei müßte hinzugefügt werden. Doch auch die Zwei würde aus dem Einen an sich und einem anderen Einen hervorgehen. [25] Wenn dem aber so wäre, so ist es unmöglich, daß das [vom Einen] verschiedene Element die unbestimmte Zwei sei; denn es hat doch *eine* Eins und nicht eine bestimmte Zwei hervorzubringen.

Weiter, wie sollte es neben der Drei an sich und der Zwei an sich noch andere Dreien und Zweien geben? Und auf welche Weise sind sie wohl aus früheren und späteren Einsen zusammengesetzt? All das nämlich ist sinnlos [30] und frei erfunden, und es ist unmöglich, daß es eine erste Zwei und dann eine Drei an sich gäbe. Und doch wäre dies notwendig, wenn das Eine und die unbestimmte Zwei Elemente wären.

Wenn aber die sich daraus ergebenden Folgen unmöglich sind, so ist es auch unmöglich, daß es diese Prinzipien gibt. Wenn sich nun jede Eins von jeder anderen Eins unterscheiden soll, so folgt daraus mit Notwendigkeit dies und anderes Derartiges. Wenn sich aber die Einsen in der einen Zahl von den Einsen in der anderen Zahl unterscheiden sollen, die Einsen in derselben Zahl aber untereinander nicht unterschiedlich sein sollen, so folgen daraus um nichts geringere Schwierigkeiten. | Beispielsweise sind in der Zehn an sich zehn Einsen enthalten, es setzt sich aber die Zehn sowohl aus diesen als auch aus zwei Fünfen zusammen. Da aber die Zehn an sich nicht eine beliebige Zahl ist und sich auch nicht aus beliebigen Fünfen zusammensetzt – ebensowenig wie aus beliebigen Einsen –, so unterscheiden sich mit Notwendigkeit die Einsen in dieser Zehn. Wenn sie sich nämlich nicht unterschieden, so dürften sich auch die Fünfen, aus denen die Zehn besteht, nicht unterscheiden; da sie sich aber unterscheiden, müssen sich auch die Einsen unterscheiden. Wenn sie sich aber unterscheiden, werden dann keine anderen Fünfen in der Zehn enthalten sein als eben nur diese beiden, oder werden doch noch andere enthalten sein? Daß in ihr keine weiteren enthalten sein sollen, wäre unsinnig. Sind jedoch noch weitere enthalten, welche Zehn ist das, die aus ihnen besteht? Denn es kann ja in der Zehn neben ihr nicht noch eine von ihr verschiedene Zehn enthalten sein. Aber es ist doch auch notwendig, daß die Vier nicht aus beliebigen Zweien zusammengesetzt sei; denn die unbestimmte Zwei – so sagen sie –, die die bestimmte Zwei ergriff, bewirkte zwei Zweien; denn nachdem sie sie ergriffen hatte, verdoppelte sie.

Weiter, wie ist es möglich, daß neben den zwei Einsen die Zwei eine bestimmte Natur sei und ebenso die Drei neben den drei Einsen? Denn entweder müßte das eine am anderen teilhaben, wie der weiße Mensch neben »weiß« und »Mensch« existiert (denn er hat an diesen teil), oder es müßte das eine

der Unterschied der anderen sein, wie der Mensch neben »dem Lebewesen« und »dem Zweifüßigen« existiert.
[20] Weiter sind die einen Dinge durch Berührung Eines, andere durch Mischung, und wieder andere durch ihre Lage. Davon aber kann nichts bei den Einsen zutreffen, aus denen die Zwei und die Drei bestehen; sondern wie die zwei Menschen nicht ein Eines neben den beiden Menschen sein können, so muß dies auch bei den Einsen der Fall sein. Und daß sie [die Einsen] unzerlegbar sind, kann deshalb auch keinen Unterschied machen; denn auch die Punkte [25] sind unzerlegbar, und dennoch ist nicht deren Zwei neben den zwei Punkten eine davon verschiedene Zwei.
Aber es darf auch nicht verborgen bleiben, daß sich nämlich daraus ergibt, daß frühere und spätere Zweien existierten, und in gleicher Weise auch bei den anderen Zahlen. Denn mögen die Zweien in der Vier zugleich miteinander existieren, so sind sie doch früher als die in der Acht, [30] und wie die Zwei diese, so erzeugten sie die Vieren in der Acht an sich. Wenn also die erste Zwei eine Idee ist, so müßten wohl auch diese Ideen sein.[45] Derselbe Gedankengang trifft auch bei den Einsen zu; denn die in der ersten Zwei enthaltenen Einsen erzeugen die vier Einsen, die in der Vier enthalten sind, [35] so daß alle Einsen Ideen würden und eine Idee aus Ideen zusammengesetzt sein würde. Es müßte also offenbar sein, daß auch die Dinge, wovon sie gerade Ideen sind, zusammengesetzt seien, wie wenn man etwa sagte, Lebewesen seien aus Lebewesen zusammengesetzt, | wenn es von ihnen Ideen gibt.
Es ist überhaupt unsinnig und frei erfunden, die Einsen irgendwie unterschiedlich zu machen (mit »frei erfunden« meine ich etwas, das einer Annahme mit Gewalt angepaßt ist). Wir sehen nämlich, daß sich die eine Eins von der anderen Eins weder dem Quantum noch dem Quale nach unterscheidet, [5] und eine Zahl muß entweder gleich oder ungleich sein – das gilt von allen Zahlen, besonders aber von den einheitlichen. Also, wenn eine Zahl weder größer noch

kleiner ist [als eine zweite Zahl], ist sie damit gleich. Das aber, was gleich und überhaupt ununterschieden ist, das nehmen wir bei den Zahlen als identisch an. Wenn dem aber nicht so wäre, würden sich die in der Zehn an sich enthaltenen Zweien voneinander unterscheiden, obwohl sie gleich sind. Denn welche Ursache könnte wohl der vorbringen, der behauptet, daß sie sich nicht unterscheiden?

Weiter, wenn jede Eins und eine andere Eins dazugenommen zwei ergibt, so ergäbe doch eine Eins aus der Zwei an sich und eine der Drei an sich eine Zwei aus sich unterscheidenden Einsen. Wäre nun diese Zwei früher als die Drei oder später? Es scheint nämlich eher notwendig, daß sie früher sei; denn die eine der beiden Einsen ist zugleich mit der Drei und die andere zugleich mit der Zwei. Wir allerdings für unseren Teil sind der Annahme, daß überhaupt eins und eins – seien nun die beiden Einsen gleich oder ungleich – zwei sei, wie etwa auch das Gute und das Schlechte oder ein Mensch und ein Pferd. Doch die Verfechter jener Meinung lassen dies nicht einmal von Einsen gelten.

Wenn aber nun die Drei an sich keine größere Zahl sein soll als die Zwei an sich, so wäre dies wohl verwunderlich. Wenn sie aber größer ist, so ist es doch klar, daß eine der Zwei gleiche Zahl darin enthalten ist, so daß diese von der Zwei an sich ununterschieden wäre. Doch das ist nicht möglich, wenn es eine erste und zweite Zahl gibt.

Auch wären dann die Ideen keine Zahlen. Denn eben damit sprechen die richtig, die fordern, daß die Einsen, falls sie Ideen seien, sich unterscheiden sollen, wie das schon früher gesagt wurde.[46] Denn die Form ist nur *eine*. Wenn aber die Einsen ununterschieden sein sollten, so wären auch die Zweien und die Dreien ununterschieden. Deshalb müssen sie auch sagen, man zähle so, »eins, zwei«, wobei man nichts zu dem Vorhandenen hinzufügt. (Sonst nämlich könnte es weder die Entstehung [der Zahlen] aus der unbestimmten Zwei geben, noch könnte die Zahl Idee sein; denn eine Idee wäre in der anderen enthalten, und alle Formen wären Teile *einer* Form.) Daher haben sie im Hinblick auf ihre Annahme recht, im ganzen aber haben sie nicht recht. Damit nämlich heben sie vieles auf, da sie doch zugeben müssen, daß sich hierin eine Schwierigkeit befindet, ob wir, wenn wir zählen und »eins, zwei, drei« sagen, zählen, indem wir etwas hinzufügen, oder, indem wir Teile bilden. Wir machen aber beides. Es ist demnach lächerlich, diesen Unterschied auf einen derartigen wie den des Wesens zurückzuführen. |

8. Auseinandersetzung mit Platon, Speusippos, Xenokrates und den Pythagoreern

Zuallererst aber ist es angebracht zu bestimmen, welchen Unterschied es bei der Zahl gibt und welchen bei der Eins, falls es da überhaupt einen gibt. Die Unterscheidung jedoch müßte man entweder dem Quantum oder dem Quale nach vornehmen; offenbar trifft aber keines von beiden zu. Doch die Zahl, insofern sie Zahl ist, unterscheidet sich dem Quantum nach. Wenn sich aber auch die Einsen dem Quantum nach unterscheiden, so würde sich auch eine Zahl, die im Hinblick auf die Menge der Einsen gleich ist, von einer anderen Zahl unterscheiden. Weiter, sind die ersten Einsen größer oder kleiner, und nehmen die späteren zu, oder tun sie das Gegenteil? All das ist aber unsinnig. Doch auch dem Quale nach können sich die Einsen nicht unterscheiden; denn an den Einsen kann keine Affektion bestehen. Man sagt doch auch, daß den Zahlen das Quale später zukommt als das Quantum. Weiter könnte den Einsen ein Quale weder vom Einen noch von der Zwei zukommen: denn das Eine ist kein Quale, und die Zwei ist eben das, was ein Quantum schafft; denn die Ursache dafür, daß die Dinge viele sind, ist die Natur der Zwei. Sollte es sich aber doch irgendwie anders verhalten, so muß man[47] dies doch gerade zu Anfang aussprechen und den Unterschied über die

Eins genau bestimmen, insbesondere aber, weshalb dieser Unterschied zutreffen muß; wenn dies aber nicht möglich ist, welchen Unterschied meinen sie? Es ist nun offenbar, daß, wenn die Ideen Zahlen sind, weder alle Einsen vergleichbar sein können noch – auf eine der beiden angegebenen Arten – miteinander unvergleichbar.[48]

[20] Doch es trifft auch nicht zu, was andere[49] über die Zahlen sagen. Das sind diejenigen, die zwar nicht annehmen, daß es Ideen gebe, weder Ideen schlechthin noch Ideen, die gewissermaßen als Zahlen existieren, sondern die meinen, daß es mathematische Dinge gebe und daß die Zahlen die ersten unter den Dingen seien und daß deren Prinzip das Eine an sich sei. Es ist doch unsinnig, [25] daß es zwar ein Eines als erstes unter den Einen gebe, wie jene behaupten, eine erste Zwei aber unter den Zweien nicht, ebenso nicht eine erste Drei unter Dreien; bei allen nämlich trifft doch dieselbe Begründung zu. Wenn es sich nun so mit der Sache um die Zahlen verhält und jemand nur die mathematische Zahl als existierend annimmt, dann ist das Eine nicht Prinzip. (Es wäre nämlich notwendig, daß sich ein derartiges Eines von den anderen Einsen unterschiede; [30] und wenn dem aber so wäre, dann unterschiede sich notwendigerweise auch eine erste Zwei von anderen Zweien, und in gleicher Weise auch die anderen Zahlen der Reihe nach.) Wenn jedoch das Eine Prinzip sein soll, so muß sich die Sache mit den Zahlen doch eher so verhalten, wie Platon sagte, es müßte also eine erste Zwei geben und eine erste Drei, und die Zahlen dürften nicht miteinander vergleichbar sein. [35] Wenn aber jemand wiederum das animmt, so ist schon gesagt worden[50], daß sich daraus viele Unmöglichkeiten ergeben. Aber es muß sich doch in dieser oder jener Weise verhalten, so daß es, wenn es sich in keiner der beiden Weisen verhielte, | keine abgetrennte Zahl geben kann.

Daraus ist aber auch klar ersichtlich, daß die dritte Ansicht[51] die schlechteste ist, die nämlich besagt, es sei die Zahl der Formen und die mathematische Zahl dieselbe. Mit Notwendigkeit nämlich vereinigten sich in einer Ansicht zwei Fehler. Denn die mathematische Zahl könnte nicht [5] in dieser Weise existieren, sondern man muß unter Annahme eigener Voraussetzungen die Sache in die Länge ziehen; man muß aber auch das annehmen, was für die als Folgerung zutrifft, die die Zahl im Sinne von »Form« ansprechen.

Die Ansicht der Pythagoreer[52] verfügt einerseits über geringere Schwierigkeiten als die bisher erörterten Lehrmeinungen, andererseits über ganz eigene. [10] Zwar beseitigt die Ansicht, die Zahl zu etwas Nicht-Abgetrenntem zu machen, viele Unmöglichkeiten, doch die Ansicht, daß die Körper aus Zahlen zusammengesetzt seien und daß diese Zahl eine mathematische sei, ist unmöglich. Denn es ist nicht wahr, von unteilbaren Größen zu sprechen; und selbst wenn es derartige Größen gäbe, Einsen verfügen gewiß nicht [15] über eine Größe. Wie aber könnte eine Größe aus Unzerlegbarem zusammengesetzt sein? Die arithmetische Zahl jedenfalls ist einheitlich. Die Pythagoreer jedoch setzen die Zahl mit den Dingen gleich; wenigstens wenden sie ihre Theorien in einem solchen Sinne auf die Körper an, als bestünden diese aus jenen Zahlen.

Wenn es nun notwendig ist, daß die Zahl, sofern sie etwas [20] von dem Seienden an sich ist, es in einer der erörterten Weisen[53] ist, wenn sie es aber doch in keiner dieser Weisen sein kann, so ist es offenkundig, daß es eben keine derartige Natur der Zahl gibt, wie sie diejenigen aufbauen, die die Zahl als getrennt annehmen.

Weiter geht jede einzelne Eins aus dem Großen und dem Kleinen hervor, wobei beides gleichgemacht wird, oder die eine Eins aus dem Kleinen und die andere [25] aus dem Großen? Trifft aber das letztere zu, so besteht weder jedes Einzelne aus allen Elementen, noch sind die Einsen ununterschieden. (Denn in der einen Eins findet sich dann das Große und in der anderen das Kleine, das aber seiner Natur nach von jenem das Gegenteil ist.) Weiter, wie liegt die Sache mit den Einsen in der Drei an sich? Eine Eins ist da nämlich ungerade. Aber vielleicht setzen sie gerade deshalb das Eine an sich als Mittleres in der ungeraden Zahl. [30] Wenn jedoch jede von beiden Einsen aus beiden, das heißt dem Großen und dem Kleinen, besteht, wobei sie gleichgemacht werden, wie soll dann die Zwei, die doch *eine* Natur ist, aus dem Großen und Kleinen hervorgehen? Oder wie soll sie sich von der Eins unterscheiden? Weiter ist die Eins früher als die Zwei. Denn wird die Eins aufgehoben, hebt sich auch die Zwei auf. Sie müßte nun die Idee einer Idee sein, da sie ja früher als [35] eine Idee ist, und sie müßte auch früher entstanden sein. Woraus aber ist sie nun entstanden? Denn die unbestimmte Zwei brachte ja die Zwei hervor.

Weiter muß die Zahl entweder unbegrenzt sein oder begrenzt. Denn jene nehmen die Zahl als abgetrennt an, | so daß es also nicht möglich ist, daß weder das eine noch das andere zutrifft. Daß nun aber die Zahl nicht unbegrenzt sein kann, ist klar. (Denn die unbegrenzte Zahl ist doch weder ungerade noch gerade; die Entstehung der Zahlen aber geht immer auf eine ungerade oder gerade Zahl zurück. Trifft einerseits das Eine auf die gerade Zahl, so entsteht die ungerade, [5] trifft andererseits die Zwei dazu, so entsteht eine Zahl, die vom Einen aus verdoppelt ist, treffen wiederum ungerade Zahlen dazu, so entsteht eine andere Art von gerader Zahl. Wenn ferner jede Idee Idee von etwas ist, die Zahlen aber Ideen sind, so müßte auch die unbegrenzte Zahl Idee von etwas sein, entweder von den Sinnesdingen oder von etwas anderem. Doch das ist weder ihrer Annahme nach zutreffend noch dem Begriffe nach; [10] vielmehr nehmen sie die Ideen in diesem Sinne an.)

Wenn aber die Zahl begrenzt ist, so ergibt sich die Frage: Bis wieweit reicht sie? Da muß man nämlich nicht nur sagen, *daß* sie [bis zu einer bestimmten Zahl] reicht, sondern auch, *weshalb*. Wenn aber nun die Zahl bis zur Zehn reicht, wie einige behaupten[54], so werden erstens einmal bald die Formen ausgehen. Wenn etwa die Drei der Mensch an sich ist, welche Zahl wird dann das Pferd an sich sein? [15] Ein an sich Seiendes nämlich ist jede Zahl bis zur Zehn; es muß also eine Zahl innerhalb dieser Zahlen bis zur Zehn sein (denn diese sind Wesen und Ideen). Und trotzdem werden sie ausgehen (denn die Arten der Lebewesen werden die Zehn bereits übersteigen). Zugleich aber ist doch klar, wenn auf diese Weise die Drei der Mensch an sich ist, werden auch die anderen Dreien es sein (denn diese sind in identischen Zahlen ähnlich), so daß es unzählige Menschen geben würde; wenn nämlich jede einzelne Drei Idee wäre, wäre jeder Mensch ein Mensch an sich, wenn nicht, so wären es doch Menschen. Und wenn die kleinere Zahl ein Teil der größeren ist (d. h. eine Zahl, die aus Einsen besteht, die in ein und derselben Zahl vergleichbar sind) und wenn die Vier an sich Idee von irgend etwas ist – etwa von Pferd oder von »weiß« –, so müßte der Mensch ein Teil des Pferdes sein, wenn Zwei der Mensch ist. Es ist aber auch unsinnig anzunehmen, daß es zwar von der Zehn eine Idee geben soll, von der Elf aber nicht, ebenso nicht von den folgenden Zahlen. Weiter gibt es und entstehen auch einige Dinge, wovon es keine Formen gibt, so daß man sich die Frage stellt: Weshalb gibt es nicht auch von ihnen Formen? Es sind also die Formen nicht Ursachen. Weiter ist es unsinnig, wenn die Zahl bis zur Zehn in höherem Grade ein Seiendes und eine Form sein soll als die Zehn an sich, obgleich es von der Zahl bis zur Zehn als *eines* keine Entstehung gibt, wohl aber von der Zehn an sich. Sie versuchen es aber, als wären die Zahlen bis zur Zehn vollendet. Sie lassen wenigstens das daraus Folgende – wie etwa das Leere, die Analogie, das Ungerade und alles übrige dieser Art – innerhalb der Zehn entstehen. Denn einige Dinge teilen sie den Prinzipien zu – wie etwa Bewegung und Ruhe, Gutes und Schlechtes – und das andere den Zahlen. Daher ist ja auch das Eine ungerade; befände sich nämlich das Ungerade erst in der Drei, wie wäre dann die Fünf ungerade? Weiter reichen bei ihnen auch die Größen und all das Derartige | nur bis zu einem bestimmten Quantum, wie etwa zuerst die unteilbare Linie[55] kommt, dann die Zwei, und weiter so bis zur Zehn.[56]

Wenn weiter die Zahl abgetrennt ist, so könnte wohl jemand darüber unschlüssig sein, ob das Eine oder die Drei und die Zwei früher seien. Insofern die Zahl zusammengesetzt ist, ist das Eine früher, [5] insofern das Allgemeine und die Form früher ist, ist die Zahl früher. Denn jede der Einsen ist ein Teil der Zahl als deren Stoff, die Zahl aber existiert als Form. Auch ist in gewisser Hinsicht der rechte Winkel früher als der spitze Winkel, der Bestimmtheit nach nämlich und dem Begriff nach; in anderer Hinsicht ist wieder der spitze Winkel früher, weil er nämlich Teil des rechten Winkels ist und der rechte Winkel in spitze zerlegt wird. Als Stoff ist also der spitze Winkel, das Element und die Eins früher; [10] doch der Form und dem begrifflichen Wesen nach ist der rechte Winkel und das Ganze, das aus Stoff und Form vereinigt ist, früher. Denn näher steht das vereinigte Ding der Form und dem begrifflich Bestimmten, jedoch der Entstehung nach ist es später. In welcher Hinsicht nun ist das Eine Prinzip? Weil es unzerlegbar ist, sagen sie. Aber unzerlegbar ist doch sowohl das Allgemeine als auch das Partikuläre als auch das Element, [15] nur auf verschiedene Weise, das eine dem Begriff nach, das andere der Zeit nach. In welcher von beiden Bedeutungen soll also das Eine Prinzip sein? Denn, wie schon gesagt, sowohl der rechte Winkel scheint früher zu sein als der spitze wie auch der spitze früher als der rechte, und jeder von beiden ist *eines*. Sie machen aber das Eine zum Prinzip in beiden Bedeutungen. Das ist jedoch unmöglich. Denn das Allgemeine ist *eines* als Form und Wesen, das Partikuläre aber als Teil und Stoff. [20] In gewisser Hinsicht nämlich ist jede von beiden Einsen Eines, in Wahrheit gibt es aber jede von beiden Einsen nur dem Vermögen nach (sofern die Zahl ein Eines ist und nicht wie ein Haufen, sondern die eine Zahl aus diesen, die andere aus jenen Einsen besteht, wie sie behaupten), nicht aber der Vollendung nach. Der Grund aber, daß dieser Fehler aufkam, ist der, daß sie zugleich aus der Mathematik und den allgemeinen Begriffen ihrer Ansicht nachjagten, so daß sie, von ihr [d. h. der Mathematik] ausgehend, das Eine und das Prinzip als Punkt ansetzten (denn die Eins ist ein Punkt ohne Lage. Wie nun andere[57] die Dinge aus dem Kleinsten zusammensetzten, so taten es auch diese, so daß die Eins zum Stoff der Zahlen wird und zugleich früher als die Zwei; andererseits ist sie später als die Zwei, insofern diese nämlich ein Ganzes ist, ein Eines und eine Form). Weil sie aber das Allgemeine suchten, bezeichneten sie das ausgesagte Eine auch auf diese Weise als Teil. Daß aber dies beides ein und demselben zukomme, ist unmöglich.

Wenn aber das Eine an sich einheitlich[58] sein muß (denn es unterscheidet sich [von anderen Einsen] durch nichts als dadurch, daß es Prinzip ist) und die Zwei zerlegbar ist, die Eins aber nicht, so dürfte wohl die Eins dem Einen an sich ähnlicher sein als die Zwei. Wenn dies aber gilt, so ist das Eine an sich der Eins ähnlicher als der Zwei; es würde also jede der beiden Einsen in der Zwei früher sein als die Zwei. Doch gerade das behaupten sie nicht; wenigstens lassen sie die Zwei zuerst entstehen. | Wenn ferner die Zwei an sich ein Eines ist und ebenso die Drei an sich, so sind doch beide zusammen eine Zwei. Woraus entsteht aber nun diese Zwei?

9. Kritik der Zahlenlehren (Fortsetzung)

Man könnte auch unschlüssig sein, da es bei den Zahlen keine Berührung gibt, sondern nur eine Reihenfolge der Einsen, zwischen denen es kein Mittleres gibt (wie etwa von Einsen in der Zwei und in der Drei), ob es die Reihenfolge für das Eine an sich gibt oder nicht und ob bei dieser Reihenfolge die Zwei früher ist oder irgendeine ihrer Einsen.

Es entstehen aber auch gleiche Schwierigkeiten bei den Gattungen, die später als die Zahl kommen, bei der Linie nämlich, der Fläche und dem Körper. Denn manche lassen diese aus den Arten des Großen und Kleinen entstehen, so etwa aus dem Langen und Kurzen die Längen, aus dem Breiten und Engen die Flächen und aus dem Tiefen und Flachen die Körper; dies sind aber Arten des Großen und Kleinen.[59] Das dem Einen entsprechende Prinzip setzen die einen Vertreter dieser Lehre so, die anderen so an. Dabei zeigt sich aber tausenderlei, was unmöglich ist, erdichtet und allem Wahrscheinlichen widerspricht. Denn daraus folgt doch, daß Linie, Fläche und Körper voneinander abgelöst existieren, wenn nicht auch ihre Prinzipien in der Weise miteinander verbunden sind, daß das Breite und Enge zugleich lang und kurz ist. (Wenn dem aber so ist, dann wäre doch die Fläche Linie und der Körper Fläche.[60] Weiter, wie sollte man Winkel, Figuren und das andere dieser Art erklären?) Es folgt daraus dasselbe wie bei der Lehre von den Zahlen. Dies sind nämlich Affektionen der Größe, doch daraus entsteht ebensowenig die Größe wie aus Geradem und Krummem die Länge oder aus Glattem und Rauhem der Körper.[61]

Für all das aber ergibt sich bezüglich der Arten der Gattung eine gemeinsame Frage, wenn man das Allgemeine annimmt, ob nämlich das Lebewesen an sich im einzelnen Lebewesen ist oder etwas von diesem Verschiedenes. Das nämlich, existiert das Allgemeine nicht abgetrennt, läßt gar keine Unschlüssigkeit entstehen. Existieren aber, wie dies die Anhänger jener Lehre behaupten, das Eine und die Zahlen abgetrennt, so ist die erwähnte Unschlüssigkeit gar nicht leicht zu lösen, wenn man »nicht leicht« das nennen darf, was unmöglich ist. Denn wenn jemand in der Zwei oder überhaupt in einer Zahl das Eine denkt, denkt er ein An sich oder ein davon Verschiedenes?

Die einen nun lassen die Größen aus einem derartigen Stoff entstehen, andere[62] aber aus dem Punkt (der Punkt scheint ihnen nicht Eines, sondern etwas wie das Eine zu sein) und aus einem anderen Stoff, der etwas wie die Menge ist, nicht aber aus der Menge selbst. Diesbezüglich jedoch ergeben sich dieselben Unschlüssigkeiten. Wenn nämlich der Stoff *einer* ist, so sind Linie, Fläche und Körper dasselbe (denn was aus demselben hervorgeht, muß ein und dasselbe sein). | Sind jedoch die Stoffe mehrere – ist der Stoff der Linie verschieden vom Stoff der Fläche und ist der Stoff des Körpers wieder ein anderer –, so folgen sie entweder einander oder nicht, so daß sich daraus wieder dasselbe ergeben wird: denn entweder wird die Fläche über die Linie verfügen, oder sie wird selbst eine Linie sein.

Weiter, wie es möglich sein soll, daß aus dem Einen und der Menge die Zahl hervorgehen soll, versuchen sie nicht zu klären. Wie sie sich nun auch immer darüber erklären, es ergeben sich bei ihnen dieselben Schwierigkeiten wie bei denen, die aus dem Einen und der unbestimmten Zwei die Zahlen entstehen lassen.[63] Der eine nämlich läßt die Zahl aus der allgemein ausgesagten Menge entstehen und nicht aus einer bestimmten, der andere aber aus einer bestimmten, und zwar der ersten Menge (denn die Zwei sei ja eine erste Menge), so daß sich sozusagen gar kein Unterschied ergibt, sondern dieselben Unschlüssigkeiten daraus folgen: Mischung oder Lage, Vermengung oder Entstehung, oder was es sonst noch dieser Art gibt.[64] Man möchte aber besonders untersuchen: Wenn jede einzelne Eins *eine* ist, woraus stammt sie wohl? Denn es ist doch nicht jede einzelne Eins das Eine an sich. Sie müßte demnach aus dem Einen an sich und einer Menge sein oder aus einem Teil der Menge. Daß nun die Eins als eine Menge zu bezeichnen sei, ist unmöglich, ist sie doch unzerlegbar. Die Ansicht aber, daß sie aus einem Teil der Menge stamme, enthält viele andere Schwierigkeiten. Es müßte nämlich jeder von den Teilen unzerlegbar sein (oder er müßte eine Menge und die Eins zerlegbar sein), und nicht könnte das Eine und die Menge Element sein (denn jede einzelne Eins könnte nicht aus der Menge und dem Einen sein). Weiter macht derjenige, der diese Auffassung vertritt, nichts anderes, als daß er eine andere Zahl annimmt; die Menge nämlich von Unzerlegbarem ist ja eine Zahl. Weiter muß man im Hinblick auf diejenigen, die sich so äußern[65], untersuchen, ob die Zahl unbegrenzt oder begrenzt ist. Denn es war, wie es scheint, eine begrenzte Menge zunächst vorhanden, aus der die begrenzten Einsen stammen, sowie aus dem Einen. Doch verschieden ist »Menge an sich« und unbegrenzte Menge. Welche Menge nun ist mit dem Einen zusammen Element? In gleicher Weise könnte man hinsichtlich des Punktes fragen und somit des Elementes, aus dem sie[66] die Größen entstehen lassen. Denn es ist doch nicht nur dieser Punkt der einzige. Woraus nun stammt ein jeder von den anderen Punkten? Doch nicht aus irgendeinem Abstand und dem Punkt an sich. Es ist aber auch nicht möglich, daß es unzerlegbare Teile des Abstandes gibt, wie die der Menge, aus denen die Einsen hervorgehen sollen. Denn die Zahl ist aus Unzerlegbarem zusammengesetzt, die Größen aber nicht.

All das und noch anderes dieser Art macht offenbar, daß es unmöglich ist, daß die Zahl und die Größen abgetrennt existieren. Weiter ist auch die Tatsache, daß die Meinungen hinsichtlich der Zahlen disharmonieren, | ein Zeichen dafür, daß die Sachverhalte selbst, die eben nicht wahr sind, unter ihnen Verwirrung anrichten. Denn die einen, die nur die mathematischen Dinge[67] neben den sinnlich erfaßbaren annahmen, dabei aber die Schwierigkeit und die bloße Erdichtung hinsichtlich der Formen sahen, nahmen Abstand von der formhaften Zahl und nahmen nur die mathematische an. Die anderen aber[68], die die Formen zugleich auch als Zahlen annehmen wollten, jedoch nicht sahen, wie die mathematische Zahl, nimmt man diese Prinzipien an, neben der formhaften Zahl existieren soll, setzten dem Begriff nach die formhafte Zahl und die mathematische Zahl als identisch an; jedoch in Wirklichkeit ist so die mathematische Zahl aufgehoben (denn sie behaupten ganz eigene und nicht mathematische Voraussetzungen). Der aber, der als erster annahm, daß die Formen existieren, daß die Formen Zahlen seien und daß auch die mathematischen Dinge existieren[69], hat die Trennung mit gutem Grund vorgenommen. Demnach folgt, daß alle in einem bestimmten Punkt das Richtige treffen, insgesamt aber keiner. Und sie selbst weisen gemeinsam darauf hin, da sie ja nicht dasselbe behaupten, sondern Gegenteiliges. Ursache dafür ist, daß ihre Voraussetzungen und Prinzipien falsch sind. Ist es doch schwer, aus nicht Richtigem richtige Aussagen abzuleiten, wie Epicharmos sagt: »Kaum ist es nämlich gesagt, zeigt es sich schon als nicht richtig.«[70]

Aber hinsichtlich der Zahlen sind hinreichend Fragen behandelt und Bestimmungen getroffen worden. (Einer, der nämlich bereits überzeugt ist, könnte aus weiteren Erörterungen noch einen höheren Grad von Überzeugung gewinnen; wer aber nicht überzeugt ist, bei dem würden weitere Überlegungen auch nicht mehr zur Überzeugung beitragen.)

Was hinsichtlich der ersten Prinzipien, der ersten Ursachen und der Elemente diejenigen aussagen, die lediglich über die sinnlich erfaßbaren Wesen ihre Bestimmungen treffen, ist teils in den Abhandlungen über die Natur[71] erörtert worden, teils gehört es nicht in die jetzige Behandlung. Doch sind die Behauptungen derer, nach denen es neben den sinnlich erfaßbaren noch davon verschiedene Wesen gibt, im Anschluß an das Besprochene zu behandeln. Da nun einige meinen, derartige Wesen seien die Ideen und die Zahlen und deren Elemente Elemente und Prinzipien der Dinge, so muß man dabei betrachten, was sie sagen und wie sie es sagen.

Diejenigen nun, die nur Zahlen, und zwar die mathematischen, annehmen, sind erst später zu überprüfen.[72] Bei denen aber, die die Ideenlehre vertreten, wird man wohl zugleich mit der Art und Weise ihres Vortrages auch die Schwierigkeit, die es da gibt, ins Auge fassen. Denn sie machen die Ideen zugleich zu etwas Allgemeinem, und doch wieder in gewisser Hinsicht zu abgetrennt existierenden und jeweils einzelnen Dingen. Daß das aber nicht so sein kann, ist schon vorher bei der Diskussion der Schwierigkeiten behandelt worden.[73] Der Grund jedoch dafür, daß diejenigen, die meinen, die Wesen seien ein Allgemeines, und diese beiden Bestimmungen zu einem Identischen zusammenfaßten, ist der, daß sie für die Sinnesdinge nicht dieselben Wesen annahmen. Sie meinten nun, daß die einzelnen Dinge innerhalb der Sinnesdinge im Fluß seien | und nichts davon fest, daß aber das Allgemeine neben diesen existiere und etwas davon Verschiedenes sei. Das brachte, wie wir schon früher sagten[74], Sokrates durch seine Begriffsbestimmungen in Bewegung, doch trennte er das Allgemeine nicht von den einzelnen Dingen; und darin, daß er die Trennung nicht vornahm, hatte er recht. Das ergibt sich auch klar aus den Tatsachen. Ohne das Allgemeine nämlich ist es unmöglich, eine Wissenschaft zu erreichen, doch ist das Abtrennen der Grund jener Schwierigkeiten, die sich hinsichtlich der Ideen ergeben. Die Vertreter der Ideenlehre hielten es aber für notwendig, wenn es irgendwelche Wesen neben den sinnlich erfaßbaren und im Fluß befindlichen geben sollte, daß diese abgetrennt existieren. Andere hatten sie allerdings nicht anzugeben, sondern sie stellten die allgemein ausgesagten Wesen als abgetrennt heraus, so daß daraus folgte, daß die allgemeinen und die einzelnen Wesen nahezu dieselben Naturen seien. Und das ist wohl eine Schwierigkeit, die an sich schon in den erörterten Ansichten mitgegeben ist.

10. Auseinandersetzung mit der Annahme eines abgetrennt existierenden Allgemeinen

Eine Unschlüssigkeit, die sowohl für diejenigen zutrifft, die sagen, daß es Ideen gebe, als auch für diejenigen, die sagen, daß es keine Ideen gebe, und die schon zu Anfang in den Erörterungen der Schwierigkeiten genannt wurde[75], wollen wir nun näher besprechen. Wenn man nämlich nicht annehmen will, daß es abgetrennte Wesen gibt, und zwar in der Weise, wie man von dem einzelnen Ding spricht, so wird man wohl das Wesen, wie wir es annehmen wollen, aufheben. Wenn man aber abgetrennte Wesen annimmt, [20] wie soll man dann ihre Elemente und Prinzipien annehmen?

Wenn man nämlich die Wesen als einzelne Dinge annimmt und nicht als Allgemeines, so könnte es nur ebenso viele Dinge geben wie Elemente und die Elemente könnten nicht wissenschaftlich erfaßbar sein. (Denn angenommen, die Silben der Rede seien Wesen und die Elemente der Silben seien Elemente der Wesen, so müßte demnach die Silbe BA ein Eines sein und demnach jede Silbe eine einzige, [25] sofern sie ja nicht allgemein und der Art nach identisch sind, sondern eine jede der Zahl nach *eine*, ein Das und nicht ausdrucksgleich ist. ⟨Weiter nimmt man ein jedes, das an sich ist[76], als ein Eines an.⟩ Wenn das aber von den Silben gilt, so auch für das, woraus sie bestehen. Es würde also nicht mehr als *ein* A geben und ebenso nicht mehr bei den übrigen Buchstaben, und zwar auf dieselbe Weise, [30] nach der dieselbe Silbe nicht je eine andere sein kann. Wenn dem aber so ist, so würde es neben den Elementen keine davon verschiedenen Dinge geben, sondern eben lediglich die Elemente. Weiter würden dann die Elemente nicht wissenschaftlich erfaßbar sein. Sie sind nämlich dann nicht allgemein, die Wissenschaft jedoch befaßt sich nur mit dem Allgemeinen. Das ergibt sich klar aus den Beweisen und den Definitionen; denn es ergibt keine Schlußfolgerung, [35] daß »dieses« Dreieck die Winkelsumme von zwei rechten Winkeln betrage, wenn nicht jedes Dreieck die Winkelsumme von zwei rechten Winkeln hätte, und nicht, daß »dieser« Mensch ein Lebewesen sei, wenn nicht jeder Mensch ein Lebewesen wäre.)

Wenn aber die Prinzipien allgemein sind, | so muß das Nicht-Wesen früher sein als das Wesen.[77] Denn das Allgemeine ist nicht Wesen, doch das Element und das Prinzip sind früher als das, wovon sie Prinzip und Element sind.

All das ergibt sich konsequent, [5] wenn man die Ideen aus Elementen hervorgehen läßt und noch fordert, daß es neben den Wesen, die über dieselbe Form verfügen[78], ein abgetrenntes Eines geben soll. Wenn aber etwa bei den Elementen der Rede nichts hindert, daß es viele A und B gäbe und nicht neben diesen ein A an sich und ein B an sich, so würde es wohl eben deshalb [10] unbegrenzt viele ähnliche Silben geben. Daß sich aber alle Wissenschaft mit dem Allgemeinen befasse, so daß auch die Prinzipien der Dinge allgemein sein müßten und nicht abgetrennte Wesen, das enthält wohl die größte Unschlüssigkeit unter den genannten – und doch ist die Behauptung in gewisser Hinsicht wahr, in anderer Hinsicht dagegen nicht wahr. [15] Denn »die Wissenschaft« ebenso wie »das Wissen« gebraucht man in zweifacher Bedeutung: einerseits dem Vermögen nach, andererseits der Verwirklichung nach. Das Vermögen nun, das als Stoff allgemein und unbegrenzt ist, ist auch Sache des Allgemeinen und Unbegrenzten; die Verwirklichung aber ist bestimmt und Sache des Bestimmten, da sie ein Das und Sache eines Das ist. Aber in akzidenteller Weise sieht der Gesichtssinn die allgemeine Farbe, [20] weil eben »diese Farbe«, die er sieht, Farbe ist; und so ist auch »dieses A«, das der Grammatiker sieht, ein A. Wenn nämlich die Prinzipien allgemein sein müssen, so muß auch das, was aus ihnen hervorgeht, allgemein sein, wie das bei den Beweisen der Fall ist. Wenn dem aber so ist, würde es nichts Abgetrenntes und kein Wesen geben können. Doch es ist klar, daß einerseits die Wissenschaft allgemein [25] ist, andererseits nicht.

XIV. BUCH (N)

1. Behandlung der Ansichten, nach denen Gegenteile zu Prinzipien gemacht werden

[29] Soviel soll also über diese Art von Wesen gesagt sein. Nun aber machen alle [30] die Prinzipien zu Gegenteilen, wie bei den natürlichen Dingen, so auch in ähnlicher Weise bei den unbeweglichen Wesen. Wenn es aber unmöglich ist, daß etwas früher sei als das Prinzip von allen Dingen, so ist es wohl auch nicht möglich, daß das Prinzip, wenn es etwas Verschiedenes ist, Prinzip ist, wie wenn jemand behauptete, das Weiße sei Prinzip, nicht, insofern es etwas Verschiedenes sei, sondern, insofern es ein Weißes sei, es bestehe aber [35] an einem Substrat und sei weiß, indem es etwas Verschiedenes sei; denn dieses wäre dann früher. Nun aber entstehen doch alle Dinge aus Gegenteilen wie aus einem Substrat. Es muß demnach besonders für die Gegenteile ein Substrat | vorhanden sein. Es sind also alle Gegenteile an einem Substrat, und keines ist abgetrennt; jedoch für das Wesen, wie es sich zeigt und es der Begriff angibt, gibt es kein Gegenteil. Es ist also keines der Gegenteile im eigentlichen Sinne Prinzip, sondern etwas davon Verschiedenes.
Aber jene machen das eine von den Gegenteilen zum Stoff, [5] einige[1], indem sie das Ungleiche, das sie als Natur der Menge annehmen, für das Eine als Stoff ansehen, andere[2], indem sie für das Eine die Menge als Stoff annehmen. (Für die einen nämlich entstehen die Zahlen aus der Zweiheit des Ungleichen, des Großen und des Kleinen, für den anderen aus der Menge; für beide aber aus dem Wesen des Einen.) Auch derjenige nämlich, der das Ungleiche und das Eine als die Elemente bezeichnet, [10] das Ungleiche aber als eine Zweiheit aus Großem und Kleinem auffaßt, bezeichnet das Ungleiche, somit das Große und das Kleine, als Eines und unterscheidet nicht, daß sie es dem Begriff nach sind, nicht aber der Zahl nach. Doch sie setzen auch nicht die Prinzi-

pien, die sie Elemente nennen, richtig an, die einen[3], indem sie das Große und das Kleine mit dem Einen annehmen und diese drei als Elemente der Zahlen bezeichnen, und zwar die beiden ersten als Stoff und das Eine als Gestalt; andere aber, indem sie das Viel und das Wenig als Elemente nehmen[4], weil das Große und das Kleine seiner Natur nach der Größe nähersteht; und wieder anderes[5], indem sie das Allgemeine, das diesem übergeordnet ist, das Übertreffende und das Übertroffene, als Element der Zahl nehmen. Von diesen Ansichten aber unterscheidet sich sozusagen gar keine hinsichtlich mancher Folgen, sondern nur im Hinblick auf begriffliche Schwierigkeiten, vor denen sie sich hüten, weil sie selbst begriffliche Beweise führen. Außerdem ginge aus demselben Gedankengang, nach dem das Übertreffende und das Übertroffene Prinzipien sein sollen, doch nicht das Große und das Kleine, auch die Zahl früher als die Zwei aus den Elementen hervor; denn beides ist in höherem Grade allgemein. Nun aber sagen sie das eine, das andere aber sagen sie nicht. Manche[6] setzen das Verschiedene und das Andere dem Einen entgegen, und wieder andere[7] setzen die Menge und das Eine einander entgegen. Wenn aber, wie sie doch wollen, die Dinge aus Gegenteilen hervorgehen, für das Eine aber entweder nichts oder, wenn es etwas sein soll, nur die Menge Gegenteil ist, das Ungleiche jedoch dem Gleichen, das Verschiedene dem Identischen und das Andere dem Selbst entgegengesetzt ist, so haben doch noch die am ehesten Gewicht, die das Eine der Menge entgegensetzen; doch auch sie begründen nicht hinreichend. Es wäre demnach das Eine »wenig«; denn die Menge ist der Wenigkeit und das Viele dem Wenigen entgegengesetzt.

Daß das Eine ein Maß bezeichnet, ist offenbar. Und in jedem Falle ist ein davon Verschiedenes als Substrat vorhanden, wie etwa in der Harmonie der Viertelton, bei der Größe der Finger, der Fuß oder etwas Derartiges, bei den Rhythmen der Versfuß oder die Silbe; und ebenso gibt es beim Schweren ein bestimmtes Gewicht. Und auf dieselbe

Art und Weise in allen anderen Fällen, | bei den Qualia ein Quale, bei den Quanta ein Quantum; und das Maß ist unzerlegbar, im ersten Fall der Art nach, im zweiten der Sinneswahrnehmung nach, wobei das Eine nicht etwas ist, das an sich ein Wesen wäre. Und das entspricht seinem Begriff. Denn das Eine bezeichnet das Maß einer Menge und die Zahl eine gemessene Menge und eine Menge von Maßen (demnach ist natürlich das Eine keine Zahl; denn das Maß ist ja auch nicht eine Mehrheit von Maßen, sondern das Maß und das Eine ist Prinzip). Es muß aber immer allem Gezählten etwas Identisches als Maß zukommen, wie etwa, wenn Pferde gezählt werden, das Maß ein »Pferd« ist, und wenn Menschen, das Maß ein »Mensch« ist; wenn aber Mensch, Pferd und Gott, so würde vielleicht »Lebewesen« das Maß und ihre Zahl die Zahl von Lebewesen sein. Wenn aber Mensch, Weißes und Gehendes zusammengenommen werden sollen, so gibt es davon am wenigsten eine Zahl, weil all das Einem zukommt, das der Zahl nach ein und dasselbe ist; doch dürfte es auch hier eine Zahl von Gattungen oder irgendeiner anderen derartigen Aussageweise geben.

Diejenigen aber, die das Ungleiche zu einem Einen machen, die Zwei jedoch zu einem Unbestimmten aus Großem und Kleinem, sagen etwas, das gar weit vom Wahrscheinlichen und Möglichen entfernt ist. Denn dies sind doch eher Affektionen und Akzidenzen als Substrate für die Zahlen und Größen – das Viel und Wenig nämlich für die Zahl, das Groß und Klein für die Größe, sowie gerade und ungerade, glatt und rauh, gerade und krumm. Weiter kommt noch zu diesem Fehler hinzu, daß das Große und das Kleine und alles Derartige ein Bezügliches sein muß. Das Bezügliche aber ist von allen Aussageweisen am wenigsten eine Natur oder ein Wesen und ist auch später als Quale und Quantum. Das Bezügliche ist eine Affektion des Quantums, wie schon gesagt wurde, aber nicht sein Stoff, wenn irgend etwas vom Bezüglichen Verschiedenes dem Bezüglichen allgemein, seinen Teilen und Arten zukommen kann. Denn es ist doch nichts groß oder klein, viel oder wenig oder überhaupt bezüglich, das nicht als davon Verschiedenes viel oder wenig, groß oder klein oder bezüglich ist. Ein Zeichen dafür, daß das Bezügliche am wenigsten ein Wesen [30] und ein Seiendes ist, liegt darin, daß es von ihm allein keine Entstehung, kein Vergehen und keine Bewegung gibt, wie es etwa für das Quantum eine Vermehrung und eine Abnahme, für das Quale eine Umwandlung, für den Ort eine Ortsbewegung und für das Wesen Entstehung und Vergehen schlechthin gibt. Doch für das Bezügliche gibt es nichts Derartiges. Denn ohne bewegt zu werden, wird etwas bald größer, bald kleiner [35] oder gleich sein, wenn ein anderes nach seinem Quantum bewegt worden ist. | Es muß jedoch Stoff von jedem Einzelnen das sein, was dem Vermögen nach ein solches Einzelnes ist, demnach auch von einem Wesen. Das Bezügliche aber ist weder dem Vermögen nach noch der Verwirklichung nach ein Wesen. Es ist also unsinnig, vielmehr unmöglich, etwas, das kein Wesen ist, zum Element und zum Früheren für ein Wesen zu machen; denn alle Aussageweisen sind doch später als das Wesen.

Weiter werden die Elemente [5] nicht von den Dingen ausgesagt, deren Elemente sie sind; »viel« und »wenig« werden sowohl getrennt als auch zugleich von einer Zahl ausgesagt, und so auch »lang« und »kurz« von einer Linie; und eine Fläche ist sowohl »breit« als auch »schmal«. Wenn es aber eine Menge gibt, die immer wenig ist[8], wie etwa die Zwei (denn wäre sie viel, würde das Eine wenig sein), so muß es wohl auch eine geben, [10] die schlechthin viel ist, so wie etwa die Zehn viel sein würde (wenn es nichts Größeres als sie gäbe) oder die Zehntausend. Wie aber kann nun auf diese Weise die Zahl aus dem Wenig oder dem Viel entstehen? Denn entweder müßte man beides oder keines von beiden von ihr aussagen. Nun aber wird von ihr nur das eine *oder* das andere ausgesagt.

2. Fortsetzung des vorigen Kapitels und Kritik der Platonischen Zahlenlehre

Man muß aber überhaupt einmal untersuchen, ob es möglich ist, daß ewige Dinge aus Elementen bestehen. Denn sie würden dann über einen Stoff verfügen; zusammengesetzt ist nämlich all das, was aus Elementen besteht. Wenn es nun notwendig ist, daß etwas aus dem entsteht, woraus es besteht, mag es nun immer bestehen oder entstanden sein; wenn alles aus demjenigen entsteht, was dem Vermögen nach dasjenige ist, was es wird (denn aus einem Nicht-Vermögenden könnte es weder entstehen noch sein); wenn weiter das Vermögende in der Lage ist, sowohl der Verwirklichung nach zu sein als auch nicht zu sein, so wäre auch die Zahl oder irgend etwas anderes, das über Stoff verfügt, nimmt man auch noch so sehr an, daß es immer sei, in der Lage, nicht zu sein; wie ja auch das, was noch so viele Jahre hindurch existiert, ebensogut in der Lage ist, nicht zu existieren, wie das, was nur einen Tag existiert. Wenn dem aber so ist, so ist dazu auch das in der Lage, das grenzenlose Zeit hindurch existiert. Also würden auch diese Dinge nicht ewig sein, sofern nicht ewig ist, was in der Lage ist, auch nicht zu sein, wie sich das schon in anderen Darlegungen ergab.[9] Wenn aber das eben Besprochene allgemein wahr ist, daß nämlich kein Wesen ewig ist, außer, insofern es Verwirklichung ist, und wenn die Elemente Stoff des Wesens sind: so gibt es wohl von keinem ewigen Wesen Elemente, aus denen es als aus seinen Bestandteilen bestünde.

Es gibt aber welche[10], die die unbestimmte Zwei zum Element neben dem Einen machen, jedoch das Ungleiche ganz richtig wegen der sich daraus ergebenden Unmöglichkeiten verwerfen. Doch fallen für diese nur so viele Schwierigkeiten weg, die sich mit Notwendigkeit ergeben, wenn man das Ungleiche und das Bezügliche zum Element macht; welche Schwierigkeiten sich aber abgesehen von dieser Lehrmeinung ergeben, diese müssen auch für jene zutreffen, mögen sie nun die formhafte Zahl aus jenen Elementen hervorgehen lassen oder die mathematische.

Es gibt zwar viele Gründe | für die Abirrung zu diesen Ursachen, doch der Hauptgrund ist die überaltete Problemstellung. Man meinte nämlich, daß alle Dinge Eines sein müßten, das Seiende selbst, wenn man nicht den Satz des Parmenides[11]: »Niemals wirst du erzwingen, daß das Nichtseiende sei«[12] auflöste und widerlegte; es sei vielmehr notwendig zu zeigen, daß das Nichtseiende sei. Denn auf diese Weise würden aus dem Seienden und einem anderen die Dinge hervorgehen, sofern sie viele sind.

Und doch, erstens, wenn man vom Seienden in vielfacher Bedeutung spricht (denn es bezeichnet einmal das Wesen, ein andermal das Quale, wieder ein andermal das Quantum und die anderen Aussageweisen), welche Art Eines sollen nun alle Dinge sein, wenn das Nichtseiende nicht existiert? Sollen ihre Wesen Eines sein oder ihre Affektionen und das übrige in ähnlicher Weise oder alles? Und soll Eines sein das Das, das qualitativ Solche, das quantitativ Solche und das andere Solche, was sonst ein Eines bezeichnet? Doch es ist unsinnig oder vielmehr unmöglich, daß *eine* Natur dafür Ursache werden soll, daß das Seiende teils ein Das ist, teils ein qualitatives Solches, teils ein quantitatives Solches, teils ein örtlich Bestimmtes.

Zweitens ergibt sich die Frage: Aus einem wie gearteten Nichtseienden und Seienden bestehen die Dinge? Denn in vielfacher Bedeutung spricht man vom Nichtseienden ebenso wie vom Seienden. Das Nicht-Mensch-sein bezeichnet, daß ein Dieses-da nicht ist, das Nicht-Gerade-sein bezeichnet, daß ein qualitatives Solches nicht ist, und das Nicht-drei-Klafter-sein bezeichnet, daß ein quantitatives Solches nicht ist. Aus einem wiegearteten Seienden und Nichtseienden geht also die Vielheit der Dinge hervor? Nun will allerdings der Verfechter dieser Ansicht[13] damit andeuten, daß das Nichtseiende, aus dem im Verein mit dem Seienden die Vielheit der Dinge besteht, das Falsche und die Natur des Falschen sei; weshalb man denn auch sagte, daß man etwas Falsches voraussetzen müsse, wie etwa die Geometer von einer Linie, die nicht einen Fuß lang ist, annehmen, sie sei einen Fuß lang. Doch es ist unmöglich, daß sich dies so verhalte. Denn weder setzen die Geometer etwas Falsches voraus (diese Prämisse nämlich ist nicht in dem Schluß enthalten), noch entstehen oder vergehen aus einem derartigen Nichtseienden die Dinge. Da vielmehr das je nach den einzelnen Fällen Nichtseiende in ebenso vielen Bedeutungen ausgesagt wird, als es Aussageweisen gibt, und neben diesem das Falsche und das dem Vermögen nach Seiende als Nichtseiendes ausgesagt wird, so geht aus letzterem das Entstehen hervor. Aus dem Nicht-Menschen, aber dem, der dem Vermögen nach Mensch ist, geht der Mensch hervor, und aus dem Nicht-Weißen, aber dem, das dem Vermögen nach weiß ist, geht das Weiße hervor, und ähnlich so, ob nun ein Eines entsteht oder vieles.

Es scheint diese Untersuchung offenbar darauf hinauszugehen, wie das Seiende, das nach den Wesen ausgesagt wird, eine Vielheit sein kann; denn das, was man entstehen läßt, sind Zahlen, Längen und Körper. Es wäre jedoch unsinnig, nur zu untersuchen, wie das Seiende als Was, und nicht auch, wie das Seiende als Quale und Quantum eine Vielheit sein kann. Denn weder die unbestimmte Zwei noch das Große und das Kleine sind dafür Ursachen, daß es zweierlei Weißes gibt oder viele Farben, | Flüssigkeiten und Figuren; sonst wären nämlich auch sie Zahlen und Einsen. Doch wenn man näher darauf eingegangen wäre, so hätte man die Ursache auch bei den Wesen gesehen; denn ein und dasselbe und ein Analoges ist Ursache. Denn diese Abirrung ist auch dafür Ursache, daß man, indem man nach dem zum Seienden und zum Einen Entgegengesetzten suchte, aus dem in Verbindung mit dem Seienden und dem Einen das Seiende hervorgehen sollte, das Bezügliche und das Ungleiche als Grundlage annahm, das doch weder ein Gegenteil noch eine

Verneinung des Seienden und Einen darstellt, sondern eine Natur der Dinge ist wie das Was und das Quale.

Und sie hätten auch das untersuchen müssen, wie es denn vieles Bezügliche gebe und nicht nur *eines*. Nun aber untersucht man zwar, wie es viele Einsen [10] neben dem ersten Einen gebe, nicht jedoch, wie es vieles Ungleiches neben dem einen Ungleichen gebe. Und doch verwenden sie die Vielheit des Ungleichen und sagen: groß und klein, viel und wenig, woraus die Zahlen entstehen sollen, lang und kurz, woraus die Länge, breit und schmal, woraus die Fläche, und tief und flach, woraus die Körper entstehen sollen. Und sie sprechen von noch mehr Arten des Bezüglichen. [15] Was ist also die Ursache für die Vielheit des Bezüglichen?

Es ist also, wie schon gesagt, notwendig, für jedes Einzelne das dem Vermögen nach Seiende anzunehmen. Das aber fügte derjenige, der dies behauptete, noch hinzu, was das sei, das dem Vermögen nach ein Das und ein Wesen, nicht aber ein Seiendes an sich sei, nämlich daß es das Bezügliche sei, wie wenn er das Quale gemeint hätte. Das Bezügliche ist weder das dem Vermögen nach Eine oder Seiende noch die Verneinung des Einen oder Seienden, [20] sondern eines unter dem Seienden. Und viel notwendiger wäre es, wie erörtert, er untersuchte, wie es eine Vielheit des Seienden gebe, nicht daß er das Seiende in ein und derselben Aussageweise untersuchte, wieso es etwa viele Wesen oder viele Qualia gebe, sondern eben, wie es eine Vielheit des Seienden gebe: einerseits nämlich Wesen, andererseits Affektionen und wieder andererseits Bezügliches. Bei den anderen Aussageweisen nun verfügt noch die Frage, [25] wieso es eine Vielheit des Seienden gebe, über eine weitere, weil nämlich die Qualia und Quanta nicht abgetrennt existieren, sind sie dadurch viele, daß das Substrat vieles wird und ist. Und doch muß es für jede Gattung einen Stoff geben, nur ist es nicht möglich, daß er von den Wesen abgetrennt existierte. Doch bei dem, das als ein Das existiert, gibt es eine bestimmte Begründung dafür, weshalb es eine Vielheit von Das gibt, [30] es sei denn, etwas sei ein Das und zugleich eine »derartige« Natur. Das ist aber schon eher die folgende Frage, wieso es der Verwirklichung nach viele Wesen gebe und nicht nur eines.

Wenn aber das Das und das Quantum nicht ein und dasselbe sind, so wird nicht dargelegt, wie und warum es eine Vielheit des Seienden gibt, sondern wie es viele Quanta gibt. Denn jede Zahl bezeichnet ein Quantum, und die Eins, wenn sie nicht ein Maß ist, bezeichnet das dem Quantum nach Unzerlegbare. Wenn nun aber das Quantum verschieden ist vom Was, so wird nicht dargelegt, | woraus und wie das Was vieles ist; wenn jedoch das Was und Quantum ein und dasselbe sein sollen, so muß derjenige, der das behauptet, viele Entgegnungen erwarten.

Man wird aber wohl die Untersuchung dahin lenken, woher man bezüglich der Zahlen die Überzeugung nehmen soll, daß sie überhaupt existieren. Für denjenigen nämlich, der die Lehre von den Ideen vertritt, stellen diese eine Ursache für das Seiende dar, sofern jede Zahl eine Idee ist, die Idee aber auf irgendeine Weise Ursache des Seins für die anderen Dinge ist (denn dies soll ihnen als Grundlage zuerkannt sein). Derjenige aber, der nicht diese Ansicht vertritt, weil er die Schwierigkeiten sieht, die mit der Ideenlehre verbunden sind, so daß er eben deshalb keine Zahlen annimmt, wohl aber die mathematische Zahl[14] setzt, woher soll er die Überzeugung erlangen, daß es eine derartige Zahl gibt, und was soll sie den übrigen Dingen nützen? Der nämlich, der diese Ansicht vertritt, behauptet weder, daß sie für etwas von Nutzen sei (sondern er sagt, diese Art von Zahlen sei eine Natur, die an sich existiere), noch zeigt sie sich als Ursache von etwas. Die arithmetischen Lehrsätze jedoch gelten alle, wie gesagt[15], auch für die Sinnesdinge.

3. *Fortsetzung der Kritik der Zahlenlehren*

Diejenigen nun, die annehmen, daß es Ideen gibt und daß diese Zahlen seien, versuchen wenigstens, indem sie ein Einzelnes aus dem Vielen herausnehmen und es als ein einzelnes Eines auffassen, irgendwie darzulegen, weshalb es die Zahl gibt. Da ihre Gründe allerdings weder zwingend noch möglich sind, [20] braucht man nicht zu sagen, daß es deswegen die Zahl gibt. Da aber die Pythagoreer sahen, daß viele Affektionen der Zahlen an den sinnlich erfaßbaren Körpern vorhanden sind, nahmen sie die Dinge als Zahlen an, doch nicht als abgetrennte Zahlen, sondern sie nahmen an, daß die Dinge aus Zahlen bestehen. Doch warum? Weil die Affektionen der Zahlen in der Harmonie, am Himmel [25] und an vielen anderen Dingen vorhanden sind.[16] Für diejenigen aber, die behaupten, es existiere nur die mathematische Zahl[17], ist es nach ihren Voraussetzungen nicht möglich, etwas Derartiges zu vertreten; es wurde also nur gesagt, daß es von den Sinnesdingen keine Wissenschaften geben könne. Wir jedoch behaupten, wie wir schon früher erörterten[18], daß es sie gibt. Auch ist es klar, daß die mathematischen Dinge nicht abgetrennt existieren; denn wären sie abgetrennt, [30] bestünden nicht ihre Affektionen an den Körpern. Insofern also kann man den Pythagoreern keinen Fehler vorwerfen. Doch was die Tatsache betrifft, daß sie die natürlichen Körper aus Zahlen hervorgehen lassen – aus dem also, was weder über Schwere noch über Leichtigkeit verfügt, das, was wohl über Schwere und Leichtigkeit verfügt –, scheinen sie von einem anderen Himmel zu sprechen und von Körpern, die keine sinnlich erfaßbaren Körper sind. [35] Die aber, die Zahlen als abgetrennt ansetzen[19], nehmen deshalb an, daß die Zahlen existieren und abgetrennt seien, weil die Axiome nicht von den Sinnesdingen gelten würden, aber die bekannten Axiome wahr seien und »der Seele wohl tun«; | ebenso verhielte es sich mit den mathematischen Größen. Es ist demnach offenbar, daß ein Gedankengang, der das zu widerlegen unternimmt, das Entgegengesetzte behaupten wird, und diejenigen, die so denken, müssen die aufgetretenen Fragen lösen, weshalb nämlich, obschon die mathematischen Dinge keineswegs an den Sinnesdingen vorhanden sind, doch ihre Affektionen in den Sinnesdingen enthalten sein sollen.

Es gibt aber welche[20], die meinen, weil der Punkt Grenze und Äußerstes der Linie ist, diese aber der Fläche und diese wieder des Körpers, daß es mit Notwendigkeit derartige Naturen gibt. Wir müssen also auch diesen Gedankengang dahingehend betrachten, ob er nicht zu schwach ist. Denn das Äußerste ist kein Wesen, sondern all dies ist vielmehr Grenze. (Sowohl vom Gehen als auch überhaupt von einer Bewegung gibt es eine Grenze; diese wäre demnach ein Dieses-da und eine Art Wesen; doch das wäre unsinnig.) Und doch, selbst wenn es Wesen wäre, würde alles derartige nur Wesen »dieser« Sinnesdinge sein (denn dahin geht der Gedankengang). Weshalb also sollte es abgetrennt existieren?

Weiter wird man wohl, wenn man nicht allzu leicht zufriedenzustellen ist, im Hinblick auf jede Zahl und auf die mathematischen Dinge beachten, daß hier das Frühere auf das Spätere keinen Einfluß ausübt. (Denn wenn es auch die Zahl nicht gäbe, so würde es nichtsdestoweniger für diejenigen[21], die behaupten, daß nur die mathematischen Dinge existieren, die Größen geben, und gäbe es diese nicht, so existierten doch die Seele und die sinnlich erfaßbaren Körper. Aufgrund der Erscheinungen aber erweckt die Natur nicht den Eindruck, als bestünde sie aus Episoden[22] wie eine schlechte Tragödie.) Auf diejenigen aber, die die Ideenlehre vertreten, trifft das nicht zu; sie lassen nämlich die Größen aus Stoff und Zahl entstehen, die Linien aus der Zwei, aus der Drei wohl die Fläche, aus der Vier die Körper oder aus anderen Zahlen, worauf es allerdings hierbei nicht ankommt.[23] Doch sollen diese Größen Ideen sein, oder wie ist die Art und Weise ihrer Existenz, und welchen Einfluß üben sie auf die Dinge aus? Keinen. Wie die mathematischen Dinge keinen Einfluß ausüben, so auch sie nicht. Aber es gibt für diese nicht einmal einen Lehrsatz, sofern man die mathematischen Dinge nicht umändern und dafür eigene Meinungen aufstellen will. Allerdings ist es nicht schwer, irgendwelche Voraussetzungen anzunehmen, damit groß zu tun und mit ihnen Folgerungen zu verknüpfen. Diese[24] aber irren insofern, als sie mit den Ideen noch die mathematischen Dinge verbinden. Doch die, die zuerst zweierlei Zahlen ansetzten – die der Formen und die mathematische Zahl –, die haben weder gesagt, noch sind sie wohl in der Lage zu sagen, wie die mathematische Zahl existiert und woraus sie existiert. Sie machen diese nämlich zu etwas zwischen der formhaften Zahl und der sinnlich erfaßbaren Zahl. Denn wenn die mathematische Zahl aus dem Großen und Kleinen hervorgehen soll, so wäre sie mit der Zahl der Formen identisch. (Aus einem anderen Großen und Kleinen | läßt man[25] nämlich die Größen hervorgehen.) Wenn man aber etwas davon Verschiedenes annehmen will, würde man damit mehrere Elemente angeben. Und wenn ein Eines das Prinzip von beiden Fällen wäre, so würde das Eine etwas für beide Gemeinsames sein, und man müßte untersuchen, wie das Eine diese Vielen sein kann, wo es zugleich nach jener Auffassung doch unmöglich ist, daß die Zahl auf andere Weise entstanden sei als aus dem Einen und einer unbestimmten Zwei.

All das ist unsinnig und widerstreitet sich selbst und dem, was wahrscheinlich ist; und dafür scheint »das lange Gerede«[26] des Simonides zuzutreffen. Es entsteht aber ein langes Gerede – wie dort das Gerede der Sklaven –, wenn man nichts Gesundes redet. Aber die Elemente selbst, das Große und das Kleine, erwecken den Eindruck, als schrien sie, da man sie hin und her zieht. Denn sie sind auf keine Weise imstande, die Zahl hervorzubringen, außer diejenige, die vom Einen aus verdoppelt wird.

Doch es ist sinnlos oder vielmehr eine von den Unmöglichkeiten, eine Entstehung bei ewigen Dingen anzunehmen. Darüber nun, ob die Pythagoreer eine Entstehung annehmen oder nicht annehmen, braucht man nicht im Zweifel zu sein. [15] Denn sie sagen doch ganz offenkundig, als das Eine zusammengesetzt war – sei es aus Flächen, aus Farbe, aus Samen oder aus dem, das sie selbst noch nicht zu benennen wissen –, wurde sofort der dem Unbegrenzten nächste Teil von der Grenze angezogen und begrenzt.[27] Da sie aber ein Weltgebäude errichten und naturkundlich sprechen wollen, ist es nur gerecht, sie im Hinblick auf die Natur zu untersuchen, sie [20] aber aus der gegenwärtigen Behandlung wegzulassen. Denn wir suchen die Prinzipien in den unbeweglichen Dingen, so daß man auf die Entstehung der Zahlen dieser Art sein Augenmerk zu richten hat.

4. Die ersten Prinzipien und das Gute

Von der ungeraden Zahl also, sagen jene[28], gibt es keine Entstehung, woraus klar folgt, daß es von der geraden Zahl eine Entstehung gibt. Einige[29] lassen die gerade Zahl als Erste aus dem Ungleichen hervorgehen, [25] indem das Große und das Kleine gleichgemacht wird. Es mußte demnach bei diesen Dingen, bevor sie gleichgemacht werden, die Ungleichheit bestanden haben. Wenn sie aber immer gleichgemacht wären, so wären sie vorher nicht ungleich gewesen (denn von einem »immer« gibt es kein »vorher«). Es ist also offenbar, daß sie nicht der Betrachtung wegen die Entstehung der Zahlen annehmen.[30]

Aber eine Schwierigkeit [30] und für jemanden, der dabei keine sieht, sogar einen Tadel, birgt die Frage, wie sich die Elemente und Prinzipien zum Guten und Schönen verhalten. Es ist das die Schwierigkeit, ob es unter den Elementen und Prinzipien etwas von der Art gibt, wie wir das Gute an sich und das Beste verstehen wollen, oder nicht, sondern das

Gute an sich und das Beste eben erst später entstanden ist. Es scheint nämlich, daß die Theologen[31] mit einigen Philosophen unserer Zeit[32] darin übereinstimmen, daß sie diese Frage verneinen; [35] vielmehr behaupten sie, daß sich erst im Zuge der voranschreitenden Natur der Dinge sowohl das Gute als auch das Schöne zeige. (Das nehmen sie an, um der wahren Schwierigkeit aus dem Wege zu gehen, einer Schwierigkeit, die dann auftritt, wenn man – | wie es einige tun – behauptet[33], daß das Eine Prinzip sei. Es entsteht aber diese Schwierigkeit nicht dadurch, daß sie das Gute dem Prinzip als ein ihm innewohnendes zuschreiben, sondern dadurch, daß sie das Eine als Prinzip annehmen, und zwar als Prinzip im Sinne eines Elementes, und daß sie die Zahl aus dem Einen hervorgehen lassen.) Die alten Dichter drücken sich insofern ähnlich aus, als sie behaupten, [5] nicht die ersten – wie etwa Nacht und Himmel oder Chaos[34] und Okeanos[35] – herrschten und regierten, sondern Zeus.[36] Bei diesen Dichtern ergibt sich aber jene Meinung daraus, daß sie die Beherrscher der Dinge wechseln lassen. Doch diejenigen von ihnen, die ihre Darstellungen aus Wissenschaft und Dichtung mengen und nicht alles mythisch schildern, wie etwa Pherekydes[37] und einige andere, [10] die setzen das erste Erzeugende als Bestes an; und so auch die Magier und von den späteren Weisen Leute wie Empedokles und Anaxagoras, indem der eine die Freundschaft als Element und der andere die Vernunft als Prinzip annimmt. Von denen aber, die behaupten, es existierten unbewegliche Wesen, meinen einige[38], daß das Eine an sich das Gute an sich sei; allerdings als Wesen glaubten sie doch am ehesten sein Eines anzunehmen.

[15] Die Schwierigkeit besteht nun darin, welcher von beiden Meinungen man zustimmen muß. Es wäre doch verwunderlich, wenn dem Ersten, Ewigen und dem zumeist sich selbst Genügenden dieses Erste selbst – das sich selbst Genügende und das Heil – nicht als ein Gutes zukäme.[39] Es kann doch nicht aus einem anderen Grunde unvergänglich und sich selbst genügend sein, als eben deshalb, weil es sich

gut verhält. Man wird also wahrscheinlich die Wahrheit treffen, [20] wenn man behauptet, das Prinzip sei derartig. Aber daß dieses Prinzip das Eine sei, oder wenn schon nicht dieses, so doch ein Element, und zwar ein Element der Zahlen, ist unmöglich. Denn daraus folgt eine vielfache Schwierigkeit. (Einige haben sie, um ihr aus dem Wege zu gehen, ganz aufgegeben, diejenigen[40] nämlich, welche übereinstimmend das Eine als erstes Prinzip und als Element auffassen, doch nur von der mathematischen Zahl.) [25] Denn alle Einsen würden dann zu einer Art von Gutem. Wenn ferner die Formen Zahlen sind, so wären alle Formen eine Art von Gutem. Doch man setze nun Ideen an, wovon man will, wenn es nur Ideen von Gutem gäbe, so wären die Ideen keine Wesen, wenn es aber auch Ideen von Wesen gibt, so wären alle Lebewesen, Pflanzen [30] und alles, was an den Ideen Anteil hat, Gutes.

Es folgten also daraus diese Unsinnigkeiten; es folgte aber auch, daß das gegenteilige Element – mag es nun die Menge sein oder das Ungleiche und somit das Große und Kleine – das Schlechte an sich wäre. (Daher ging der eine[41] dem aus dem Wege, das Gute mit dem Einen in Verbindung zu bringen, da ja sonst, nachdem die Entstehung aus Gegenteilen hervorgeht, das Schlechte die Natur der Menge sein müßte. [35] Die anderen[42] aber sagen, das Ungleiche sei die Natur des Schlechten.) Daraus folgte also, daß alle Dinge am Schlechten Anteil haben, ausgenommen das Eine selbst, und daß die Zahlen daran in vollerem Maße Anteil haben als die Größen | und daß das Schlechte der Raum des Guten ist[43] und daß es an dem Anteil hat und nach dem begehrt, das sein eigenes Verderben bedeutet (denn das Gegenteil bedeutet für das Gegenteil Verderben). Und wenn, wie wir sagten[44], der Stoff das ist, was dem Vermögen nach ein Einzelnes ist – wie etwa der Stoff des Feuers der Verwirklichung nach das ist, was dem Vermögen nach Feuer ist [5] –, so wäre wohl das Schlechte dem Vermögen nach das Gute an sich.

All das aber folgt daraus, weil man teils jedes Prinzip zum Element macht, teils, weil man die Gegenteile zu Prinzipien macht, teils, weil man das Eine zum Prinzip macht, und teils, weil man die Zahlen zu den ersten Wesen, zu etwas Abgetrenntem und zu Formen macht.

5. Die Entstehung der Zahl. Ist sie Ursache der Wesen?

Wenn es nun sowohl unmöglich ist, das Gute nicht unter den Prinzipien anzusetzen, [10] als auch, es auf die angegebene Art und Weise unter ihnen anzusetzen, ist es klar, daß die Prinzipien und ebenso auch die ersten Wesen nicht richtig angegeben werden. Auch vertritt man keine richtige Annahme[45], wenn man die Prinzipien des Alls mit dem Prinzip der Lebewesen und Pflanzen vergleicht und, weil dabei aus Unbestimmtem und Vollendetem immer das Vollendetere hervorgeht, behauptet, es verhielte sich beim Ersten ebenso, so daß nicht einmal das Eine [15] an sich ein Seiendes sei. Denn es sind ja auch hier die Prinzipien vollendet, aus denen Lebewesen und Pflanzen hervorgehen; der Mensch nämlich erzeugt den Menschen, und nicht ist der Same das Erste.[46]

Es ist aber auch unsinnig, den Ort zugleich mit den mathematischen Körpern hervorgehen zu lassen (der Ort ist nämlich den einzelnen Dingen eigentümlich, und deshalb sind diese dem Orte nach abgetrennt, doch die mathematischen Dinge sind nicht »irgendwo«), [20] und zwar zu sagen, die mathematischen Dinge seien »irgendwo«, aber nicht zu sagen, was ihr Ort sei.[47]

Es hätten aber diejenigen, die sagen, daß die Dinge aus Elementen bestehen und daß die ersten unter den Dingen die Zahlen seien, zuerst unterscheiden sollen, auf welche Weise eines aus dem anderen hervorgeht, und dann darlegen, in welcher Weise die Zahl »aus« den Prinzipien hervorgehe.

Etwa durch Mischung? Doch nicht alles ist mischbar; und was aus Mischung entsteht, ist verschieden von dem, was gemischt wird; und das Eine wäre dann nicht abgetrennt und eine verschiedene Natur; so aber will man es doch.

Aber durch Zusammensetzung wie die Silbe? Doch da muß schon eine Lage [an den Elementen] vorhanden sein, und der Denkende würde gesondert das Eine und die Menge denken. Die Zahl würde also dies sein: die Eins »und« die Menge oder das Eine »und« das Ungleiche.

Da nun das »aus etwas sein« einerseits bedeutet, daß etwas aus etwas ist, das in ihm enthalten ist, andererseits das aber nicht bedeutet, so ergibt sich die Frage, in welcher von beiden Bedeutungen die Zahl aus etwas »sein« soll. Denn daß etwas aus etwas ist, das in ihm enthalten ist, das gibt es nur bei dem, bei dem es eine Entstehung gibt. Oder »ist« die Zahl etwa wie aus einem Samen? Doch es ist unmöglich, daß etwas aus einem Unzerlegbaren herauskomme. Oder »ist« die Zahl aus einem Element wie aus ihrem Gegenteil, wobei dieses jedoch nicht erhalten bleibt? Aber all das, das auf solche Weise ist, ist auch aus etwas anderem, das erhalten bleibt.[48] Da aber der eine[49] nun das Eine als Gegenteil zur Menge ansetzt, | der andere[50] aber als Gegenteil zum Ungleichen, indem er das Eine als Gleiches ansieht, so entsteht wohl die Zahl aus Gegenteilen. Füglich gibt es etwas davon Verschiedenes, aus dem als dem erhalten Bleibenden und davon Verschiedenen die Zahl ist oder geworden ist. Weiter, was bedeutet es wohl, daß alles andere, das aus Gegenteilen stammt oder zu dem es Gegenteile gibt, vergeht, auch wenn es aus dem ganzen Gegenteil stammt, die Zahl aber nicht? Darüber nämlich äußert man sich nicht. Und doch richtet das Gegenteil sowohl das, was an etwas besteht, als auch das, was an etwas nicht besteht, zugrunde, wie etwa der Streit die Mischung zugrunde richtet[51] (wiewohl er das nicht sollte; denn er bildet ja nicht zu jener das Gegenteil).

Es ist auch noch nicht bestimmt, auf welche Weise die Zahlen Ursachen der Wesen und des Seins sind, ob etwa in der Art von Grenzen (wie die Punkte Ursachen von Größen sind [10] und wie Eurytos[52] festlegte, welches die Zahl von etwas sei, wie etwa dies die Zahl des Menschen und jenes die Zahl des Pferdes, wobei er wie diejenigen, die die Zahlen auf dreieckige und viereckige Figuren zurückführen, ebenso mit Steinchen die Gestalten von Lebendem nachbildete) oder ob die Zahlen deshalb Ursachen sind, weil die Harmonie eine Proportion von Zahlen ist und in ähnlicher Weise auch der Mensch [15] und jedes andere? Wie aber sollen die Affektionen Zahlen sein: das Weiße, das Süße und das Warme? Daß die Zahlen weder Wesen noch Ursachen der Gestalt sind, ist klar; denn die Proportion ist Wesen, die Zahl aber Stoff. So ist etwa von Fleisch oder Knochen die Zahl insofern Wesen, als es drei Teile Feuer und zwei Teile Erde[53] gibt. Und immer ist die Zahl, welche immer sie auch sein mag, eine Zahl von etwas, [20] mag dies feurig sein, irden oder einheitlich. Das Wesen aber besteht darin, daß in der Mischung ein bestimmtes Quantum zu einem bestimmten Quantum hinzukommt. Dies ist aber nicht mehr Zahl, sondern eine Proportion der Mischung von körperlichen oder irgend anderen Zahlen.[54]
Die Zahl nun – sowohl die Zahl überhaupt als auch die einheitliche Zahl – ist weder bewirkende Ursache noch Stoff, noch Begriff und Form [25] der Dinge. Die Zahl ist aber auch nicht Ursache im Sinne des Weswegen.

6. Weitere Kritik an der Zahlenlehre

Man könnte aber unschlüssig sein, was das Gute eigentlich sei, das von den Zahlen dadurch herauskommen soll, daß die Mischung in einer Zahl stattfinde, entweder in einer gut proportionierten oder ungeraden. Nun ist es doch durchaus nicht gesünder, wenn das Honigwasser im Verhältnis »dreimal drei« vermengt ist; es ist viel bekömmlicher, wenn es, ohne in einer bestimmten Proportion gemengt zu sein, wässerig ist, als wenn es zwar nach einer bestimmten Zahl gemengt, aber stark ist. Weiter beruhen die Proportionen der Mischungen auf einer Hinzufügung von Zahlen, nicht auf den Zahlen selbst, also drei plus zwei, nicht aber dreimal zwei. Denn bei Vervielfältigungen muß die Gattung des Vervielfältigten dieselbe sein, so daß also das Produkt aus $1 \times 2 \times 3$ durch 1 und das Produkt aus $4 \times 5 \times 6$ durch 4 gemessen werden muß; also alles durch ein Identisches. Demnach kann nicht die Zahl des Feuers $2 \times 5 \times 3 \times 6$ und zugleich | die des Wassers 2×3 sein.

Wenn aber alle Dinge an der Zahl Anteil haben müssen, so folgt mit Notwendigkeit, daß viele dasselbe sind und daß die Zahl für dieses und für ein anderes dieselbe ist. Ist also dies die Ursache und gibt es deshalb die Sache, oder ist das unklar? So gibt es etwa eine Zahl der Sonnenbewegungen und wieder eine der Mondbewegungen und so auch eine Zahl des Lebens und des Alters eines jeden Lebewesens. Was hindert also, daß einige Zahlen Quadratzahlen sind, einige wieder Kubikzahlen, daß sie einmal gleich, ein andermal doppelt [so groß wie die anderen] sind? Nichts hindert das nämlich; es ist vielmehr notwendig, daß sie sich innerhalb dieser Grenzen bewegen, wenn alle Dinge an der Zahl Anteil haben sollen. Es sollte ja auch möglich sein, daß Dinge, die sich unterscheiden, unter dieselbe Zahl fallen. Demnach wären einige Dinge, denen dieselbe Zahl zukommt, dadurch, daß sie über dieselbe Art der Zahl verfügen, wechselseitig dasselbe; wie etwa Sonne und Mond dasselbe wären. Aber warum sollen die Zahlen Ursachen sein? Sieben Vokale gibt es, sieben Saiten bilden die Harmonien, sieben Plejaden gibt es, mit sieben Jahren verlieren die Tiere ihre Zähne (zumindest einige; einige auch nicht), und sieben Helden zogen gegen Theben. Ist nun etwa die Tatsache, daß die Zahl Sieben diese bestimmte Natur hat, die Ursache dafür, daß es jene sieben Helden gab oder die Plejaden aus sieben Sternen bestehen? Oder kommt nicht jene Zahl davon, daß Theben sieben Tore hat, oder infolge einer anderen Ursache? Bei den Plejaden zählen *wir* sieben Sterne und beim Großen Bären zwölf, andere zählen aber mehr. Man nennt auch Ξ, Ψ und Z Konsonanzen, und weil es drei Konsonanzen gibt, meint man, es gebe auch diese drei Doppellaute; daß es aber noch zehntausend derartige geben könnte, kümmert nicht (denn es könnte ja auch *ein* Zeichen für Γ und P geben). Wenn sie es aber deshalb sind, weil jeder von ihnen und kein anderer das Doppelte der anderen Konsonanten ist, und wenn die Ursache dafür darin liegt, daß, da es drei Orte der Lautbildung gibt, an jeden der an einem dieser Orte gebildeten Laute ein Σ angefügt wird, so gibt es eben deshalb nur drei Doppellaute, aber nicht deshalb, weil es drei Konsonanzen gibt; Konsonanzen gibt es allerdings noch mehr, hier jedoch kann es nicht mehr geben. Diejenigen, die diese Meinung vertreten, gleichen den alten Homerikern[55], die zwar die kleinen Ähnlichkeiten sehen, die großen jedoch übersehen. Manche sagen noch vieles dieser Art. So hätte etwa von den mittleren Saiten die eine die Neun, die andere die Acht in sich, und der epische Vers hätte siebzehn Silben, hätte also dieselbe Zahl wie die Saiten; auf der rechten Seite verlaufe er mit neun, | auf der linken mit acht Silben. Und der Abstand der Buchstaben von A zu Ω sei gleich groß wie der Abstand vom tiefsten zum höchsten Ton auf der Flöte; die Zahl des höchsten Tones aber sei der des Himmelsganzen gleich. Man muß aber sehen, daß niemand darin eine Schwierigkeit gesehen hat, derartiges zu behaupten oder bei den ewigen Dingen vorzufinden, da er es auch in den vergänglichen Dingen vorgefunden hat.

Aber die in den Zahlen befindlichen gelobten Naturen und ihre Gegenteile und überhaupt die Gegenstände der Mathematik, wie sie einige annehmen und zur Ursache der Natur machen, scheinen zu entweichen, stellt man auf diese Weise

Betrachtungen an. Denn es hat sich nach keiner Bedeutung, die hinsichtlich der Prinzipien aufgestellt wurde, etwas als Ursache herausgestellt.[56] Es ist natürlich nach ihrer Darstellung offenbar, daß das Gute den Zahlen zukommt und daß der Reihe des Schönen das Ungerade, Geradlinige, das Quadrat und die Vermögen gewisser Zahlen angehören. Zugleich nämlich sind auch Jahreszeiten und diese und jene Zahl; und so hat auch alles andere, das sie aus den mathematischen Lehrsätzen zusammenstellen, diesen Sinn. Daher ähneln sie bloßen Zufälligkeiten. Denn es sind zwar Akzidenzen, aber alle verhalten sich zueinander eigentümlich und sind Eines der Analogie nach. Denn in jeder Aussageweise des Seienden gibt es Analoges: wie das Gerade in der Länge, so das Gleichmäßige in der Oberfläche, vielleicht wie in der Zahl das Ungerade, so in der Farbe das Weiße.

Weiter sind die formhaften Zahlen nicht Ursachen für das Harmonische und anderes derartiges. (Es unterscheiden sich nämlich gleiche formhafte Zahlen voneinander der Form nach; denn auch die Einsen tun dies). Man braucht also deshalb keine Formen anzunehmen.

Das ist es nun, was aus dieser Lehre folgt, und man könnte noch mehr hinzufügen. Es scheint aber der Umstand, daß man im Hinblick auf die Entstehung der Zahlen auf viele Schwierigkeiten stößt und auf keine Weise in der Lage ist, die Dinge zu verbinden, ein Beweis dafür zu sein, daß die mathematischen Dinge weder – wie einige meinen – von den Sinnesdingen abgetrennt noch Prinzipien sind.

ABKÜRZUNGEN

Antike Autoren, Zeitschriften und Standardwerke sind nach den bekannten Abkürzungsverfahren von L'Année Philologique beziehungsweise des Lexikons der Alten Welt (Zürich, Stuttgart 1965) angeführt.

Apostle: Siehe Literaturübersicht (Übers. u. Komm.).
Diels/Kranz, *VS.*: H. Diels u. W. Kranz, *Die Fragmente der Vorsokratiker*. 3 Bde. Berlin [10]1960–61.
Düring, *Aristoteles*: Siehe Literaturübersicht (Allg. Lit. z. Arist. 1966).
Jaeger: Siehe Literaturübersicht (Textausg.).
Krämer, *Geistmetaphysik*: Siehe Literaturübersicht (Lit. z. Met.)
Leutsch/Schneidewin, *Paroemiographie*: E. L. A. Leutsch u. F. G. Schneidewin, *Corpus Paroemiographorum Graecorum*. 2 Bde, 1839–51.
Ross, *Met.*: Siehe Literaturübersicht (Textausg.).
Tricot, *Met.*: Siehe Literaturübersicht (Übers. u. Komm.).

ANMERKUNGEN

I. Buch (A)

1. Polos ist ein bes. aus Platon bekannter Anhänger des bedeutenden Sophisten und Redners Gorgias von Leontinoi (um 485 bis 380). Zum Zitat vgl. Plat., *Gorg.* 448c, 462bc.
2. Kallias stand dem Kreis der Sophisten, bes. dem Protagoras, nahe (vgl. Plat., *Apol.* 20a; *Prot.* 314d, 315d; *Krat.* 391b). Zu den bei Aristoteles des öfteren exemplarisch auftretenden Personen (Kallias, Sokrates, Koriskos) vgl. Ross, *Met.* I, 117.
3. Der Ausdruck τέχνη bedeutet sowohl Kunst als auch Wissenschaft (vgl. Jaeger, *Aristoteles.* 275[2]. A. Ortega, *Aspectos del concepto de* τέχνη *en Aristóteles.* Helmantica 16, 1965, 61 bis 83. K. Bartels, *Der Begriff Techne bei Aristoteles.* In: *Synusia,* Festgb. f. W. Schadewaldt. Pfullingen 1965, 275–87).
4. Vgl. Plat., *Phaidr.* 274c. Herodot (II, 109) sieht in den periodischen Überschwemmungen die Ursache für die Entstehung der Feldmeßkunst in Ägypten.
5. Vgl. *EN.* 1139b 14 bis 1141b 8 (dazu vgl. Düring, *Aristoteles.* 260 f.).
6. σοφία und σοφός haben hier die Bedeutung von ›Philosophie‹ bzw. ›Philosoph‹.
7. Zur Bedeutung von ὑποκείμενα vgl. Düring, *Aristoteles.* 263[109].
8. Dazu vgl. K. v. Fritz, Stud. Gen. 14 (1961) 616 ff.
9. Vgl. Plat., *Theait.* 155d. M. Heidegger, *Was ist das – die Philosophie?* Pfullingen [3]1963, 37 ff. Düring, *Aristoteles.* 272.
10. Zum Gedankengang vgl. Ross, *Met.* I, 123.
11. Vgl. Alex., 17, 19. Tricot, *Met.* I, 18[4].
12. *Frgm. 3* (Hiller), vgl. Plat., *Prot.* 341e, 344c. Simonides von Keos, lyrischer Dichter (555–467).
13. Vgl. Plat., *Phaidr.* 247a; *Tim.* 29e.
14. Solon. *Frgm. 26* (Hiller). Vgl. Leutsch/Schneidewin, *Paroemiographi.* I, 371, II, 128, 615.
15. Vgl. Plat., *Pol.* 514b (Höhlengleichnis).
16. Vgl. Ross, *Met.* I, 124. Tricot, *Met.* I, 20[2].
17. Vgl. Leutsch/Schneidewin, *Paroemiographi.* I, 62, 234, II, 357.
18. Zur μέθοδος vgl. Tricot, *Met.* I, 21[1]. Düring, *Aristoteles.* 293[15].

19. Vgl. Düring, *Aristoteles.* 265 f.
20. Τὸ τί ἦν εἶναι eigtl. »das, was es war, dies (Einzelnes) zu sein« (vgl. Düring, *Aristoteles.* 74, 217[226], 614–617. Tricot, *Met.* I, 23[3]), die ›Essenz‹. Ross, *Met.* I, 127: »the answer to the question, what was it to be so-and-so«. Bassenge (passim): »das jeweils zugehörige Sein«. Vgl. noch C. Arpe, *Das τί ἦν εἶναι bei Aristoteles.* Hamburg 1938. F. Bassenge, *Das τὸ ἑνὶ εἶναι, τὸ ἀγαθῷ εἶναι etc. und das τὸ τί ἦν εἶναι bei Aristoteles.* Philol. 104 (1960) 14–47, 201–222. F. Bassenge, *Der Fall τὸ τί ἦν εἶναι* Helikon 3 (1963) 505–518. E. Buchanan, *Aristotle's Theory of Being.* 30–50. J. Owens, *The Doctrine of Being.* 180–187. Ph. Merlan, ClPh 61 (1966) 188 (»That-what-has-been«). A. Stigen, *The Structure of Aristotle's Thought.* 134–139. Ich übernehme die von Düring verwendete Übertragung.
21. Vgl. *Phys.*, II, 3, 7.
22. Zu Aristoteles als problemgeschichtlichen Denker vgl. W. K. C. Guthrie, *Aristotle as a historian of philosophy.* JHS 77 (1957) 35–41.
23. Zur ἕξις vgl. Tricot, *Met.* I, 28[3].
24. Thales von Milet (1. Hälfte des 6. Jh.s) wurde seit dem 5. Jh. als Begründer der ionischen Naturphilosophie angesehen (Diels/Kranz, *VS.* I, 67–81).
25. Unter den »Theologen« versteht Aristoteles die kosmologischen Denker des Mythos (Homer, Hesiod, Orpheus) im Gegensatz zu den Naturphilosophen.
26. Vgl. Hom., *Il.* 14, 201. 246.
27. Vgl. Hom., *Il.* 2, 755, 14, 271, 15, 37. Hes., *Theog.* 782–806.
28. Hippon aus Rhegion, ein Naturphilosoph um 470 bis 400, der die Lehre des Thales erneuerte (Diels/Kranz, *VS.* I, 385–389). Aristoteles bedenkt ihn *De an.*, 405b 2, mit ähnlicher Geringschätzung.
29. Anaximenes von Milet (um 580 bis 520), ionischer Naturphilosoph, galt in der Antike als Schüler Anaximanders von Milet. Nach ihm entstehen die Dinge zufolge der Verdichtung und Verdünnung der Urluft (Diels/Kranz, *VS.* I, 90–96).
30. Diogenes von Apollonia (um 460 bis 390) folgte mit seiner Lufttheorie dem Anaximenes. Daneben verwendete er auch Gedanken von Empedokles, Anaxagoras und Leukipp (Diels/Kranz, *VS.* II, 51–69).

31. Hippasos (um die Mitte des 5. Jh.s), ein Pythagoreer, der in seiner Lehre Pythagoreisches und Heraklitisches verband (Diels/Kranz, *VS.* I, 107–110).
32. Um 550 bis 480 (Diels/Kranz, *VS.* I, 139–190. G. S. Kirk, *Heraclitus: The Cosmic Fragments.* Cambridge 1954).
33. Empedokles von Akragas (um 500 bis 430). Vgl. Diels/Kranz, *VS.* I, 276–376. Ross, *Met.* I, 131.
34. Um 500 bis 425, bedeutender ionischer Naturphilosoph, Freund des Perikles und Euripides (Diels/Kranz, *VS.* II, 5–44).
35. Vgl. Ross, *Met.* I, 132.
36. Vgl. Tricot, *Met.* I, 31^5.
37. Gemeint sind Thales, Anaximenes und Heraklit.
38. Die Eleaten.
39. Parmenides von Elea (um 515 bis 445). Vgl. Diels/Kranz, *VS.* I, 217–246. L. Tarán, *Parmenides. A Text with Translation, Commentary and critical Essays.* Princeton 1965.
40. Vielleicht Empedokles.
41. 984a 18.
42. Vgl. Ross, *Met.* II. 182 f., 324. Tricot, *Met.* I, 35^2. Düring, *Aristoteles.* 239.
43. Vgl. Anaxagoras. *Frgm. 12* (Diels/Kranz).
44. Eine sagenumwobene Gestalt, eine der Inkarnationen des Pythagoras.
45. Hesiod aus Askra in Böotien (um 700), nach Homer der bedeutendste Epiker der archaischen Zeit.
46. Gemeint ist vielleicht Aphrodite (vgl. Ross, *Met.* I, 136 f.).
47. Parmenides. *Frgm. 13* (Diels/Kranz).
48. *Theog.*, 116–120.
49. Davon ist jedoch bei Aristoteles nichts zu entdecken.
50. Vgl. *Phys.*, II, 3, 7.
51. Empedokles. *Frgm. 62* (Diels/Kranz).
52. Leukippos aus Milet (um die Mitte des 5. Jh.s) ist der Begründer des Atomismus.
53. Demokritos aus Abdera (um 460 bis 370) baute die Lehre des Leukipp aus.
54. Damit sind allgemein die Anhänger und Vertreter der Philosophie des Pythagoras gemeint. Zur anscheinend einzigen Nennung des Pythagoras bei Aristoteles (*Rhet.*, 1398b 14) vgl. Ross, *Met.* I, 143.

55. Vgl. *De caelo*, II, 13. Gemeint ist eine uns verlorene Abhandlung *Über die Pythagoreer* (Düring, *Aristoteles*. 253).
56. Naturphilosoph und Arzt um 570 bis 500, der pythagoreischem Gedankengut nahestand (vgl. Diels/Kranz, *VS*. I, 210–216).
57. Melissos von Samos (1. Hälfte des 5. Jh.s) war Schüler des Parmenides (vgl. Diels/Kranz, *VS*. I, 258–276).
58. Vgl. *Phys*., 185a 32 bis b 3, 207a 15–17.
59. Xenophanes von Kolophon (um 570 bis 475/70), Vorläufer des Parmenides (vgl. Diels/Kranz, *VS*. I, 113–139. W. Jaeger, *Die Theologie der frühen griechischen Denker*. Darmstadt ²1964, 50–68).
60. Vgl. *Phys*., I, 3.
61. Zum Ausdruck πραγματεία vgl. F. Dirlmeier, *Merkwürdige Zitate in der Eudemischen Ethik des Aristoteles*. SB-Heidelberg, phil.-hist. Kl. 1962/2, 9–11.
62. Der Sophist Kratylos aus Athen (Ende des 5. Jh.s), der sich einen Schüler Heraklits nannte, galt mit Sokrates als Lehrer Platons (Diog. Laert., 3, 6).
63. Zum Ausdruck εἶδος (Form, Gestalt, Idee) vgl. Düring, *Aristoteles*. 242, 265, 324[221]. Stigen, *The Structure of Aristotle's Thought*. 126, 131 ff., 139, 269.
64. Vgl. 984b 15–19, 32b 10, 985a 3.
65. Vgl. *Phys*., II, 3, 7.
66. Vgl. Anm. 20.
67. Wörtl.: »im Sinne eines Hinzugekommenen« (vgl. Düring, *Aristoteles*. 265).
68. *Theog*., 116 (vgl. 984b 28).
69. Vgl. *De caelo*, III, 7; *De gen. et corr*., II, 6, 333a 16.
70. Vgl. Anaxagoras. *Frgm. 12* (Diels/Kranz).
71. Zu οὐρανός bei Aristoteles vgl. Düring, *Aristoteles*. 360[90].
72. Vgl. 989b 31–33.
73. Vgl. Ross, *Met*. I, 184.
74. Vgl. 990b 2 bis 991b 9 mit M 1078b 32 bis 1079b 3.
75. Zur Problematik der sog. »wir«-Stellen vgl. Düring, *Aristoteles*. 286.
76. Die Vertreter der platonischen Lehre.
77. Vgl. Z 1039a 2. *Soph. El*. 178b 36 bis 179a 10. Plat., *Parm*. 132ab, d bis 133a (vgl. A. Spielmann, *Die aristotelischen Stellen vom* τρίτος ἄνθρωπος. Brixen 1891. Düring, *Aristoteles*. 85, 249–251).

78. Vgl. Düring. *Aristoteles*. 207.
79. Vgl. 990b 2 bis 991a 8 mit M 1078b 34 bis 1079b 3.
80. 100 c–e.
81. Vgl. 991a 8 bis b 9 mit M 1079b 12 bis 1080a 8.
82. Vgl. M 1081a 5–12.
83. Vgl. 992a 10–19 mit M 1085a 9/10.
84. Die Anhänger Platons.
85. Weisheit im Sinne von ›Philosophie‹.
86. Vgl. 991a 20–22.
87. Vgl. Plat., *Pol.* 531d, 533b–e.
88. Zu diesem Verfahren Platons vgl. Z 1031b 21, M 1086b 9, N 1090a 17 (Ross, *Met.* I, 208 f., Tricot, *Met.* I, 100).
89. Vgl. 1080b 23–30, 1085a 7–9.
90. Vgl. K. v. Fritz, *Die ἐπαγωγή bei Aristoteles*. München 1964.
91. Anspielung auf den platonischen ἀνάμνησις-Gedanken (vgl. *Phaidr.*, 72e ff., *Men.*, 82b ff.).
92. Vgl. *Phys.*, II, 3, 7.
93. Vgl. Empedokles. *Frgm. 96* (Diels/Kranz).
94. Ein Hinweis auf B.

II. Buch (α)

1. Vgl. Leutsch/Schneidewin, *Paroemiographi*. II, 678.
2. Der Gedanke ist wieder von Theophrast (*Met.*, 9b 11–13, 28, Ross/Fobes) aufgegriffen worden.
3. Timotheos von Milet (um 450 bis 360) lebte zeitweise in Athen, wo er mit Euripides befreundet gewesen sein soll. Erhalten sind von ihm über 200 Verse eines Dithyrambos *Die Perser* (PMelG 399 ff. Page).
4. Phrynis von Mytilene (Mitte des 5. Jh.s), Lehrer des Timotheos, Kitharodenvirtuose.
5. Ein Gedanke aus der Kosmologie des Empedokles (Diog. Laert., 8, 77).
6. Zu dieser undurchsichtigen Stelle vgl. Ross, *Met.* I, 218. Tricot, *Met.* I, 114.
7. Vgl. Ross, *Met.* I, 219. Tricot, *Met.* I, 115.
8. Ein Einschub vielleicht nach 995b 5–6.

III. Buch (B)

1. Vgl. die Erörterungen über Prinzipien und Ursachen in A.
2. Vgl. 996a 18 bis b 26.
3. Vgl. 996b 26 bis 997a 15.
4. Vgl. 997a 15–25.
5. Vgl. 997a 34 bis 998a 19.
6. Vgl. 997a 25–34.
7. Vgl. Γ 1003b 22 bis 1005a 18.
8. Vgl. 998a 20 bis b 14.
9. Vgl. 998b 14 bis 999a 23.
10. Vgl. 999a 24 bis b 24.
11. Vgl. 999b 24 bis 1000a 4.
12. Vgl. 1000a 5 bis 1001a 3.
13. An etwas, das von ihnen verschieden ist, existieren.
14. An einem Substrat, das von ihnen verschieden ist, existieren.
15. Hippasos und Heraklit.
16. Thales.
17. Anaximenes und Diogenes von Apollonia (vgl. 1001a 4 bis b 25).
18. Vgl. 1003a 5–17.
19. Vgl. 1002b 32 bis 1003a 5.
20. Vgl. Θ 6.
21. Vgl. 1001b 26 bis 1002b 11.
22. Aristippos von Kyrene (um 425 bis 355), Schüler des Sokrates und Zeitgenosse Platons, Begründer der Schule der Kyrenaiker (vgl. E. Mannebach, *Aristippi et Cyrenaicorum fragmenta.* Leiden, Köln 1961), die von der ›Nutzlosigkeit‹ der Logik und Mathematik überzeugt waren.
23. Vgl. 982a 8–19.
24. Vgl. 982a 30 bis b 2.
25. Vgl. 996a 18 bis b 26 mit 995b 4–6, K 1059a 20–23; 996a 21 bis b 1 mit 1059a 34–38.
26. Vgl. 996b 26 bis 997a 15 mit 995b 6–10, 1059a 23–26 (die Antwort: Γ 3).
27. Vgl. 996b 28.
28. Vgl. 997a 15–25 mit 995b 10–13, 1059a 26–29 (die Antwort: Γ 1004a 2–9, E 1).
29. Vgl. 997a 25–34 mit 995b 18–20, 1059a 29–34 (die Antwort: Γ 1003b 22 bis 1005a 18.

30. Platon und seine Anhänger.
31. Vgl. A 6 und 9.
32. Vielleicht ist damit auf ein Werk des Sophisten Protagoras von Abdera (um 480 bis 410) περὶ τῶν μαθημάτων (vgl. Diog. Laert., 9, 55) angespielt (vgl. A. Capizzi, *Protagora.* Firenze 1955).
33. Gemeint sind (vgl. M 1076a 33. 38 bis b 11) Philosophen, die pythagoreisches und platonisches Gedankengut verwendeten.
34. Vgl. 997a 34 bis 998a 19 mit 995b 13–18, 1059a 38 bis b 21 (die Antwort: Λ 6–10, M, N).
35. Hinweis auf die Pythagoreer und Platon (vgl. 996a 6).
36. Platon (vgl. 987b 20).
37. Vgl. 998a 20 bis b 14 mit 995b 27–29 (die Antwort: Z 10, 13).
38. Vgl. 998b 14 bis 999a 23 mit 995b 29–31 (die Antwort: Z 12, 1038a 19 und 13); vgl. noch 1059b 21 bis 1060a 1.
39. Vgl. Kap. 3.
40. Aristoteles verweist wohl auf Protagoras (vgl. Plat., *Theait.* 151e–153a), vgl. auch Γ 5 und 6.
41. Vgl. 999a 24 bis b 24 mit 995b 31–36, 1060a 3 bis 27, b 23–28 (die Antwort: Z 8, 13. 14, Λ 6–10, M 10).
42. Vgl. 999b 24 bis 1000a 4 mit 996a 1/2, 1060b 28–30 (die Antwort: Z 14, Λ 4, 5, M 10).
43. Vgl. 983b 29.
44. Vgl. Plat. *Soph.* 243a.
45. Gemeint ist die Freundschaft (vgl. 1001a 12–15).
46. Gott ist das Eine oder die Freundschaft oder das Universum geeint durch die Freundschaft (vgl. 985a 28, *De gen. et corr.*, 315a 7, 333b 21).
47. Empedokles. *Frgm. 21* (Diels/Kranz).
48. *Frgm. 36* (Diels/Kranz).
49. *Frgm. 109* (Diels/Kranz).
50. »mit Feuer verderbliches Feuer«, nach Jaeger eine Interpolation (vgl. *De an.*, 404b 13–15).
51. *Frgm.* 30.
52. Vgl. 1000a 5 bis b 21.
53. Vgl. 1000a 5 bis 1001a 3 mit 996a 2–4, 1060a 27–36 (die Antwort: Z 7–10).
54. Vgl. 984a 7.
55. *Frgm. 7* (Diels/Kranz).
56. Vgl. 1001a 24–27.

57. Vgl. 1001a 30 bis 1001b 1.
58. Zenon von Elea (um 490 bis zur Mitte des 5. Jh.s), ein Vorsokratiker, der es mit Hilfe seiner ›Paradoxien‹ unternahm, die Auffassung des Parmenides (Vielheit, Werden, Vergehen, Bewegung gibt es nicht) zu verteidigen (vgl. W. Kullmann, *Zenon und die Lehre des Parmenides*. Hermes 86, 1958, 157 bis 72).
59. Vgl. Diels/Kranz, *VS*. I, 252.
60. Hinweis auf Platon (vgl. M 1081a 24).
61. Vgl. 1001a 4 bis b 25 mit 996a 4–9 (die Antwort: Z 1040b 16–24, I 2).
62. Gemeint sind wohl die Pythagoreer und Platoniker.
63. Das vom Künstler zu schaffende Standbild des Gottes.
64. Antwort: M 1–3, 6–9, N 1–3, 5, 6.
65. Vgl. 1002b 12–32 mit 997a 34 bis 998a 19 bzw. 999b 24 bis 1000a 4.
66. Vgl. 987b 14–18.
67. Die Anhänger Platons.
68. Vgl. 999b 27 bis 1000a 4.
69. Vgl. 1002b 32 bis 1003a 5 mit 996a 10/11 (die Antwort: Θ 8, Λ 6, 7).
70. Vgl. 1003a 5–17 mit 996a 9/10, 1060b 19–23 (die Antwort: Z 13, 15, M 10).

IV. Buch (Γ)

1. Vgl. Düring, *Aristoteles*. 587, 598, 600 ff.
2. Anscheinend ein Hinweis auf eine nicht mehr erhaltene Abhandlung περὶ ἐναντίων (vgl. I 1054a 30, 1004b 34, *Frgm. 115–121* Rose). Aristoteles dürfte die Thematik auch in der verlorenen Schrift *Über das Gute* (περὶ τἀγαθοῦ) behandelt haben (vgl. Düring, *Aristoteles*. 184 f.).
3. Vgl. 1004a 2–9 mit B 995b 10–13, 997a 15–25, E 1 (vgl. Apostle, 283[19]).
4. Vgl. B 995b 18–27, 997a 25–34.
5. Vgl. Düring, *Aristoteles*. 72, 239, 414[88], 463.
6. Pythagoreer.
7. Parmenides im *Weg der Meinung*.

8. Platoniker.
9. Empedokles.
10. Vgl. 1003b 22 bis 1005a 18 mit B 995b 18–27, 997a 25–34, das ganze Kap. mit K 3.
11. Vgl. 1005a 19 bis b 2 mit K 4.
12. Wohl ein Hinweis auf Antisthenes (vgl. Ross, *Met.* I, 263).
13. Zur ὑπόθεσις vgl. Ross, *Met.* I, 263. Düring, *Aristoteles.* 96.
14. Vgl. K 1062a 31–35. Zu Heraklits Lehrmeinung vgl. 1010a 10, 1012a 24, 34, K 1063b 24.
15. Vgl. Kap. 3 mit B 995b 6–10, 996b 26 bis 997a 15; 1005b 8–34 mit K 1061b 34 bis 1062a 2.
16. Vgl. 1005b 23–25.
17. Es könnte damit die megarische Schule gemeint sein (vgl. Ross, *Met.* I, 268. Tricot, *Met.* II, 488[2]).
18. Gemeint ist wohl Antisthenes (vgl. 1005b 2).
19. Zur petitio principii vgl. Tricot, *Met.* I, 199[1].
20. Vgl. 1006a 5–18 mit K 1062a 2–5.
21. Vgl. 1006a 26–28 (Ross, *Met.* I, 268 und Jaeger z. St.).
22. Vgl. Plat., *Theait.* 183a.
23. Vgl. 1006a 21, 31.
24. μουσικός: ›musisch‹ im Sinne von ›gebildet‹.
25. Vgl. 1006b 11–15.
26. Vgl. 1006a 18 bis 1007a 20 mit K 1062a 5–20; 1006b 28–34 mit 1062a 20–23.
27. Gemeint ist sein Relativismus.
28. Vgl. Plat., *Phaid.* 72c.
29. Vgl. U. Arnold, *Die Entelechie. Systematik bei Platon und Aristoteles.* Wien/München 1965. Düring, *Aristoteles.* 617 ff.
30. Vgl. 1007b 18 bis 1008a 2 mit K 1062a 23–30.
31. Vgl. 1008a 4–7 mit K 1062a 36 bis b 7.
32. Vgl. Apostle, 289[38].
33. Vgl. 1006b 17, 1007a 6.
34. Vgl. 1008b 22–27 mit K 1063a 28–35 (Plat., *Theait.* 171e bis 172b).
35. Vgl. G. Mainberger, *Die Seinsstufung als Methode und Metaphysik.* Bes. 211[1/2].
36. Vgl. Tricot, *Met.* I, 217[1].
37. Vgl. 1009a 16–22 mit K 1063b 7–16.
38. Vgl. Anaxagoras. *Frgm. 1, 4, 6, 11* (Diels/Kranz).
39. Vgl. 1009a 6–16, 20–30 mit K 1062b 12–24.

40. Vgl. 1009a 30–36 mit K 1062b 24–33.
41. Die Schule des Protagoras.
42. Vgl. Demokrit. *Frgm. 10* (Diels/Kranz).
43. Vgl. Empedokles. *Frgm. 106* (Diels/Kranz).
44. Vgl. *Frgm. 108* (Diels/Kranz).
45. Vgl. Parmenides. *Frgm. 16* (Diels/Kranz).
46. Vgl. Hom., *Il.* 23, 698, wo allerdings nicht auf Hektor Bezug genommen wird. Auch in *De an.*, 404a 27 f., hat Aristoteles diese nicht überlieferte Stelle im Auge (vgl. Tricot, *Met.* I, 222[1]).
47. Vgl. 1009a 38 bis b 33 mit K 1063a 35 bis b 7.
48. Vgl. Leutsch/Schneidewin, *Paroemiographi.* II, 677.
49. Vgl. 1009a 32.
50. Vgl. Epicharmos (dorisch-sizilischer Komödiendichter im 5. Jh.), *Frgm. 252* (Kaibel).
51. Heraklit. *Frgm. 91* (Diels/Kranz).
52. Vgl. 1010a 22–25 mit K 1063a 22–28.
53. Vgl. 1010a 25–32 mit K 1063a 10–17.
54. Vgl. 1009a 36–38.
55. Vgl. *Theait.*, 178b bis 179a.
56. Vgl. Ross, *Met.* I, 277. Tricot, *Met.* I, 226[5].
57. Vgl. 1010b 1–26 mit K 1062b 33 bis 1063a 10.
58. Zu αἴσθημα, αἴσθησις usw. vgl. Tricot, *Met.* I, 228.
59. Vgl. 1011a 13–16 mit K 1063b 7–10 (z. St. vgl. Ross, *Met.* I, 280 f.).
60. Vgl. 1009a 38 bis 1010a 15.
61. Zum »Experiment des Aristoteles« vgl. Düring, *Aristoteles.* 569.
62. Vgl. 1011a 31–34 mit K 1062b 33 bis 1063a 10.
63. Vgl. 1011a 19.
64. Vgl. 1011b 17–22 mit K 1063b 17–19.
65. Vgl. K. Oehler, *Die Lehre vom noetischen und dianoetischen Denken bei Platon und Aristoteles* (= Zetemata 29). München 1962, 247. Tricot, *Met.* I, 236[3].
66. Vgl. 1011b 23 bis 1012a 24 mit K 1063b 19–24.
67. Vgl. 983a 19, Θ 1047b 6.
68. Vgl. 1006a 18–22.
69. Vgl. Jaeger z. St.
70. Vgl. 1012a 24 bis b 18 mit K 1063b 24–35; 1012b 13–18 mit 1062b 7–9.
71. Vgl. Düring, *Aristoteles.* 597.

V. Buch (Δ)

1. Oder ›Anfang‹, ›Ausgangspunkt‹. Zum ἀρχή-Begriff und dessen Mehrdeutigkeit vgl. Ross, *Met.* I, 290. Tricot, *Met.* I, 245[2]. Düring, *Aristoteles.* 224, 452[132].
2. ἀρχή bedeutet auch ›Herrschaft‹, ›Behörde‹.
3. Zum τἀγαθὸν καὶ τὸ καλόν vgl. M 1078a 31 bis b 6, *EE.* 1248b 16–37, *Rhet.*, 1366a 33–36.
4. Vgl. *Phys.*, 194b 23 bis 195b 21 (Düring, *Aristoteles.* 238).
5. Causa materialis.
6. Causa formalis.
7. Causa efficiens.
8. Vgl. *Top.*, 146b 36.
9. Vgl. Tricot, *Met.* I, 252[1].
10. φύσις und φύεσθαι gehören derselben Wurzel an, φύεσθαι (wachsen) hat in der Regel langes υ.
11. Vgl. Düring, *Aristoteles.* 377.
12. Vgl. Düring, *Aristoteles.* 325–329.
13. Vgl. *Frgm. 8* (Diels/Kranz).
14. Vgl. 1023a 28, Plat., *Tim.* 58d.
15. *Frgm. 8* (Hiller). Euenos von Paros (2. Hälfte des 5. Jh.s), Dichter, Rhetor und Lehrer, der der Sophistik nahestand.
16. *El.*, 256.
17. Koriskos von Skepsis war Mitglied einer platonischen Schule. Als Beispiel fungiert er noch in E 1026b 18, Z 1037a 7 und anderen Schriften.
18. Vgl. Θ 7.
19. Hinweis auf die Pythagoreer und Platon.
20. Vgl. H 1042a 29.
21. Vielleicht ein Verweis auf Platons mündliche Unterweisung (H. J. Krämer, *Arete bei Platon und Aristoteles.* 259[32], 291[100], 293[105], 415, 432).
22. δυνατόν und ἀδύνατον bedeuten sowohl ›vermögend-unvermögend‹ als auch ›möglich-unmöglich‹.
23. Vgl. Ross, *Met.* I, 330. Tricot, *Met.* I, 296[2].
24. Bei den Sykophanten – die Bedeutung des Wortes ist ungeklärt – handelte es sich ursprünglich um eine Gruppe von Leuten, die vor Gericht als Ankläger im Dienste einer Partei auftraten. Später galt die Bezeichnung Sykophant (oft erpresserische Berufskläger) als Schimpfwort.

25. α-privativum (vgl. lt. in-).
26. Vgl. Hes., *Theog*. 517.
27. Vgl. *De caelo*, 284a 20–26.
28. Fest zur Reifezeit des Getreides vor der Ernte.
29. Gemahlin des Prometheussohnes Deukalion, Ahnherrin des nachsintflutlichen Menschengeschlechtes (vgl. Ov., *Met.* I, 260 bis 415).
30. Vgl. 1017a 24–27.
31. Die σκιαγραφία führte man auf Apollodoros *Skiagraphos* zurück, dessen Schüler Zeuxis in seiner Malerei besonders auf den Ablauf von Licht und Schatten achtete. Vgl. *Rhet.*, 1414a 8. Plat., *Phaid.* 69b; *Pol.*, 365c, 602d; *Theait.*, 208e.
32. Von den Sophisten stark beeinflußter Sokratiker (um 455/50 bis 365), galt als Begründer der kynischen Schule (vgl. Ross, *Met.* I, 346 f. Tricot, *Met.* I, 318[3]).
33. Vgl. *Hipp. min.*, 365–369.
34. Vgl. *Hipp. min.*, 371–376.
35. Vgl. *An. post.*, 75a 18–22, 39–41, 76b 11–16.

VI. Buch (E)

1. Vgl. zu diesem Buch Düring, *Aristoteles.* 587–589.
2. Vgl. Kap. 1 mit B 955b 10–13, 997a 15–25, K 7.
3. Vgl. Δ 7.
4. Vgl. Plat., *Soph.* 237a, 254a.
5. Zum bedeutsamen Ausdruck ἀνάγκη vgl. H. Schreckenberg, *Ananke. Untersuchungen zur Geschichte des Wortgebrauches* (= Zetemata 36). München 1964.
6. Vgl. Λ 6–8.
7. Vgl. Θ 10.
8. Vgl. Kap. 2–4 mit K 1064b 15 bis 1065a 26.

VII. Buch (Z)

1. Vgl. Δ 7.
2. Die frühen Naturphilosophen von Milet und Elea.
3. Empedokles und die Pythagoreer.

4. Anaxagoras und die Atomisten.
5. Pythagoreer (Platoniker).
6. Die ionischen Naturphilosophen.
7. Vgl. A 987b 14.
8. Speusippos, Platons Neffe und Nachfolger als Schuloberhaupt der Akademie, stand dem Pythagoreismus sehr nahe (vgl. Ph. Merlan, *Zur Biographie des Speusippos.* Philol. 103, 1959, 198–214. H. J. Krämer, *Geistmetaphysik.* 207–218, 351–358).
9. Vgl. Λ 1075b 37, M 1076a 21, 1080b 14, N 1090b 19, 1091a 34.
10. Die xenokratische Richtung (vgl. M 1076a 20).
11. Zur Textsituation dieses Abschnittes vgl. Ross, *Met.* II, 166.
12. Vgl. 1028b 33–36.
13. Vgl. Tricot, *Met.* I, 357[3].
14. Vgl. *De sensu*, 442b 11.
15. Vgl. 1037b 14–21.
16. Vgl. Plat., *Soph.* 237, 256.
17. Vgl. 1029b 30.
18. Vgl. *An. post.*, 73a 37 bis b 3.
19. Vgl. 1030a 17 bis b 13.
20. Vgl. Ross, *Met.* II, 173 f.
21. Vgl. 1030a 17 bis b 13.
22. Zum Abschnitt vgl. Ross, *Met.* II, 176 f. Tricot, *Met.* I, 370–373.
23. Zu dieser Einteilung vgl. Λ 1070a 6 (dazu unterschiedlich: *Phys.*, 198a 10, K 1065b 3).
24. Vgl. K. Oehler, *Ein Mensch zeugt einen Menschen. Über den Mißbrauch der Sprachanalyse in der Aristotelesforschung.* Frankfurt a. M. 1963. Düring, *Aristoteles.* 531.
25. Vgl. E 1025b 22.
26. Vgl. 1032b 23–30, 1034a 9–21, b 4–7.
27. Vgl. 1032a 17.
28. Vgl. 1033a 25.
29. Zum Text vgl. Ross, *Met.* II, 193.
30. Vgl. Ross, *Met.* II, 197 f.
31. Jaeger streicht »wenn . . . handelt«.
32. Der Passus von »Der Stoff aber ist . . . das Mathematische« ist nach Jaeger ein Einschub.
33. Die Pythagoreer.
34. Vgl. Plat., *Theait.* 147d; *Soph.*, 218b; *Pol.*, 257c; *Epp.*, 358d.
35. Vgl. 1035a 30 bis b 3.
36. Vgl. 1036a 16/17, H 1043b 2–4.

37. Vgl. die Abhandlungen M, N.
38. Vgl. Z 12, H 6.
39. Vgl. Kap. 4.
40. Vgl. Kap. 10 und 11.
41. Vgl. Kap. 5.
42. Vgl. Kap. 6.
43. Vgl. *An. post.*, II, 3–10, 13.
44. Vgl. ebd. 97a 29.
45. Vgl. Kap. 4–6, 10–12.
46. Vgl. Kap. 3.
47. Vgl. A 990b 17.
48. Vgl. *De caelo*, 303a 6; *De gen. et corr.*, 325a 35.
49. Vgl. 1031a 11–14.
50. Vgl. Z 15, H 6.
51. Vgl. Kap. 8.
52. Vgl. 1040a 17.
53. Vgl. *De an.*, 411b 19, 413b 16; *De gen. an.*, 731a 21.

VIII. Buch (H)

1. Vgl. Z 1.
2. Vgl. Z 2.
3. Vgl. Z 1028b 33–36.
4. Vgl. Z 4–6, 12, 15.
5. Vgl. Z 10, 11.
6. Vgl. Z 13, 14, 16 (1040b 16 bis 1041a 5).
7. Vgl. M und N.
8. Vgl. *Phys.*, 225a 12–20; *De gen. et corr.*, 317a 17–31.
9. Vgl. A 985b 13–19.
10. Archytas von Tarent, Pythagoreer und enger Freund Platons. Er behandelte Akustik, Musiktheorie, Mathematik und Mechanik (Diels/Kranz, *VS.* I, 421–439).
11. Vgl. Z 8.
12. Vgl. N 1091a 7.
13. Vgl. M 6, 7.
14. Hinweis auf die hippokratische Lehre (vgl. *Hist. anim.* 487a 1).
15. Vgl. *De gen. et corr.*, 335b 6.
16. Vgl. Z 12, H 1044a 2–6.

17. Lykophron war ein Redner und Sophist der gorgianischen Richtung (vgl. *Top.*, 174b 32; *Phys.*, 185b 28; *Pol.*, 1280b 10; *Rhet.*, 1405b 35, 1406a 7, 1410a 17).
18. Vgl. 1045a 23–33.

IX. Buch (Θ)

1. Vgl. Z, H.
2. Vgl. Z 1.
3. Vgl. Θ 1048a 27 bis b 6, Kap. 6–10.
4. Vgl. Δ 12.
5. Die Megariker, die sich in der Nachfolge des Sokratesschülers Eukleides von Megara zu Beginn des 4. Jh.s zusammengetan hatten, nahmen als Dialektiker vornehmlich auf die Logik des Aristoteles Einfluß (vgl. Ross, *Met.* II, 244).
6. Vgl. 1047a 24–26.
7. Zum Text vgl. Ross, *Met.* II, 247, Jaeger z. St.
8. ἀδύνατος heißt sowohl ›unvermögend‹ als auch ›unmöglich‹.
9. Zum Abschnitt 1048b 18–35 vgl. Jaeger z. St.
10. Vgl. Δ 11.
11. Vgl. Z 7, 8.
12. Vgl. *Phys.*, VI, 6.
13. Pauson (vielleicht aus Athen), den Aristophanes (z. B. *Ach.*, 854) und Aristoteles (vgl. *Poet.*, 1448a) erwähnen, stand sozusagen an der Peripherie der künstlerischen Bestrebungen seiner Zeit. Die ›Tricks‹ seiner illusionistischen Malerei wurden belächelt (vgl. Ross, *Met.* II, 263. L. Guerrini, EAA 5 (1963) 998. Düring, *Aristoteles.* 621).
14. Vgl. 1049b 17–29.
15. Etwa Empedokles (vgl. *De caelo*, 284a 24–26).
16. Vgl. A 987b 31.

X. Buch (I)

1. Vgl. Δ 6.
2. Vgl. Protagoras. *Frgm. 1* (Diels/Kranz).
3. Vgl. B 1001a 4 bis b 25.
4. Gemeint sind Empedokles, Anaximenes und Anaximander.

5. Vgl. Z 13.
6. Zum Text vgl. Ross, *Met.* II, 287.
7. Vgl. Γ 1004a 2.
8. Zum Text vgl. Ross, *Met.* II, 288.
9. Vgl. Δ 9.
10. Vgl. Δ 22.
11. Vgl. 1055b 4–6.
12. Vgl. N 1087b 7.
13. Vgl. Anaxagoras. *Frgm. 1* (Diels/Kranz).
14. Vgl. Δ 1021a 26–30.
15. Vgl. dazu Plat., *Tim.* 67e ff.
16. Vgl. Kap. 4.
17. Vgl. 1055a 16.
18. Vgl. 1054b 35.
19. Hier mit der Bedeutung von ›Art‹. Zum ›nicht-technischen‹ Gebrauch von γένος vgl. Ross, *Met.* II, 305. Tricot, *Met.* II, 575[1].
20. Der sinnlich erfaßbare Einzelmensch.
21. Der Mensch an sich.

XI. Buch (K)

1. Vgl. A 3–10.
2. Vgl. B 996a 18 bis b 26.
3. Vgl. B 996b 26 bis 997a 15.
4. Vgl. B 997a 15–25.
5. Zu Text und Übersetzung vgl. Ross, *Met.* II, 308. Apostle, 176.
6. Vgl. B 997a 25–34.
7. Vgl. *Phys.* II, 3.
8. Vgl. B 996a 21 bis b 1.
9. Vgl. A 9.
10. Hier nicht in dem Sinne wie in A 990b 17, Z 1039a 2, M 1079a 13.
11. Vgl. B 997a 34 bis 998a 19.
12. Gemeint sind die Naturphilosophen.
13. Vgl. B 998b 15.
14. Vgl. B 998a 20 bis 999a 23.
15. Vgl. 1059b 24–38.

16. Vgl. Β 999a 24 bis b 24.
17. Vgl. Β 996a 2–4, 1000a 5 bis 1001a 3.
18. Zum Seienden und Einen vgl. Γ 1003b 22–34, Ι 1054a 13–19.
19. Die Platoniker.
20. Vgl. Β 1001a 4 bis 1002b 11.
21. Vgl. Β 1003a 5–17.
22. Vgl. Β 999a 24 bis b 24.
23. Vgl. Β 999b 24 bis 1000a 4.
24. Vgl. den Hinweis auf περὶ τἀγαθοῦ bei Ps-Alex., 643, 2 (H. J. Krämer, *Arete bei Platon und Aristoteles*. 272).
25. Vgl. *EN*. 1129b 11 bis 1130a 13.
26. Vgl. 1059a 20–23.
27. Vgl. Γ 1005a 19 bis b 2, Κ 1059a 23–26.
28. Vgl. Γ 1005b 8–34.
29. Vgl. Γ 1006a 5–18.
30. Vgl. Γ 1006a 18 bis 1007a 20.
31. Vgl. Γ 1006b 28–34.
32. Vgl. Γ 1007b 18 bis 1008a 2.
33. Vgl. Γ 1005b 23–26.
34. Vgl. Γ 1008a 6/7.
35. Vgl. Γ 1012b 13–18.
36. Vgl. *Frgm. 1* (Diels/Kranz).
37. Vgl. Γ 1009a 6–16, 22–30.
38. Vgl. *Phys.*, I, 7–9. *De gen. et corr.*, 317b 14 bis 319b 5.
39. Vgl. Γ 1009a 30–36.
40. Vgl. *De somn.*, 461b 30; *Probl.*, 958a 24 (Düring, *Aristoteles*. 279).
41. Vgl. Γ 1010b 1–26, 1011a 31–34.
42. Vgl. Γ 1010a 25–32.
43. Vgl. Γ 1010a 22–25.
44. Vgl. Γ 1008b 12–27.
45. Vgl. Γ 1009a 38 bis b 33.
46. Vgl. 1062b 20 bis 1063b 7.
47. Vgl. Γ 1009a 16–22, 1011a 3–16.
48. Vgl. Γ 1011b 15–22.
49. Vgl. Γ 1011b 23 bis 1012a 24.
50. Vgl. 1062a 31 bis b 2.
51. Vgl. Γ 1012a 24 bis b 18.
52. Vgl. Λ 6, 7.
53. Vgl. Ε 1, Κ 1059a 26–29.

54. Vgl. Plat., *Soph.* 254a.
55. Vgl. *Phys.*, 196b 21–25.
56. Vgl. *Phys.*, 197a 5–14.
57. Vgl. *Phys.*, 197a 25–27.
58. Vgl. *Phys.*, 198a 5–13.
59. Vgl. *Phys.*, 200b 26–28.
60. Vgl. *Phys.*, 200b 32 bis 201a 19.
61. Vgl. *Phys.*, 201b 6, 7.
62. Zum Text vgl. auch Apostle, 387[5].
63. Die Pythagoreer und Platoniker (vgl. Plat., *Soph.* 256d; *Tim.* 57e).
64. Vgl. 1065b 22 bis 1066a 27 mit *Phys.*, 201a 27 bis 202a 3.
65. Vgl. *Phys.*, 204a 8/9 bzw. 203a 1–16.
66. Vgl. *Phys.*, 204a 3–14.
67. Vgl. *Phys.*, 204a 14–17.
68. Vgl. *Phys.*, 204a 20–32.
69. Vgl. *Phys.*, 204a 34 bis b 8.
70. Damit ist Anaximander mit seiner ἄπειρον-Theorie gemeint (vgl. P. Seligman, *The »Apeiron« of Anaximander.* London 1962).
71. Vgl. *Phys.*, 204b 10–24.
72. Vgl. Heraklit. *Frgm. 30, 66, 90* (Diels/Kranz).
73. Vgl. *Phys.*, 204b 32 bis 205a 7.
74. Vgl. *Phys.*, 205a 10–25.
75. Vgl. *Phys.*, 205a 29–32.
76. Oben, unten, rechts, links, vorne, hinten (vgl. *Phys.*, 205b 31–34, 208b 11–25).
77. Vgl. *Phys.*, 205b 24 bis 206a 7.
78. Vgl. *Phys.*, 207b 21–25.
79. Vgl. *Phys.*, 224a 21 bis b 1.
80. Vgl. *Phys.*, 224b 11–16.
81. Vgl. *Phys.*, 224b 28–30.
82. Vgl. E 1026a 33 bis b 2, 1027b 18/19.
83. Vgl. Ross, *Met.* II, 341.
84. Vgl. 1067b 14 bis 1068b 15 mit *Phys.*, 225a 3 bis 226a 16.
85. Vgl. *Phys.*, 226a 23–29.
86. Vgl. *Phys.*, 226b 10–16.
87. Vgl. *Phys.*, 226b 21–25.
88. Zur Stellung dieses Satzes im Text vgl. Ross, *Met.* II, 345 f.
89. Vgl. *Phys.*, 226b 32 bis 227a 31.

XII. Buch (Λ)

1. Platons Anhänger.
2. Vgl. Düring, *Aristoteles.* 255[66], 293.
3. Diese Ansichten vertraten Platon, Xenokrates und Speusippos (vgl. H. J. Krämer, *Geistmetaphysik.* 147 ff. Düring, *Aristoteles.* 202 ff.).
4. An sich setzt hier – das zeigt der ungebrochene Gedankengang – kein neues Kap. ein.
5. Vgl. Anaxagoras. *Frgm. 1* (Diels/Kranz).
6. Anaximandros von Milet (um 610 bis 547) war Schüler und Nachfolger des Thales. Seine Prosaschrift *Über die Natur* gilt als die älteste philosophische Abhandlung der Griechen (vgl. Diels/Kranz, *VS.* I, 81–90. U. Hölscher, *Anaximander und die Anfänge der Philosophie.* In: *Um die Begriffswelt der Vorsokratiker* [WdF 9]. Darmstadt 1968, 95–176, z. St. vgl. Ross, *Met.* II, 350 ff.).
7. Vgl. Diog. Laert., 2, 3, 1.
8. Zum zerrütteten Zustand des Textes vgl. Alex., 673, 34.
9. Vgl. Ross, *Met.* II, 355.
10. Zum Text vgl. Ross, *Met.* II, 361 und Jaeger z. St.
11. Vgl. Jaeger z. St.
12. Zum Text vgl. Apostle, 397 (5[1]).
13. Vgl. *Phys.*, 194b 13; *De gen. et corr.*, 336a 31 bis b 9.
14. Vgl. 1071a 17.
15. Vgl. 1070b 17.
16. Vgl. 1069a 30/31.
17. Vgl. Z 1028a 31 bis b 2.
18. Vgl. *Phys.*, VIII, 1–3.
19. Vgl. *Phys.*, 219b 1–10, 251b 28.
20. Vgl. *Phys.*, 261a 31 bis b 26, 261b 27 bis 263a 3, 264a 7 bis 265a 12.
21. Zur platonischen Auffassung vgl. A 988b 1–6.
22. Vgl. Hes., *Erga* 17; *Theog.*, 116 ff. Orpheus. *Frgm. 12* (Diels/Kranz). Musaios. *Frgm. 14* (Diels/Kranz).
23. Vgl. Anaxagoras. *Frgm. 1* (Diels/Kranz).
24. Vgl. *De caelo*, 300b 8.
25. Vgl. *Tim.*, 30a.
26. Vgl. *Phaidr.*, 245c; *Nom.*, 894e.
27. Vgl. *Tim.*, 34b.

28. Vgl. 1071b 22–26.
29. Vgl. Anaxagoras. *Frgm. 1* (Diels/Kranz).
30. Vgl. *De caelo*, 288a 15, 292b 22.
31. Zum Text vgl. Ross, *Met.*, II, 374 und Jaeger z. St. (*Phys.*, 256b 21).
32. Vgl. *De an.*, 432a 15 bis 434a 21 (Tricot, *Met.* II, 676[2]).
33. Vgl. *EN.* 1096a 19 bis b 29.
34. Vgl. Δ 5.
35. Vgl. A 982b 19 bis 983 a 11, *EN.* 1177a 12 bis 1178a 8.
36. Vgl. 1075a 36.
37. Vgl. Z 1028b 21, N 1091a 34, 1092a 11.
38. Vgl. Θ 1049b 17–27.
39. Vgl. *Phys.*, 266a 24 bis b 6.
40. Vgl. *Phys.*, III, 5; *De caelo*, I, 5.
41. Vgl. 1072b 8/9.
42. Diese Ansicht vertrat Platon (*Phys.*, 206b 32) und seine Anhängerschaft (M 1084a 12, 1084a 31).
43. Vgl. *Phys.*, VIII, 8, 9; *De caelo*, I, 2, II, 3–8.
44. Vgl. 1073a 5–11.
45. Vgl. Ross, *Met.* II, 384 f. Düring, *Aristoteles.* 214–218.
46. Kallippos aus Kyzikos (4. Jh.), Freund des Eudoxos von Knidos, dessen Theorie der konzentrischen Sphären er verbesserte und erweiterte (vgl. O. Neugebauer, *The transmission of planetary theories in ancient and medieval astronomy.* New York 1953. M. Untersteiner, *La cronologia di Aristotele.* Met. XII, 8; *Eudosso e Calippo*, RFIC 94, 1966, 34–41).
47. Vgl. 1073b 35, 38 bis 1074a 4.
48. Zum Text vgl. Ross, *Met.* II, 394.
49. Vgl. Tricot, *Met.* II, 695[4].
50. Zum Gedanken der zyklischen Wiederkehr der Kultur vgl. Plat., *Tim.* 22c, 23a/b; *Krit.*, 109d; *Nom.*, 677b. Arist., *De caelo.* 270b 19; *Meteor.*, 339b 27; *Pol.*, 1329b 25.
51. Vgl. Tricot, *Met.* II, 701[2]. H. J. Krämer, *Geistmetaphysik.* 166.
52. Zum Text vgl. Ross, *Met.* II, 398 f.
53. Platon und seine Anhänger (N 1088b 28–33, 1089a 35 bis b 8, 1091b 35–37).
54. Speusippos (N 1087b 4–9).
55. Die Pythagoreer und Speusippos (Λ 1072b 30–34).
56. Vgl. A 985a 4.

57. Vgl. Empedokles. *Frgm. 17*, 18–20 (Diels/Kranz).
58. Vgl. A 989a 30.
59. Hesiod und die anderen Kosmologen (1072a 19).
60. Die Eleaten (A 986b 10).
61. Vgl. N 1087a 29, Γ 1004b 30.
62. Vgl. Plat., *Pol.* 477.
63. Vgl. 1071b 15–20.
64. Speusippos (Z 1028b 21, N 1090b 13–20).
65. Vgl. Hom., *Il.* 2, 204.

XIII. Buch (M)

1. Vgl. *Phys.*, I.
2. Vgl. Z, H, Θ.
3. Platon und seine Nachfolge (A 987b 14–18).
4. Xenokrates.
5. Speusippos.
6. Vgl. Kap. 2, 3.
7. Vgl. Kap. 4, 5.
8. Zu diesem für die Publikation freigegebenen Werk vgl. Ross, *Met.* II, 408–410. Düring, *Aristoteles.* 283[219].
9. Vgl. Kap. 6–9.
10. Vgl. B 998a 7–19. Apostle, 410[10].
11. Gemeint sind neben Platon Speusippos und Xenokrates.
12. Vgl. B 998a 7–19.
13. Zur Bedeutungsgleichheit von ›abgetrennt‹ und ›an sich‹ vgl. Δ 1022a 35/36.
14. Vgl. B 997b 12–34.
15. Vgl. Ross, *Met.* II, 413. Apostle, 411[18].
16. Vgl. Apostle, 411[19].
17. Vgl. E 1026a 25, M 1077a 9.
18. Vgl. B 996a 32, ein Hinweis auf Aristipp (vgl. Düring, *Aristoteles.* 169, 283).
19. Ein nicht eingelöstes Versprechen.
20. Vgl. Kap. 2, 3.
21. Vgl. 1077a 17–20, 24 bis b 11.
22. Platon und seine Anhänger (vgl. Ross, *Met.* II, 420 f.).
23. Vgl. Heraklit. *Frgm. 91* (Diels/Kranz).
24. Vgl. *Phys.*, 194a 20/21.

25. Vgl. Ross, *Met.* II, 422.
26. Vgl. 1078b 32 bis 1079b 3 und 1079b 12 bis 1080a 6 mit A 990b 1 bis 991b 9.
27. Vgl. Z 1039a 2, *Soph. El.* 178b 36 bis 179a 10.
28. Vgl. 1078b 34 bis 1079b 3 mit A 990b 2 bis 991a 8.
29. 100d.
30. Vgl. 1079b 12 bis 1080a 8 mit A 991a 8 bis b 9.
31. Vgl. 1080a 15–20.
32. Vgl. 1080a 23–35.
33. Vgl. 1076a 38 bis b 11.
34. Platon.
35. Speusippos.
36. Vielleicht ein Platoniker geringerer Bedeutung (vgl. Ross, *Met.* II, 429).
37. Xenokrates.
38. Das geht wohl auf Platon (A 992b 13–18).
39. Speusippos.
40. Xenokrates.
41. Vgl. 1080b 19.
42. Xenokrates ist gemeint.
43. Vgl. 1080a 18–20, 23–35.
44. Platon.
45. Zum Text vgl. Jaeger z. St.
46. Vgl. 1081a 5–17.
47. Hinweis auf Platon.
48. Vgl. 1080a 18–20, 23–35.
49. Speusippos (1076a 21/22).
50. Vgl. 1080b 37 bis 1083a 17.
51. Die des Xenokrates (1080b 22–23).
52. Vgl. 1080b 16–21.
53. Vgl. 1080a 15 bis b 36.
54. Platon, vielleicht auch Speusippos.
55. Vgl. A 992a 22.
56. Vgl. N 1090b 21–24.
57. Die Atomisten.
58. Zum Text vgl. Ross, *Met.* II, 454. Apostle, 429[78].
59. Vgl. A 992a 10–24, N 1089b 11–14 (E. Dönt, *Platons Spätphilosophie.* 71).
60. Vgl. 1085a 7–19 mit A 992a 10–19.
61. Vgl. A 992b 1–7, N 1088a 15–21.

62. Wohl Speusippos.
63. Wohl Platon und Xenokrates.
64. Vgl. 1082a 20–24.
65. Vgl. 1083b 36.
66. Speusippos.
67. Speusippos.
68. Xenokrates.
69. Platon.
70. *Frgm. 14* (Diels/Kranz).
71. Vgl. *Phys.*, I, 4–6; *De caelo*, III, 3/4; *De gen. et corr.*, I, 1.
72. Speusippos (N 1090a 7–15, 20 bis b 20).
73. Vgl. B 1003a 7–17.
74. Vgl. 1078b 17–30.
75. Vgl. B 999b 24 bis 1000a 4, 1003a 5–17.
76. Vgl. 1079b 6.
77. Zum Text vgl. Jaeger z. St.
78. Zum Text vgl. Ross, *Met.* II, 465 und Jaeger z. St.

XIV. Buch (N)

1. Platon.
2. Speusippos.
3. Platon.
4. Vgl. 1088a 18, 1089b 12.
5. Vgl. Ross, *Met.* II, 471. Apostle, 435[12].
6. Vielleicht Pythagoreer oder Platoniker.
7. Speusippos.
8. Zum Text vgl. Ross, *Met.* II, 473 f.
9. Vgl. Θ 1050b 7–17; *De caelo*, I, 12.
10. Wohl Xenokrates (vgl. Ross, *Met.* II, 474 f. H. J. Krämer, *Geistmetaphysik.* 32[39]. Apostle, 437[7]).
11. Vgl. *Frgm. 7* (Diels/Kranz).
12. Zum Text vgl. Ross, *Met.* II, 475.
13. Platon (vgl. *Soph.*, 237a, 240).
14. Speusippos.
15. Vgl. M 3.
16. Vgl. A 989b 29 bis 990a 29.
17. Speusippos.
18. Vgl. M 3.

19. Speusippos, Xenokrates und andere Platoniker.
20. Wahrscheinlich einige Pythagoreer oder Platoniker (vgl. Ross, *Met.* II, 481. Apostle, 441[13]).
21. Speusippos und sein Anhang (vgl. Z 1028b 21–24, M 1075b 37 bis 1076a 4, 1085a 31–34).
22. Vgl. Λ 1076a 1 (H. J. Krämer, *Geistmetaphysik.* 188, 204 f. E. Dönt, *Platons Spätphilosophie.* 69 f.).
23. Vgl. E. Dönt, *Platons Spätphilosophie.* 74.
24. Gemeint ist Platons Alterslehre (vgl. E. Dönt, *Platons Spätphilosophie.* 46).
25. Platon.
26. Vgl. Simonides aus Keos, *Frgm. 189* Bergk.
27. Vgl. Tricot, *Met.* II, 821[3]. Apostle, 442[30/31].
28. Die Platoniker (vielleicht auch Pythagoreer), vgl. Ross, *Met.* II, 484. E. Dönt, *Platons Spätphilosophie.* 49.
29. Platon und seine Anhänger (M 1081a 24/25).
30. Vgl. *De caelo*, 279b 32 bis 280a 10.
31. Vgl. etwa Hesiod (B 1000a 9, Λ 1071b 27, 1075b 26).
32. Speusippos (vgl. Λ 1072b 31).
33. Die Platoniker.
34. Vgl. Hes., *Theog.* 116.
35. Vgl. Hom., *Il.* 14, 201.
36. Vgl. Λ 1071b 26.
37. Pherekydes von Syros (Mitte des 6. Jh.s), ein Vorsokratiker, der allegorisch die Weltentstehung schilderte, indem er Zeus, Chronos (Zeit) und Chthonie (Erde) an den Beginn der Dinge stellte (vgl. *Frgm. 1,* Diels/Kranz).
38. Etwa Platon.
39. Vgl. H. J. Krämer, Geistmetaphysik. 158.
40. Speusippos.
41. Speusippos.
42. Platon und Xenokrates (vgl. H. J. Krämer, *Geistmetaphysik.* 32 f., 212 f.).
43. Vgl. Plat., *Tim.* 52ab.
44. Vgl. 1088b 1.
45. Speusippos (vgl. Λ 1072b 30–34).
46. Vgl. Düring, Aristoteles. 260.
47. Das ist gegen Speusippos gerichtet.
48. Vgl. Λ 1069b 3–9; *Phys.*, I, 7.
49. Speusippos.

50. Platon.
51. Vgl. Empedokles. *Frgm. 17* (Diels/Kranz).
52. Eurytos, ein Pythagoreer, der um die Wende des 5. zum 4. Jh. lebte (vgl. Diels/Kranz, *VS.* I, 419 f.). Vgl. Ross, *Met.* II, 494.
53. Vgl. Empedokles. *Frgm. 96* (Diels/Kranz).
54. Vgl. zu diesem Abschnitt Düring, *Aristoteles.* 257 f.
55. Vgl. Ross, *Met.* II, 498.
56. Vgl. Δ 1, 2.

LITERATURÜBERSICHT

(in Auswahl)

Bibliographien und Forschungsberichte

L'Année Philologique. Paris 1928 ff.

P. Wilpert, *Die Lage der Aristotelesforschung.* ZfphilosF 1 (1946) 123–40.

M. D. Philippe, *Aristoteles* (Bibliogr. Einf. i. d. Stud. d. Philos. 8). Bern 1948.

G. Verbeke, *Bulletin de littérature aristotélicienne.* RPhLouvain 56 (1958) 605–23.

F. Dirlmeier, *Zum gegenwärtigen Stand der Aristoteles-Forschung.* WrSt 76 (1963) 52–67.

A. H. Chroust, *The first thirty years of modern Aristotelian scholarship.* CeM 24 (1963) 27–57.

C. A. Viano, *Recenti studi italiani sul Aristotele.* RF 55 (1964) 187–205.

W. Totok, *Handbuch der Geschichte der Philosophie I* (Altertum). Frankfurt a. M. 1964, 217–63.

J. S. Bojarski, *Studia nad Arystotelesem w Polsce w latach 1944 bis 1964.* Meander 20 (1965) 271–88.

F. F. Schwarz, *Aristoteles. Zum derzeitigen Stand der Forschung.* Die Allgemeinbild. Höh. Schule 16. Wien 1967, 142–46.

Allgemeine Literatur zu Aristoteles

W. Jaeger, *Aristoteles. Grundlegung einer Geschichte seiner Entwicklung.* Berlin 1923 (²1955).

E. Rolfes, *Die Philosophie des Aristoteles als Naturerklärung und Weltanschauung.* Leipzig 1923.

W. D. Ross, *Aristotle.* London 1923 (⁵1960).

K. Schilling-Wollny, *Aristoteles' Gedanke der Philosophie.* München 1928.

H. Cherniss, *Aristotle's Criticism of Presocratic Philosophy.* Baltimore 1935.

H. Cherniss, *Aristotle's Criticism of Plato and the Academy I.* Baltimore 1944 (New York ²1962).

P. Gohlke, *Aristoteles und sein Werk*. Paderborn 1948 (²1952).

F. Dirlmeier, *Aristoteles*. In: *Festschr. A. Stohr* (Jb. f. d. Bistum Mainz 5), 1950, 161–71.

J. Zürcher, *Aristoteles' Werk und Geist*. Paderborn 1952 (dazu vgl. E. J. Schächer, *Ist das Corpus Aristotelicum nach-aristotelisch?* München 1963).

R. Stark, *Aristotelesstudien* (= Zetemata 8). München 1954 (2. Aufl. in Vorbereitung).

D. J. Allan, *Die Philosophie des Aristoteles* (übers. u. hrsg. v. P. Wilpert). Hamburg 1955.

A. E. Taylor, *Aristotle*. New York 1955.

I. Düring, *Aristotle in the ancient biographical tradition*. Göteborg 1957.

O. Gigon, *Interpretationen zu den antiken Aristoteles-Viten*. MH 17 (1958) 147–93.

H. J. Krämer, *Arete bei Platon und Aristoteles. Zum Wesen und zur Geschichte der platonischen Ontologie*. Heidelberg 1959.

I. Düring/G. E. L. Owen, *Aristotle and Plato in the Mid-fourth Century. Papers of the Symposium Aristotelicum held at Oxford 1957*. Göteborg, Stockholm, Uppsala 1960.

G. E. M. Anscombe/P. T. Geach, *Three philosophers, Aristotle, Aquinas, Frege*. Oxford 1961.

Aristote et les problèmes de méthode. Communications presentées au Symposium Aristotelicum tenu à Louvain 1960. Louvain 1961.

M. Plezia, *The human face of Aristotle*. CeM 22 (1961) 16–31.

J. M. Zemb, *Aristoteles in Selbstzeugnissen und Bilddokumenten*. Hamburg 1961.

E. Berti, *La filosofia del primo Aristotele*. Padova 1962.

O. Gigon, *Vita Aristotelis Marciana*. Berlin 1962.

J. Moreau, *Aristote et son école*. Paris 1962.

A. Cresson, *Aristote, sa vie, son oeuvre avec un exposé de sa philosophie*. Paris 1963.

M. Grene, *A portrait of Aristotle*. London 1963 (Chicago ²1967).

W. Bröcker, *Aristoteles*. Frankfurt a. M. ³1964.

A. H. Chroust, *A brief account of the traditional vitae Aristotelis*. REG 77 (1964) 50–69.

I. Düring, *Aristotle and the heritage from Plato*. Eranos 62 (1964) 84–99.

G. R. G. Mure, *Aristotle*. New York ²1964.

R. Bambrough (ed.), *New Essays on Plato and Aristotle.* London 1965.

E. Berti, *L'unità del sapere in Aristotele.* Padova 1965.

J. Brun, *Aristote et le Lycée.* Paris ²1965.

A. H. Chroust, *Aristotle's self portrayal.* LThPh 21 (1965) 161–74.

A. H. Chroust, *Aristotle enters the Academy.* CF 19 (1965) 21–29.

A. H. Chroust, *The genealogy of Aristotle.* CF 19 (1965) 139–46.

H. Flashar, *Die Kritik der platonischen Ideenlehre in der Ethik des Aristoteles.* In: *Synusia, Festgb. f. W. Schadewaldt.* Pfullingen 1965, 223–46.

W. Kullmann, *Zur wissenschaftlichen Methode des Aristoteles.* In: *Synusia, Festgb. f. W. Schadewaldt.* Pfullingen 1965, 247–74.

G. E. L. Owen, *The platonism of Aristotle.* PBA 51 (1965) 125–50.

J. H. Randall, *Aristotle.* New York ⁴1965.

H. Cherniss, *Die Ältere Akademie. Ein historisches Rätsel und seine Lösung* (übers. v. J. Derbolav). Heidelberg 1966.

A. H. Chroust, *Aristotle and Athens. Some comments on Aristotle's sojourns in Athens.* LThPh 22 (1966) 186–96.

A. H. Chroust, *Aristotle's flight from Athens in the year 323 B. C.* Historia 15 (1966) 185–92.

I. Düring, *Aristoteles. Darstellung und Interpretation seines Denkens.* Heidelberg 1966.

A. Stigen, *The Structure of Aristotle's Thought. A Introduction to the Study of Aristotle's Writings.* Oslo 1966.

C. Carbonara, *Aristotele (La filosofia greca).* Napoli ²1967.

A. H. Chroust, *Aristotle's last will and testament.* WrSt 80 (N. F. 1), 1967, 90–114.

J. M. E. Moravcsik (ed.), *Aristotle. A Collection of Critical Essays.* Garden City, New York 1967.

H. Weiss, *Kausalität und Zufall in der Philosophie des Aristoteles.* Darmstadt ²1967.

I. Düring, *Aristoteles.* RE Suppl. XI, 159–336.

A. H. Chroust, *Werner Jaeger and the reconstruction of Aristotle's lost work.* SO 42 (1968) 7–43.

G. E. R. Lloyd, *Aristotle. The growth and structure of his thought.* Cambridge 1968.

P. Moraux (Hrsg.), *Aristoteles in der neueren Forschung.* (WdF LXI) Darmstadt 1968.

W. Leszl, *Logic and metaphysics in Aristotle. Aristotle's treatment of types of equivocity and its relevance to his metaphysical theories.* Padova 1970.

H. Happ, *Hyle. Studien zum aristotelischen Materie-Begriff.* Berlin 1971.

H. Seidl, *Der Begriff des Intellekts (νοῦς) bei Aristoteles im philosophischen Zusammenhang seiner Hauptschriften.* Meisenheim 1971.

H. J. Krämer, *Das Verhältnis von Platon und Aristoteles in neuer Sicht.* ZPhF 26 (1972) 329–53.

K. Bärthlein, *Die Transzendentalienlehre der alten Ontologie I: Die Transzendentalienlehre im Corpus Aristotelicum.* Berlin 1972.

J. P. Lynch, *Aristotle's School. A study of a Greek educational institution.* Berkeley–Los Angeles–London 1972.

H. J. Krämer, *Aristoteles und die akademische Eidoslehre. Zur Geschichte des Universalienproblems im Platonismus,* AGPhilos 55 (1973) 119–90.

A.-H. Chroust, *Aristotle. New light on his life and on some of his lost works I–II.* London 1973.

C. Natali, *Cosme e divinitá. La struttura logica della teologia aristotelica.* L'Aquila 1974.

P. Grayeff, *Aristotle and his school. An inquiry of the history of the Peripatos, with a commentary on Met.Z,H, Λ and Θ.* London 1974.

E. Berti, *Studi aristotelici.* L'Aquila 1975.

Textausgaben der Metaphysik

Aristotelis opera, ex rec. I. Bekkeri. 5 Bde. Berlin 1831–70 (*Metaphysik* im II. Bd., 980–1093). Nachdr. Berlin 1960–63.

Aristotelis Metaphysica, recogn. et enarr. H. Bonitz. 2 Bde. Bonn 1848–49.

Aristotelis opera omnia graece et latine cum indice nominum et rerum absolutissimo II, Paris: Didot 1850, 468–638.

Aristotelis metaphysica, recogn. W. Christ. Leipzig 1931.

Aristotle, *The Metaphysics.* With an English translation by H. Tredennick and G. C. Armstrong. London ²1947.

Aristotle's Metaphysics, a revised text with introduction and commentary by W. D. Ross. 2 Bde. Oxford ²1958.

C. J. De Vogel, *Greek Philosophy II (Aristotle, the Early Peripatetic School and the Early Academy).* Leiden ²1960, 102–32.

Aristotelis Metaphysica, recogn. brevique adnotatione crit. instr. W. Jaeger. Oxford 1960.

Übersetzungen und Kommentare

Asclepii in Aristotelis metaphysicorum libros A–Z commentaria, ed. M. Mayduck. Berlin 1888.
Alexandri Aphrodisiensis in Aristotelis metaphysica commentaria, ed. M. Hayduck. Berlin 1891.
Syriani in metaphysica commentaria, ed. G. Kroll. Berlin 1902.
Themistii in Aristotelis metaphysicorum librum paraphrasis latine et hebraice, ed. S. Landauer. Berlin 1903.
S. Thomae Aquinatis in duodecim libros metaphysicorum Aristotelis expositio. Taurini, Romae 1964.

Die Metaphysik des Aristoteles, Grundtext, Übers. u. Komm. nebst erl. Abhandlungen v. A. Schwegler. 4 Bde. Tübingen 1847 bis 1848. Nachdr. Frankfurt a. M. 1960.
Die Metaphysik des Aristoteles, übers., erl. u. mit einer Lebensbeschreibung d. Arist. v. J. H. v. Kirchmann. 2 Bde. Berlin 1871.
Aristoteles, *Metaphysik.* Übers. u. erl. v. E. Rolfes. 2 Bde. Leipzig 1904.
Aristoteles, *Metaphysik.* Ins Deutsche übertr. v. A. Lasson. Jena 1907.
Aristotele, *La Metafisica.* A cura di A. Carlini. Bari 1929 ([2]1950).
Aristoteles, *Metaphysik XII.* Griech.-deutsch v. H.-G. Gadamer. Frankfurt a. M. 1948.
Aristotele, *La Metafisica.* Trad. da P. Eusebietti con introd. stor. analit. e filos. a cura di E. Oggioni. Padova 1950.
Aristotle, *Metaphysics.* Newly transl. as a postscript to natural science with an analytical index of technical terms by R. Hope. New York 1953.
The Works of Aristotle, transl. into English under the Editorship of W. D. Ross. Vol. VIII. *Metaphysica.* Oxford [2]1960.
Aristoteles, *Metaphysik.* Übers. v. F. Bassenge. Berlin 1960.
Aristoteles, *Die Lehrschriften.* Hrsg., übertr. u. in ihrer Entstehung erl. v. P. Gohlke. *Die Metaphysik.* Paderborn [2]1961.
Aristote, *La Metaphysique.* Nouv. ed. avec comm. par J. Tricot. 2 Bde. Paris 1964.
Aristoteles, *Metafizica.* Übers. v. St. Bezdechi, Einl. u. Anm. v.

Dan Badarau. Bukarest 1965.

Aristoteles, *Metaphysik*. Übers. v. H. Bonitz (ed. Wellmann), mit Gliederungen, Registern und Bibliographie hrsg. v. H. Carvallo, E. Grassi. Hamburg 1966.

Physique et Metaphysique, textes choisis et trad. par S. Dayan. Paris 1966.

Aristotle's Metaphysics, transl. with comm. and glossary by H. G. Apostle. Bloomington, London 1966.

La metafisica, trad., introd. e comm. di G. Reale. 2 Bde. Neapel 1968.

G. Rhode, *Bibliographie der deutschen Aristoteles-Übersetzungen vom Beginn des Buchdruckes bis 1964*. Frankfurt a. M. 1967.

Literatur zur Metaphysik

W. Jaeger, *Studien zur Entstehungsgeschichte der Metaphysik des Aristoteles*. Berlin 1912.

J. Stenzel, *Metaphysik des Altertums* (Hdb. d. Philos.). München, Berlin 1929, 151–84.

E. v. Ivánka, *Die Behandlung der Metaphysik in Jaegers »Aristoteles«*. Scholastik 7 (1932) 1–29.

E. v. Ivánka, *Die Polemik gegen Plato im Aufbau der aristotelischen Metaphysik*. Scholastik 9 (1934) 520–42.

E. Oggioni, *La »filosofia prima« di Aristotele. Saggio di ricostruzione e di interpretazione*. Milano 1939.

Ph. Merlan, *Aristotle's Unmoved Movers*. Traditio 4 (1946) 1–30.

G. L. Muskens, *De ente qua ens Metaphysicae Aristoteleae obiecto*. *Mnem. III S.* 13 (1947) 130–40.

J. Owens, *The Doctrine of Being in the Aristotelian Metaphysics. A Study in the Greek Background of Mediaeval Thought*. Toronto 1951 ([2]1963).

G. Verbeke, *La doctrine de l'être dans la Metaphysique d'Aristote*. RPhLouvain 50 (1952) 471–78.

A. Gewirth, *Aristotle's Doctrine of Being*, PhRev 62 (1953) 577 bis 589.

M. Wundt, *Untersuchungen zur Metaphysik des Aristoteles*. Stuttgart 1953.

A. H. Chroust, *The Composition of Aristotle's Metaphysics*. New Scholasticism 28 (1954) 58–100.

W. Marx, *The Meaning of Aristotle's »Ontology«*. The Hague 1954.

H. Reiner, *Die Entstehung und ursprüngliche Bedeutung des Namens Metaphysik*. ZfphilosF 8 (1954) 210–37; 9 (1955) 77–79.

S. Gómez Nogales, *Horizonte de la Metafisica aristotelica*. Madrid 1955.

Ph. Merlan, *Metaphysik: Name und Gegenstand*. JHS 77 (1957) 87–92.

H. Ambühl, *Das Objekt der Metaphysik bei Aristoteles*. Freiburg i. Schw. 1958.

A. Manison, *Philosophie première, philosophie seconde et métaphysique chez Aristote*. RPhLouvain 56 (1958) 165–227.

G. Soleri, *Orizzonte della metafisica aristotelica*. Sapienza 11 (1958) 29–60, 135–66.

W. Theiler, *Die Entstehung der Metaphysik des Aristoteles, mit einem Anhang über Theophrastos' Metaphysik*. MH 15 (1958) 85–105.

E. Tugendhat, Tì κατὰ τινός. *Eine Untersuchung zu Struktur und Ursprung aristotelischer Grundbegriffe*. Freiburg, München 1958.

G. Soleri, *A proposito di valore et limiti della metafisica aristotelica*. RSC 7 (1959) 35–50.

G. Mainberger, *Die Seinsstufung als Methode und Metaphysik. Untersuchungen über Mehr und Weniger als Grundlage zu einem möglichen Gottesbeweis bei Platon und Aristoteles*. Freiburg i. Schw. 1959.

J. Stallmach, *Dynamis und Energeia. Untersuchungen am Werk des Aristoteles zur Problemgeschichte von Möglichkeit und Wirklichkeit*. Meisenheim 1959.

H. Wagner, *Zum Problem des aristotelischen Metaphysikbegriffes*. PhR 7 (1959) 129–48 (Postskript v. Ph. Merlan, 148–53).

G. Patzig, *Theologie und Ontologie in der Metaphysik des Aristoteles*. KantSt 52 (1960) 185–205.

P. Wilpert, *Zur Interpretation von Metaphysik Z 15*. AGPhil 42 (1960) 130–58.

P. Aubenque, *Aristoteles und das Problem der Metaphysik*. ZfphilosF 15 (1961) 321–33.

A. H. Chroust, *The Origin of »Metaphysics«*. RevMet 14 (1961) 601–16.

V. Décarie, *L'objet de la Métaphysique selon Aristote*. Montréal, Paris 1961.

J. G. Deninger, *»Wahres Sein« in der Philosophie des Aristoteles.* Meisenheim 1961.

L. Elders, *Aristotle's Theory of the One. A Commentary on Book X of the Metaphysics.* Assen 1961.

G. Reale, *Il concetto di filosofia prima e l'unità della Metafisica di Aristotele.* Milano 1961.

P. Aubenque, *Le probleme de l'être chez Aristote. Essai sur la problématique aristotélicienne.* Paris 1962 (²1966).

E. Buchanan, *Aristotle's Theory of Being.* Cambridge/Mass. 1962.

G. Kalinowski, *Au carrefour des métaphysiques. Pluralité des vues et indécisions dans la théorie de la philosophie d'Aristote.* RSPh 47 (1963) 545–70.

A. De Muralt, *La genèse de la métaphysique. La primauté de l'être en perspective aristotélicienne.* RThPh 13 (1963) 185–212.

P. Aubenque, *Sens et structure de la Métaphysique aristotélicienne.* BSPh 58 (1964) 1–43.

M. Giorgiantonio, *La dottrina della sostanza nell libro XII⁰ della Metafisica di Aristotele.* Sophia 32 (1964) 151–54.

H. J. Krämer, *Der Ursprung der Geistmetaphysik. Untersuchungen zur Geschichte des Platonismus zwischen Platon und Plotin.* Amsterdam 1964.

R. Boehm. *Das Grundlegende und das Wesentliche. Zu Aristoteles' Abhandlung »Über das Sein und das Seiende« (Met. Z).* Den Haag 1965.

G. Jánoska, *Zum Begriff der Metaphysik: Aristoteles und das Metaphysische.* KantSt 57 (1966) 61–71.

E. Treptow, *Der Zusammenhang zwischen der Metaphysik und der Zweiten Analytik des Aristoteles* (Epimeleia 5). München, Salzburg 1966.

E. Dönt, *Platons Spätphilosophie und die Akademie. Untersuchungen zu den platonischen Briefen, zu Platons »Ungeschriebener Lehre« und zur Epinomis des Philipp von Opus.* SB-Wien, phil.-hist. Kl. 251/3, 1967.

C. G. Gual, *La traduccion y la »Metafisica« de Aristoteles.* Eremita 35 (1967) 91–104.

H. J. Krämer, *Zur geschichtlichen Stellung der aristotelischen Metaphysik.* KantSt 58 (1967) 313–54.

F. K. Mayr, *»Genos« und Geschlecht. Zum Problem der Metaphysik.* Tijdschr. v. filosofie 29 (1967) 513–84.

H.-G. Gadamer, *Zur Vorgeschichte der Metaphysik.* In: *Um die*

Begriffswelt der Vorsokratiker (WdF 9). Darmstadt 1968, 364 bis 390.

F. F. Schwarz, *Die Erste Philosophie des Aristoteles.* Eine Orientierung. 96. Jb. d. Realgymn. – Graz 1967/68, 10–22.

F.-P. Hager (Hrsg.), *Metaphysik und Theologie des Aristoteles.* (WdF CCVI) Darmstadt 1969.

L. Routila, *Die aristotelische Idee der ersten Philosophie. Untersuchungen zur onto-theologischen Verfassung der Metaphysik des Aristoteles.* Amsterdam 1969.

E. König, *Aristoteles' erste Philosophie als universale Wissenschaft von den* ἀρχαί. AGPhilos 52 (1970) 225–46.

P. S. Mamo, *Energia and kinesis in Metaphysics Θ 6.* Apeiron 4 (1970) 24–34.

R. Sokolowski, *Matter, elements and substance in Aristotle.* JHPh 8 (1970) 263–88.

M. Vegetti, *Tre tesi sull' unità della Metafisica aristotelica.* RF 61 (1970) 343–83.

F. Wiplinger, *Physis und Logos. Zum Körperphänomen in seiner Bedeutung für den Ursprung der Metaphysik bei Aristoteles.* Wien 1971.

W. Marx, *Einführung in Aristoteles' Theorie vom Seienden.* Freiburg 1972.

H. A. Zwergel, *Principium contradictionis. Die aristotelische Begründung des Prinzips vom zu vermeidenden Widerspruch und der Einheit der ersten Philosophie.* Meisenheim 1972.

D. Stewart, *Aristotle's doctrine of the unmoved mover.* Thomist 37 (1973) 522–47.

W. Leszl, *Alcune osservazioni sulla critica aristotelica ai platonici in Metafisica N 2.* Riv Fil 101 (1973) 70–87.

R. Rorty, *Genus and matter. A reading of Metaphysics Z-H.* In: E.N.Lee-A.P.D. Mourelatos-R.M.Rorty (hrsg.), *Exegesis and argument.* Assen 1973, 393–420.

F. L. Beeretz, *Die Aufgabe der ›Metaphysik‹ des Aristoteles.* Φιλοσοφία 4 (1974) 247–58.

NACHTRAG 1984

Bibliographien und Forschungsberichte

G. Schenk / H. M. Gerlach (Hrsg.), *Aristoteles. Anläßlich seines 2300. Todestages, Martin-Luther-Univ. Halle-Wittenberg.* Wiss. Beitr. 33 (A 43), Halle (Saale) 1978.

F. Juerss, *Aristoteles. Zur 2300jährigen Wiederkehr seines Todestages.* Altertum 25 (1979) 241–245.

H. Flashar, *Aristoteles. Sein Bild in Forschung und Deutung der Gegenwart.* StudClass 20 (1981) 55–57.

H. Flashar, *Ältere Akademie-Aristoteles-Peripatos.* In: *Grundriß der Geschichte der Philosophie* (Die Philosophie der Antike 3). Basel/ Stuttgart 1983, 177–457.

Allgemeine Literatur zu Aristoteles

R. Bubner, *Aristoteles oder die Geburt der Ontologie aus dem Geist der Sprache.* PHRdschau 24 (1977) 177–186.

E. Berti, *Profilo di Aristotele.* Roma 1979.

W. K. C. Guthrie, *Aristotle. An Encounter* (A Hist. of Greek Philos. 6). Cambridge 1981.

A. C. Lloyd, *Form and Universal in Aristotle.* Liverpool 1981.

E. Sandvoss, *Aristoteles.* Stuttgart 1981.

A. Edel, *Aristotle and His Philosophy.* London 1982.

J. Irmscher / R. Müller (Hrsg.), *Aristoteles als Wissenschaftstheoretiker.* Berlin 1983.

Textausgaben der Metaphysik

Metaphysica, recogn. V. García Yerba. Madrid 1970.

La metafisica, recogn. C. A. Viano. Torino 1974.

Übersetzungen und Kommentare

Metaphysics, Books M and N, transl. with introd. and notes by J. Annas. Oxford 1976.

Metafisica, trad., introd., exposic. sistem. e índice por H. Zucchi. Buenos Aires 1978.

J. Barnes / M. Schofield / R. Sorabji (ed.), *Articles on Aristotle 3: Metaphysics.* London 1979.
Aristoteles, *Metaphysik*, in d. Übers. v. H. Bonitz, neu bearb., mit Einl. u. Komm. v. H. Seidl, griech. Text in d. Ed. v. W. Christ. 2 Bde., Hamburg 1978–80.

Literatur zur Metaphysik

S. Panou, *Erste Philosophie oder die Frage nach der aristotelischen Ontologie. Eine Interpretation.* Helikon 13–14 (1973–74) 314–325.
T. A. Fay, *The Problem of Primary Substance in Aristotle's Metaphysics and Some Recent Interpretations.* GM 30 (1975) 657–663.
U. Guzzoni, *Grund und Allgemeinheit. Untersuchungen zum aristotelischen Verständnis der ontologischen Gründe.* Meisenheim 1975.
E. D. Harter, *Aristotle on primary ousia.* AGPh 57 (1975) 1–20.
E. Hartmann, *Aristotle on the Identity of Substance and Essence.* PhR 85 (1976) 545–561.
E. Regis, *Aristotle's Principle of Individuation.* Phronesis 21 (1976) 157–166.
J. Annas, *Aristotle on Substance. Accident and Plato's Forms.* Phronesis 22 (1977) 146–160.
E. Berti, *Aristotele, dalla dialettica alla filosofia prima.* Padova 1977.
T. H. Irwin, *Aristotle's Discovery of Metaphysics.* RMeta 31 (1977) 210–229.
H. S. Lang, *Aristotle's First Movers and the Relation to Theology.* NSchol 52 (1978) 500–517.
P. R. Lorenz, *Philologisch-philosophischer Kommentar zu Aristoteles, Metaphysik Z, Kap. 4–6, 10–11.* Diss. Graz 1978.
J. Mena Lorite, *Pourquoi la métaphysique? La voie de la sagesse selon Aristote.* Paris 1977.
W. Voisé, *Die erste Vorlesung über Wissenschaftsgeschichte oder Die Einleitung zur aristotelischen Metaphysik.* ZWG 61 (1977) 38–44.
C. Rossitto, *La possibilià di un'indagine scientifica sugli oggetti della dialettica nella Metafisica di Aristotele.* AIV 136 (1977/78) 363–389.
K. H. Volkmann-Schluck, *Die Metaphysik des Aristoteles.* Frankfurt a. M. 1979.
P. Aubenque (ed.), *Études sur la Métaphysique d'Aristote. In: Actes du VIe Symposium aristotelicum.* Paris 1979.
K. Brinkmann, *Aristoteles' allgemeine und spezielle Metaphysik.* Berlin 1979.

D. K. Modrak, *Forms, Types, and Tokens in Aristotle's Metaphysics.* JHPh 17 (1979) 371–381.

H. Teloh, *The Universe in Aristotle.* Apeiron 13 (1979) 70–78.

S. Gaukroger, *Aristotle on Intelligible Matter.* Phronesis 25 (1980) 187–197.

G. Ardley, *Aristotle's Creationism.* Prudentia 13 (1981) 25–31.

E. Berti, *Origine et originalité de la métaphysique aristotélicienne.* AGPh 63 (1981) 227–252.

S. O'F. Brennan, *Is Aristotle's Prime Mover a Pure Form?* Apeiron 15 (1981) 80–95.

F. Caujolle-Zaslawsky, *Aristote, sur quelques traductions récentes de τὸ τί ἦν εἶναι.* RThPh 113 (1981) 61–76.

L. Couloubaritsis, *Considérations sur la notion de τὸ τί ἦν εἶναι.* AC 50 (1981) 148–157.

R. Heinaman, *Knowledge of substance in Aristotle.* JHS 101 (1981) 63–77.

P. Moraux / J. Wiesner (Hrsg.), *Zweifelhaftes im Corpus Aristotelicum. Studien zu einigen Dubia.* Berlin / New York 1983, 57–72, 193–344.

E. Sonderegger, *Die Bildung des Ausdruckes τὸ τί ἦν εἶναι durch Aristoteles.* AGPhilos 65 (1983) 18–39.

BEGRIFFSREGISTER

NAMENSREGISTER

INHALT

Griechische Literatur

IN RECLAMS UNIVERSAL-BIBLIOTHEK

Aischylos, *Der gefesselte Prometheus.* 988 – *Die Orestie: Agamemnon, Die Totenspende, Die Eumeniden.* 508 – *Die Perser.* 1008 – *Sieben gegen Theben.* 1025

Aristophanes, *Der Frieden.* 8521 – *Die Frösche.* 1154 – *Lysistrate.* 6890 – *Die Vögel.* 1379 – *Die Wolken.* 6498

Aristoteles, *Metaphysik.* 7913 – *Nikomachische Ethik.* 8586 – *Poetik.* Zweispr. 7828 – *Politik.* 8522 – *Der Staat der Athener.* 3010 – *Über die Welt.* 8713

Demosthenes, *Politische Reden.* Zweispr. 957

Epiktet, *Handbüchlein der Moral.* Zweispr. 8788

Epikur, *Briefe · Sprüche · Werkfragmente.* Zweispr. 9984

Euripides, *Alkestis.* Zweispr. 1337 – *Die Bakchen.* 940 – *Hippolytos.* 8601 – *Ion.* Zweispr. 3579 – *Iphigenie bei den Taurern.* 737 – *Iphigenie in Aulis.* 7099 – *Medea.* 849 – *Medea.* Zweispr. 7978 – *Die Troerinnen.* Zweispr. 8424

Die griechische Literatur in Text und Darstellung. Bd. 1: *Archaische Periode.* 8061 – Bd. 2: *Klassische Periode I.* 8062 – Bd. 3: *Klassische Periode II.* 8063 – Bd. 4: *Hellenismus.* 8064 – Bd. 5: *Kaiserzeit.* 8065

Griechische Lyrik in deutschen Übertragungen. 1921

Griechische Satyrspiele von Euripides, Sophokles und Aischylos. 8387

Heliodor, *Die äthiopischen Abenteuer von Theagenes und Charikleia.* 9384

Herodot, *Die Bücher der Geschichte.* 1.–4. Buch. Auswahl. 2200 – 5.–6. Buch. Auswahl. 2204 – 7.–9. Buch. Auswahl. 2206

Homer, *Ilias.* 249 – *Odyssee.* 280

Longinus, *Vom Erhabenen.* Zweispr. 8469

Longos, *Daphnis und Chloe.* 6911

Philipp Reclam jun. Stuttgart

Geschichte der Philosophie in Text und Darstellung

Band 1: *Antike.* Hrsg. von Wolfgang Wieland. 9911

Band 2: *Mittelalter.* Hrsg. von Kurt Flasch. 9912

Band 3: *Renaissance und frühe Neuzeit.* Hrsg. von Stephan Otto. 9913

Band 4: *Empirismus.* Hrsg. von Günter Gawlick. 9914

Band 5: *Rationalismus.* Hrsg. von Rainer Specht. 9915

Band 6: *Deutscher Idealismus.* Hrsg. von Rüdiger Bubner. 9916

Band 7: *19. Jahrhundert.* Positivismus, Historismus, Hermeneutik. Hrsg. von Manfred Riedel. 9917

Band 8: *20. Jahrhundert.* Hrsg. von Reiner Wiehl. 9918

Alle acht Bände auch in Kassette erhältlich.

»Diese Unternehmung besticht durch einen gescheiten Ausweg aus dem Dilemma, in das uns die Einsicht führt, daß es einen unparteiischen Standpunkt vielleicht nur für den lieben Gott gibt. Sie verfügt über eine Konzeption, die die je verschiedene Eigenart der geistigen Standpunkte und Perspektiven schon durch die Kombination der literarischen Gattungen herausstellt. Die Brauchbarkeit für das philosophische Bildungswesen wird dadurch sehr gefördert. Besonders für die neu gestaltete Oberstufe des Gymnasiums, in der dem Fach Philosophie eine besondere Bedeutung zukommt, scheint die Mischung von Text und Darstellung geeignet.
Der Philosophieunterricht, der sich dieses Angebot zunutze macht, stellt die geistespolitischen Kategorien bereit, die für das Verständnis der westlichen Staatstheorien im Fach Gemeinschaftskunde erforderlich sind.« *Eckhard Nordhofen, F. A. Z.*